U0152872

千華 **50**th 築夢踏實

千華公職資訊網　　　 千華粉絲團　　　棒學校線上課程

千華數位文化

郵局外勤法規何時改版呢？

我在思考要考三等還是四等？

請問我要買教師資格檢定考試的套書，可以去哪裡買得到？

沒問題…知道您們的回覆很即時，無疑是對購買書籍的消費者最大的回饋。

請問監獄管理員有哪些書呢？

別擔心，讓我來幫您解答！

前往官網　考試日程表　即務報名

千華數位文化

折價券　當期促銷　棒

選單▼

真人客服 · 最佳學習小幫手

· 真人線上諮詢服務

· 提供您專業即時的一對一問答

· 報考疑問、考情資訊、產品、
　優惠、職涯諮詢

盡在 千華LINE@

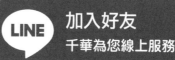

LINE　加入好友
千華為您線上服務

千華數位文化

台灣電力(股)公司新進僱用人員甄試

壹、報名資訊

一、報名日期：2025年1月（正確日期以正式公告為準。）

二、報名學歷資格：公立或立案之私立高中（職）畢業

貳、考試資訊

一、筆試日期：2025年5月（正確日期以正式公告為準。）

二、考試科目：

完整考試資訊

http://goo.gl/GFbwSu

(一) 共同科目：國文為測驗式試題及寫作一篇，英文採測驗式試題。

(二) 專業科目：專業科目A採測驗式試題；專業科目B採非測驗式試題。

類別		專業科目
1.配電線路維護	國文(10%) 英文(10%)	A：物理(30%)、B：基本電學(50%)
2.輸電線路維護		A：輸配電學(30%) B：基本電學(50%)
3.輸電線路工程		
4.變電設備維護		
5.變電工程		
6.電機運轉維護		A：電工機械(40%) B：基本電學(40%)
7.電機修護		
8.儀電運轉維護		A：電子學(40%)、B：基本電學(40%)
9.機械運轉維護		A：物理(30%)、 B：機械原理(50%)
10.機械修護		
11.土木工程		A：工程力學概要(30%) B：測量、土木、建築工程概要(50%)
12.輸電土建工程		
13.輸電土建勘測		
14.起重技術		A：物理(30%)、B：機械及起重常識(50%)
15.電銲技術		A：物理(30%)、B：機械及電銲常識(50%)
16.化學		A：環境科學概論(30%) B：化學(50%)
17.保健物理		A：物理(30%)、B：化學(50%)
18.綜合行政類	國文(20%) 英文(20%)	A：行政學概要、法律常識(30%)、 B：企業管理概論(30%)
19.會計類	國文(10%) 英文(10%)	A：會計審計法規(含預算法、會計法、決算法與審計法)、採購法概要(30%)、 B：會計學概要(50%)

詳細資訊以正式簡章為準

歡迎至千華官網(http://www.chienhua.com.tw/)查詢最新考情資訊

經濟部所屬事業機構 新進職員甄試

一、報名方式：一律採「網路報名」。

二、學歷資格：教育部認可之國內外公私立專科以上學校畢業，並符合各甄試類別所訂之學歷科系者，學歷證書載有輔系者得依輔系報考。

三、應試資訊：

完整考試資訊

https://reurl.cc/bX0Qz6

(一)甄試類別：各類別考試科目及錄取名額：

類別	專業科目A(30%)	專業科目B(50%)
企管	企業概論 法學緒論	管理學 經濟學
人資	企業概論 法學緒論	人力資源管理 勞工法令
財會	政府採購法規 會計審計法規	中級會計學 財務管理
資訊	計算機原理 網路概論	資訊管理 程式設計
統計資訊	統計學 巨量資料概論	資料庫及資料探勘 程式設計
政風	政府採購法規 民法	刑法 刑事訴訟法
法務	商事法 行政法	民法 民事訴訟法
地政	政府採購法規 民法	土地法規與土地登記 土地利用
土地開發	政府採購法規 環境規劃與都市設計	土地使用計畫及管制 土地開發及利用

目 次

編寫特色與使用指南

政府採購法是台澎金馬地區為加入GPA貿易協定之需求而訂定的法規，除架構在過去審計法規的最低標決標外，另參考WTO採購協定相關規定，而有最有利標決標原則的規定。整體政府採購法之法規核心概念，包含行政程序法、行政訴訟法、民法等相關法律的影子，訂定執行政府採購作業無論是一開始的**招標、審標、決標**，乃至**履約、簽約、驗收**、保固的詳細規定，自民國87年5月發布迄今，透過工程會及各級機關採購案件實務經驗的累積，在法規規範不到的角落，甚至有各類採購態樣及範例可供依循，從筆者的角度來看，稱政府採購法及相關子法、規範及工程會發布採購法相關文件為政府採購作業手冊並不為過。

那麼，**該如何準備政府採購法這門考試科目呢**？

過去筆者曾經有為考試而硬讀採購法的經驗，因為此前從未參與採購（不管是機關立場或廠商立場均無），如同不懂操作起重機的人去硬讀使用說明書，無法想像各種態樣場景，準備起來特別痛苦。

基於本書為考試參考用書的立場，藉著融入筆者辦理**政府採購的實際經驗**，期望協助各位理解艱深的法條內容，以求突破法律條文的屏障，獲得高分。

給各位的建議是：**從本書每Lessoon之「採購實務這樣做」開始，再回頭看本法及細則**，先建立採購法概念，才能真正念得下去。此外，因為內容已將歷次考試必考重點以粗體字標註，請一定要熟稔並背起來，若仍有餘裕的準備時間，不妨將內容所提及相關子法內容快速閱讀1次，閱讀時，**也可同時參照筆者各位整理子法重點**。最後才讀課後的「精選試題」，搭配各題解析去思考、去翻閱相關採購法及子法規定。對於採購法考題常有的綜合題型，書中也有清楚的彙整以幫助你有效率的備考。此外，關於採購程序及系統化架構，**請務必理解本書所繪圖說（尤其是第3堂課中的「圖3.5採購招標、決標作業流程圖」）**，更能幫助各位理解整套系統邏輯，減少背誦負擔。

考試準備對策上，書中也整理了**歷年國考**及**國營事業**考試各堂課各區塊的**命題重點**，倘準備不及，可針對出題頻率高的那堂課來準備。採購法本法分為8堂課來介紹，其中**前1～3堂占考題6成，6、8兩堂占考題3成**，所以請一定要把握前3堂內容，因為它們是採購法的核心主軸。

其他注意事項如後：

1. 為求閱讀方便，書籍法條是以自創的簡寫方式代之。例如政府採購法第 22 條第 1 項第 9 款（經公開評選之限制性招標），即表達為「採 22.1-9」；再例如採購法施行細則第 6 條第 1 項第 6 款（租期不確定之採購金額計算），表達為「細 6.1-6」。其他子法或相關資料若有簡寫或縮寫需求，將於內文附註說明。

2. 要**注意本法中「適用」、「準用」的用語差異**。適用，是指完全依其規定辦理；準用，則是指就某一事項所為之規定，於性質不相牴觸之範圍內，適用於其他事項之謂。換言之，準用非完全適用所援引之法規，而僅在性質容許之範圍內類推適用（無須全部照用的意思）。

3. 全文是按原採購法本法及細則相關性編排，例如原採 49（採購法第 49 條未達公告金額採購）列於第 1 堂，為系統性說明招標方式，故編排於第 2 堂。本法部分用「**粗體字體**」表達，細則部分用「一般字體」表達，至於說明則另闢「**採購實務這樣做**」的區塊以便閱讀，請務必留意。

4. 全書所收錄之採購法及其子法收錄出版前之**最新修正版**，考古題部分則剔除或更改考題方式以符合目前法規內容。由於考題往往**綜合出題**，請各位**詳讀精選例題及說明**，藉此釋題得以作**橫向吸收**。

5. 本書其他引用資料、函釋是以註腳方式標註於當頁頁面下方，並檢附資料來源供參考。

6. 書中內文說明引述相關子法與相關資料已整理於附錄，考慮全文篇幅及各子法時有更新，故以 QR code 方式提供連結，供各位參用。至於內文說明所提部分文件如政府採購錯誤行為態樣或相關函釋，則完整檢附於附錄中，免去額外查詢時間。

7. 本書內文說明除考試出題趨勢及重點外，尚提出實務處理經驗與實務作法，其目的是希望本書**除了作為考試用書外，對於未來政府採購的實務作法也能有所幫助**。筆者有幸在辦理採購的當下參與採購訓練，將實務與理論緊密結合，除不害怕辦採購，了解風險在哪裡才知道如何趨吉避凶。

說了很多，最重要的是「坐而言不如起而行」，開始你的採購法準備計畫吧。預祝各位考試順利，金榜題名，未來實務上能夠得心應手，順利完成採購業務。

李昀

(4) 編寫特色與使用指南

全書摘錄採購法及相關子法版本：

法規（頒布及最新修正日期）	本版更新
政府採購法（108/5/22修正）	
政府採購法施行細則（110/7/14修正）	
工程價格資料庫作業辦法（104/11/3修正）	
機關採購工作及審查小組設置及作業辦法（109/7/15修正）	
中央機關未達公告金額採購監辦辦法（92/2/12修正）	
機關主會計及有關單位會同監辦採購辦法（99/11/29修正）	
外國廠商參與非條約協定採購處理辦法（101/8/14修正）	
機關辦理涉及國家安全採購之廠商資格限制條件及審查作業辦法（108/11/20頒布）	
機關委託專業服務廠商評選及計費辦法（106/8/28修正）	
機關委託技術服務廠商評選及計費辦法（109/9/9修正）	
機關委託資訊服務廠商評選及計費辦法（106/9/11修正）	
機關委託社會福利服務廠商評選及計費辦法（108/11/22頒布）	
機關辦理設計競賽廠商評選及計費辦法（88/5/6頒布）	
機關指定地區採購房地產作業辦法（107/3/14修正）	
機關委託研究發展作業辦法（105/2/17修正）	
機關邀請或委託文化藝術專業人士機構團體提供藝文服務作業辦法（110/9/11修正）	
中央機關未達公告金額採購招標辦法（107/3/8修正）	
統包實施辦法（101/9/24修正）	
共同投標辦法（96/5/22修正）	

法規（頒布及最新修正日期）	本版更新
政府採購公告及公報發行辦法（97/5/20修正）	
招標期限標準（98/8/31修正）	
押標金保證金暨其他擔保作業辦法（108/11/18修正）	
替代方案實施辦法（91/6/19修正）	
投標廠商資格與特殊或巨額採購認定標準（104/10/29修正）	
國內廠商標價優惠實施辦法（88/5/24頒布）	
政府採購法之查核金額、公告金額及中央機關小額採購金額（111/12/23頒布）	
最有利標評選辦法（97/2/15修正）	
採購契約要項（108/8/6修正）	
工程施工查核小組組織準則（112/8/17頒布）	✓
工程施工查核小組作業辦法（112/8/9修正）	✓
採購申訴審議收費辦法（96/3/13修正）	
採購申訴審議規則（108/10/29修正）	
採購履約爭議調解規則（97/4/22修正）	
採購履約爭議調解收費辦法（101/8/3修正）	
採購申訴審議委員會組織準則（105/5/25修正）	
共同供應契約實施辦法（108/11/22修正）	
電子採購作業辦法（91/7/17頒布）	
採購評選委員會組織準則（110/11/11修正）	

(6) 編寫特色與使用指南

法規（頒布及最新修正日期）	本版更新
採購評選委員會審議規則（110/11/4修正）	
採購專業人員資格考試訓練發證及管理辦法（108/11/14修正）	
機關優先採購環境保護產品辦法（90/1/15修正）	
扶助中小企業參與政府採購辦法（91/4/24修正）	
機關堪用財物無償讓與辦法（88/4/26頒布）	
特殊軍事採購適用範圍及處理辦法（93/9/8修正）	
特別採購招標決標處理辦法（98/8/27修正）	
採購稽核小組組織準則（109/11/27修正）	
採購稽核小組作業規則（108/9/23修正）	
採購人員倫理準則（88/4/26頒布）	

總 則

政府採購法是基於台澎金馬地區加入 GPA 貿易協定之需求，參考全世界諸多國家的政府採購相關法規而創設。第一堂總則篇規範了何謂政府採購、誰適用採購法、採購法基本原則、監辦規定及條約規定等要項，以下彙整自 103 年起迄今之高普考、經濟部、國營事業相關考試考古題之重點及考試機率，尤其以「何謂政府採購」、「誰必須用」、「監辦規定」、「條約協定」為考題大宗，其相關子法亦相對重要，請各位務必把握相關題型及應用。

重點	法規條目	考題機率
採購法之適用	採 2、採 3、採 4、採 5、採 7	28%
各種監辦	採 12~13、採 40	41%
條約協定	採 17、採 43、採 44	9%
其他題型	採 6（基本原則）、採 11-1（巨額）、採 14（不得分批採購）、採 15（利益迴避）、採 16（請託關說）……等	22%

準備建議

1 採購法之適用：哪種類型適用採購法？哪種類型不適用採購法？
2 監辦相關規定？多少級距以上，必須報請上級監辦？何時可以書面監辦？等。
3 多少級距以上、什麼政府機關適用條約協定？大陸廠商規定等。

逐條說明

法條指引

採購法緣由及目的（採 1）
· 公平公開之採購程序
· 提升採購效率與功能
· 確保採購品質

重點考題：
＋ · 誰必須用＋符合採購的類型
→以採購法辦理

何謂公平公開（採 6）
· 應以維護公共利益及公平合理為原則，對廠商 [5] **不得為正當理由之差別待遇。**
· 辦理採購人員 [6] 於不違反本法，**得基於公共利益，採購效益或專業判斷**，為適當之採購決定。
· 司法、監察或其他機關對採購機關人員之調查等作為，得洽請主管機關協助......。

何謂採購（採 2）
· 工程定作
· 財物買受、定製、承租
· 勞務委任或僱傭

工程定義（採 7.1）
· 財物：**除生鮮農漁產品外之物品**、權利、材料、設備、機具、動產、不動產。（採 7.2）
· 勞務：專業服務 [1]、技術服務 [2]、資訊服務 [3]、研發 [4]、營管等。（採 7.3）
· 兼有二種以上性質、則按性質**佔預算金額比例高者**歸屬。（採 7.4）

誰必須用？
· 機關：政府機關、公立學校、公營事業。（採 3）
· 法人或團體受機關補助，補助金額達採購金額 50% 以上＋公告金額以上。藝文採購不適用。（採 4、細 2～3）
· 由法人或團體代辦機關採購。（採 5、細 4）

註　[1] 機關委託專業服務廠商評選及計費辦法。
　　[2] 機關委託技術服務廠商評選及計費辦法。
　　[3] 機關委託資訊服務廠商評選及計費辦法。
　　[4] 機關委託研究發展作業辦法。
　　[5] 公司、合夥或獨資之工商行號及其他得提供各機關工程、財物、勞務之自然人、法人、機構或團體（採 8）。
　　[6] 含承辦、監辦、發包、驗收、中間核章主管、機關首長及授權人均屬之。

圖 1.1　採購法精神、適用採購法的對象與情形、採購類別

一、採購法宗旨與目的

第 1 條

為建立政府採購制度，依公平、公開之採購程序，提升採購效率與功能，確保採購品質，爰制定本法。

第 6 條

機關辦理採購，應以維護公共利益及公平合理為原則，對廠商不得為無正當理由之差別待遇。

辦理採購人員於不違反本法規定之範圍內，得基於公共利益、採購效益或專業判斷之考量，為適當之採購決定。

司法、監察或其他機關對於採購機關或人員之調查、起訴、審判、彈劾或糾舉等，得洽請主管機關協助、鑑定或提供專業意見。

✓ 採購實務這樣做

政府採購法以第1條、第6條昭示採購的目的是確保品質、提升效率與功能，其手段則為公平、公開的程序。

什麼是公平、公開的程序？例如：不得不當限制競爭，尤其在廠商參與資格（門票）及需求規格（要買的東西），不得無正當理由的差別待遇，並且資訊公開透明，避免黑箱作業。按照採購之大小、特性、急迫性，採用不同的招標、決標方式，兼顧採購效率，達到採購目的即「<u>**物美、價廉**</u>」。

各位請姑且牢記於心，辦理採購實務上，只要能夠謹守前述原則，依法行政，就能確保不敗之地。

什麼是不敗之地？任何採購均涉及不同廠商利益，只要廠商有心，隨便一個爭議，就容易讓機關承辦人吃不完兜著走。身為機關採購人員，必須隨時抱持以符合公共利益為最核心價值，確實依法行政，讓採購之路更為順遂。

二、採購法之適用

※ 機關（採 3）＋ 採購行為（採 2）＋ 採購工程財物或勞務（採 7）

第 **2** 條
本法所稱採購，指工程之定作、財物之買受、定製、承租及勞務之委任或僱傭等。

第 **7** 條
本法所稱工程，指在地面上下新建、增建、改建、修建、拆除構造物與其所屬設備及改變自然環境之行為，包括建築、土木、水利、環境、交通、機械、電氣、化工及其他經主管機關認定之工程。

本法所稱財物，指各種物品（生鮮農漁產品除外）、材料、設備、機具與其他動產、不動產、權利及其他經主管機關認定之財物。

本法所稱勞務，指專業服務、技術服務、資訊服務、研究發展、營運管理、維修、訓練、勞力及其他經主管機關認定之勞務。

採購兼有工程、財物、勞務二種以上性質，難以認定其歸屬者，按其性質所占預算金額比率最高者歸屬之。

第 **3** 條
政府機關、公立學校、公營事業（以下簡稱機關）辦理採購，依本法之規定；本法未規定者，適用其他法律之規定。

第 **4** 條
法人或團體接受機關補助辦理採購，其補助金額占採購金額半數以上，且補助金額在公告金額以上者，適用本法之規定，並應受該機關之監督。

藝文採購不適用前項規定，但應受補助機關之監督；其辦理原則、適用範圍及監督管理辦法，由文化部定之。

> **細 則**

第 **2** 條　機關補助法人或團體辦理採購，其依本法第四條第一項規定適用本法者，受補助之法人或團體於辦理開標、比價、議價、決標及驗收時，應受該機關監督。

前項採購關於本法及本細則規定上級機關行使之事項，由本法第四條第一項所定監督機關為之。

第 3 條　本法第四條第一項所定補助金額，於二以上機關補助法人或團體辦理同一採購者，以其補助總金額計算之。補助總金額達本法第四條第一項規定者，受補助者應通知各補助機關，並由各補助機關共同或指定代表機關辦理監督。

本法第四條第一項所稱接受機關補助辦理採購，包括法人或團體接受機關獎助、捐助或以其他類似方式動支機關經費辦理之採購。

本法第四條第一項之採購，其受理申訴之採購申訴審議委員會，為受理補助機關自行辦理採購之申訴之採購申訴審議委員會；其有第一項之情形者，依指定代表機關或所占補助金額比率最高者認定之。

✓ 採購實務這樣做

政府採購法之「採購」乃係參考世界貿易組織之1994年政府採購協定相關規定及他國用法，包含工程之定作，財物之買受、定製、承租及勞務之委任或僱傭等，比照私有經濟，**即以「有償」或「對價（不以金錢支付）」之方式取得工程、財物或勞務**，白話地說，就是機關（定義請查採購法第3條）或補助金額佔採購金額50%以上且補助金額達公告金額（150萬元）以上之受補助法人或團體，**以金錢或與金錢具對價關係的事物來買或換取工程、財物或勞務**。所以台電（公營事業=機關）出售某土地是「採購」嗎？不是，因為台電出售土地換到了錢，而非用「錢」買「土地」。但該土地被新北市政府買了，對新北市政府來說就是「採購」，因為新北市政府支付「錢」買了該土地。請務必了解此概念！

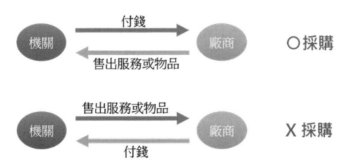

由於本堂關於採購法適用與否的認定出題率高達3成，是本堂的重點而且必考，雖然理解上有些複雜，但無法理解的狀況下透過背誦也能收到不錯的成效，此外實務操作上也常應用，請勿放過喔！

有關於個案適用採購法與否之認定，依據工程會103年12月11日工程企字第10300430780號函釋之認定原則，係依採購法第2條（採購行為）、第3條（採購主體）、第7條（採購標的）之規定，並縱觀契約全文（是否有對價關係），作為認定，公式如下：

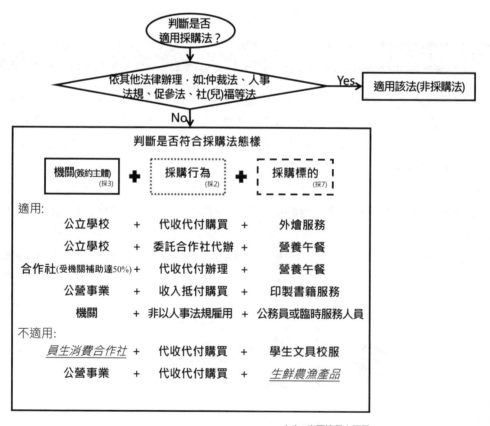

文字：表不適用之原因

必須注意的是，**不適用**政府採購法之狀況如後：

1. 科學技術基本法（科研採購）：機關、法人或團體接受第一項政府補助、委託或公立研究機關（構）依法編列之科學技術研究發展預算辦理採購，除條約協定另有規定外。

2. 促進民間參與公共建設法。

3. 行政法人法：行政法人辦理採購，應依條約或協定規定，且應依採購法第4條規定辦理之採購，於其他法律另有規定者，從其規定。如環境基本法、產業創新條例、資源回收再利用法。

4. 政府機關規費。

5. 財物變賣及場地出租。

6. 收入行為：如公有財產出租[1]、財物變賣及出租等。

7. 財產處分行為[2]。

8. 金融證券服務提供者於金融證券市場的買入行為[3]。

9. 收益行為：如存款。

10. 借貸行為：借貸關係，期滿需償還，本質上非政府採購之財物買受、定製、承租或勞務之委任或僱傭等行為。

11. 理財行為：財務調度、開發信用狀、買賣或發行債券、匯兌、賺取利差、投資金融商品、申購基金，屬機關就資金之供需所為之理財行為。

12. 標售行為：如標售資源回收物品案[4]。

13. 繳費行為：機關參加協會或組織所繳之年費非屬採購[5]。

14. 徵收行為：土地徵收依土地法第208條規定辦理[6]。

15. 聘僱行為：機關非以人事經費僱用自然人為非正式編制臨時人員，其比照人事法規進用程序辦理，且訂有管理考核規定者[7]。

16. 機關人員以個人名義自理採購公務機票及旅館住宿，並依「國外出差旅費報支要點」、「國內出差旅費報支要點」之規定報支[8]。

此部分考題類型非常多，本書已為各位整理常考之辨別案例如下表，若有餘力建議可詳查工程會相關函釋（工程會相關函釋請查察http://planpe.pcc.gov.tw/prms/），將有助於理解。

註解：　[1]　工程會 88 年 11 月 11 日工程企字第 8814180 號函釋。
　　　　[2]　工程會 88 年 8 月 24 日工程企字第 8812604 號函釋。
　　　　[3]　工程會 88 年 7 月 8 日工程企字第 8809535 號函釋。
　　　　[4]　工程會 88 年 8 月 16 日工程企字第 8811863 號函釋。
　　　　[5]　工程會 88 年 8 月 24 日工程企字第 8811508 號函釋。
　　　　[6]　工程會 88 年 8 月 24 日工程企字第 8811508 號函釋。
　　　　[7]　工程會 95 年 7 月 5 日工程企字第 09500243340 號函釋。
　　　　[8]　行政院主計總處 90 年 1 月 12 日台 90 處會三字第 00442 號函。

表 1.1.1　各類適用採購法的態樣

項次	案例	函釋出處
1	桃園縣議會辦理員工伙食招標	(88) 工程企字第 8815577 號
2	機關委託員工消費合作社辦理採購食材，其委辦	(88) 工程企字第 8808912 號
3	台北大眾捷運股份有限公司辦理台北捷運指南手冊以廣告互惠方式委請特定廠商印製	(89) 工程企字第 89006414 號
4	公營事業委託金融機構代收款、辦理薪資轉帳，其有支付手續費者	(88) 工程企字第 8809813 號
5	公營事業選擇金融機構聯合發行簽帳卡或認同卡，其有支付費用者	(88) 工程企字第 8809813 號
6	公營事業選擇承辦公營事業民營化之證券承銷商，其有支付費用者	(88) 工程企字第 8809813 號
7	機關委託金融機構代收款服務，其以儲存天期之利息抵充手續費者	(88) 工程企字第 8812475 號
8	機關投保各類保險	(88) 工程企字第 8813123 號
9	中國輸出入銀行為國內出口廠商代辦徵信，洽詢國外知名可靠之徵信所提供徵信報告，依商業慣例每年訂購點數	(88) 工程企字第 8813276 號

項次	案例	函釋出處
10	各機關委託律師、醫師、會計師、建築師及其他專門職業人員提供服務	(88) 工程企字第 8806450 號
11	各直轄市、縣（市）政府將水土保持計畫「委外審查」或「委外施工檢查」，如不涉及對外行使公權力事項之權限移轉	工程企字第 09900376650 號
12	仲裁代理人之委任	(88) 工程企字第 8813859 號
13	機關委託廠商拖吊並處理廢棄車（廠商雖付款予機關，不影響其存有拖吊費、處理費之對價本質）	(89) 工程企字第 89011433 號
14	公營事業有償委任之委託經銷契約，具一定事務之委託處理，且約定其對價	工程企字第 10300430780 號
15	機關主管宿舍土地合建開發，採一般民間合建分屋模式，由機關提供土地，廠商提供資金，依分配比值分屋之方式辦理（以提供土地供興建做為所分得房屋之對價）	(89) 工程企字第 89016510 號
16	機關委託廠商辦理節能路燈換裝暨維護，雖由廠商先行自籌資金將非節能路燈全數汰換為節能燈具，並負責維護，惟廠商更換節能燈具及後續維護之費用，仍係由機關逐年編列預算支應，僅係遞延付款，且未向不特定第三人收取費用，廠商未負擔盈虧	工程企字第 10400028900 號
17	機關為外交或投資等事件，其委託中間人辦理相關事項，而有給付報酬或具對價關係者，除行政程序法第 16 條所定依法規將其權限之一部分委託辦理者外	工程企字第 09700215130 號
18	公立學校以補助之預算辦理採購	(88) 工程企字第 8808912 號

表 1.1.2　各類不適用採購法的態樣

項次	案例	函釋出處
1	以員生消費合作社或家長會名義辦理招標	(88) 工程企字第 8808912 號
2	資金借貸屬借貸關係，期滿需償還，本質上非政府採購之財物買受、定製、承租或勞務之委任或僱傭等行為	(88) 工程企字第 8809813 號
3	存款屬獲取收益之行為	(88) 工程企字第 8809813 號
4	財務調度、開發信用狀、買賣或發行債券、匯兌、賺取利差、投資金融商品、申購基金，屬機關就資金之供需所為之理財行為	(88) 工程企字第 8809813 號
5	依「兒童福利法」及「兒童性交易防制條例」規定，委託民間合法立案之兒童福利機構提供個案安置及保護，並依內政部「推展社會福利服務補助經費申請補助項目及基準」規定予以補助，其經費係為補助費	(88) 工程企字第 8812538 號
6	文化中心對於台北歌劇劇場之演出，其演出經費如係以補助名義辦理，則補助對象之選定	(88) 工程企字第 8806937 號
7	仲裁人之約定或選定，依仲裁法明定，且仲裁費用之給付應依「仲裁機構組織與調解程序及費用規則」辦理	(88) 工程企字第 8813859 號
8	機關選任民間公證人辦理租賃契約書之公證事務，並依規定支付公證費用	工程企字第 09600403120 號
9	僱用廚工如係依機關人事法規辦理，或由員工消費合作社僱用	(88) 工程企字第 8808912 號

項次	案例	函釋出處
10	機關變賣廢棄車,並由廠商自行前往拖吊者	(89) 工程企字第 89011433 號
11	公營事業徵求經銷商之行為,其契約約定性質,係以賣斷方式銷售予經銷商,由經銷商自負盈虧、自行承擔風險,而不具有償委任之約定條款者	工程企字第 10300430780 號
12	公營事業徵求經銷商之行為,契約內容雖列有經銷價格之調降或折扣、附條件給與宣傳廣告補助費、經銷範圍或獨家經銷權之授與、責任購貨額、銷售獎勵金等,如未具上述有償委任性質而屬以公營事業為賣方之買賣契約者	工程企字第 10300430780 號
13	公營事業投資開發不動產以提供土地方式與公民營機構合作興建房屋作商品銷售之合建模式,如由得標廠商全數承買 貴公司分得之房地,形同出售	(88) 工程企字第 8820196 號
14	衛服部所屬醫療機構與台灣血液基金會各捐血中心簽訂供血合約並依貴部核准之標準支付材料工本費乙節,如該供血合約屬附有負擔之贈與契約(最高行政法院 101 年度判字第 861 號判決參照)	工程企字第 10400401860 號
15	衛服部所屬醫療機構依貴部核定之「醫療財團法人台灣血液基金會輸血感染愛滋病毒、B 型肝炎、C 型肝炎、道義救濟金管理要點」支付「1% 輸血感染愛滋病毒道義救濟金」乙節,如該「道義救濟金」屬捐贈	工程企字第 10400401860 號

項次	案例	函釋出處
16	法官或檢察官基於業務裁量權之行使，指定特定機構辦理尿液檢驗，如係屬依刑事訴訟法第 208 條第 1 項所為之鑑定事項，並依第 209 條給付費用者	工程企字第 09900272560 號
17	法院依金融機構合併法第 11 條第 4 項規定委託公正第三人，依強制執行法辦理相關強制執行事件，涉委託行使公權力	工程企字第 10700206520 號
18	機關學校因公務需要，依規費法之規定繳納使用規費，使用其他機關學校設施、設備及場所	工程企字第 09900374520 號

另外，要注意（必考題）的是：當法人或團體（非個人）受採購法第3條所訂之機關補助，**其補助金額佔採購金額半數以上，且補助金額在公告金額以上**，適用政府採購法並應受補助機關監督。**採購金額**是專有名詞，在後頭另有著述，各位可先想像成「**打算要採買的總數量額度**」，若機關補助金額佔採購金額半數以上，表示機關的錢影響這個「打算要採買的總數量額度」相對大，基於機關的錢都是來自納稅人的錢，訂50%以上很合理吧！特別注意：**這個補助金額的「總額」要大於公告金額即150萬以上喔，也就是不僅要滿足佔採購金額半數以上也要滿足大於公告金額以上才成立喔！**（採4+細3）

例如：

1. 某法人之採購金額180萬元，A機關補助80萬元，適用採購法嗎？

　不適用。因為80≦180×50%=90且80≦公告金額150萬元。

2. 某法人之採購金額180萬元，A機關補助95萬元，適用採購法嗎？

　不適用，雖然95≧180×50%=90但仍然≦公告金額150萬元。

3. 某法人之採購金額180萬元，A機關補助145萬元且B機關補助5萬元，適用採購法嗎？

當然適用。因為A的145+B的5=150≧180×50%=90且等於公告金額（注意：採購法所提「以上」或「以下」都是包含本數，例如80以上，即包含80）。只是，A或B機關誰要來主責監督，就是兩機關來共同決定或指定代表機關來處理了（細3），實務上仍會用誰的所佔比例大來行使，而日後採購申訴則是指定代表機關或所佔補助金額比率最高者認定受理之採購申訴審議委員會（簡稱申訴會），細節如L6再述。

而所謂的受補助機關「監督」，監督什麼事情呢？並非所有細節都要監督。畢竟採購法的基本原則是為維護公平利益及公平合理，政府採購從招標乃至履約，其中幾個關鍵節點如「開標」、「比價（2家以上合格廠商比減價格）」、「議價（僅1家合格廠商減價）」、「決標」及「驗收」（口訣：**開比議決驗**，非常重要！），因為涉及廠商公平競爭與否，甚至涉及承辦人員圖利與否，所以這些節點不得不慎。

至於工程、財物、勞務之定義，請查採購法第7條，需要注意（必考題）的是，「**除生鮮農漁產品以外之物品**」及「**權利**」均為採購標的。為什麼生鮮農漁產品以外的物品不包含在物品界定的範圍呢？

工程會給出的理由是（工程企字第09800048970號）：生鮮農漁產品雖為食品的一種，但其具有易腐性且有生命現象，品質在短時間內容易有所變化，與一般物品性質不同。也因此特性，生鮮農漁產品每日價格均有變動，品項多元，在招標實務之操作極有難度。基於前述理由，「經加工或冷凍之食品」呢？因為解掉易腐性及品質短時間內有變化，故依舊得回到採購法來處理喔！

	適用採購法
生鮮農漁產品	✕
經加工或冷凍食品	○

另外關於採7，各位除了從規定了解工程、勞務、財物之意思外，也可以從相關採購案名來協助理解，以下是筆者整理的案名供各位參考：

1.工程類

機關名稱	標案案號 / 標案名稱	傳輸招標 / 次數方式	公告日期	截止投標	預算金額
經濟部 水利署 第六河川局	A110053 二仁溪三和橋至忠義橋 河段疏濬工程併辦土石 標售	01 公開招標	110/10/12	110/10/26	6,500,000
行政院 農業委員會 農田水利署	NT110C-1007-01 能高大圳西幹線大雁頂 支線等管路改善工程	01 公開招標	110/10/08	110/10/20	26,000,000
臺東縣政府	110303510368 成功國小一學校草地運 動場整建工程	01 公開招標	110/10/07	110/10/18	10,147,974
新北市 新莊區公所	1101004C1 （更正公告） 111 年度新北市新莊區 （南、北區）清疏工程 （開口合約）	01 公開招標	110/10/12	110/10/20	9,968,084
臺中 榮民總醫院 嘉義分院	M110094 110 年度灣分院 A5 病房 電路設施汰換工程	02 公開招標	110/10/06	110/10/21	2,300,577

2.財物類

機關名稱	標案案號 / 標案名稱	傳輸招標 / 次數方式	公告日期	截止投標	預算金額
高雄市立 民生醫院	KMSH10129 （更正公告） 111-112 年度管灌及 營養品	01 公開招標	110/10/12	110/10/26	31,008,000

機關名稱	標案案號 / 標案名稱	傳輸招標 / 次數方式	公告日期	截止投標	預算金額
臺北市 自來水事業處	11006021H19 1000mm 以下延性 鑄鐵直管及 400mm 以下管件	01 公開招標	110/10/12	110/11/10	86,210,502
台灣中油股份 有限公司煉製 事業部桃園煉 油廠	I8I10R091 BORGER 泵浦配件	01 經公開評 選或公開 徵求之限 制性招標	110/10/08	110/10/13	--
國立 陽明交通大學 附設醫院	YMD1101004 763 項常備藥品單 價開口契約	選擇性 招標 （個案）	110/10/08	110/11/02	1,839,212,200
臺中市 太平區公所	110-B13 臺中市太平區 111 年度各里辦公處及 鄰長報紙採購案	01 公開招標	110/10/08	110/10/19	2,259,000
宜蘭縣 動植物防疫所	1101004 流浪動物中途之家 配電改善修繕及會 議音響汰換工作	01 公開招標	110/10/06	110/10/18	1,438,750
交通部 中央氣象局	1102237E 110 年度宜花地區 自動遙測系統備品 採購案	01 經公開評 選或公開 徵求之限 制性招標	110/10/07	110/10/18	1,440,000

機關名稱	標案案號／標案名稱	傳輸招標／次數方式	公告日期	截止投標	預算金額
台灣電力股份有限公司台中發電廠	3711000365 排煙脫硫系統配件一批 11 項	01 公開招標	110/10/07	110/10/21	5,943,000
台灣電力股份有限公司輸變電工程處北區施工處	6541251039 （更正公告） 161kV 樹林～南樹線等 2 案地下管路統包工程	01 公開招標	113/04/23	113/04/30	377,780,000
臺北大眾捷運股份有限公司		02 公開招標	113/03/29	113/04/08	193,546,800

3.勞務類

機關名稱	標案案號／標案名稱	傳輸招標／次數方式	公告日期	截止投標	預算金額
新北市金山區公所	1102983124 （更正公告）111 年度金山區土木、水利及災害相關工程委託設計監造技術服務	01 經公開評選或公開徵求之限制性招標	110/10/13	110/10/28	4,509,679
新北市泰山區同榮國民小學	TRES1101020 同榮國小 110 學年度二年級校外教學委託服務	01 公開取得報價單或企劃書	110/10/12	110/10/20	138,000

機關名稱	標案案號 / 標案名稱	傳輸招標 / 次數方式	公告日期	截止投標	預算金額
台灣電力股份有限公司尖山發電廠	3901000035 （更正公告） 二期鍋爐給水管路更新暨雜項工作	04 公開取得報價單或企劃書	110/10/13	110/10/19	360,000
衛生福利部社會及家庭署	D110003 （更正公告）110年度早期療育專業人員在職訓練暨課程線上錄製計畫	01 經公開評選或公開徵求之限制性招標	110/10/13	110/10/25	1,770,000
彰化縣文化局	CHCAB110-135 「彰化縣立圖書館牆修繕工程」委託規劃設計監造技術服務	01 經公開評選或公開徵求之限制性招標	110/10/12	110/10/26	1,460,000
交通部民用航空局	LD-021026 （更正公告） 飛航指南（AIP）印製案	01 公開取得報價單或企劃書	110/10/13	110/10/29	306,000

三、政府採購之相關角色

第 8 條

本法所稱廠商,指公司、合夥或獨資之工商行號及其他得提供各機關工程、財物、勞務之自然人、法人、機構或團體。

第 9 條

本法所稱主管機關,為行政院採購暨公共工程委員會,以政務委員一人兼任主任委員。

本法所稱上級機關,指辦理採購機關直屬之上一級機關。其無上級機關者,由該機關執行本法所規定上級機關之職權。

> 細則

第 5 條　本法第九條第二項所稱上級機關,於公營事業或公立學校為其所隸屬之政府機關。

本法第九條第二項所稱辦理採購無上級機關者,在中央為國民大會、總統府、國家安全會議與五院及院屬各一級機關;在地方為直轄市、縣(市)政府及議會。

✅ 採購實務這樣做

所謂的**上級機關是辦理採購機關之上一級機關**,例如台北市政府產業發展局的上級為台北市政府,台北市政府工務局水利工程處的上級是台北市政府工務局,交通部公路總局的上級是交通部,中國石油股份有限公司的上級是經濟部等。

因為採購法內規定許多上級機關監督事項,採購實務上也有許多需要請上級機關指示的狀況,所以採購基礎班的考題較偏重於:**給一個機關請你確認其上級機關是否正確**。目前國考、公營事業考試較少出現這樣的題型,尤其公營事業無上級機關,但若是高普考於政府行政體系就職的你,就請一定要了解自己所在單位的上級機關為何,較有利於實務面操作。

採購基礎班、桃園捷運等考古題中，也不乏出現報請上級機關核可事項的彙整題，對於從未辦過採購的你只能硬背，透過本書的系統化解釋，記憶起來將相得益彰。

第 **10** 條　主管機關掌理下列有關政府採購事項：

一、政府採購政策與制度之研訂及政令之宣導。

二、政府採購法令之研訂、修正及解釋。

三、標準採購契約之檢討及審定。

四、政府採購資訊之蒐集、公告及統計。

五、政府採購專業人員之訓練。

六、各機關採購之協調、督導及考核。

七、中央各機關採購申訴之處理。

八、其他關於政府採購之事項。

細則

第 **5-1** 條　主管機關得視需要將本法第十條第二款之政府採購法令之解釋、第三款至第八款事項，委託其他機關辦理。

第 **11** 條

主管機關應設立採購資訊中心，統一蒐集共通性商情及同等品分類之資訊，並建立工程價格資料庫，以供各機關採購預算編列及底價訂定之參考。

除應秘密之部分外，應無償提供廠商。

機關辦理工程採購之預算金額達一定金額以上者，應於決標後將得標廠商之單價資料傳輸至前項工程價格資料庫。

前項一定金額、傳輸資料內容、格式、傳輸方式及其他相關事項之辦法，由主管機關定之。

財物及勞務項目有建立價格資料庫之必要者，得準用前二項規定。

✅ 採購實務這樣做

工程採購是同時兼有勞務及財物之採購，有2種形式，一種是「傳統標」，另一種則是「統包」。

「傳統標」是先透過技術服務廠商進行設計，除了設計圖說外，尚包含符合該設計圖說的各元件單價表、詳細價目表等，即「圖上任何新增設施，都要花錢建置」的概念；當設計圖說及價格表受機關核定後，接下來就是邀請施工廠商來投標，以便發包後按圖施作。因未有太大變異性，機關常以最低標決標方式來辦理工程採購，在招標文件中提供標單，讓投標的施工廠商依自身成本管控狀況，填寫該工程願承作金額（單價）。得標後，即能傳輸得標單價至工程會工程價格資料庫，供有關機關進行評估參考。

「統包」則是直接將**細部設計**及**施工**綁在一起，由得標廠商辦理設計及其工程施作。因為履約過程中必須先進行設計，視工程規模大小，有時候巨額工程細部設計甚至到四個階段才能全數核定，當設計圖說（包含價格表）受機關核定後，方能進行工程施作也才能估驗計價（簡言之，做多少給多少），故統包工程必須等到設計核定後，才能知道單價。

採購法第11條第2項所提工程採購之預算金額達一定金額以上者，以及第3項由主管機關訂定之傳輸辦法，就是「工程價格資料庫作業辦法」。該辦法規定，機關辦理**預算金額達**1,000**萬元以上之工程採購時，傳統標必須要在工程決標日起**30**日內**，上傳得標廠商契約單價、機關核定單價等，如詳細價目表、單價分析表、資源統計表，依據工程會之公共工程細目編碼編訂說明之規則上傳。

但若是**統包，則是於細部設計核定結果日起算**30**日**，再依前開格式上傳資料庫。

四、採購金額與預算金額

第 **11-1** 條

機關辦理巨額工程採購,應依採購之特性及實際需要,成立採購工作及審查小組,協助審查採購需求與經費、採購策略、招標文件等事項,及提供與採購有關事務之諮詢。

機關辦理第一項以外之採購,依採購特性及實際需要,認有成立採購工作及審查小組之必要者,準用前項規定。

前二項採購工作及審查小組之組成、任務、審查作業及其他相關事項之辦法,由主管機關定之。

☑ 採購實務這樣做

工程採購,其採購策略有分為傳統標或統包之招標方式及決標原則的選擇,其需求及相對應的經費以及更細節的需求內容,均會涉及機關需求、用錢是否妥當、適法、合於程序等的考量。

當工程採購金額高達2億元(即巨額),涉及利益更為龐大,更需要謹慎評估。工程會遂於108年11月22日訂定「機關採購工作及審查小組設置及作業辦法」,規定機關成立採購工作及審查小組,針對工程採購需求與經費、採購策略、招標文件等事項協助審查,並提供採購相關事務如標價偏低情形檢討、爭議處理、廠商停權(不得參加投標或作為決標對象或分包廠商)之諮詢。雖然前開辦法是為了巨額工程採購而訂定,但財物類、勞務類及未達巨額之工程採購,仍準用該辦法之規定辦理(可用可不用之意思)。

實務上,工程採購招標之作業程序:需求及招標文件擬定→採購工作及審查小組審查(巨額工程)→採購簽陳→採購上網公告→審標及評選→決標,這個採購工作及審查小組除了可以了解本機關或他機關相關上級長官對於採購案的看法、經驗與建議外,列席的會計(與未來付款相關)、政風(監督有否違背公務人員道德操守之狀況。),乃至列席的專家、學者所提供的經驗、資訊,均有助於採購案於機關內部順利陳核、通關乃至發包順利,雖然目前考古題出題比例偏低,但了解相關辦法其實對於實務運作上是有幫助的喔!

簡單介紹「機關採購工作及審查小組設置及作業辦法」的幾個重點：

1. 依採購特性及實際需要，個案組成。（非通案組成，所以每辦理1案就要辦1次）
2. 小組委員人數5人以上，以採購本機關或其他機關人員派（聘）兼之。會議應有委員總額二分之一以上出席。
3. 另指派3人以上工作人員，其中1人應具採購專業人員資格。性質單純得少於3人。
4. 得視議題需要，邀請專家、學者及機關主（會）計及政風單位列席，提供意見。
5. 財物、勞務及未達巨額之工程採購，依採購特性及實際需要，認有必要成立者，準用之。
6. 同案之相關事宜均可請該案小組來審理。

細則

第6條　機關辦理採購，其屬巨額採購、查核金額以上之採購、公告金額以上之採購或小額採購，依採購金額於招標前認定之；其採購金額之計算方式如下：

一、採分批辦理採購者，依全部批數之預算總額認定之。

二、依本法第五十二條第一項第四款採複數決標者，依全部項目或數量之預算總額認定之。但項目之標的不同者，依個別項目之預算金額認定之。

三、招標文件含有選購或後續擴充項目者，應將預估選購或擴充項目所需金額計入。

四、採購項目之預算案尚未經立法程序者，應將預估需用金額計入。

五、採單價決標者，依預估採購所需金額認定之。

六、租期不確定者，以每月租金之四十八倍認定之。

七、依本法第九十九條規定甄選投資廠商者，以預估廠商興建、營運所需金額認定之。依本法第七條第三項規定營運管理之委託，包括廠商興建、營運金額者，亦同。

八、依本法第二十一條第一項規定建立合格廠商名單，其預先辦理廠商資格審查階段，以該名單有效期內預估採購總額認定之；邀請符合資格廠商投標階段，以邀請當次之採購預算金額認定之。

九、招標文件規定廠商報價金額包括機關支出及收入金額者，以支出所需金額認定之。

十、機關以提供財物或權利之使用為對價，而無其他支出者，以該財物或權利之使用價值認定之。

✅ 採購實務這樣做

在採購法裡貫穿的大重點是**「採購金額」之級距辨別以及相對應適用之規定**。在採購基礎班及各類型國考都是必考題。必須特別留意採購金額與預算金額算法之不同，採購實務上，**不同採購級距金額對應之採購法規定如監辦均有所不同**。各級距別如下表，隨著級距增加，可以合理推敲受到管控與監督的強度也會增加。

在此之前，必須先分辨「預算金額」及「採購金額」之差異。

預算金額，指該採購得用以支付得標商契約價金之金額，係納入法定預算之額度（類似記帳的概念）；若預算案尚未經立法程序則為預估需用金額（細26）。

以政府機關之預算執行來說，約是當年度4～5月間規劃下一年度預算，經中央或地方政府彙整後，進立法院或地方議會進行審議，經審議通過據以執行（所以才叫「法定預算」）。一旦經過法定程序，即可確認該預算已預備好可供機關執行使用，但是否能順利執行則是另一件事。

而採購金額則是該採購案預計採購的總額度，**涉及招標方式之選擇及上級查核之門檻，於招標前認定。**

計算方式為：**採購金額=預算金額+擴充金額+其他廠商可收取對價利益**

既然是預計採購，就表示也有可能「部分」經評估無須採購或無法辦理採購，所以有可能與「預算金額」相同，但也可能與「預算金額」不同。例如：辦理工程之專案管理服務採購案，預算金額800萬元（公告金額以上，未達查核），後續擴充監造技術服務1,500萬元，故採購金額為2,300萬元（=800+1,500），雖然預算金額未達查核，但採購金額達巨額以上，所有程序仍應依巨額採購相關規定辦理。

那，是否可以原案100萬，後續擴充1,600萬元呢？

實務上為了避免機關以小包大的濫用，又必須兼顧採購效率。按照工程會108年3月機關辦理後續擴充採購之適用條件及宣導作法簡報案例及錯誤態樣，保留擴充期間或數量較原契約增加2～3倍或低於4倍尚可接受。

需要注意的是，前述所提機關基於業務考量，前開後續擴充仍有可能不辦喔；由於契約層面乃雙方合意，既然機關可能不後續擴充，廠商亦可拒絕承攬後續擴充採購。

表 1.2　不同類型採購級距一覽表

類別 ＼ 採購級距	巨額	查核	公告 *	未逾公告 1/10（小額採購）*
工程	2 億元	5,000 萬元	150 萬元	15 萬元
財物	1 億元	5,000 萬元	150 萬元	15 萬元
勞務	2,000 萬元	1,000 萬元	150 萬元	15 萬元

以下是採購級距認定之範例。

範例：機關辦理醫療服務委外，每年給付廠商50萬元，而廠商每年可向有關單位申請醫療給付預計20萬元，契約期限2年；如廠商服務良好，可逕向原廠商後續擴充採購2年。請問預算金額為何？採購金額為何？

1.預算金額=50萬元×2年=100萬元

2.採購金額=（50+20）×4年=280萬元

第 14 條

機關不得意圖規避本法之適用，分批辦理公告金額以上之採購。其有分批辦理之必要，並經上級機關核准者，應依其總金額核計採購金額，分別按公告金額或查核金額以上之規定辦理。

> 細 則

第 13 條　本法第十四條所定意圖規避本法適用之分批，不包括依不同標的、不同施工或供應地區、不同需求條件或不同行業廠商之專業項目所分別辦理者。

機關分批辦理公告金額以上之採購，法定預算書已標示分批辦理者，得免報經上級機關核准。

☑ 採購實務這樣做

同前述，因為採購金額涉及招標方式的選擇及上級查核要求，採購金額越高，所需簽准的層級、評選的複雜性及受監控的力度越高（即越麻煩的意思）。那麼，承辦單位是否可以將一個巨額採購拆成好幾十個未達公告金額（邀請3家報價或企劃書經機關內部評審通過即可，不用邀專家學者當評委）或是幾百個小額採購（免報價、企劃書）？

當然不行。

採購法要求不得意圖規避採購法之適用而分批辦理採購，畢竟採購的預算來自民脂民膏，**且採購法的核心目的是「公共利益」及「物美價廉」，同時必須兼顧「公平公開」及「採購效率」**，為了取得捷徑、為了某些目的（即使帶有公共利益）、為了快速有效率，偏重任一要點，都可能造成不公平，對於廠商差別待遇的可能，甚至圖利發生，所以絕對不行，請各位謹記。

但若是採購內容本身就有**不同標的、不同施工或供應地區、不同需求條件或不同行業廠商之專業項目**（必考題），本就可以拆開發包。例如以工程案來說，工程採購怎可能與監造綁在一起發包？先別說認定上，一個是工程採購、一個是技術服務，監造的價值就是監視工程採購如期如質完成，綁在一起發包不就是「球員兼裁判」了嗎？

雖然前面說的很嚴肅，細則第13條在實務操作上也為整個政府採購保留了彈性，若能符合細則第13條的規定，承辦單位就能大膽的分批發包了，這就是「公務人員依法行政」的意義。

五、不同採購級距的監辦　

第 12 條

機關辦理查核金額以上採購之開標、比價、議價、決標及驗收時，應於規定期限內，檢送相關文件報請上級機關派員監辦；上級機關得視事實需要訂定授權條件，由機關自行辦理。

機關辦理未達查核金額之採購，其決標金額達查核金額者，或契約變更後其金額達查核金額者，機關應補具相關文件送上級機關備查。

查核金額由主管機關定之。

> **細則**

第 7 條　機關辦理查核金額以上採購之招標，應於等標期或截止收件日五日前檢送採購預算資料、招標文件及相關文件，報請上級機關派員監辦。

前項報請上級機關派員監辦之期限，於流標、廢標或取消招標重行招標時，得予縮短；其依前項規定應檢送之文件，得免重複檢送。

第 8 條　機關辦理查核金額以上採購之決標，其決標不與開標、比價或議價合併辦理者，應於預定決標日三日前，檢送審標結果，報請上級機關派員監辦。

前項決標與開標、比價或議價合併辦理者，應於決標前當場確認審標結果，並列入紀錄。

第 9 條　機關辦理查核金額以上採購之驗收，應於預定驗收日五日前，檢送結算表及相關文件，報請上級機關派員監辦。結算表及相關文件併入結算驗收證明書編送時，得免另行填送。

財物之驗收，其有分批交貨、因緊急需要必須立即使用或因逐一開箱或裝配完成後方知其數量，報請上級機關派員監辦確有困難者，得視個案實際情形，事先敘明理由，函請上級機關同意後自行辦理，並於全部驗收完成後一個月內，將結算表及相關文件彙總報請上級機關備查。

第 **10** 條　機關辦理查核金額以上採購之開標、比價、議價、決標或驗收，上級機關得斟酌其金額、地區或其他特殊情形，決定應否派員監辦。其未派員監辦者，應事先通知機關自行依法辦理。

第 **11** 條　本法第十二條第一項所稱監辦，指監辦人員實地監視或書面審核機關辦理開標、比價、議價、決標及驗收是否符合本法規定之程序。監辦人員採書面審核監辦者，應經機關首長或其授權人員核准。

前項監辦，不包括涉及廠商資格、規格、商業條款、底價訂定、決標條件及驗收方法等實質或技術事項之審查。監辦人員發現該等事項有違反法令情形者，仍得提出意見。

監辦人員對採購不符合本法規定程序而提出意見，辦理採購之主持人或主驗人如不接受，應納入紀錄，報機關首長或其授權人員決定之。但不接受上級機關監辦人員意見者，應報上級機關核准。

第 **13** 條

機關辦理公告金額以上採購之開標、比價、議價、決標及驗收，除有特殊情形者外，應由其主（會）計及有關單位會同監辦。

未達公告金額採購之監辦，依其屬中央或地方，由主管機關、直轄市或縣（市）政府另定之。未另定者，比照前項規定辦理。

公告金額應低於查核金額，由主管機關參酌國際標準定之。

第一項會同監辦採購辦法，由主管機關會同行政院主計處定之。

細則

第 **12** 條　（刪除）

✓ 採購實務這樣做

總算來到本堂考古題中最精華的部分，監辦規定出題機率高達3成，當備考時間不足時，監辦規定是絕對要仔細研讀的。

什麼是「監辦」？

監辦就是機關首長或上級機關派來「監視程序進行」的意思，而監辦人員就是機關首長或上級機關的代理人。所以監辦人員的意見，會議主持人是不可無視的，必須納入紀錄甚至報機關首長、上級機關核准。**監辦時機在開比議決驗，所以首重程序而非實體或技術層面（如資格、規格、條款、底價、決標條件、驗收）的審查**（考到爛掉的必考題）。監辦的方式則有實地監視（到場）或書面審核（不到場）兩種。

相關監辦作業機制已整理至下表，彙整自採購法、「機關主會計及有關單位會同監辦採購辦法」及「中央機關未達公告金額採購監辦辦法」等法規，務必請各位詳記。其中，記憶的訣竅是，先記公告金額以上之相關規定，查核金額以上則是外掛一個上級機關（被上級查核之意思），未達公告金額則是減掉一個監辦單位（通常是政風），其監辦之規範強度則比照級距增減。

提醒，這部分的考古題上會表格中的內容交互出題，其中小重點是上級機關書面審核監辦時檢送資料的期限，所以建議以圖像化方式來記憶，較不容易混淆。

表 1.3　各採購級距的監辦辦法

採購級距	未達公告金額	公告金額以上	查核金額以上（含原未達查核，決標或變更設計後達查核）
監辦人員	主(會)計「或」有關單位(**政風**、監察、督察等)。	1. **主(會)計「及」**有關單位(**政風**、監察、督察等)。 2. 採購承辦**不得**為監辦。	1. **上級機關：不限主會計**。 2. 招標機關：**主(會)計**及有關單位(**政風**、監察、督察等)。

採購級距	未達公告金額	公告金額以上	查核金額以上（含原未達查核，決標或變更設計後達查核）
承辦人員　通知與否	1. 小額：得不通知。 2. 未達公告逾小額：**應**通知。	**應**通知。	**應**通知。
監辦方式	1. 小額：得不派員。 2. 未達公告逾小額 　(1) 實地監視：有條件得不派員。 　(2) 書面監辦：免經首長核准。	1. 實地監視。 　(1) 除特殊情形經核准外均應派員，並**應簽名**，**得**於各相關人員簽名後為之。 　(2) **經核准不派員者（無監辦者免簽），紀錄載明特殊情形。** 2. 書面審核：經機關首長核准，各相關人員**均應簽名後**併文件送監辦，並載明「書面審核監辦」。	1. 監辦：「實地監視」及「書面審核」2種方式，同公告金額以上。 2. 上級書面審核之時限： 　(1) 開決標：檢附預算資料、招標文件及相關文件。 　　A. 開標：等標期或截標日5日前。 　　B. 決標與開標、比價或議價分開辦理時，於預定決標日3日前。 　　C. 合併辦理則應於決標前當場確認審標結果並列入紀錄。 　(2) 驗收：預定驗收日5日前，檢付結算表及相關文件。

採購級距	未達公告金額	公告金額以上	查核金額以上（含原未達查核，決標或變更設計後達查核）
監辦人員得經首長核准不派員之特殊情形→**應載明紀錄中**	未達公告逾小額 1. 地區偏遠。 2. 經常性採購。 3. 重複性採購，已有監辦前例。 4. 採購標的於市場以普遍銷售。 5. 洽請其他機關代辦採購。 6. **共同供應契約。** 7. **會議審查辦理勞務驗收。** 8. 書面或電子化之開、比、議、決、驗程序，會簽主會計及有關單位。 9. 依公告、公定或管制價格或費率採購財務或勞務，無減價可能。 10. 即買即用或自供應至使用期間短暫，實地監辦驗收有困難。 11. 分批或部分驗收，驗收金額未逾 10 萬元。 12. 經政府機關或公正第三人查驗，並有規格、品質、數量之證明文書供驗收。 13. 無廠商投標或投標廠商家數不足而流標。 14. 因不可預期之突發事故卻無法監辦。	1. 未設主（會）計及有關單位。 2. 洽由其他機關代辦並洽其代辦監辦。 3. 書面或電子化之開、比、議、決、驗程序，會簽主會計及有關單位。 4. 另有要務、地區偏遠致無人員可派。 5. 重複性採購，同一年度內已有前例。 6. 不可預見之突發事務，卻無法監辦。 7. 依公告、公定或管制價格或費率採購財務或勞務，無減價可能。 8. **即買即用或自供應至使用期間短暫，實地監辦驗收有困難。** 9. 分批或部分驗收，驗收金額未達公告金額。 10. 經政府機關或公正第三人查驗，並有規格、品質、數量之證明文書供驗收。 11. 第一次公告招標流標或招標文件所訂家數規定流標。 12. 無廠商投標而流標。	1. 上級機關：得視事實需要授權由機關自行辦理。 2. 招標機關：同左公告金額規定。

採購級距	未達公告金額	公告金額以上	查核金額以上（含原未達查核，決標或變更設計後達查核）
監辦人員必須派員（首長不得核准免派員）	1. 廠商提出異議或申訴。 2. 廠商申請調解、提付仲裁或提起訴訟。 3. 稽核或查核小組認定重大異常。	1. 廠商提出異議或申訴。 2. 廠商申請調解、提付仲裁或提起訴訟。 3. 稽核或查核小組認定重大異常。	1. 廠商提出異議或申訴。 2. 廠商申請調解、提付仲裁或提起訴訟。 3. 稽核或查核小組認定重大異常。
主持人不接受監辦 意見之處理	機關首長或其授權人員核准。	機關首長或其授權人員核准。	1. 上級機關：上級機關核准。 2. 招標機關：機關首長或其授權人員核准。

六、代辦採購

第 5 條

機關採購得委託法人或團體代辦。

前項採購適用本法之規定，該法人或團體並受委託機關之監督。

細則

第4條　機關依本法第五條第一項規定委託法人或團體代辦採購，其委託屬勞務採購。受委託代辦採購之法人或團體，並須具備熟諳政府採購法令之人員。

代辦採購之法人、團體與其受雇人及關係企業，不得為該採購之投標廠商或分包廠商。

第 **40** 條

機關之採購，得洽由其他具有專業能力之機關代辦。

上級機關對於未具有專業採購能力之機關，得命其洽由其他具有專業能力之機關代辦採購。

> 細則

第42條　機關依本法第四十條規定洽由其他具有專業能力之機關代辦採購，依下列原則處理：

一、關於監辦該採購之上級機關，為洽辦機關之上級機關。但洽辦機關之上級機關得洽請代辦機關之上級機關代行其上級機關之職權。

二、關於監辦該採購之主（會）計及有關單位，為洽辦機關之單位。但代辦機關有類似單位者，洽辦機關得一併洽請代辦。

三、除招標文件另有規定外，以代辦機關為招標機關。

四、洽辦機關及代辦機關分屬中央及地方機關者，依洽辦機關之屬性認定該採購係屬中央或地方機關辦理之採購。

五、洽辦機關得行使之職權或應辦理之事項，得由代辦機關代為行使或辦理。

機關依本法第五條規定委託法人或團體代辦採購，準用前項規定。

✓　採購實務這樣做

代辦採購總見於大大小小的國考，常見題型有：

1.**受委託單位（非機關）之要求條件、受委託單位可做及不可做之事的辨別。**

2.**受委託機關與洽辦機關（需求機關）在計畫生命週期中職權上的差異。**

「採購」這個業務本身是可以委託給「他單位」代辦的，前述「他單位」可以是機關**也可以不是機關**。當受委託單位不是採購法定義的機關時，就是種機關作勞務委託的行為，機關經過勞務採購程序選出「受委託代辦採購的法人或團體」。因為該受委託單位操作某A案的採購程序，仍然要符合採購法公平原則，所以不能參與該A案的投標，或作為該A案投標廠商的分包商、協力廠商甚至是顧問。

當機關甲委託機關乙辦理某B案的採購作業時，機關甲就是洽辦機關，機關乙就是代辦機關，因為採購法除招標、決標、審標（簡稱招審決作業）外，尚有監辦、履約相關規定，相關職權就需要律定，律定的方式詳如圖1.3。監辦方式則準用後述方式辦理（請詳閱細42）。

在了解這個律定機制時，各位不妨這樣想以利背誦。在沒有代辦的狀況，該需求機關是採購案的執行主體，所以相關監辦（未達查核為需求機關會計政風、查核以上為需求機關上級）、施工查核（需求機關上級）就會跟該「需求機關」息息相關。

而有代辦的狀況，洽辦機關就是需求機關，本身是名義主體——畢竟一開始需求的檢討與構想由洽辦機關開始，僅僅把後續招審決作業乃至履約管理委託給代辦機關代為執行，所以代辦機關是執行主體。是以，**若要判斷該採購案的屬性是中央或地方，就得看洽辦機關的屬性**；反之其他招審決作業或履約管理，就是代辦機關實際執行。但為求業務執行的便利性以及代辦機關作為實際執行者較了解手中案件狀況（講好聽是這樣，講難聽是全丟給代辦機關就沒洽辦機關的事啦！），**就會由代辦機關會計政風或代辦機關上級來監辦或施工查核**。所以當洽辦機關（機關甲）洽請代辦機關（機關乙）時，就需要喬好履約管理誰作、監辦誰作、施工查核又是誰作，避免紛爭。

機關委託代辦時，招審決作業、履約管理未必全數委託，要看所在機關的規定及權責分工。例如依新北市政府規定各機關查核金額以上採購案要由新北市政府採購處代辦，而新北市政府採購處僅代辦招標、資格及價格審標、決標作業，技術審標（如評選作業）仍由洽辦機關自行處理；再例如新北市政府新建工程處會代辦其他局處的工程案，就包含招審決作業（查核以上之招標、資格價格審標及決標仍由新北市政府採購處代辦）乃至該工程案的履約管理。

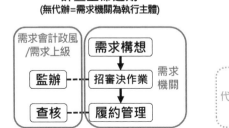
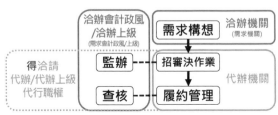

圖 1.3　無代辦 v.s 有代辦在計畫生命週期的差異

七、公務人員旋轉門條款

第 15 條

機關承辦、監辦採購人員離職後三年內不得為本人或代理廠商向原任職機關接洽處理離職前五年內與職務有關之事務。

機關人員對於與採購有關之事項，涉及本人、配偶、二親等以內親屬，或共同生活家屬之利益時，應行迴避。

機關首長發現前項人員有應行迴避之情事而未依規定迴避者，應令其迴避，並另行指定人員辦理。

> 細則

第 14 條　（刪除）
第 15 條　（刪除）

✅ 採購實務這樣做

本條款中之「承辦」及「監辦」定義比較如下：

1. 承辦：依工程會95年11月3日工程企字第09500420310號函釋，**指從招標文件訂定開始、招標、決標、訂約、履約、驗收、爭議處理等階段之所有參與人員，**也就是下自承辦人起，上至機關首長及授權人員。

2. **監辦：開、比、議、決、驗之參與人員。**

基於採購法「公平公開」之基本原則，並考量歷年來涉及採購法及相關人員圖利訴訟事件，本條款有較嚴謹定義，雖鮮少於考題出現，但實務上卻是採購人員必須知悉的。

條款所提之「接洽」，依工程會88年6月9日工程企字第8807424號函釋，包含書面或口頭洽辦機關，若已然成為負責人，即使不出面也算接洽。

「有關事務」則不以不同採購階段界定，簡言之，就是**只要涉及前述承辦、監辦之任何業務都不能跟原機關接洽**，而前述條款其實也是大名鼎鼎的「公務人員旋轉門」條款。

範例（高階考題，參考即可）：小明於92年1月至97年12月任職於A機關，於98年1月至99年12月任職於B機關，100年1月迄今任職於C民間企業，何者為是？遇到這種考題時，請以「**離職3年內+離職前5年事務**」原則來處理。

小明

100 年 3 月得代理廠商向 A 機關接洽其於 95 年 8 月於 A 機關所任職務有關之事務。

「離職 3 年內＋離職前 5 年業務」小明 97/12 自 A 機關離職，若要接洽 A 機關事務最早須等到 100/12 之後才可行。

小明

101 年 3 月皆不得代理廠商向 A 或 B 機關接洽任何其於 A 或 B 機關所任職務有關之事務。

「離職 3 年內＋離職前 5 年業務」小明 97/12 自 A 機關離職、99/12 自 B 機關離職，接洽 A 機關最早須等到 100/12 之後、接洽 B 機關最早則須等到 102/12 之後，所以 101/3 小明已可接洽 A 機關事務了喔，而非「皆不得」。

小明

101 年 3 月得代理廠商向 A 機關接洽其於 97 年 8 月於 A 機關所任職務有關之事務。

承上選項，「離職 3 年內＋離職前 5 年業務」小明 101/3 可接洽 A 機關了，但接洽內容須排除 92/12 至 97/12 間之所任事務。反言之，92/12 以前的事務就可以接洽了。

所以前述3情形，皆非。

迴避的部分，涉及機關人員本人、配偶、**2親等親屬**及共同生活家屬之利益，其機關人員應自行迴避，**迴避即不為評選工作小組、評選委員、招標文件訂定等承辦、監辦業務**。但相關廠商仍可以投標喔。

2親等則是按照民法親等計算方式，依民法第968條，直系血親是從該機關人員上下數，以一世為一親等計算；而旁系血親則是從已身數至同源之直系血親，再由同源之直系血親至與之計算親等之血親，已其總世數為親等數。

以上親等的計算說明實在拗口，請詳圖1.4計算釋例。

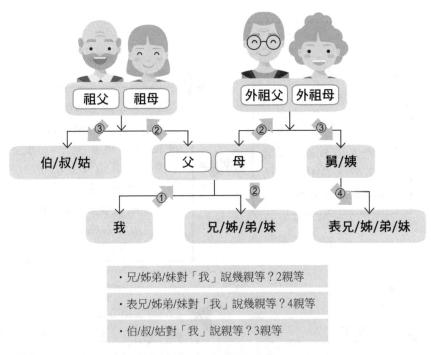

　　· 兄/姊弟/妹對「我」說幾親等？2親等

　　· 表兄/姊弟/妹對「我」說幾親等？4親等

　　· 伯/叔/姑對「我」說親等？3親等

圖1.4　親等計算釋例

範例：某鄉公所建設課以公告程序辦理該鄉道路修護工程之發包，A營造廠之負責人係該建設課課長之哥哥，依採購法第15條第2項規定，A營造廠不得參加該工程採購之投標？

錯。採購法第15條第2項只說，機關人員應該要迴避，但廠商是否不能投標，並無規定，故廠商仍可以投標的。

簡言之，廠商有任意投標自由，但該廠商負責人2等親內之機關承辦人員必須迴避採購相關事務。

第 16 條
請託或關說，│宜│以書面為之或作成紀錄。
政風機構得調閱前項書面或紀錄。
第一項之請託或關說，不得作為評選之參考。

細 則

第16條　本法第十六條所稱請託或關說，指不循法定程序，對採購案提出下列要求：
　　　　一、於招標前，對預定辦理之採購事項，提出請求。
　　　　二、於招標後，對招標文件內容或審標、決標結果，要求變更。
　　　　三、於履約及驗收期間，對契約內容或查驗、驗收結果，要求變更。

第 17 條
本法第十六條第一項所稱作成紀錄者，得以文字或錄音等方式為之，附於採購文件一併保存。其以書面請託或關說者，亦同。

第 18 條
機關依本法對廠商所為之通知，除本法另有規定者外，得以口頭、傳真或其他電子資料傳輸方式辦理。
前項口頭通知，必要時得作成紀錄。

七、條約與協定

第 **17** 條

外國廠商參與各機關採購，應依我國締結之條約或協定之規定辦理。

前項以外情形，外國廠商參與各機關採購之處理辦法，由主管機關定之。

外國法令限制或禁止我國廠商或產品服務參與採購者，主管機關得限制或禁止該國廠商或產品服務參與採購。

機關辦理涉及國家安全之採購，有對我國或外國廠商資格訂定限制條件之必要者，其限制條件及審查相關作業事項之辦法，由主管機關會商相關目的事業主管機關定之。

✅ 採購實務這樣做

本堂有關條約協定考古題最常見於GPA規定應辦理事項、GPA相關規定等，多數出現於經濟部、台鐵、台電、桃園捷運等考試，尤其經濟部所屬事業考試較易出現，故請熟習本堂條約協定關於GPA內容，備考時倘有時間精力，建議研讀工程會「我國簽署WTO政府採購協定（GPA）大要」報告內容[9]，以充份準備。而採購基礎訓練則擴及哪些採購受條約限制？具體限制內容為何？陸資廠商之認定與處理及外國廠商認定等幾種類型考題。

採購法所稱「條約協定」是指，我國台、澎、金、馬地區於98年7月15日加入世界貿易組織（WTO）之政府採購協定（GPA）[10]，修正版GPA於103年4月6日生效，簽署GPA締約方（含部分WTO會員國及觀察員等，如香港為GPA締約方，中國僅為GPA觀察員）**相互開放載明於市場開放清單內之採購。GPA適用機關包含中央機關及北、高兩直轄市地方政府、事業機構所辦理之工程、財物及勞務採購**，當採購金額達一定金額以上開放（詳如下表GPA門檻金額，基

註解：　[9]　報告內容請詳連結 https://www.pcc.gov.tw/cp.aspx?n=3769C374A22343F0
　　　　[10]　由於政府採購平均佔經濟總量之 10-15%，GPA 透過各成員相互開放價值約 1.7
　　　　　　萬億美元之政府採購市場。目前 GPA 由 21 個締約方組成，另有 23 個國家獲
　　　　　　觀察員身分。詳細介紹請詳每 2 年公布一次對新台幣的換算匯率。

於各國匯率差異，係統一以特別提款權SDR[11]進行換算），基於國民待遇及不歧視原則，選商程序公開透明（即刊登英文摘要公告並依GPA規定訂定等標期）；廠商申訴程序則由法院或獨立單位受理。

依工程會「我國簽署WTO政府採購協定（GPA）大要」報告內容，歸納特點如下：

1. 僅適用於加入GPA之部份WTO會員，為複邊協定。

2. 締約成員相互開放經諮商議定之政府採購市場—僅開放載明於市場開放清單內之採購，非全面開放。

3. 不適用轉售性質之採購，如公營事業採購之原物料。

4. 我國承諾開放清單

   (1) 適用機關及採購類別如下表。

   (2) 排除國防部列明適用財物項目。

   (3) 排除中央印製廠印鈔機採購。

   (4) 正面表列勞務服務項目，如法律、會計、建築、土木、都市規劃等，並排除研究發展及鑄幣。

   (5) 正面表列工程服務項目，如土木、建築等工程項目。

   (6) 不適用僱傭採購、不動產及部份電力、運輸保留項目，針對不同GPA締約方（國）有不同開放狀況。

5. GPA與政府採購法異同概要

   (1) 政府採購法已將GPA主要規定納入。

   (2) 配合GPA需要規範配套措施，如招決標資訊公開事項及途徑、等標期、異議申訴制度。

   (3) 採購法第22條規定之限制性招標情形較GPA第13條規定多，如採22-1-9～採22-1-16。

6. GPA適用機關辦理採購注意事項

   (1) 適用GPA案件應另刊登英文招標摘要。

   (2) 適用GPA案件應允許GPA締約方之產品、服務、廠商參與，並符合等標期規定。

註解： [1 1] 特別提款權 (Special Drawing Rights, SDRs) 是國際貨幣基金組織 (IMF) 創設的一種儲備資產及計帳單位，每 2 年公布一次對新台幣的換算匯率。112、113 年 1SDRs=NTD 39.9221。

(3)得另行規定外國廠商之資格條件,如:提出外國設立或登記證明文件、規定外文資格文件需檢附經公證或認證之中文譯本、外國廠商投標時免附公會會員證。

(4)可規定投標文件須以中文(正體字)為之。

(5)可限以新台幣報價,憑外國廠商在台營業代理人之統一發票領款。

(6)可規定履約交貨地點為機關指定場所,外國廠商須自行負責運輸報關提貨事宜。

(7)遵行「中美政府採購協議」、「臺紐經濟合作協定(ANZTEC)」、「臺星經濟夥伴協定(ASTEP)」。

(8)正確傳輸招決標資訊至工程會網站。

7.非GPA會員國廠商之對待

(1)視個案需要由機關決定是否允許非條約協定國參與投標。

(2)得給予非條約協定國之低度開發國家GPA優惠。

(3)得要求非條約協定國得標廠商,採購一定比例或項目之國貨,或辦理技術移轉、投資、協助外銷等事宜。

(4)得優先決標於本國廠商。

表 1.4　適用 GPA 的門檻值

適用機關	財物及勞務	工程
中央機關,含總統府、行政院暨所屬行政機關,不含立法、司法、考試、監察等院	13 萬 SDRs（≒ NTD518 萬元）	500 萬 SDRs（≒ NTD1 億 9,961 萬元）
地方機關,含台灣省、台北市、高雄市政府暨所屬行政機關	20 萬 SDRs（≒ NTD798 萬元）	
其他,如部分公營事業(水電油糖)、國立院校、公立醫院	40 萬 SDRs（≒ NTD1,596 萬元）	

註:1.GPA、ANZTEC 門檻金額及適用機關相同,惟 ANZTEC 包含促參等業務。

　　2. 按 2023 ～ 2024 年工程會公告門檻金額計算。

我國與紐西蘭在WTO架構下，以會員身份締約，雙方於102年7月10日簽署臺紐「紐西蘭與臺澎金馬個別關稅領域經濟合作協定」（Agreement between New Zealand and the Separate Customs Territory of Taiwan, Penghu, Kinmen , and Matsuon Economic Cooperation, ANZTEC），加入GPA尚未涵蓋之投資（促參）、空運、環境、勞工、原住民、影視共同製作等議題及全面市場開放等。

我國為連結東南亞國家，融入東南亞區域整合，以連結亞太、布局全球政策目標，於103年4月19日加入**臺星經濟夥伴協定**（Agreement between Singaporeand the Separate Customs Territory of Taiwan , Penghu, Kinmen and Matsuon Economic Partnership, ASTEP），基於我國與新加坡皆為GPA會員，除依GPA相互開放政府採購市場外，雙方再依ASTEP擴大開放政府採購市場；與GPA不同的是，**降低中央機關財物及服務門檻金額至10萬特別提款權，並新增新北、台中、台南、桃園等六都地方政府**。

表 1.5　適用臺星經濟夥伴協定的門檻值

適用機關	財物及勞務	工程
中央機關，含總統府、行政院暨所屬行政機關，不含立法、司法、考試、監察等院	13 萬 SDRs （≒ NTD518 萬元）	500 萬 SDRs （≒ NTD1 億 9,961 萬元）
地方機關，含台灣省、六都直轄市政府暨所屬行政機關	20 萬 SDRs （≒ NTD798 萬元）	
其他，如部分公營事業（水電油糖）、國立院校、公立醫院	40 萬 SDRs （≒ NTD1,596 萬元）	

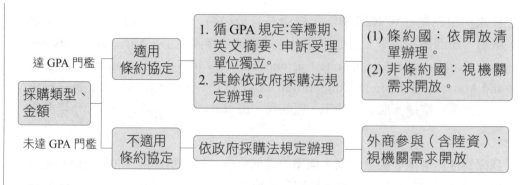

圖1.4　適用及不適條約協定之採購作法

在採購實務上，尤其中央政府及六都最常受到條約協定之規範，請未來想報考這些單位的各位留意。應用時，應先從採購金額來論定是否符合GPA或條約協定門檻，若達到GPA或條約門檻，則優先配合條約協定辦理，其次才是政府採購法。若未達GPA或條約協定門檻，則依據政府採購法辦理，並考量機關需求，可選擇開放或不開放非條約協定之外國廠商參與投標。

基於條約協定及政府採購法均係以「公平公開」作為核心指導原則，對於投標廠商資格之設定，除本國廠商之基本資格設定外，尚包含外國廠商之認定。

外國廠商認定請依據「外國廠商參與非條約協定採購處理辦法」、「進口貨物原產地認定標準」及「台灣地區與大陸地區人民關係條例」、「台灣地區與大陸地區人民關係條例施行細則」等規定辦理。簡言之，外國廠商之認定包含：
1.未取得我國籍自然人或非依我國法律設立登記法人、機構或團體
　(1)依外國法律設立登記營業據點在國外之廠商。
　(2)依外國法律設立登記在我國經認許之外國在台分支機構。
2.我國廠商所供應之財物或勞務之原產地非屬我國
　(1)依「進口貨物原產地認定標準」，我國廠商所供應財物勞務原產地為外國者，視為外國廠商。
　(2)勞務原產地除法令另有規定者外，依實際提供勞務者之國籍或登記地認定之。屬自然人者，依國籍認定之；非屬自然人者，依登記地認定之。
　(3)兼有我國及外國財物或勞務，無法依前二款認定其歸屬者，以所占金額比率最高者歸屬之。

那麼，大陸地區（中國，非指香港）廠商呢？

也同樣比照外國廠商之認定來處理。但因為我國對於大陸地區之政治敏感性，大陸地區廠商能否參與我國政府採購也是實務上或是考題可能遭遇的。**目前兩岸尚無政府採購條約協定，各機關視個案性質及實際需要決定是否允許大陸地區廠商、財物或勞務參與，並應符合「臺灣地區與大陸地區人民關係條例」等法令規定**。但若屬於經濟部投資審議委員會公告「**具敏感性或國安（含資安）疑慮之業務範疇**」（簡言之，就是包含資安、國防、能源、公共事務、醫療、交通等等），則**會限制陸資廠商參與投標**，在實務上，尤其資訊服務採購，請務必小心。

其中，陸資廠商之認定，按「臺灣地區與大陸地區人民關係條例」規定有三：
1. **大陸地區廠商：無論台資、陸資或外資皆然。**
2. **第三地區含陸資成分廠商：只要陸資股份大於30%就算。**
3. **在台廠商：只要陸資股份大於1/3就算。**

簡單來說，除了大陸地區廠商都算陸資廠商外，其他廠商只要陸資成分大於30～33%均算為陸資廠商，因為只要高於30%或1/3，陸資股份對公司決策的話語權就相對大了。

工程會相關陸資廠商規定，請詳查官網
(https://www.pcc.gov.tw/cp.aspx?n=5BA0564C438161A0)。

八、非條約協定之特別處理

第 43 條

機關辦理採購，除我國締結之條約或協定另有禁止規定者外，得採行下列措施之一，並應載明於招標文件中：
一、要求投標廠商採購國內貨品比率、技術移轉、投資、協助外銷或其他類似條件，作為採購評選之項目，其比率不得逾三分之一。

二、外國廠商為最低標,且其標價符合第五十二條規定之決標原則者,得以該
　　標價優先決標予國內廠商。

> **細則**

第 **45** 條　機關依本法第四十三條第一款訂定採購評選項目之比率,應符合下
　　　　　　列情形之一:
　　　　　　一、以金額計算比率者,招標文件所定評選項目之標價金額占總標
　　　　　　　　價之比率,不得逾三分之一。
　　　　　　二、以評分計算比率者,招標文件所定評選項目之分數占各項目滿
　　　　　　　　分合計總分數之比率,不得逾三分之一。

第 **46** 條　機關依本法第四十三條第二款優先決標予國內廠商者,應依各該廠
　　　　　　商標價排序,自最低標價起,依次洽減一次,以最先減至外國廠商
　　　　　　標價以下者決標。
　　　　　　前項國內廠商標價有二家以上相同者,應同時洽減一次,優先決標
　　　　　　予減至外國廠商標價以下之最低標。

第 **44** 條

機關辦理特定之採購,除我國締結之條約或協定另有禁止規定者外,得對國內
產製加值達百分之五十之財物或國內供應之工程、勞務,於外國廠商為最低
標,且其標價符合第五十二條規定之決標原則時,以高於該標價一定比率以內
之價格,優先決標予國內廠商。
前項措施之採行,以合於就業或產業發展政策者為限,且一定比率不得逾百分
之三,優惠期限不得逾五年;其適用範圍、優惠比率及實施辦法,由主管機關
會同相關目的事業主管機關定之。

> **細則**

第 **47** 條　同一採購不得同時適用本法第四十三條第二款及第四十四條之
　　　　　　規定。

✅ 採購實務這樣做

因為採購法是政府為加入世界貿易組織而生,而加入世界貿易組織就是為國內廠商打開世界大門,減少貿易門檻,讓國內廠商得以向外爭取商機,同樣的,當我國打開世界大門的同時,世界也知道了我國的商機,基於公平互惠的原意,我們是不能阻擋或設下絆腳石使國外廠商卻步的。

最顯著的案例是國內軌道運輸建設。由於我國軌道車輛產業尚無牽引動力、號誌控制等核心技術,必須向外取得,原本透過工業互惠條款或工業合作方式等保護我國產業措施,即以「市場換技術或行銷通路」,可協助國內廠商取得核心技術,基於國內的軌道運輸建設需求,本來確實也開始建立了些技術能量,只可惜加入WTO後,前述工業互惠條款或工業合作機制不再適法,國內廠商也因此失去技術移轉之管道。

回頭看本條款內容,本條款須與「國內廠商標價優惠實施辦法」一同準備。

自從加入WTO後,除非是特殊產業如國防產業、航太產業、軌道車輛產業或生化產業等相關機關可能有需求外,多數機關鮮少有國外非國外核心技術不可之需求,就算有也都是既有條約協定廠商可搞定,對於非條約協定廠商,而其又有我國亟需的核心技術者少矣,故採43、採44命題機率相對低,目前出題機關多為鐵路、捷運營運單位,各位可斟酌準備。

精選試題

採購法之適用

（　　）**1** 以下何者不適用政府採購法？　(A)公立托兒所向幼童家長收取費
用代辦點心採購　(B)公立小學由員生消費合作社代辦制服採購
(C)公立國中由教務處代辦教科書及評量採購　(D)公立大學由學務
處代辦學生平安保險投保。【103經濟部】

（　　）**2** 下列敘述何者有誤？　(A)機關採購保險公司之財產保險，適用採
購法　(B)機關承租辦公廳舍，屬租賃服務之勞務採購　(C)機關辦
理標售資源回收物品，不適用採購法　(D)機關委託金融機構代收
款、辦理薪資轉帳，其有支付手續費或具有對價者，適用採購法。
【104經濟部】

（　　）**3** （多選）機關辦理下列事項，何者不適用政府採購法？　(A)標售
資源回收物品　(B)申購基金理財行為　(C)委託金融機構代收款、
辦理薪資轉帳，其有支付手續費者　(D)採購生鮮農漁產品　(E)
BOT甄選　(F)補助對象選定　(G)投資金融商品，如購買遠期外匯
(H)仲裁人、仲裁代理人之選定　(I)興建垃圾掩埋場　(J)清潔服務
(L)出售土地。【修改自105經濟部、107臺鐵服務員、107經濟部、108鐵路佐
級、111鐵路佐級】

（　　）**4** 依政府採購法規定，權利採購係屬何種採購類型？　(A)工程採購
(B)財物採購　(C)勞務採購　(D)兼具財物及勞務性質之混合採
購。【106桃捷、108鐵路佐級】

（　　）**5** （多選）下列何者非屬政府採購法所稱之「採購」？　(A)工程之
定作　(B)權利之買受　(C)土地之承租　(D)財物之標售　(E)勞務
之委任　(F)廠房之出租。【修改自110經濟部、109鐵路佐級、108鐵路佐
級、107臺鐵營運員、107桃捷2、106經濟部】

( ) **6** 行政院公共工程委員會曾於其公告之函令中指出,有關於公營事業徵求經銷商時,是否適用政府採購法的認定原則,應依以下之各點加以判斷,並綜觀契約全文,加以認定之。下列何者為非? (A)政府採購法第2條有關採購行為的規定 (B)政府採購法第3條有關採購主體的規定 (C)政府採購法第6條有關採購金額的規定 (D)政府採購法第7條有關採購標的的規定。【107桃捷2】

( ) **7** 機關委託法人團體代辦採購,下列敘述何者有誤? (A)該委託屬勞務採購 (B)代辦之法人或團體須具備熟諳政府採購法令人員 (C)其受雇人及關係企業不得為該採購之投標廠商或分包廠商 (D)代辦事項除採購程序外,得包含實質之履約事項。【111台電】

( ) **8** 國營事業某公司依政府採購法辦理財物採購一批帶安裝,難以認定性質歸屬,惟財物部分占預算金額55%,安裝部分占預算金額45%,依同法第7條第4項認定應屬於下列何者? (A)工程採購 (B)勞務採購 (C)財物採購 (D)兼具財物及工程性質之採購。【110經濟部】

( ) **9** 採購兼有工程、財物、勞務二種以上性質,難以認定其歸屬者,應如何定性? (A)按採購最主要目的歸屬之 (B)按採購數量或項目比例最高者歸屬之 (C)按採購性質所占預算金額比率最高者歸屬之 (D)授權採購機關認定其歸屬。【111鐵路佐級、107臺鐵營運員、107台電2、108鐵路佐級】

( ) **10** 下列何種情形之採購,毋須適用政府採購法之規定? (A)A市立國民中學辦理新臺幣1000萬元之校舍改善工程採購,其中600萬元為學校家長捐助 (B)B市農會辦理新臺幣600萬之穀倉修繕工程,其中行政院農業委員會補助250萬元,B市政府補助150萬元 (C)台灣中油股份有限公司辦理新臺幣500萬之園區綠美化工程,其中行政院環境保護署補助200萬元 (D)國家表演藝術中心辦理新臺幣500萬元之藝文採購,其中文化部補助250萬元 (E)A國立大學辦理新臺幣150萬元之財物採購,其中教育部補助款新臺幣80萬元 (F)B私立大學辦理新臺幣120萬元之勞務採購,全數由教育部補助

(G)C私立長照機構辦理新臺幣1,500萬元之工程採購，其中衛生福利部補助款新臺幣800萬元　(H)D財團法人辦理新臺幣500萬元之藝文採購，其中文化部補助款新臺幣300萬元。【修改自111鐵路佐級、109鐵路佐級】

(　　) **11** （多選）下列何者辦理採購，毋須適用政府採購法之規定？　(A)新北市政府　(B)臺灣新北地方法院　(C)新北市農會　(D)新北大眾捷運股份有限公司　(E)臺北地方法院　(F)國立臺灣大學　(G)國家文藝基金會　(H)台灣電力公司。【修改自111鐵路佐級、109鐵路佐級】

(　　) **12** 法人或是團體接受機關之補助辦理採購，其適用「政府採購法」時，下列之敘述何者為非？　(A)所稱接受機關補助辦理採購，包括法人或團體接受機關獎助、捐助或以其他類似方式動支機關經費辦理之採購　(B)於二者以上之機關補助同一採購者，以其補助總金額計算之　(C)受理申訴之採購申訴審議委員會，為補助機關自行辦理採購之申訴之採購申訴審議委員會　(D)有二以上機關補助同一採購者，應依所占補助金額比例最高者認定之。【107桃捷2】

(　　) **13** 法人或團體接受機關補助辦理採購，補助金額符合下列何種條件時，應適用政府採購法？　(A)補助金額占採購金額半數以上　(B)補助金額達公告金額以上　(C)補助金額達查核金額以上　(D)補助金額占採購金額半數以上，且補助金額達公告金額以上。【105經濟部】

解答與解析

1 (B)。以員生消費合作社名義去採購不適用，但機關委託員生消費合作社的「本身」適用採購法。

2 (B)。辦公廳舍為不動產，屬租賃之「財物」採購。

3 (ABDEFGHL)。除(C)(I)(J)有對價關係適用採購法外，(A)(B)(G)(L)乃取財行為非採購行為，(D)生鮮農漁產品易腐不適用採購法，(E)另有財政部主管之「促進民間參與公共建設法」及相關子法之適用，(F)依工程會88年6月1日（88）工程企字第8806937號函釋不適用採購法，(H)依工程會88年9月15日（88）工程企字第8813859號函釋因有仲裁法規範故不適用採購法。

4 (B)。採7。

5 (DF)。採2。

6 (C)。應為採購法細則第6條採購金額之規定，請詳查工程會103年12月11日工程企字第10300430780號函釋。

7 (D)。請詳查細4。

8 (C)。依採7規定以該性質所占預算金額比率最高者歸屬之。

9 (C)。依採7規定以該性質所占預算金額比率最高者歸屬之。

10 (DH)。(A)(C)(E)機關、公營事業、公立學校（採購主體）均適用採購法；(B)(F)(G)法人團體辦理公告金額以上採購，由機關補助金額大於1/2且達公告金額，適用採購法；(D)(H)法人團體雖受機關補助達1/2，惟依採4.2藝文採購不適用，但應受補助機關監督。

11 (CG)。為法人團體。

12 (D)。請參細3規定，有二以上機關補助同一採購者，由各補助機關共同或指定代表機關辦理監督。而受理之採購申訴委員會則依指定代表機關或所占補助金額比率最高者認定之。

13 (D)。採4。

採購金額、預算金額及不同採購級距之監辦

( )　**1** 某機關辦理清潔勞務採購，年預算為新臺幣150萬元，並於招標公告及招標文件載明訂約2年。經向廠商詢價1年約需125萬元。履約期間情況良好者，機關得依採購法第22條第1項第7款保留議價權利2次，每次1年，此案預算金額及採購金額分別為何？　(A)預算金額新臺幣150萬元，採購金額新臺幣300萬元　(B)預算金額新臺幣300萬元，採購金額新臺幣300萬元　(C)預算金額新臺幣150萬元，採購金額新臺幣600萬元　(D)預算金額新臺幣300萬元，採購金額新臺幣600萬元。【修改自104經濟部、108經濟部、107桃捷】

( )　**2** 對於採購金額之計算，下列敘述何者有誤？　(A)招標文件有後續擴充者，應將擴充項目所需金額計入採購金額　(B)依採購法第52條第1項第4款規定，採複數決標者，依全部項目或數量之預算總額認定之　(C)租期不確定者，以每月租金之48倍認定之　(D)招標文

件規定廠商報價金額包括機關支出及收入金額者，以支出及收入淨額認定之。【107台電2、104經濟部、107桃捷】

( ) **3** 機關辦理契約變更，「加帳金額」為80萬元，「減帳金額」為80萬元，則會同監辦計算變更部分之累計金額為何？ (A)0元 (B)80萬元 (C)160萬元 (D)依原契約金額。【104經濟部】

( ) **4** 桃園捷運公司採選擇性招標建立合格廠商名單方式辦理採購，其預先辦理廠商資格審查，名單有效期為2年，每年預估採購總額為200萬元。今利用該名單邀請符合資格廠商參加80萬元投標，本次採購之採購金額應認定為？ (A)80萬元 (B)200萬元 (C)400萬元 (D)480萬元。【107桃捷2、111台電】

( ) **5** （多選）下列何者係屬採購法所稱監辦之範疇及時機？ (A)程序是否符合規定 (B)商業條款之審查 (C)廠商規格之審查 (D)底價訂定之審查 (E)開標 (F)比價 (G)決標 (H)查驗 (I)議價程序檢視 (J)底價訂定審查 (K)履約標的規格審查 (L)廠商資格審查 (M)採購程序 (N)廠商資格 (O)決標條件 (P)估驗。【修改自107台電、111台電、110經濟部、106經濟部、105經濟部、107臺鐵營運員、103經濟部、110經濟部】

( ) **6** （多選）依現行採購法規定，查核金額以上採購案件，應報請上級機關派員監辦之情形，下列何者正確？ (A)新臺幣2000萬元工程採購之開標 (B)新臺幣2000萬元財物採購之驗收 (C)新臺幣2000萬元勞務採購之開標 (D)新臺幣2000萬元工程採購之議價 (E)新臺幣1000萬元勞務採購之決標 (F)新臺幣3000萬元財物採購之驗收 (G)新臺幣5000萬元工程採購之查驗 (H)新臺幣1億元工程採購之開標 (I)新臺幣3000萬元工程採購之查核 (J)新臺幣6000萬元財物採購之驗收。【修改自108台電、110鐵路佐級、107台電2、107臺鐵服務員、107桃捷、107台電、106經濟部、104經濟部、107經濟部、110經濟部】

( ) **7** 台灣中油股份有限公司辦理查核金額以上之採購，應報請何機關派員監辦？ (A)行政院採購暨公共工程委員會 (B)財政部 (C)經濟部 (D)交通部。【111鐵路佐級】

(　　) **8** 某區公所依政府採購法第40條規定委託內政部營建署代辦查核金額以上之下水道新建工程，下列敘述何者正確？　(A)監辦該採購之上級機關為內政部　(B)監辦該採購之主會計及有關單位為營建署之監辦單位　(C)該區公所得委請營建署依規定簽報核定底價　(D)招標機關為營建署，故本案決標金額之統計應歸屬中央機關辦理之採購。【107臺鐵服務員】

(　　) **9** 依機關主（會）計及有關單位會同監辦採購辦法之規定，公告金額以上之採購，其開標之監辦，下列何者有誤？　(A)實地監視或書面審核機關辦理開標是否符合政府採購法規定之程序　(B)監辦人員採書面審核監辦者，應經監辦單位主管或其授權人員核准　(C)無監辦者，紀錄應載明其符合本辦法規定不派員監辦之特殊情形　(D)辦理採購之主持人不接受監辦人員所提意見者，應納入紀錄，報機關首長或其授權人員決定之。但不接受上級機關監辦人員意見者，應報上級機關核准。【103經濟部】

(　　) **10** 機關辦理查核金額以上採購之招標，應檢送採購預算資料、招標文件及相關文件，報請上級機關派員監辦，其送件時間為：　(A)等標期或截止收件日5日前　(B)開標日5日前　(C)等標期或截止收件日3日前　(D)開標日3日前。【107臺鐵營運員、107桃捷2】

(　　) **11** 機關內之監辦人員對採購不符合採購法規定程序而提出意見，下列作法何者正確？　(A)由辦理採購之主持人或主驗人決定是否接受，如不接受，應納入紀錄　(B)辦理採購之主持人或主驗人得不接受，但應納入紀錄，陳報機關首長或其授權人員備查　(C)由辦理採購之主持人或主驗人決定是否接受，如不接受，得納入紀錄　(D)辦理採購之主持人或主驗人如不接受，應納入紀錄，報機關首長或其授權人員決定之。【107台電】

(　　) **12** 關於機關辦理採購之規定，下列敘述，何者錯誤？　(A)機關辦理查核金額以上採購，應檢送相關文件報請上級機關派員監辦　(B)機關辦理公告金額以上之採購，係由其機關內部監辦　(C)機關不

得分批辦理公告金額以上之採購，以意圖規避政府採購法之適用 (D)有分批辦理採購之必要者，應經上級機關核准，分別依各批次核計採購金額。【108鐵路佐級】

(　) **13** 監辦人員採書面審核監辦時，其簽名之時機為：　(A)得於各相關人員均簽名後為之　(B)應於各相關人員均簽名後為之　(C)應於與會人員簽名後及主持（驗）人簽名前　(D)得免簽名。【107臺鐵營運員、107臺鐵服務員】

(　) **14** 依採購法規定，下列敘述何者有誤？　(A)採購法所稱主管機關為行政院採購暨公共工程委員會　(B)採購法所稱之上級機關係指辦理採購機關直屬之上一級機關　(C)機關辦理公告金額以上採購之開標，應由其主（會）計或有關單位會同監辦　(D)採購法所稱廠商得指提供各機關勞務之自然人。【107台電2】

(　) **15** 下列何者屬「機關主會計及有關單位會同監辦採購辦法」所稱之有關單位？　(A)政風單位　(B)主計單位　(C)會計單位　(D)上級單位。【107台電2、107桃捷2】

(　) **16** 公告金額以上採購案有下列何者情形，經機關首長或其授權人員核准者，得不派員監辦？　(A)廠商提出異議者　(B)廠商申請調解者 (C)經工程施工查核小組認定有重大異常者　(D)重複性採購，同一年度內已有監辦前例。【110台電】

(　) **17** 「政府採購法」第13條之規定「機關辦理公告金額以上採購之開標、比價、議價、決標及驗收，除有特殊情形者外，應由其主（會）計及有關單位會同監辦。」其中所謂「特殊情形」，根據「機關主會計及有關單位會同監辦採購辦法」第5條之規定，係指合於下列情形之一者，以下何者為非？　(A)另有重要公務需處理，致無人員可供分派　(B)依公告、公定或管制價格或費率採購財物或勞務，無減價之可能　(C)未設主（會）計單位及有關單位 (D)地區偏遠，實地監辦驗收顯有困難。【106桃捷】

( ) **18** 依「機關主會計及有關單位會同監辦採購辦法」第5條規定,經機關首長或其授權人員核准不派員監辦,下列敘述何者正確? (A)主會計及有關單位人員仍應辦理書面審核監辦,並於紀錄載明「書面審核監辦」字樣 (B)主會計及有關單位人員仍需以監辦人員身分於紀錄簽章 (C)主會計仍需以監辦人員身分於紀錄簽章 (D)主會計及有關單位人員未辦理監辦,無需於紀錄簽章。【107台電】

( ) **19** 有關機關辦理查核金額以上之採購,報請上級機關派員監辦之期限,下列敘述何者有誤? (A)招標案件應於等標期或截止收件日5日前提報 (B)流標、廢標或取消招標重新招標時,得予縮短期限提報 (C)決標案件不與開標、比價或議價合併辦理者應於預定決標日5日前提報 (D)驗收案件應於預定驗收5日前提報。【107台電2】

( ) **20** 依採購法規定,機關辦理採購之開標、比價、議價、決標及驗收時,下列有關應報請派員監辦之敘述,何者有誤? (A)屬巨額採購以上採購應報請主管機關 (B)屬查核金額以上採購應報請上級機關 (C)屬公告金額以上採購應報請主(會)計 (D)屬未達公告金額採購報請有關單位。【108台電】

( ) **21** 依中央機關未達公告金額採購監辦辦法,得不派員監辦之敘述,下列何者有誤? (A)採購標的於市場已普遍銷售 (B)利用本法第93條共同供應契約辦理之採購 (C)以會議審查方式辦理財物採購驗收者 (D)分批驗收,其驗收金額未逾公告金額十分之一。【108台電】

解答與解析

1 (D)。請詳查細6。

2 (D)。請詳查細6。

3 (B)。請詳查細6-9以支出所需金額認定之。

4 (A)。請詳查細6-2。

5 (AEFGIM)。監辦重點在於「採購程序」,不包含技術、實質審標及底價訂定審查內容;另「查驗」是指二級品管中之監造查驗。

6 (CEHJ)。查核金額以上(工程、財物5000萬元,勞務採購1000萬

元）須報上級監辦+監辦時機（開比議決驗）。其中，工程採購之查核、查驗均係履約品質之檢核，請各位詳加釐清。

7 (C)。經濟部為中油公司、台電公司上級（所以您會看到每每跳電，經濟部長總會出來道歉）。

8 (C)。依細42-1：
(1)監辦該採購之上級機關，為洽辦機關（區公所）之上級機關（縣市政府）。但洽辦機關之上級機關得洽請代辦機關（營建署）之上級機關（內政部）代行其上級機關之職權。
(2)監辦該採購之主會計及有關單位為洽辦機關（區公所）之單位。但代辦機關（營建署）有類似單位者，洽辦機關得一併洽請代辦。
(3)除招標文件另有規定外，以代辦機關（營建署）為招標機關。
(4)洽辦機關（區公所）及代辦機關（營建署）分屬中央及地方機關者，依洽辦機關（區公所）之屬性認定該採購係屬中央或地方機關辦理之採購。
(5)洽辦機關（區公所）得行使之職權或應辦理之事項，得由代辦機關（營建署）代為行使或辦理。

9 (B)。書面審核監辦應經機關首長或其授權人員核准。

10 (A)。依細7，招標應於等標期或截止收件日5日前送件。依細8，決標應於預定決標日3日前送件。

11 (D)。請詳查細11.3。

12 (D)。採14：依其總金額核計採購金額，按公告金額或查核金額以上規定辦理。

13 (B)。請詳查「機關主會計及有關單位會同監辦採購辦法」7.3。

14 (C)。應由其主會計「及」有關單位會同監辦。

15 (A)。依「機關主會計及有關單位會同監辦採購辦法」第3條有關單位定義。

16 (D)。依「機關主會計及有關單位會同監辦採購辦法」第5條規定。

17 (D)。地區偏遠致無人可派，即買即用或使用期間太短致實地監辦驗收有困難。

18 (D)。
(1)實地監辦：應監名，得於相關人員簽名後為之。
(2)特殊情形：核准不派員故無監辦，紀錄應載明特殊情形。
(3)書面審核：應於各相關人員簽名後併文件送監辦簽名，紀錄應載明書面審核監辦。

19 (C)。分開辦理為預訂決標日3日前。

20 (A)。查核金額以上報上級機關監辦。

21 (C)。勞務採購方能以會議審查驗收。

條約協定

( ) **1** 依我國加入世界貿易組織（WTO）政府採購協定（GPA）之目前承諾開放清單，下列何者有誤？ (A)財物開放案件之門檻金額，公營事業所適用之金額大於中央機關所適用之金額 (B)公營事業採購研究發展服務，非屬開放範圍 (C)土木工程開放案件之門檻金額為5,000,000特別提款權（SDR），公營事業與中央機關均相同 (D)電力排除項目，不開放予我國以外之其他GPA全部會員。【103經濟部】

( ) **2** 依世界貿易組織（WTO）政府採購協定（GPA）之內容，下列何者有誤？ (A)適用GPA之案件，應允許外國廠商以WTO官方語文投標 (B)GPA會員開放案件之門檻金額，係以特別提款權（SDR）標示，各會員另外定期將其換算為以本國貨幣為單位之金額 (C)GPA不是所有WTO會員都必須加入之協定 (D)我國將直轄市政府之區公所辦理之採購亦納入適用範圍。【103經濟部】

( ) **3** 機關辦理非適用WTO政府採購協定之巨額採購公開招標，其等標期（未提供電子領投標及公開閱覽）不得少於幾日期限？ (A)十四日 (B)二十八日 (C)一個月 (D)三個月。【107台電】

( ) **4** 桃園捷運公司辦理適用世界貿易組織（WTO）政府採購協定（GPA）之採購，下列何者非屬GPA規定應辦理事項？ (A)刊登英文摘要公告 (B)依GPA規定之等標期 (C)允許GPA會員廠商投標 (D)提供英文招標文件。【107桃捷】

( ) **5** 下列敘述何者正確？ (A)機關辦理適用ＷＴＯ政府採購協定（GPA）之採購，不得於招標文件限制大陸地區廠商或其產品或勞務參與 (B)個案採購涉及國家安全，如屬適用GPA之採購，機關不得排除第三地區含陸資成分廠商投標 (C)機關以公告方式辦理之所有採購個案，皆得限制在臺陸資廠商參與 (D)以上皆非。【採購基礎班考古題】

(　)　**6** 機關辦理採購，除我國締結之條約或協定另有禁止規定者外，得採行下列措施，並應載明於招標文件中：要求投標廠商採購國內貨品比率、技術移轉、投資、協助外銷或其他類似條件，作為採購評選之項目，其比率不得逾幾分之幾？　(A)二分之一　(B)三分之一　(C)四分之一　(D)五分之一。【107桃捷2】

(　)　**7** 機關辦理採購時，招標文件中的工業互惠條款（補償交易）所載明對外國投標廠商的要求，下列何者不包括在內？　(A)協助外銷　(B)採購國內貨品比率　(C)技術移轉　(D)履約保證保險。【107臺鐵服務員】

解答與解析

1 (D)。電力排除項目僅開放部分GPA成員。

2 (D)。GPA僅納入台北市、高雄市兩直轄市所屬行政機關，新北市、桃園市、台中市、台南市等4都受制條約協定則因臺星貿易協定。

3 (B)。非適用條約協定者，依「招標期限標準」規定，巨額採購等標期28日。

4 (D)。GPA應辦事項含刊登英文摘要、GPA規定等標期、允許GPA成員國投標等。

5 (D)。目前法規僅有「具敏感性或國安（含資安）疑慮之業務範疇」不允許經濟部投資審議委員會公告之陸資廠商參與投標。

6 (B)。請詳查採43規定。

7 (D)。請詳查採43規定。

其他考題

(　)　**1** （多選）有關請託或關說之敘述，下列何者正確？　(A)不循法定程序於驗收期間，要求變更驗收結果不屬請託或關說　(B)請託或關說，得作為評選之參考　(C)請託或關說，宜以書面為之或作成紀錄　(D)不循法定程序於招標前，對預定辦理之採購事項，提出請求不屬請託或關說　(E)警察機關得調閱請託或關說之書面或紀

錄　(F)請託或關說之書面或紀錄附於採購文件一併保存。【修改自107台電、108台電】

(　　) **2** （多選）下列何者為正確？　(A)機關辦理採購，應以維護公共利益及公平合理為原則　(B)採購人員得基於公共利益為違反採購法之決定　(C)公營事業之採購適用採購法　(D)自然人得為簽約對象　(E)辦理採購人員應視採購金額大小靈活運用，無須墨守成規　(F)為求公平合理，對廠商不得為任何之差別待遇　(G)辦理採購人員得基於公共利益及採購效益，例外無須受政府採購法規定拘束。
【修改自107臺鐵服務員、110台電、108鐵路佐級】

(　　) **3** （多選）機關承辦、監辦採購人員對於採購有關之事項，下列何者不是應迴避之情形？　(A)涉及本人、配偶利益　(B)涉及二親等以內親屬利益　(C)涉及前配偶或三親等以內血親或姻親利益　(D)涉及共同生活家屬利益　(E)涉及前配偶或四親等以內血親或姻親利益　(F)服務單位所屬長官　(G)同財共居親屬。【修改自111台電、107臺鐵營運員、107臺鐵服務員、107台電、110鐵路佐級、採購基礎班考古題】

(　　) **4** 依政府採購法規定，機關承辦、監辦採購人員離職後（甲）年內不得為本人或代理廠商向原任職機關接洽處理離職前（乙）年內與職務有關之事務？　(A)甲＝3年、乙＝5年　(B)甲＝5年、乙＝3年　(C)甲＝1年、乙＝3年　(D)甲＝3年、乙＝3年。【107臺鐵服務員、106桃捷、110經濟部、110鐵路佐級】

(　　) **5** 政府採購法第6條第1項後段規定：「對廠商不得為無正當理由之差別待遇」，下列何者不會有違反之虞？　(A)不適用條約協定之採購，限我國廠商投標　(B)招標文件規定投標廠商須為製造廠之代理商　(C)新臺幣50萬元之採購，指定廠牌公開徵求廠商提供報價單辦理決標　(D)規定投標廠商須於招標機關之所在地轄區有實際工作經驗。【106經濟部】

(　　) **6** 政府採購法最根本的設計主軸在於　(A)誠信原則　(B)國家安全　(C)程序透明　(D)契約自由。【107臺鐵營運專員】

(　　) **7** 機關製作標單規定「O協會會員」方可投標,其屬於下列何項行為?　(A)屬於機關預算自由原則　(B)屬於國產品優先問題　(C)屬於公協會自治事項　(D)屬於不當限制競爭。【111鐵路佐級】

(　　) **8** 關於分批辦理採購,下列何者錯誤?　(A)機關不得意圖規避政府採購法之規定而分批辦理採購　(B)有分批辦理採購之必要者,應經上級機關核准,分別各批次核計採購金額　(C)依不同供應地區而分別辦理之採購,並非意圖規避政府採購法之規定而分批辦理之採購　(D)法定預算書已標示分批辦理採購之情形,機關依預算書辦理公告金額以上之採購者,免報經上級機關核准。【109鐵路佐級】

(　　) **9** 依現行規定,巨額採購的採購金額為何?　(A)工程採購,為新臺幣1億元　(B)財物採購,為新臺幣1億元　(C)勞務採購,為新臺幣1千萬元　(D)勞務採購,為新臺幣5百萬元。【108鐵路佐級、106桃捷、107台電、107桃捷、107臺鐵營運員、107臺鐵服務員、107經濟部、110台電】

(　　) **10** 關於機關辦理採購,下列敘述何者錯誤?
(A)機關辦理採購金額逾新臺幣2億元之工程採購,應成立採購工作及審查小組
(B)機關辦理採購金額新臺幣6,000萬元之財物採購之開標,應依規定報請上級機關派員監辦
(C)機關辦理採購金額新臺幣5,000萬元之工程採購之驗收,應依規定報請上級機關派員監辦
(D)機關辦理採購金額新臺幣900萬元之勞務採購之招標,應依規定報請上級機關派員監辦。【110鐵路佐級】

(　　) **11** 下列關於政府採購法所稱主管機關之敘述,何者正確?　(A)主管機關為行政院採購暨公共工程委員會,以財政部部長兼任主任委員　(B)主管機關得視需要,將政府採購法令之研訂及修正等事項,委託其他機關辦理　(C)主管機關得視需要設立採購資訊中心,統一蒐集共通性商情及同等品分類之資訊　(D)主管機關應建立工程價格資料庫,以供各機關採購預算編列及底價訂定之參考。【110鐵路佐級】

解答與解析

1 (CF)。不循法定程序於招標前，對預定辦理之採購事項，提出請求「亦」屬請託或關說。(F)依採購法施行細則第17條，請託關說紀錄附於採購文件一併保存。

2 (ACDF)。請詳查採6。其中，(B)採購人員得基於公共利益為適當之採購決定；(E)(G)仍須符合採購法。

3 (CE)。政府採購法第15條經108年5月修正後，將原第15條第2項：「機關承辦、監辦採購人員對於與採購有關之事項，涉及本人、配偶、三親等以內血親或姻親，或同財共居親屬之利益時，應行迴避。」配合公職人員利益衝突迴避法第3條第1款及第2款（公職人員之關係人範圍）規定並機關人員不限承辦監辦只要涉有該採購有利益衝突即該迴避，修正為現今條文「機關人員對於與採購有關之事項，涉及本人、配偶、二親等以內親屬，或共同生活家屬之利益時，應行

迴避。」是以，超過2親等之利益非屬應迴避情形。然，服務單位所屬長官（即規定之機關人員）涉及本人利益時仍應行迴避。

4 (A)。請詳查採15.1。

5 (A)。請詳查「外國廠商參與非條約協定採購處理辦法」2.1。其餘請詳查採6。

6 (C)。較接近採6意旨。

7 (D)。請詳查採6。

8 (B)。依採14規定，有分批辦理必要且經上級核准，應依其總金額合計採購金額……。(C)(D)請詳查細13。

9 (B)。巨額：工程2億元、財物1億元、勞務2000萬元。

10 (D)。(A)巨額工程，請詳查採11-1。(B)(C)查核以上均需上級機關監辦。

11 (D)。請詳查採11。

適用法規速查

機關採購工作及審查小組設置及作業辦法（109年7月15日修正）	中央未達公告金額採購監辦辦法（92年2月12日修正）
機關主會計及有關單位會同監辦採購辦法（99年11月29日修正）	外國廠商參與非條約協定採購處理辦法（101年8月14日修正）

招 標

從 L2 招標開始至 L3 決標止，是政府採購法前半段的核心內容，屬於公法範疇，換句話說，由於機關拿民眾的錢委託廠商辦事，為使廠商能在最公平且不被限制競爭之前提下爭取標案，L2 規範了招標要注意之事項，包含招標方式有哪些？怎麼選擇？廠商投標資格如何設定？何種情形為「無效標」？何種情形為「不當限制競爭」？等標（非條約狀況）與開標、押標金及保證金的相關規定以及統包、共同投標等較為特殊之招標方式。這部分也是採購實務上運用頻率非常高之規定，筆者將實際採購經驗一併整理於此，請務必詳讀，不要放過。以下彙整包含自 103 年起迄今之高普考、經濟部、國營事業相關考試考古題之重點及考試機率，尤其以「招標方式之選擇」、「押保金規定」、「廠商投標資格及不當限制競爭」、「等標開標相關事宜」為考題大宗，其相關子法亦相對重要，請讀者務必把握相關題型及應用。

重點	法規條目	考題機率
招標方式之選擇	採 18~23、採 49	41%
押標金、保證金相關規定	採 30~32	22%
廠商投標資格、限制競爭及同等品	採 26、採 29、採 36~38 等	11%
統包、共同投標、等標期、開標相關規定	採 24~25、採 27~28	18%
其他題型	採 24 ～ 25	8%

準備建議

1 招標方式之選擇，各種招標方式之細節。
2 押標金、履保金之額度，扣留押標金之情形。
3 投標資格及文件，限制競爭之情形。
4 等標期、開標相關。

逐條説明

一、招標方式之選擇

第 18 條

採購之招標方式，分為公開招標、選擇性招標及限制性招標。

本法所稱公開招標，指以公告方式邀請不特定廠商投標。

本法所稱選擇性招標，指以公告方式預先依一定資格條件辦理廠商資格審查後，再行邀請符合資格之廠商投標。

本法所稱限制性招標，指不經公告程序，邀請二家以上廠商比價或僅邀請一家廠商議價。

細 則

第 19 條　機關辦理限制性招標，邀請二家以上廠商比價，有二家廠商投標者，即得比價；僅有一家廠商投標者，得當場改為議價辦理。

第 19 條

機關辦理公告金額以上之採購，除依第二十條及第二十二條辦理者外，應公開招標。

✅ 採購實務這樣做

採購法所規定之招標方式，只有**公開招標、選擇性招標**及**限制性**招標3種。其中，選擇性招標及限制性招標之選擇必須滿足後述採購法規範之條件才能使用，以限制性招標尤其嚴格。

各位可以這樣想像，基於採購法公平公開原則，對廠商不得有不當限制競爭之情事，所以直接以公開招標的方式最不易有爭議，而且無論公告金額以上或以下都可使用，但對於機關（尤其有執行期程壓力或首長、民代承諾政見的

機關），公開招標因為針對不特定廠商作公告邀標，廠商數可能很多也可能很少，造成第1次開標是否能進下一階段沒人說得準（但以目前公共工程招標來說，通常第1次開標都會因為未滿3家而流標），此外等標期[1]也較其他方式來得久。因此，選擇性招標（先公告預審資格後，再邀廠商進下一階段）及限制性招標（不公告，邀1～2家廠商投標）相對於公開招標，限縮廠商得知標案招標之機會，有違採購法公平公開原則，所以在於法有據及符合特定條件之狀況下，採用選擇性或限制性招標才不致有不當限制競爭之情事。

針對不同招標方式之開標家數規定，請詳閱本書L3相關規定。

註解：　[1] 招標期限標準。

二、選擇性招標

第 **20** 條

機關辦理公告金額以上之採購，符合下列情形之一者，得採選擇性招標：

一、經常性採購。
二、投標文件審查，須費時長久始能完成者。
三、廠商準備投標需高額費用者。
四、廠商資格條件複雜者。
五、研究發展事項。

第 **21** 條

機關為辦理選擇性招標，得預先辦理資格審查，建立合格廠商名單。但仍應隨時接受廠商資格審查之請求，並定期檢討修正合格廠商名單。
未列入合格廠商名單之廠商請求參加特定招標時，機關於不妨礙招標作業，並能適時完成其資格審查者，於審查合格後，邀其投標。
經常性採購，應建立六家以上之合格廠商名單。
機關辦理選擇性招標，應予經資格審查合格之廠商平等受邀之機會。

細 則

第 20 條 機關辦理選擇性招標，其預先辦理資格審查所建立之合格廠商名單，有效期逾一年者，應逐年公告辦理資格審查，並檢討修正既有合格廠商名單。

前項名單之有效期未逾三年，且已於辦理資格審查之公告載明不再公告辦理資格審查者，於有效期內得免逐年公告。但機關仍應逐年檢討修正該名單。

機關於合格廠商名單有效期內發現名單內之廠商有不符合原定資格條件之情形者，得限期通知該廠商提出說明。廠商逾期未提出合理說明者，機關應將其自合格廠商名單中刪除。

第 21 條 機關為特定個案辦理選擇性招標，應於辦理廠商資格審查後，邀請所有符合資格之廠商投標。

機關依本法第二十一條第一項建立合格廠商名單者，於辦理採購時，得擇下列方式之一為之，並於辦理廠商資格審查之文件中載明。其有每次邀請廠商家數之限制者，亦應載明。

一、個別邀請所有符合資格之廠商投標。

二、公告邀請所有符合資格之廠商投標。

三、依辦理廠商資格審查文件所標示之邀請順序，依序邀請符合資格之廠商投標。

四、以抽籤方式擇定邀請符合資格之廠商投標。

✅ 採購實務這樣做

這部分常考的題型是選擇性招標適用條件、拿選擇性招標開標時的合格家數與其他招標方式的開標合格家數交叉比較以及邀請符合資格廠商投標的方式。

第一次接觸採購法的你，其實可將「選擇性招標」當成是一種預先審核資格的機制，先找一群符合機關需求資格的廠商候選名單，然後再針對採購需求，邀請這些候選廠商名單投標，這其中每個階段的作業機制，均於前開法條中律定。

三、限制性招標

第 **22** 條

機關辦理公告金額以上之採購，符合下列情形之一者，得採限制性招標：

一、以公開招標、選擇性招標或依第九款至第十一款公告程序辦理結果，無廠商投標或無合格標，且以原定招標內容及條件未經重大改變者。

二、屬專屬權利、獨家製造或供應、藝術品、秘密諮詢，無其他合適之替代標的者。

三、遇有不可預見之緊急事故，致無法以公開或選擇性招標程序適時辦理，且確有必要者。

四、原有採購之後續維修、零配件供應、更換或擴充，因相容或互通性之需要，必須向原供應廠商採購者。

五、屬原型或首次製造、供應之標的，以研究發展、實驗或開發性質辦理者。

六、在原招標目的範圍內，因未能預見之情形，必須追加契約以外之工程，如另行招標，確有產生重大不便及技術或經濟上困難之虞，非洽原訂約廠商辦理，不能達契約之目的，且未逾原主契約金額百分之五十者。

七、原有採購之後續擴充，且已於原招標公告及招標文件敘明擴充之期間、金額或數量者。

八、在集中交易或公開競價市場採購財物。

九、委託專業服務、技術服務、資訊服務或社會福利服務，經公開客觀評選為優勝者。

十、辦理設計競賽，經公開客觀評選為優勝者。

十一、因業務需要，指定地區採購房地產，經依所需條件公開徵求勘選認定適合需要者。

十二、購買身心障礙者、原住民或受刑人個人、身心障礙福利機構或團體、政府立案之原住民團體、監獄工場、慈善機構及庇護工場所提供之非營利產品或勞務。

十三、委託在專業領域具領先地位之自然人或經公告審查優勝之學術或非營利機構進行科技、技術引進、行政或學術研究發展。

十四、邀請或委託具專業素養、特質或經公告審查優勝之文化、藝術專業人士、機構或團體表演或參與文藝活動或提供文化創意服務。

十五、公營事業為商業性轉售或用於製造產品、提供服務以供轉售目的所為之採購，基於轉售對象、製程或供應源之特性或實際需要，不適宜以公開招標或選擇性招標方式辦理者。

十六、其他經主管機關認定者。

前項第九款專業服務、技術服務、資訊服務及第十款之廠商評選辦法與服務費用計算方式與第十一款、第十三款及第十四款之作業辦法，由主管機關定之。

第一項第九款社會福利服務之廠商評選辦法與服務費用計算方式，由主管機關會同中央目的事業主管機關定之。

第一項第十三款及第十四款，不適用工程採購。

> **細　則**

第 **22** 條　本法第二十二條第一項第一款所稱無廠商投標，指公告或邀請符合資格之廠商投標結果，無廠商投標或提出資格文件；所稱無合格標，指審標結果無廠商合於招標文件規定。但有廠商異議或申訴在處理中者，均不在此限。

本法第二十二條第一項第二款所稱專屬權利，指已立法保護之智慧財產權。但不包括商標專用權。

本法第二十二條第一項第五款所稱供應之標的，包括工程、財物或勞務；所稱以研究發展、實驗或開發性質辦理者，指以契約要求廠商進行研究發展、實驗或開發，以獲得原型或首次製造、供應之標的，並得包括測試品質或功能所為之限量生產或供應。但不包括商業目的或回收研究發展、實驗或開發成本所為之大量生產或供應。

本法第二十二條第一項第六款所稱百分之五十，指追加累計金額占原主契約金額之比率。

本法第二十二條第一項第十二款所稱身心障礙者、身心障礙福利機構或團體及庇護工場，其認定依身心障礙者權益保障法之規定；所稱原住民，其認定依原住民身分法之規定。

第 **23** 條　機關辦理採購，屬專屬權利或獨家製造或供應，無其他合適之替代標的之部分，其預估金額達採購金額之百分之五十以上，分別辦理採購確有重大困難之虞，必須與其他部分合併採購者，得依本法第二十二條第一項第二款規定採限制性招標。

第 **23-1** 條 機關依本法第二十二條第一項規定辦理限制性招標,應由需求、使用或承辦採購單位,就個案敘明符合各款之情形,簽報機關首長或其授權人員核准。其得以比價方式辦理者,優先以比價方式辦理。

機關辦理本法第二十二條第一項所定限制性招標,得將徵求受邀廠商之公告刊登政府採購公報或公開於主管機關之資訊網路。但本法另有規定者,依其規定辦理。

✅ 採購實務這樣做

「限制性招標」,顧名思義就是針對「**公告金額以上**」之採購案,在特定採購需求下,在不公告招標的狀況下,允許少部分廠商參與的一種招標方式。採22.1中,有明確定義可採用限制性招標的各種態樣,其中有些態樣是常識可理解的,為幫助各位系統化對「限制性招標」有所認知,簡單分為以下幾類:

1. 獨家製造或供應:
   (1) 因為專利或核心技術的關係,甚至是某個知名藝術家如畢卡索,能供應的廠商、代理商或畫家就只有1家或1人,別無分號,當然就只能採限制性招標(採22.1-2)。
   ＊細則22.2:專屬權利指已**立法**保護之智慧財產權,**不包括商標使用權**。(有關專屬權利之執行疑義,請詳閱工程會112年11月23日工程企字第1120023338號函釋)
   (2) 國防部想要發展反艦飛彈,請中山科技研究院(簡稱中科院)研發原型或實驗性產品(採22.1-5)。
   (3) 請諾貝爾物理獎得主提供先進科技發展,或委託經公告審查優勝的學術機關例如台灣大學或工研院等機構來作科技引進、研發乃至學術發展等(採22.1-13)。
   (4) 委請國寶藝術家提供表演或文創服務(採22.1-14)。
2. 既有產品或服務之延續,難以找他人接手之狀況(常考):
   (1) 延續性目前正在使用的設備,其對應耗材其他地方買不到,當然只能洽原購買設備廠商來提供(採22.1-4)。

　A. 原有採購：不以原採購機關辦理為限，含使用、接管機關。

　B. 原供應商：得為原契約商或原製造商，含原分包廠商（工程會89年12月4日工程企字第89035121號函釋）

　C. 零配件供應：原有採購之後續零配件供應（工程會99年1月8日工程企字第09900004730號函釋）

(2)目前正在施作的工程，在原招標目的範圍內，因為政策、民眾陳抗、議員要求等未能預期之狀況要作追加其他工程，變更的範圍或金額在一定限制內，但另行招標又很困難（採22.1-6）。

依工程會88年7月19日工程企字第8809861號函釋，本條款適用要件：

　A. **工程採購**。

　B. **在原招標目的範圍內**。

　C. 因**未能預見**之情形，必須追加原契約以外之工程。（工程會97年12月23日工程企字第09700536510號函釋：含原契約項目規格變更或數量追加）

　D. 如另行招標確有重大不便及技術或經濟上困難。

　E. **非洽原訂約廠商辦理，不能達契約目的**。

　F. **追加累計金額**在公告金額以上且未逾原約50%。（即**追加累計**金額／**原主契約金額**≦50%）

(3)某大型公共工程委託專案管理及監造，因為經費不足正在籌措，以專案管理招標並後續擴充監造技術服務之態樣；或是籌辦大型活動，可能因應場地使用條件限制，無法預期使用期間，就用後續擴充方式來處理。實務上必須注意，必須在原「招標公告」**及**「招標文件」敘明後續擴充之「期間」、「金額」或「數量」（建議3取2）才行喔！不然就是錯誤態樣。（採22.1-7）

依工程會94年3月29日工程企字第09400096190號函釋說明二：「機關依本法第22條第1項第7款規定辦理原有採購之後續擴充，議價程序不得免除。**如原招標文件之後續擴充條件載明係以原契約條件及價金續約核算付款**，得以**換文**方式辦理，免召開議價會議」。是故，若僅為原採購的再延伸服務（原單價、數量增加），經簽報機關首長及其授權人核准後以換文方式處理，**免召開議價會議**。反之，若**為新增項目，或與原契約有異，則議價程序仍不得免除**，請留意。

3.特殊狀況（最常考）

(1)以公開招標、選擇性招標或採購法第22條第1項第9款（專業服務、技術服務、資訊服務或社會福利服務）、第10款（設計競賽經公開評選優勝）、第11款（特定地區房地產之公開徵求）公告程序辦理結果，**無廠商投標或無合格標**，且以**原定招標內容及條件未經重大改變者**。本條款在實務上採用時要特別小心，簽辦時必須檢視是否符合前述所提之狀況：**招標方式+無廠商或無合格標＋原招標內容**，符合時才可使用喔。（採22.1-1）

(2)遇有不可預見之緊急事故，致無法以公開或選擇性招標程序適時辦理，且確有必要者（採22.1-3）。

不可預見緊急事故，不限於已發生者，為防止緊急事故發生所採取防範措施也算在內，但「預算來不及執行」不能以本條款作為依據來使用限制性招標喔！

實務上，常有採22.1-3或採105適用性之比較，不過，採22.1-3是指使用「限制性招標」的情形，而採105所律定之狀況係得不適用採購法第2堂招標、第3堂決標的規定。

(3)集中交易或公開競價市場採購財物。集中交易，如買賣股票是在證券交易所作交易撮合；公開競價市場，例如拍賣會，投標者自由出價，價高者得。（採22.1-8）

(4)委託專業服務（例如營運、建物登記等）、技術服務（僅限專案管理、監造、可行性研究、綜合規劃、基本設計、細部設計等）、資訊服務或社會福利服務，經公開客觀評選為優勝者（採22.1-9）。

在備考上，各位不妨以「**採22.1-9（專業、技術、資訊、社福）→限制性招標、公開評選→準用最有利標決標**」成套方式來背誦。

而實務上，本條款尤其在工程機關最常使用。

(5)辦理設計競賽，經公開客觀評選為優勝者（採22.1-10）。

(6)特定地區房地產之公開徵求（採22.1-11）。

(7)購買身心障礙者、原住民或受刑人個人、身心障礙福利機構或團體、政府立案之原住民團體、監獄工場、慈善機構及庇護工場所提供之**非營利產品或勞務**（採22.1-12）。

(8)公營事業為商業性轉售或用於製造產品、提供服務以供轉售目的所為之採購，基於轉售對象、製程或供應源特性或實際需要，不適宜以公開招標或

選擇性招標方式辦理者，例如中油的煉油設備、台電的發電機、台糖超市的冷凍食品採購等；（採22.1-15）

(9)其他經主管機關認定者。（採22.1-16）

各位不妨思考，政府採購法的核心價值是「公平公開」，那採購法第22條第12款中對於原住民族的保障部分，是否與政府採購法的核心價值有所違背？

依照大法官會議103年4月18日釋字第719號的解釋文：「原住民族工作權保障法第十二條第一項、第三項及政府採購法第九十八條，關於政府採購得標廠商於國內員工總人數逾一百人者，應於履約期間僱用原住民，人數不得低於總人數百分之一，進用原住民人數未達標準者，應向原住民族綜合發展基金之就業基金繳納代金部分，尚無違背憲法第七條平等原則[2]及第二十三條比例原則[3]，與憲法第十五條[4]保障之財產權及其與工作權內涵之營業自由之意旨並無不符。

這是政府採購法高階考題，如司法官特考、鐵路特考高員級等容易出現，請準備這些考試的各位要把握。

此外，採購基礎訓練班考古題也曾以張冠李戴方式考採22.2、採22.3、採22.4內容以及相關子法內容作法，本書將常考或常混淆內容整理如表2.1，也請準備文化、房產、研發、社會福利等有關業務機關考試的你把握。其準備的訣竅：因房地產及研發係根基於相關法規另當別論也較不常考外，其他從專業服務、技術服務、社會福利及文化創意部分，依共通性特色再額外衍生。

註解： [2] 中華民國憲法第7條：中華民國人民，無分男女、宗教、種族、階級、黨派，在法律上一律平等。
[3] 中華民國憲法第23條：以上各條列舉之自由權利，除為防止妨礙他人自由、避免緊急危難、維持社會秩序，或增進公共利益所必要者外，不得以法律限制之。
[4] 中華民國憲法第15條：人民之生存權、工作權及財產權，應予保障。

表 2.1 採 22 相關子法介紹及重點歸納

共通性	子法別（簡稱）	子法特殊性
1. 評選／審查辦法：準用最有利標評選辦法。 2. 計費方法： 　(1) 總包價法或單價計算法。 　(2) 按月、按日或按時計酬法。 　(3) 服務成本加公費法。 3. 獎勵性報酬之給付： 　(1) **服務費用降低**，為所減省契約價金金額之一定比率，以不逾 50% 為限。 　(2) **實際績效提高**，為不逾契約價金總額或契約價金上限之 10% 為限。 4. 得於訂約後**預付**部分費用，以不逾契約價金總額或上限之 30%。 5. **履約期間逾 1 年者**，得於契約內訂明自**第 2 年起得隨物價指數調整契約價金**。 6. 成果之智財權及侵害第三人權益由廠商權負責。其成果，機關得視需要取得部分或全部權利或取得授權。	A. 專業服務（採 22.1-9） B. 資訊服務（採 22.1-9）	
	C. 技術服務（採 22.1-9）	1. 計費方法另有**建造費用百分比法**（**建物價值 × 不同建物類別及規模之比例**） 2. **專案管理**：專案管理人員至少應有 1/2 為該廠商之專任職員。 3. 新建建築物之服務費用採購金額達 500 萬元且包含規劃、設計者，應辦理競圖。 4. 發給設計圖或服務建議書經評選達一定分數名次之「未獲選」廠商獎勵金，機關並取得全部或部分權利。 5. **服務須縮短時間完成**得酌增費用，其**費用專案議定**；重複性工程服務採相同圖說者，設計費用酌減給付。
	D. 福利服務（採 22.1-9）	1. 計費方法僅「總包價法或單價計算法」及「按月、按日或按時計酬法」。 2. **薪資固定價格，機關不得洽減**→獎勵性報酬僅**實際績效提高**，獎勵金總額以不逾契約價金總額或上限之 10%。

共通性	子法別（簡稱）	子法特殊性
1. 評選／審查辦法：準用最有利標評選辦法。 2. 計費方法： 　(1) 總包價法或單價計算法。 　(2) 按月、按日或按時計酬法。 　(3) 服務成本加公費法。 3. 獎勵性報酬之給付： 　(1) **服務費用降低**，為所減省契約價金金額之一定比率，以不逾 50% 為限。 　(2) **實際績效提高**，為不逾契約價金總額或契約價金上限之 10% 為限。 4. 得於訂約後**預付**部分費用，以不逾契約價金總額或上限之 30%。 5. **履約期間逾 1 年者**，得於契約內訂明自**第 2 年起得隨物價指數調整契約價金**。 6. 成果之智財權及侵害第三人權益由廠商權負責。其成果，機關得視需要取得部分或全部權利或取得授權。	E. 設計競賽 （採 22.1-10）	1. 公告程序辦理設計競賽方式，得以下列方式之一辦理： 　(1) 公開徵求作品。 　(2) 公開徵求設計作品及設計說明書。 　(3) 公開徵求設計建議書，經評選入選再邀其提出設計作品。 2. 設計成果之製作費用，採**總包價法**為原則。屬得標廠商代收及代付費用，得核實給付。
	F. 藝文服務 （採 22.1-14）	1: 得不經公告審查程序，經機關首長或其授權人員核准： 　(1) 敘明邀請或委託對象之名稱、具專業素養、特質之情形及不經公告審查程序逕行邀請或委託之理由。 　(2) 駐外機構依條約、協定，或同意書、盟約、瞭解備忘錄換函、照會、議定書等辦理之文化交流活動及相關合作計畫。 　(3) 巨額藝文服務採購不經公告審查程序之評選作業：機關人員 2 人、文藝專家學者 7 人，2/3 以上出席，2/3 審查通過。 2. 不訂底價者，由審查委員會審查經費並得提出建議金額。

共通性	子法別（簡稱）	子法特殊性
評選/審查辦法：準用最有利標評選辦法。	G. 採購房地產（採 22.1-11）	**免公開徵求：** (1) **毗鄰房地產或畸零地採購，係與現有房地產合併** (2) **符採** 22.1-2、22.1-3、22.1-7 **或** 22.1-8 (3) **其他經主管機關認定者**
	H. 委託研究發展（採 22.1-13）	1. 機關擇定自然人或研究機構後應依下列規定辦理： 　(1) 就研究目的擇定研究主題及範圍，通知自然人或研究機構提出計畫書審查 　(2) 評審計畫應訂定審查項目，並得成立審查委員會 　(3) 不符需要者，得不予接受或限期改正 　(4) **計劃書經審查通過後再議價**，固定費用（率）者則按該費用（率）決標 2. 機關委託專業領域表現曾獲獎勵、表揚，或著有專書或研究報告經機關認有貢獻者，應以該自然人為計畫主持人。 3. 得規定公立或非營利研究機構**免繳**納稅證明或加入工業或商業團體之基本資格證明文件 4. 辦理審查者，**準用**採購評選委員會組織準則及審議規則之規定。

註解：A. 機關委託專業服務廠商評選及計費辦法
　　　B. 機關委託資訊服務廠商評選及計費辦法
　　　C. 機關委託技術服務廠商評選及計費辦法
　　　D. 機關委託社會福利服務廠商評選及計費辦法
　　　E. 機關辦理設計競賽廠商評選及計費辦法
　　　F. 機關邀請或委託文化藝術專業人士機構團體提供藝文服務作業辦法
　　　G. 廠商指定地區採購房地產作業辦法
　　　H. 機關委託研究發展作業辦法

另也整理相關子法關於計費方法的比較，這部分最常出現：什麼態樣用什麼計費方式，各計費方式有些特定重點，請務必把握。

表 2.2 計費方法一覽表

計費方法	使用時機	其他重點
總包價法或單價計算法	1. 適用於工作範圍及內容明確，服務費用之總價可以正確估計或可按服務項目之單價計算其總價者。 2. 最常見也是最常使用的方式，在前述相關子法均會使用。	—
按月、按日或按時計酬法	1. 適用於工作範圍小，僅需少數專業工作人員作時間短暫之服務，或工作範圍及內容無法明確界定，致總費用難以正確估計者。 2. 僅次於總包價法，於專業服務、技術服務、資訊服務、社會福利服務、藝文服務等辦法中使用。	社會福利服務之薪資為固定價格時，機關不得洽減。

計費方法	使用時機	其他重點
服務成本加公費法	1. 適用於計畫性質複雜，服務費用不易確實預估或履約成果不確定之服務案件。 2. 再次於按月、按日或按時計酬法，於專業服務、技術服務、資訊服務、藝文服務等辦法中使用。	1. 包含「直接費用」、「管理費用」、「其他直接費用」、「公費」、「營業稅」。 (1) 直接費用：實際薪資＋不扣薪假與特別休假薪資（不超過實際薪資 16%）＋非經常性給與之獎金（不超過實際薪資 30%）＋健保勞保退休金等。 (2) 管理費用：如辦公室費用、郵電費等，不超過實際薪資扣非經常性給與獎金之 100%。 (3) 其他直接費用：委辦工作費用，如差旅費、加班費、印刷費等。 (4) 公費：廠商提供服務所得報酬，應為定額，且不得超過直接薪資扣非經常性獎金後與管理費用合計金額之 25% 2. 必須檢附憑證，憑證得為影本，留供查核。
建造費用百分比法	1. 僅用於「技術服務」，如專案管理、基本設計、細部設計、監造等。 2. 依工程建造費用，按不同類型如建築物或公共工程（不含建築物）、不同規模，依適用比例計算。 3. 目前國考或相關大考，幾乎不考怎麼算。但工程實務卻很常用。	—

綜合前述,因為「限制性招標」限縮了廠商得知標案的機會,所以其法規所律定的適用性是非常嚴格的,實務上必須針對本條款符合的情形,簽報首長或授權人核准。再附帶一提,觀察採購法及其相關子法,你會發現有些法規對於某些部分,例如如何計費、評選(審查)特別著重,這正表示這些是廠商或機關容易出現問題之處,所謂的問題可能是爭議,可能甚至涉及刑罰,各位在實務上使用時建議常常翻閱相關規定,或是工程會編印之最新版採購法彙編,較能減少出錯機率喔。

四、未達公告金額之招標方式

第 **23** 條

未達公告金額之招標方式,在中央由主管機關定之;在地方由直轄市或縣(市)政府定之。地方未定者,比照中央規定辦理。

第 **49** 條

未達公告金額之採購,其金額逾公告金額十分之一者,除第二十二條第一項各款情形外,仍應公開取得三家以上廠商之書面報價或企劃書。

✅ 採購實務這樣做

未達公告金額之招標方式目前僅有中央訂定之「中央機關未達公告金額採購招標辦法」,其他縣市政府均參考適用之。各位可以這樣想像,其實未達公告金額之採購就跟公告金額以上很像,不是報價(最低標)就是企劃書(經評審洽最優議價,此處為評審非評選喔,請留意)。

這裡稍微介紹「中央機關未達公告金額採購招標辦法」實務操作,依據前開辦法第2條規定,採購介於15萬元至150萬元間,有3種作法:
1. 「公開取得」依採購法第49條規定,公開徵求並取得3家以上廠商書面報價或企劃書,已進行比價或議價:最常用,因為相對「安全」。實務上的小技

巧是，在簽呈上可以敘明若開標時未達3家，依前開辦法第3條規定可立即轉為限制性招標，就可以進到下一階段的審查或比價議價（工程會99年5月28日工程企字第09900157681號函釋）。

2. 「限制性招標」符合採購法22.1-1至22.1-15者，得採限制性招標：仍然須依細則第23條之1就個案符合各款情形簽報機關首長及其授權人員核准，可以比價就按比價。實務上，行政作業其實都要簽請首長及授權人員核准，時間上省不了，但因為採限制性招標，就可以逕洽2家以上廠商報價或企劃書，無須公開徵求。相對於前項，稍微「不安全」一點點。

3. 「限制性招標」符合採購法22.1-16（主管機關認定）者，就個案敘明「指定」廠商比價或議價之適當理由，簽報首長或授權人員核准，得採限制性招標：實務上，遭遇「指定」這2字就要特別小心（試想「指定」某廠商來提供服務，從審計、檢調之角度，這難道不是「圖利」某廠商嗎？），畢竟採購法核心原則是公平公開，除非敘明適當理由經首長或授權人員核准（願意背書），才可照辦。在同條第2項規定也敘明「上級機關得視需要訂定較嚴格之適用規定或授權條件」，這也表示此種作法機關必須擔負相對大於前面2作法的風險。

「中央機關未達公告金額採購招標辦法」第5條規定：「公告金額十分之一以下採購之招標，得不經公告程序，逕洽廠商採購，免提供報價或企劃書」就是常聽之「小額採購」，可直接逕洽某廠商報價而未必需要3家，但嚴謹點一般都還是會做一下市場調查後，於簽陳中交代經市場調查後該廠商報價沒有特別貴等等。

「中央機關未達公告金額採購招標辦法」第5-1規定，關於未達公告金額決標於原住民廠商，為保障原住民廠商族工作權，除可只限定原住民族資格外，另一種作法則是先開原住民的價格標再共同比價。之後的內容會主題介紹關於採購法及原住民族相關法律競合問題，欲參與鐵路高員級、檢察事務官等高階考試的你，請多把握。

五、統包

第 **24** 條

機關基於效率及品質之要求，得以統包辦理招標。

前項所稱統包，指將工程或財物採購中之設計與施工、供應、安裝或一定期間之維修等併於同一採購契約辦理招標。

統包實施辦法，由主管機關定之。

✅ 採購實務這樣做

本條款須與「統包實施辦法」一起看。

彙整考題重點，首要是統包定義，即「細部設計」及「工程」（施工、供應、安裝）或「維修或營運」一起發包。注意，「**必須包含細部設計**」（而**非**基本設計），考題常以「必須包含基本設計」來混淆視聽，請各位注意實務上則是可包含或不包含基本設計。

實務上，當採購以統包方式辦理時，會搭配共同投標方式（統包實施辦法第4條第2項）來處理。舉例來說，一般營造廠未必具有設計能力，請注意，在此所謂設計能力於投標時必須提出「實體」證明，例如公司營業登記裡必須包含設計項目，若無，偏偏投標須知廠商資格要求有設計能力時，該投標廠商就會被判不及格標。當工程採購發包時，允許共同投標，通常會分為「土木／**建築**施工」、「設計」、「機電施工」等不同投標廠商資格，以一般公共工程土建統包採購來說，這時若營造廠營業項目包含施工及設計，該營造廠自己就能獨自承攬，但營造廠沒有開業建築師，若為工程採購（建築工程），則仍須找建築師事務所來合作喔！

另外告訴各位一個小知識，為何統包**必須包含「細部設計」**而非「基本設計」？請詳查「機關委託技術服務廠商評選及計費辦法」關於基本設計及細部設計之差異，簡言之，基本設計主要是針對標的的規畫、細節檢討、方案評估及隨之而來的採購策略及分標原則之研訂（簡言之，基本設計的目的就是分標發包），有了分標原則就能進一步針對細部設計來作個別發包，或傳統標（細部設計+監造標一標、施工標一標），或統包（監造一標，細部設計+施工一標）；而細部設計則係在基本設計決定方案後，發展建物細部圖說、成本、結構、材

料等等，故一定要先確定方案（基本設計），才能框定工程、設計等項目的經費數額，也才能夠進行工程招標。但有時候某些工程雖然規模大卻相對簡單，例如社會住宅工程，所以依據「統包實施辦法」第3條，工程採購以統包方式辦理，「**得**」包含基本設計、測試、訓練、一定期間之維修或營運等事項。

六、共同投標

第 **25** 條

機關得視個別採購之特性，於招標文件中規定允許一定家數內之廠商共同投標。

第一項所稱共同投標，指二家以上之廠商共同具名投標，並於得標後共同具名簽約，連帶負履行採購契約之責，以承攬工程或提供財物、勞務之行為。

共同投標以能增加廠商之競爭或無不當限制競爭者為限。

同業共同投標應符合公平交易法第十五條第一項但書各款之規定。

共同投標廠商應於投標時檢附共同投標協議書。

共同投標辦法，由主管機關定之。

☑ 採購實務這樣做

請各位與「共同投標辦法」一同研讀。

共同投標一般指2個以上企業者，共同分攤損益及工作業務，共同向業主投標，在國外稱為Joint Venture或consortium，國內則有「聯合承攬」之稱呼，優點是結合不同專業能力廠商，整合資源，減少合約管理介面。共同投標僅得於機關允許下為之，為避免廠商惡意聯合過多家數投標，依共同投標辦法第4條第1項，**以不超過5家為原則**。

共同投標有同業共同投標及異業共同投標2種形式，當同業共同投標時可能有「聯合行為」狀況發生，除非符合公平交易法第15條第1項但書（有益整體經濟與公共利益者，如統一規格、共同開發、專業分工），請在實務上須特別留意。

實務上，當標案昭告允許共同投標時，投標廠商團隊的投標文件中必須包含共同投標協議書，其內容包含團隊廠商各自負責工作內容、契約價金分別領受或

統一請領、所占契約比率（以便機關付款直接拆帳）等，並經公證或認證程序，因此共同投標協議書為廠商投標文件之一部分，可以想成：廠商間事先談好權益及工作之分攤並予以協定後結成團隊投標的概念，**故共同投標協議書必須於廠商投標時一併檢附。**

節錄本法共同投標及「共同投標辦法」等相關命題重點如下：

1. 機關允許共同投標時，**應於招標文件中規定：**
   (1) 允許一定家數內之廠商共同投標，以**不超過5家**為原則，且**應載明廠商得單獨投標**。
   (2) 共同投標廠商成員不得為同一採購另行提出投標文件或為另一共同投標廠商之成員。以下是除外條款（都是為了廠商競爭性）：
       A. 該採購**涉及專利或特殊之工法或技術**，為使擁有此等專利或工法、技術之廠商得為不同共同投標廠商之成員，以增加廠商競爭者。
       B. **預估合於招標文件規定之投標廠商競爭不足**，規定廠商不得為不同共同投標廠商之成員反不利競爭者。
       C. 其他經主管機關認定者。
   (3) 共同投標廠商之投標文件補充或更正或契約之簽訂、補充或更正應由各成員共同具名，或由共同投標協議書指定之代表人簽署。
   (4) **由共同投標廠商共同繳納押標金及保證金，或由共同投標協議書所指定之代表廠商繳納。其並須提供擔保者，亦同。**
   (5) 共同投標協議書以中文書寫。涉外國廠商之共同投標協議書，得以外文書寫。
   (6) 機關對共同投標廠商之代表人之通知，與對共同投標廠商所有成員之通知具同等效力。
   (7) **共同投標廠商於投標文件敘明契約價金由代表廠商統一請（受）領，或由各成員分別請（受）領；其屬分別請（受）領者，並應載明各成員分別請（受）領之項目及金額。**

2. 機關允許共同投標時，**得於招標文件規定：**
   (1) 得就共同投標廠商各成員主辦事項之金額，於其共同投標協議書所載之比率下限予以限制。
   (2) 共同投標廠商各成員及代表廠商之基本資格。特殊或巨額之採購時，規定投標廠商各成員及代表廠商之特定資格。

3.共同投標協議書載明下列事項，**於得標後列入契約，協議書內容非經機關同意不得變更**（詳如下方所示，格式請詳工程會官網）：

　(1)案號、標的名稱、機關名稱及各成員名稱、地址、電話、負責人。

　(2)代表廠商、代表人及其權責。

　(3)各成員主辦項目及所占契約金額比率。

　(4)**各成員於得標後連帶負履行契約責任**。

　(5)契約價金請（受）領之方式、項目及金額。

　(6)成員有破產或其他重大情事，致無法繼續共同履約者，同意將其契約之一切權利義務由其他成員另覓之廠商或其他成員繼受。

4.若共同投標成員有破產等重大情事無法履約，**共同投標廠商之其他成員得經機關同意，共同提出與該成員原資格條件相當之廠商**，共同承擔契約之一切權利義務。機關非有正當理由，不得拒絕。

共同投標協議書範本

立共同投標協議書人（以下簡稱共同投標廠商）

_____（廠商名稱）_____（以下簡稱第1成員）、_____（廠商名稱）_____（以下簡稱第2成員）、

_____（廠商名稱）_____（以下簡稱第3成員）、_____（廠商名稱）_____（以下簡稱第4成員）、

_____（廠商名稱）_____（以下簡稱第5成員）（成員數不得逾招標文件規定允許之家數）同意共同投標____（機關名稱）____（以下簡稱機關）之____（採購標的名稱）____（案號_____）並協議如下：

一、共同投標廠商同意由_____（廠商名稱）_____為代表廠商，並以代表廠商之負責人為代表人，負責與機關意見之聯繫，任何由代表廠商具名代表共同投標廠商之行為，均視為共同投標廠商全體之行為。機關對代表廠商之通知，與對共同投標廠商所有成員之通知具同等效力。

二、各成員之主辦項目：

　　第1成員：_____、第2成員：_____、

　　第3成員：_____、第4成員：_____、

　　第5成員：_____

三、各成員所占契約金額比率：

　　第1成員：___% 、第2成員：___% 、第3成員：___% 、第4成員：___% 、第5成員：___%

四、各成員於得標後連帶負履行契約責任。

五、成員有破產或其他重大情事，致無法繼續共同履約者，同意將其契約之一切權利義務由其他成員另覓之廠商或其他成員繼受。

六、共同投標廠商同意契約價金依下列方式請領：（請擇一勾選並填寫）

　　□(1)由代表廠商檢具各成員分別出具之發票及相關文件向機關統一請領。

　　□(2)由各成員分別出具之發票及其他文件向機關請領。各成員分別請領之項目及金額為：

　　　第1成員：_____、第2成員：_____、

　　　第3成員：_____、第4成員：_____、

　　　第5成員：_____

七、本協議書於得標後列入契約。協議書內容與契約規定不符者，以契約規定為準。協議書內容，非經機關同意不得變更。

八、本協議書由各成員之負責人或其代理人共同簽署，分別加蓋廠商印信並經公證或認證後生效。

九、其他協議事項（無者免填）：

```
第 1 成員廠商名稱：                          第 2 成員廠商名稱：
負責人（或其代理人）：                       負責人（或其代理人）：
地址：                電話：                  地址：                電話：

第 3 成員廠商名稱：                          第 4 成員廠商名稱：
負責人（或其代理人）：                       負責人（或其代理人）：
地址：                電話：                  地址：                電話：

第 5 成員廠商名稱：
負責人（或其代理人）：
地址：                電話：

中     華     民     國            年            月            日
```

除了前面內容提到的各類招標方式外，對於工程採購，尚有工程會「水管、電氣與建築工程合併或分開招標原則」、營建署「營造業承攬工程造價限額工程規模範圍申報淨值及一定期間承攬總額認定辦法」等相關法規需予適用，目前國考、各類國營事業考試命題比例相對低，目前僅桃園捷運曾考過水電建築招標相關試題，但實務上只要辦理工程採購都會遭遇，本書僅彙整前開法規部分重點，供各位參用，備考時倘有餘力，不妨自行閱讀前開全數法規內容。

1.水管、電氣與建築工程合併或分開招標原則

　(1)水管及電氣工程所占預算金額達查核金額以上者，分開招標。

　(2)水管及電氣工程所占預算金額預估達查核金額1/10以上，且占其全部工程總預算金額預估達15%以上者，得允許共同投標或分開招標。

　(3)採預鑄工法之工程，得合併招標。

　(4)情況特殊，分開辦理招標於施工配合顯有困難者，得報經上級機關核准後合併招標。

　　依工程會101年3月8日工程企字第10100081590號函釋，工程會篩選上級機關核准「情況特殊」之理由如下：

　　A. 採統包方式辦理者。

　　B. 施工界面複雜，進場施作順序或工期協調困難者。

　　C. 機關工程專業人力不足，或無工程專業人力以協調整合者。

　　D. 分開辦理招標無廠商投標或無合格標，評估合併辦理可提升廠商投標意願或有利決標者。

　　E. 依採22.1-3或採105.1-1、採105.1-2辦理之緊急採購。

(5)機關以分開辦理招標者，應注意界面整合問題，並於契約中明定廠商施工配合之責任。

2.營造業承攬工程造價限額工程規模範圍申報淨值及一定期間承攬總額認定辦法（後稱承攬總額）

　(1)土木包工業承攬小型綜合營繕工程造價限額為720萬元，若其工程含專業工程項目金額達承攬總額第3條規定門檻，得由土木包工業自行施作。

　(2)丙等綜合營造業承攬造價限額為2,700萬元。

　(3)乙等綜合營造業承攬造價限額為9,000萬元。

　(4)甲等綜合營造業承攬造價限額為其資本額之10倍，其工程規模不受限制。

　(5)專業營造業承攬造價限額為其資本額之10倍，其工程規模不受限制。

　(6)營造業承攬總額，以承攬工程手冊中工程記載表登記之已簽約而未完工工程之承攬造價扣除已完成估驗計價部分金額（含保留款）後之總和計算之。

　(7)營造業聯合承攬工程時，其承攬金額按契約之各營造業聯合承攬協議書所載出資比例分別計算；承攬總額按前條規定計算之。

七、等標、公告、開標

第 **27** 條

機關辦理公開招標或選擇性招標，應將招標公告或辦理資格審查之公告刊登於政府採購公報並公開於資訊網路。公告之內容修正時，亦同。

前項公告內容、公告日數、公告方法及政府採購公報發行辦法，由主管機關定之。

機關辦理採購時，應估計採購案件之件數及每件之預計金額。預算及預計金額，得於招標公告中一併公開。

> **細則**

第 **26** 條　機關依本法第二十七條第三項得於招標公告中一併公開之預算金額，為該採購得用以支付得標廠商契約價金之預算金額。預算案尚未經立法程序者，為預估需用金額。

機關依本法第二十七條第三項得於招標公告中一併公開之預計金額，為該採購之預估決標金額。

第 28 條

機關辦理招標，其自公告日或邀標日起至截止投標或收件日止之等標期，應訂定合理期限。其期限標準，由主管機關定之。

> **細 則**

第 27 條 本法第二十八條第一項所稱公告日，指刊登於政府採購公報之日；邀標日，指發出通知邀請符合資格之廠商投標之日。

第 28 條 （刪除）

☑ 採購實務這樣做

公告、公報及等標期是依據「政府採購公告及公報發行辦法」及「招標期限標準」等規定來辦理，目前在國考出題比率相對低，但在採購基礎訓是常考題，實務上也常用到，本書已參考國考目前出題狀況，彙整如後，供各位有效地吸收。

1. 政府採購公告及公報發行辦法

　(1) 採購資訊之刊登

表 2.3 採購資訊之刊登

刊登處	刊登條件
應刊登採購公報 1 日 + 公開採購資訊網站	1. 公開評選、公開徵求或審查。（採 22.1-9） 2. 招標公告及辦理資格審查。（採 27.1） 3. 變更或補充招標文件內容之公告及必要釋疑公告。（採 41.2） 4. 決標結果或無法決標之公告。（採 61） 5. 採 75.2（廠商異議）應另行變更或補充招標文件內容之公告。 6. 採 102.3（冒用名義投標等）之廠商名稱與相關情形。 7. 採 103.1（處分撤銷或無罪確定）之註銷公告。 8. 採 111.2 之年度重大採購事件之效益評估。 9. 我國締結之條約或協定規定公告之事項。（未規定應刊登採購公報者，得僅公開於採購網站） 10. 前列各款更正公告。

刊登處	刊登條件
應公開採購網站，必要時得刊登採購公報	1. 機關委託研究發展作業辦法第 4 條第 2 項規定之公告。（採22.1-13公告審查優勝之學術或非營利機構） 2. 採 34.1 但書規定之公開說明或公開徵求廠商提供參考資料之公告。 3. 採 49 公開取得廠商書面報價或企劃書之公告。 4. **採 100.2 多於不用堪用財物之無償讓與公告。**【107 桃捷】 5. 細 21.2-2 邀請所有符合資格廠商投標之公告。 6. 其他經主管機關指定者。
得公開採購網站，必要時得刊登採購公報	1. 採 82.1 採購申訴審議委員會之審議判斷。 2. 採 85 之 1 採購申訴審議委員會之調解文書。 3. 未達公告金額採購之決標公告。 4. 與政府採購有關之法令、司法裁判、訴願決定、仲裁判斷或宣導資訊。 5. 財物之變賣或出租公告。 6. 須為公示送達而刊登之政府採購有關文書或其節本。 7. 其他與政府採購有關之資訊。

(2) **應於招標公告或招標文件公開預算金額：公告金額以上採購，及特殊或巨額採購以預算金額訂定資格條件者。**

2. 招標期限標準

　(1) 等標期

表 2.4 各採購方式的等標期

態樣	非條約協定及縮短規定之期限
公開招標、採 22.1-9 及 10 之公開評選	1. 未達公告：7 天。 2. 公告以上未達查核：14 天。 3. 查核以上未達巨額：21 天。 4. 巨額以上：28 天。 5. 採 42.2 之分段開標者不得少於 7 天。

態樣	非條約協定及縮短規定之期限
選擇性招標之廠商資格預先審查	1. 未達公告：7 天。 2. 公告以上未達巨額：10 天。 3. 巨額以上：14 天。
採 22.1-11 公開徵求	1. 10 天以上。 2. 第 2 次以後不得少於 5 天。
公告金額以上之緊急採購	得酌予縮短左列等標期，惟不得少於 10 天。
採 49 未達公告金額公開徵求廠商書面報價或企劃書	5 天以上。
限制性招標（非公開評選或公開徵求）	機關合理訂定。

除條約協定得縮短之情形：

1. 招標前辦理招標文件公開閱覽且招標文件未經重大改變者：等標期**得縮短 5 天，但縮短後不得少於 10 天**。
2. 電子領標且於招標公告敘明，**等標期得縮短 3 天，但縮短後不得少於 5 天**。
3. 電子投標且於招標公告或招標文件敘明，**等標期得縮短 2 天，但縮短後不得少於 5 天**。

(2) 等標期截止前變更或補充招標文件內容者，應視需要延長等標期。前項變更或補充，其**非屬重大改變（實務上即影響廠商投標意願之改變），且於原定截止日前5日公告或書面通知各廠商者，得免延長等標期**。

(3) 機關於等標期截止前取消或暫停招標，並於**取消或暫停後六個月內重行或續行招標且招標文件內容未經重大改變者**，重行或續行招標之等標期，得考量取消或暫停前已公告或邀標之日數，依原定期限酌予縮短。但重行或續行招標之等標期，未達公告金額不得少於3日，公告金額以上不得少於7日。

(4) 機關於**等標期截止後流標、廢標、撤銷決標或解除契約，並於其後3個月內重行招標且招標文件內容未經重大改變者，準用：重行或續行招標之等標期**，未達公告金額不得少於3日，公告金額以上不得少於7日。

(5) 除條約協定外，經機關首長或其授權人核准，等標期得合理訂之：

　　A. 預先建立之合格廠商名單，邀請符合資格之廠商投標，於辦理廠商資格審查之文件中另有載明者。

　　B. 公營事業為商業性轉售或用於製造產品、提供服務以供轉售目的所為之採購，基於採購案件之特性或實際需要，有縮短等標期之必要者。

　　C. 採購原料、物料或農礦產品，其市場行情波動不定者。

　　D. 採購標的屬廠商於市場普遍銷售且招標及投標文件內容簡單者。

八、廠商投標規定

第 **29** 條

公開招標之招標文件及選擇性招標之預先辦理資格審查文件，應自公告日起至截止投標日或收件日止，公開發給、發售及郵遞方式辦理。發給、發售或郵遞時，不得登記領標廠商之名稱。

選擇性招標之文件應公開載明限制投標廠商資格之理由及其必要性。

第一項文件內容，應包括投標廠商提交投標書所需之一切必要資料。

> 細 則

第 **28-1** 條　機關依本法第二十九條第一項規定發售文件，其收費應以人工、材料、郵遞等工本費為限。其由機關提供廠商使用招標文件或書表樣品而收取押金或押圖費者，亦同。

第 **33** 條　　（詳見Lesson 3）

九、押標金及保證金相關規定

第 30 條

機關辦理招標，應於招標文件中規定投標廠商須繳納押標金；得標廠商須繳納保證金或提供或併提供其他擔保。但有下列情形之一者，不在此限：

一、勞務採購，以免收押標金、保證金為原則。

二、未達公告金額之工程、財物採購，得免收押標金、保證金。

三、以議價方式辦理之採購，得免收押標金。

四、依市場交易慣例或採購案特性，無收取押標金、保證金之必要或可能。

押標金及保證金應由廠商以現金、金融機構簽發之本票或支票、保付支票、郵政匯票、政府公債、設定質權之金融機構定期存款單、銀行開發或保兌之不可撤銷擔保信用狀繳納，或取具銀行之書面連帶保證、保險公司之連帶保證保險單為之。

押標金、保證金與其他擔保之種類、額度、繳納、退還、終止方式及其他相關作業事項之辦法，由主管機關另定之。

第 31 條

機關對於廠商所繳納之押標金，應於決標後無息發還未得標之廠商。廢標時，亦同。

廠商有下列情形之一者，其所繳納之押標金，不予發還；其未依招標文件規定繳納或已發還者，並予追繳：

一、以虛偽不實之文件投標。

二、借用他人名義或證件投標，或容許他人借用本人名義或證件參加投標。

三、冒用他人名義或證件投標。

四、得標後拒不簽約。

五、得標後未於規定期限內，繳足保證金或提供擔保。

六、對採購有關人員行求、期約或交付不正利益。

七、其他經主管機關認定有影響採購公正之違反法令行為。

前項追繳押標金之情形，屬廠商未依招標文件規定繳納者，追繳金額依招標文件中規定之額度定之；其為標價之一定比率而無標價可供計算者，以預算金額代之。

第二項追繳押標金之請求權，因五年間不行使而消滅。

前項期間，廠商未依招標文件規定繳納者，自開標日起算；機關已發還押標金者，自發還日起算；得追繳之原因發生或可得知悉在後者，自原因發生或可得知悉時起算。

追繳押標金，自不予開標、不予決標、廢標或決標日起逾十五年者，不得行使。

第 32 條

機關應於招標文件中規定，得不發還得標廠商所繳納之保證金及其孳息，或擔保者應履行其擔保責任之事由，並敘明該項事由所涉及之違約責任、保證金之抵充範圍及擔保者之擔保責任。

☑ 採購實務這樣做

有關採購相關押標金及保證金之規定，除本法第30至32條外，尚有「押標金保證金暨其他擔保作業辦法」（簡稱押保辦法）等作細節規定，在命題上則以「押標金保證金繳納規定之額度」（押保辦法9、15、18、25、30）、「繳納方式」（押保辦法2、6、7）、「得免收押標金或保證金的態樣」（採30）、「押標金保證金不予發還的情形」（採31、押保辦法12、20）及「保證金減收額度」（押保辦法9-1、33-5、33-6）等為大宗，若備考時間不足，可針對重點掌握。

所謂押標金及保證金相關規定之用意均是為防止廠商棄標、決標後卻不履行契約及完工後不履行保固責任等狀況，從而有不同狀況不同額度之收取。以下歸納前開重點如後：

1.繳納額度（口訣：**5押10履3保**，想像古代「午」門「押」送斬首，履約要十全十美，有三寶）

表 2.5 押標金、保證金繳納時機及額度

押保金種類	用意	繳交時機	額度
押標金	防止 廠商棄標	隨投標文件 檢附繳納 證明	1. 一定金額或標價之一定比率且**不逾5,000 萬元**。 　(1)**一定金額**為**不逾預算金額**或預估採購總額之 5%。 　(2)**一定比率**為**標價**之 5%。 2. **單價決標應為一定金額**。

押保金種類	用意	繳交時機	額度
履約保證金	保證廠商依約履約	簽約前	1. 一定金額或契約金額之一定比率： (1) **一定金額不逾預算金額**或預估採購總額之 10%。 (2) **一定比率不逾契約金額之 10%**。 2. **單價決標應為一定金額**。 3. **契約金額於履約期間有增減者，其金額得依增減比率調整**。
預付款 還款保證	保證廠商返還預支而尚未扣抵之預付款	提供同額預付款還款保證前	依案件及實際需要於招標文件訂定。
保固保證金	保證廠商履行保固責任	完成驗收付款前	一定金額或契約金額之一定比率： 1. **一定金額不逾預算金額**或預估採購總金額之 3%。 2. **一定比率不逾契約金額之 3%**。
差額保證金	保證廠商標價偏低不會有降低品質、不能誠信履約或其他特殊情形	決標前	1. **總標價偏低**，擔保金額為**總標價**與底價或評審委員會建議金額 80% 之差額。 2. **部分標價偏低**，擔保金額為該部分標價與該部分底價 70% 之差額

2.押標金及保證金繳納方式

  (1)方式：現金、金融機構本票、金融機構支票、金融機構保付支票、郵政匯票、政府公債、設定質權之金融機構定存單、銀行開發或保兌之不可撤銷擔保信用狀、銀行書面連帶保證、保險公司連帶保證保險單。

  (2)廠商得以本法第30條第2項規定之**2種以上方式繳納押標金及保證金。其已繳納者，並得經機關同意更改繳納方式**。

(3)如須繳納押標金及保證金，須於招標文件載明繳納期限（押標金為截止投標前）及指定之收受處所或金融機構帳號。

(4)設定質權之金融機構定存單，**不受特定存款金融機構限制**；向金融機構申請設定質權，無須質權人會同辦理。

(5)押標金之繳交，除現金外，廠商得將押標金附於投標文件內遞送。

(6)**金融機構本票、支票、保付支票或郵政匯票之繳納，應為即期**並以機關為受款人。**未填寫受款人則以執票機關為受款人**。

(7)**得標廠商以其原繳納之押標金轉為履約保證者**，押標金金額如超出招標文件規定之履約保證金金額，超出之部分應發還得標廠商。

3.得免收押保金態樣

表 2.6 免收押標金及保證金的情形

得免收之情形	免收押標金	免收保證金
勞務採購	◯	◯
未達公告金額之工程、財務採購	◯	◯
以議價方式辦理之採購	◯	－
依市場交易慣例或採購案特性，無收取押標金、保證金之必要或可能	◯	◯

4.押標金及保證金不予發還之情形

表 2.7 押標金、保證金不予發還的情形

押標金	**不予發還或追繳**	1. 以虛偽不實之文件投標。 2. 借用他人名義或證件投標，或容許他人借用本人名義或證件參加投標。 3. 冒用他人名義或證件投標。 4. 得標後拒不簽約。 5. 得標後未於規定期限內，繳足保證金或提供擔保。 6. 對採購有關人員行求、期約或交付不正利益。 7. 其他經主管機關認定有影響採購公正之違反法令行為。

押標金	應予發還	押保辦法 12 1. 未得標之廠商。 2. 因投標廠商家數未滿 3 家而流標。 3. 機關宣布廢標或因故不予開標、決標。 4. 廠商投標文件已確定為不合於招標規定或無得標機會，經廠商要求先予發還。 5. 廠商報價有效期已屆，且拒絕延長。 6. 廠商逾期繳納押標金或繳納後未參加投標或逾期投標。 7. 已決標之採購，得標廠商已依規定繳納保證金。
履約 保證金	得部分或 全部不發還	押保辦法 20 1. 採 50.1-3 ～ 50.1-5、採 50.1-7、採 50.2 得追償損失者，與追償金額相等之保證金。 2. 違反採 65 規定轉包者，全部保證金。 3. 擅自減省工料，其減省工料及所造成損失之金額，自待付契約價金扣抵仍有不足者，與該不足金額相等之保證金。 4. 因可歸責於廠商之事由，致部分終止或解除契約者，依該部分所佔契約金額比率計算之保證金；全部終止或解除契約者，全部保證金 5. 查驗或驗收不合格，且未於通知期限內依規定辦理，其不合格部份及所造成損失、額外費用或懲罰性違約金之金額，自待付契約價金扣抵仍有不足者，與該不足金額相等之保證金。 6. 未依契約規定期限或機關同意之延長期限履行契約之一部或全部，其逾期違約金之金額，自待付契約價金扣抵仍有不足者，與該不足金額相等之保證金。 7. 須返還已支領之契約價金而未返還者，與未返還金額相等之保證金。

履約 保證金	得部分或 全部不發還	8. 未依契約規定延長保證金之有效期者，其應延長之保證金。 9. 其他因可歸責於廠商之事由，致機關遭受損害，其應由廠商賠償而未賠償者，與應賠償金額相等之保證金。
保固 保證金	不予發還	準用押保辦法 20.2-2 ～ 9 規定（如上欄）

5.機關得於招標文件規定押標金或保證金減收額度（請特別注意：**減收額度＝原應繳總額－廠商實際繳納金額**）

(1)採電子投標之廠商，其押標金得予減收一定金額或比率。其減收額度以不逾押標金金額之10%為限。（押保辦法9-1）

(2)公告金額以上之採購，機關得於招標文件中規定得標廠商提出符合招標文件所定投標廠商資格條件之其他廠商之履約及賠償連帶保證者，其應繳納之履約保證金或保固保證金額度以不逾履約保證金或保固保證金額度之50%為限。（押保辦法33-1）

(3)優良廠商應繳納之押標金、履約保證金或保固保證金額得予減收，其額度以不逾原訂應繳總額之50%為限。（押保辦法33-5）

(4)非條約協定採購，全球化廠商應繳納之押標金、履約保證金或保固保證金額得予減收，其額度以不逾原訂應繳總額之30%為限。（押保辦法33-6）

第 **33** 條　（詳見Lesson 3）

十、採購之保密規定

第 **34** 條

機關辦理採購，其招標文件於公告前應予保密。但須公開說明或藉以公開徵求廠商提供參考資料者，不在此限。

機關辦理招標，不得於開標前洩漏底價，領標、投標廠商之名稱與家數及其他足以造成限制競爭或不公平競爭之相關資料。

底價於開標後至決標前，仍應保密，決標後除有特殊情形外，應予公開。

但機關依實際需要，得於招標文件中公告底價。

機關對於廠商投標文件，除供公務上使用或法令另有規定外，應保守秘密。

細 則

第 **34** 條　機關依本法第三十四條第一項規定向廠商公開說明或公開徵求廠商提供招標文件之參考資料者，應刊登政府採購公報或公開於主管機關之資訊網路。

✅ 採購實務這樣做

依採購法第6條第1項規定，機關辦理採購應以維護公平利益及公平合理為原則，對廠商不得為無正當理由之差別待遇。因此，本條款是針對採購上必須保密的事項（招標文件、決標前底價、廠商投標文件）作規定，違者將涉及本條款、刑法132條及採購人員倫理準則第7條第7款規定而受罰甚至牢獄之災，實務上務必請留意。

雖然目前考試較少出題，但有關機關採購案件之洩密案件，其行為態樣可歸納以下3種類型，尤其是第1點，初承辦採購的人員需要額外留意喔！

1. 對於廠商應保守秘密之投標文件交付與其他廠商（除非是以公開說明或公開徵求廠商提供參考資料則不在此限，前述公開之方式則依細34辦理）；廠商請求釋疑逾越招標文件規定期限者，機關得不予受理，並以書面通知廠商。機關最後釋疑之次日起算至截止投標日或資格審查截止收件日之日數，不得少於原等標期之四分之一，其未滿一日者以一日計；前述日數有不足者，截止日至少應延後至補足不足之日數。

2. 開標過程，開標主持人誤認投標廠商報價已達可決標狀況，於未決標前逕自公布底價。

3. 採購案件開標過程，廠商報價低於底價80%，開標主持人宣布保留決標前，卻先行公布底價。

第 **35** 條

機關得於招標文件中規定，允許廠商在不降低原有功能 條件下，得就技術、工法、材料或設備，提出可縮減工期、減省經費或提高效率之替代方案。其實施辦法，由主管機關定之。

（註：本條款目前較少命題，由於計價較難認定，在實務上操作不易。）

十一、同等品規定

第 **26** 條

機關辦理公告金額以上之採購，應依功能或效益訂定招標文件。其有國際標準或國家標準者，應從其規定。

機關所擬定、採用或適用之技術規格，其所標示之擬採購產品或服務之特性，諸如品質、性能、安全、尺寸、符號、術語、包裝、標誌及標示或生產程序、方法及評估之程序，在目的及效果上均不得限制競爭。

招標文件不得要求或提及特定之商標或商名、專利、設計或型式、特定來源地、生產者或供應者。但無法以精確之方式說明招標要求，而已在招標文件內註明諸如「或同等品」字樣者，不在此限。

第 **26-1** 條

機關得視採購之特性及實際需要，以促進自然資源保育與環境保護為目的，依前條規定擬定技術規格，及節省能源、節約資源、減少溫室氣體排放之相關措施。

前項增加計畫經費或技術服務費用者，於擬定規格或措施時應併入計畫報核編列預算。

> 細則

第 **24** 條　本法第二十六條第一項所稱國際標準及國家標準，依標準法第三條之規定。

第 **25** 條　本法第二十六條第三項所稱同等品，指經機關審查認定，其功能、效益、標準或特性不低於招標文件所要求或提及者。

招標文件允許投標廠商提出同等品，並規定應於投標文件內預先提出者，廠商應於投標文件內敘明同等品之廠牌、價格及功能、效益、標準或特性等相關資料，以供審查。

招標文件允許投標廠商提出同等品，未規定應於投標文件內預先提出者，得標廠商得於使用同等品前，依契約規定向機關提出同等品之廠牌、價格及功能、效益、標準或特性等相關資料，以供審查。

第 **25-1** 條　各機關不得以足以構成妨礙競爭之方式，尋求或接受在特定採購中有商業利益之廠商之建議。

✅ 採購實務這樣做

技術規格，涉及廠商能否投標或得標，若訂定不當容易綁標狀況，因而有妨礙競爭，甚至是謀取不法利益之可能。公告金額以上之採購，其招標文件有國際標準化組織或國際標準組織所訂之國際標準，如ISO、IEC、IEEE、AASHTO、JIS等（參考網址：https://pcces.pcc.gov.tw/csinew/Default.aspx?FunID=Fun_4_4），或由標準局制定之中華民國國家標準，**如CNS等均「應」從其規定**。

本條款常與錯誤態樣一起出題，在實務上也要非常小心。常見錯誤態樣如下：
1. 抄襲特定廠商之規格資料。
2. **超出需求或與需求無關之規格。**
3. **公告金額以上之採購指定特定廠牌之規格或型號或特定國家或協會之標準而未允許同等品。**
4. **型錄須蓋代理廠商之章，或須蓋廠商大小章。**
5. **型錄須為正本。**
6. 限型錄上之規格必須與招標規格一字不差。
7. 不論產品大小都要有型錄，或未具體載明需要提出型錄之項目。
8. 非屬必要卻限不同組件須由相同廠牌所組成。

9. 限取得正字標記而未允許同等品競標，或以ISO9000系列驗證證書作為產品規範。

10. 所標示參考之廠牌不具普遍性或競爭性，例如：同一代理商代理；雖由不同代理商代理而該等代理商間因屬家族或關係企業而不具競爭性；已不製造；參考之廠牌空有其名而無法聯絡，致生同等品爭議。

11. **公告金額以上之採購指定進口品。**

12. 公告金額以上之採購，無條約協定關係卻指定特定國家之進口品。

其中，上述第9點，依據工程會96年11月6日工程企字第09600437630號函釋：「如機關經檢討以正字標記為規格標示符合所需之功能或效益者，得指定使用『**正字標記**』**產品，惟應在招標文件註明『或同等品』字樣**」。

第11點，依據工程會88年9月9日（八八）工程企字第8813252號函釋：「**若未達公告金額之採購不適用採26關於規格之規定，但若需求產品有我國產品符合招標規格，則不應禁止我國產品競標，以免違反採6.1之規定**」。工程會已經各類採購態樣作彙整，倘讀者打算多作些準備或是未來執行業務去深化，請查參「行政院公共工程委員會函頒各類型採購錯誤行為態樣」QR Code內容。

法規一點靈

行政院公共
工程委員會
函頒各類型
採購錯誤行
為態樣

此外，工程會為避免機關辦理採購違反政府採購法，遂訂定「政府採購法第二十六條執行注意事項」（簡稱採26注意事項），依目前命題狀況歸納重點如下：

1. 機關訂定之技術規格無國際標準或國家標準，且無法以精確方式說明招標要求時，提及特定廠商應註明「或同等品」字樣，並符合下列情形：

   (1) 所列廠牌僅供廠商參考，不得限制廠商必須採用。

   (2) 所列廠牌目前均有**製造、供應，容易取得，價格合理，能確保採購品質，且無代理商、經銷商有公平交易法所稱之獨占或聯合行為之情事。**

   (3) 所列廠牌之**價格、功能、效益、標準及特性，均屬相當。**

2. 同等品是指經**機關**（**主辦機關**或**招標機關**）審查認定其功能、效益，標準或特性等不低於招標文件所要求或提及者，並得予檢測或測試。

3. 機關就廠商所提出之同等品比較表等資料，應則下列方式之一審查之：

   (1) **自行審查**。(2) **開會審查**。(3) **委託審查**。

十二、廠商投標資格及限制競爭

第 **36** 條

機關辦理採購，得依實際需要，規定投標廠商之基本資格。

特殊或巨額之採購，須由具有相當經驗、實績、人力、財力、設備等之廠商始能擔任者，得另規定投標廠商之特定資格。

外國廠商之投標資格及應提出之資格文件，得就實際需要另行規定，附經公證或認證之中文譯本，並於招標文件中訂明。

第一項基本資格、第二項特定資格與特殊或巨額採購之範圍及認定標準，由主管機關定之。

> **細　則**

第 **36** 條　投標廠商應符合之資格之一部分，得以分包廠商就其分包部分所具有者代之。但以招標文件已允許以分包廠商之資格代之者為限。

　　　　　前項分包廠商及其分包部分，投標廠商於得標後不得變更。但有特殊情形必須變更者，以具有不低於原分包廠商就其分包部分所具有之資格，並經機關同意者為限。

第 **37** 條　依本法第三十六條第三項規定投標文件附經公證或認證之資格文件中文譯本，其中文譯本之內容有誤者，以原文為準。

第 **38** 條　機關辦理採購，應於招標文件規定廠商有下列情形之一者，不得參加投標、作為決標對象或分包廠商或協助投標廠商：

　　　　　一、提供規劃、設計服務之廠商，於依該規劃、設計結果辦理之採購。

　　　　　二、代擬招標文件之廠商，於依該招標文件辦理之採購。

　　　　　三、提供審標服務之廠商，於該服務有關之採購。

　　　　　四、因履行機關契約而知悉其他廠商無法知悉或應秘密之資訊之廠商，於使用該等資訊有利於該廠商得標之採購。

　　　　　五、提供專案管理服務之廠商，於該服務有關之採購。

　　　　　前項第一款及第二款之情形，於無利益衝突或無不公平競爭之虞，經機關同意者，得不適用於後續辦理之採購。

第 **39** 條　前條第一項規定，於下列情形之一，得不適用之：

　　　　　一、提供規劃、設計服務之廠商，為依該規劃、設計結果辦理採購之獨家製造或供應廠商，且無其他合適之替代標的者。

二、代機關開發完成新產品並據以代擬製造該產品招標文件之廠商，於依該招標文件辦理之採購。

三、招標文件係由二家以上廠商各就不同之主要部分分別代擬完成者。

四、其他經主管機關認定者。

第 **37** 條

機關訂定前 條投標廠商之資格，不得不當限制競爭，並以確認廠商具備履行契約所必須之能力者為限。

投標廠商未符合前條所定資格者，其投標不予受理。但廠商之財力資格，得以銀行或保險公司之履約及賠償連帶保證責任、連帶保證保險單代之。

> 細 則

第 **40** 條 （刪除）

第 **38** 條

政黨及與其具關係企業關係之廠商，不得參與投標。

前項具關係企業關係之廠商，準用公司法有關關係企業之規定。

> 細 則

第 **41** 條 （刪除）

第 **39** 條

機關辦理採購，得依本法將其對規劃、設計、供應或履約業務之專案管理，委託廠商為之。

承辦專案管理之廠商，其負責人或合夥人不得同時為規劃、設計、施工或供應廠商之負責人或合夥人。

承辦專案管理之廠商與規劃、設計、施工或供應廠商，不得同時為關係企業或同一其他廠商之關係企業。

✅ 採購實務這樣做

採購法第36條、第37條必須與「投標廠商資格與特殊或巨額採購認定標準」一起看，其中要特別留意基本資格與特定資格的適用狀況與差異，以避免無正當理由關上廠商投標大門的狀況，本書整理如下表，請各位詳閱，這是必考題。另，提醒一點，依據「投標廠商資格與特殊或巨額採購認定標準」第5條第2項規定，前項第1款及第3款（具相當經驗實績，具相當財力）所定期間、數量、金額或比例，機關不得縮限。但得視採購之性質及需要予以放寬……，當實務上或答題上遇到相關問題時，記得「**只寬不縮**」就對了。

表 2.8 基本資格與特定資格一覽表

投標資格	基本資格	特定資格
適用時機	「得」依案件特性及實際需要訂定	特殊或巨額採購，除基本資格，「得」依案件特性及實際需要訂定 1. **巨額採購：工程採購（新台幣 2 億元）、財物採購（新台幣 1 億元）、勞務採購（新台幣 2,000 萬元）。** 2. 特殊採購 (1) 工程採購 　A. 興建構造物，**地面超過 50 公尺或地面超過 15 層**。 　B. 興建構造物，**單一跨徑 50 公尺以上者**。 　C. **開挖深度在 15 公尺以上者。** 　D. **興建隧道長度在 1000 公尺以上者。** 　E. 於**地面下**或**水面下**施工者。 　F. 使用**特殊施工方法**或**技術**者。

投標資格	基本資格		特定資格
適用時機	「得」依案件特性及實際需要訂定		G.**古蹟構造物之修建或拆遷。** H.其他經主管機關認定者。 (2)財物或勞務採購 　A.**規格、製程、供應或使用性質特殊者。** 　B.**需要特殊專業或技術人才始能完成者。** 　C.**需要特殊機具、設備或技術始能完成者。** 　D.**藝術品或具有歷史文化紀念價值之古物。** 　E.其他經主管機關認定者。
資格要求	與**提供招標標的**有關者 1.廠商登記或設立之證明。 2.廠商納稅之證明。 3.廠商依工業團體法或商業團體法加入工業或商業團體之證明（不限特定區域團體出具、外國廠商得免具）。	與履約能力有關者 1.廠商具有製造、供應或承做能力之證明。 2.廠商具有如期履約能力之證明。 3.廠商或其受僱人、從業人員具有專門技能之證明。（依法定人數為之，不得限制人數） 4.廠商具有維修、維護或售後服務能力之證明。	1.具有相關經驗或實績者。其範圍得包括於截止投標日前5年內，完成與招標標的同性質或相當之工程、財物或勞務契約，其**單次**契約金額或數量不低於招標標的預算金額或數量之**五分之二**，或**累計**金額或數量不低於**招標標的預算金額或數量**，並得含採購機關（構）出具之驗收證明或啟用後功能正常之使用情形證明。 2.具有相當人力者。其範圍得包括投標廠商現有與承包招標標的有關之專業或一般人力證明。

投標資格	基本資格	特定資格
資格要求	5. 廠商信用之證明。 6. 其他法令規定或經主管機關認定者。	3. 具有相當財力者。其範圍得包括實收資本額不低於招標標的預算金額之十分之一，或經會計師簽證或審計機關審定之上一會計年度或最近一年度財務報告及其所附報表，其內容合於下列規定者： (1) 權益不低於招標標的預算金額十二分之一。 (2) 流動資產不低於流動負債。 (3) 總負債金額不超過權益四倍。但配合民營化政策之公營事業參加投標者，不在此限。 4. 具有相當設備者。其範圍得包括完成與招標標的同性質或相當之工程、財物或勞務所需之自有設備。其尚無自有者，得以租賃、租賃承諾證明或採購中或得標後承諾採購證明代之。 5. 具有符合國際或國家品質管理之驗證文件者。 6. 其他經主管機關認定者。

第 **40** 條　（詳見Lesson 1）

十三、疑義

第 41 條

廠商對招標文件內容有疑義者，應於招標文件規定之日期前，以書面向招標機關請求釋疑。

機關對前項疑義之處理結果，應於招標文件規定之日期前，以書面答復請求釋疑之廠商，必要時得公告之；其涉及變更或補充招標文件內容者，除選擇性招標之規格標與價格標及限制性招標得以書面通知各廠商外，應另行公告，並視需要延長等標期。機關自行變更或補充招標文件內容者，亦同。

> 細　則

第 43 條 機關於招標文件規定廠商得請求釋疑之期限，至少應有等標期之四分之一；其不足一日者以一日計。選擇性招標預先辦理資格審查文件者，自公告日起至截止收件日止之請求釋疑期限，亦同。

廠商請求釋疑逾越招標文件規定期限者，機關得不予受理，並以書面通知廠商。

機關最後釋疑之次日起算至截止投標日或資格審查截止收件日之日數，不得少於原等標期之四分之一，其未滿一日者以一日計；前述日數有不足者，截止日至少應延後至補足不足之日數。

✅ 採購實務這樣做

此部分目前鮮少單獨命題，多數與L6的爭議一同命題（這類命題容易使人混淆）。命題及實務上需要多注意的是「廠商請求釋疑之期限」以及「機關處理釋疑之期限」。另，疑義與爭議不同，疑義只會發生在機關公告招標期間，此時招標文件已公開發布，有興趣投標的廠商可針對日後履約恐有疑慮部分請求機關釋疑，就像廠商的投石問路的狀況—若沒疑義，日後廠商決標就「必須」按照這份「有疑慮」的契約辦理，屆時可能發生巨大的權益損失—例如筆者曾經手某工程採購訴訟，就是因為機關基於各種理由發包前無法提供基地鑽探報告，僅提供鄰近基地的鑽探報告，而營造廠無疑義投標且決標後，發現基地地質狀況超出前開鑽探報告的預期，為符合結構安全、法規要求及如期如質完成

工程，營造廠只能貼上千萬元升級基礎規模，事後向機關要錢，機關基於謹慎使用公帑的角度也不能輕易付給營造廠（否則就是圖利廠商），只能爭議、調解、甚至纏訟多年……還不一定拿的到錢（因為營造廠投標前沒疑義，表示已了解並接受這份契約及衍生風險，所以縱使營造廠吃虧卻也無法讓法官認定沒有責任）。疑義當下尚不涉及廠商實質權益損害，然而爭議就會與標案衍生或造成之廠商權益損失有關，所以隨之而來有行政救濟有關的程序。有關爭議部分，請詳見本書L6內容。

因為機關回復疑義與廠商因應疑義回復來調整備標內容的作業時間有關，為顧及廠商投標權益，須給廠商足夠的作業時間，所以疑義後需要延長等標期，另外招標期限標準第7條第2項提到「得」免延長等標期的狀況（如釋疑內容未變更、補充招標文件內容或非屬重大改變），非不得延長，是以立法院諸公的意見是：仍「應」依本細則43條規定辦理，至於要延長的天數就不受限本細則43條規定日數。

第 **42** 條　（詳見Lesson 3）

第 **43** 條　（詳見Lesson 1）

第 **44** 條　（詳見Lesson 1）

精選試題

招標方式之選擇

招標方式

(　) **1** 機關選擇辦理採購招標方式，下列敘述，何者正確？　(A)對於所有經常性採購事項得採限制性招標　(B)機關辦理公告金額以上採購，得對設計競賽優勝者採限制性招標　(C)機關得委託專業領域具領先地位之自然人，採限制性招標辦理工程採購　(D)機關得邀請符合資格特定廠商，為特定個案辦理選擇性招標。【108鐵路佐級】

(　) **2** 下列何者不是政府採購法規定公告金額以上得選用之招標方式？(A)公開取得書面報價　(B)限制性招標　(C)選擇性招標　(D)公開招標。【107臺鐵營運專員、107台電】

(　) **3** 機關以公開招標方式評選優勝廠商議價，此種招標案性質如何？(A)公開招標　(B)限制性招標　(C)自創法規所無之招標方式，違法　(D)綜合各種招標方式，合法。【111鐵路佐級】

(　) **4** （多選）機關辦理採購之招標方式，下列敘述，何者錯誤？　(A)公開招標指以公告方式，邀請不特定廠商投標　(B)選擇性招標須以公告方式，預先依一定資格條件辦理廠商資格審查　(C)機關辦理限制性招標，有2家廠商投標者，即得比價　(D)採限制性招標方式，如僅1家廠商投標者，應另定期日再次辦理投標　(E)選擇性招標，係指不經公告方式先辦理廠商資格審查後，再行邀標　(F)公告金額以上之經常性採購，得採選擇性招標　(G)公開招標，如無廠商投標，得改採選擇性招標。【111鐵路佐級、109鐵路佐級、108鐵路佐級、107台電2】

( ) **5** （多選）下列何者非政府採購法規定之招標方式？ (A)公開招標 (B)限制性招標 (C)選擇性招標 (D)分段式招標(E)甄選招標(F)合理性招標。【修改自110鐵路佐級、108鐵路佐級、107臺鐵服務員、105經濟部】

解答與解析

1 (B)。(A)經常性採購採選擇性招標，(C)應為勞務採購，(D)選擇性招標邏輯應是依案件特性，選擇招標模式即選擇性招標後，經篩選資格符合廠商後，方才邀請其投標。

2 (A)。請詳查採購法第49條。

3 (C)。公開招標之開標未達3家就流標，而限制性招標逕邀1-2家廠商投標經評選比（議）價且1家即可開標，故兩者不同，牛頭不對馬嘴。

4 (DEG)。即得議價。(E)經預先公告方式辦理廠商資格審查。(G)公開招標無廠商投標則流標。

5 (DEF)。請詳查採18。

選擇性招標

( ) **1** 機關為特定個案辦理選擇性招標，有關邀請符合資格廠商投標之邀請方式，下列敘述何者正確？ (A)依辦理廠商資格審查文件所標示之邀請順序，依序邀請符合資格之廠商投標 (B)以抽籤方式擇定邀請符合資格之廠商投標 (C)於辦理廠商資格審查後，邀請所有符合資格之廠商投標 (D)以上皆非。【107桃捷】

( ) **2** （多選）下列情況何者得採選擇性招標？ (A)原有採購之後續維修 (B)研究發展事項 (C)廠商資格條件複雜者 (D)經常性採購。【107臺鐵服務員、110台電】

( ) **3** 關於選擇性招標，下列何者正確？ (A)經常性採購，應建立10家以上合格廠商名單 (B)未列入合格廠商名單之廠商，不得參加投標 (C)機關辦理選擇性招標，應以抽籤方式擇定邀請符合資格之廠商投標 (D)機關以個案選擇性招標方式辦理採購者，如第1次開標僅有1家廠商提出資格文件，亦得開標 (E)合格廠商名單一經決定不能變更 (F)合格廠商名單應列入機密，不得檢討修正。【修改自109鐵路佐級、104經濟部、107台電、108經濟部、111鐵路佐級】

(　) **4** 機關辦理公告金額以上之採購，下列何種情形得採選擇性招標？
(A)公立美術館採購某知名畫家之畫作　(B)公營事業原有製造原料採購之後續擴充　(C)衛生主管機關緊急採購防疫物資　(D)公營行庫經常性委聘律師追償欠款。【109鐵路佐級】

(　) **5** 機關為特定個案辦理選擇性招標，應於辦理廠商資格審查後，邀請所有符合資格之廠商投標。機關依上述規定建立合格廠商名單者，於辦理採購時，得選擇下列方式之一，何者為非：
(A)個別邀請最符合資格之廠商投標
(B)公告邀請所有符合資格之廠商投標
(C)依辦理廠商資格審查文件所標示之邀請順序，依序邀請符合資格之廠商投標
(D)以抽籤方式擇定邀請符合資格之廠商投標。【107桃捷2】

(　) **6** 有關「選擇性招標」之敘述，下列何者有誤？　(A)以公告方式預先依一定資格條件辦理廠商資格審查後，再行邀請符合資格之廠商投標　(B)機關得預先辦理資格審查，建立合格廠商名單　(C)機關仍應隨時接受廠商資格審查之請求，並定期檢討修正合格廠商名單　(D)對於未列入合格廠商名單之廠商請求參加特定招標時，機關應逕依平等原則不予審查。【110經濟部】

解答與解析 ────────────────────────

1 (C)。請詳查細則第21條第1項規定，特定個案辦理選擇性招標，應於辦理廠商資格審查後，邀請「所有」符合資格廠商投標。另，其餘選項為建立合格廠商後的邀標方式，如個別邀請所有符合資格、公告邀請所有符合資格、依序邀請所有符合資格、抽籤擇定符合資格（非所有）。

2 (BCD)。請詳查採購法第20條。

3 (D)。(A)經常性採購建立6家以上合格廠商名單，(B)未列入合格廠商名單者仍可於機關資格審查合格後邀標，(C)邀請符合資格廠商投標方式請詳查細21。(E)(F)合格廠商名單定期檢討修正，請詳查採21.1。

4 (D)。經常性採購可採選擇性招標。

5 (A)。請詳查細21.2。

6 (D)。請詳查採21.2。

限制性招標

( ) **1** 依政府採購法規定,下列何者為機關辦理公告金額以上之採購時,得採限制性招標之情形? (A)投標文件審查,須費時長久始能完成者 (B)廠商資格條件複雜者 (C)廠商準備投標需高額費用者 (D)以公告程序辦理設計競賽之結果,無廠商投標者。【110鐵路佐級、107臺鐵營運員】

( ) **2** 下列何種採購標的,不得依政府採購法第22條第1項第9款採準用最有利標(公開評選)方式擇優勝廠商議價辦理? (A)聘請律師擔任機關法律顧問 (B)為興建辦公廳舍委託廠商設計監造 (C)開發差勤管理資訊系統 (D)以統包方式興建煉油廠。【103經濟部、107臺鐵營運員、110台電】

( ) **3** 下列何種採購有機會依政府採購法第22條第1項第15款規定採限制性招標辦理? (A)台電公司購置發電或輸變電設備 (B)中油公司購置煉油設備 (C)台糖超市向其他廠商購進冷凍食品供販售 (D)以上皆可。【103經濟部】

( ) **4** 機關辦理公告金額以上之採購,如屬獨家製造,無其他合適替代者,得採限制性招標,其程序應由需求、使用或承辦採購單位,就個案敘明符合限制性招標之適用要件情形,簽報下列何者核准? (A)機關首長或其授權人員 (B)上級機關 (C)採購法主管機關 (D)審計機關。【104經濟部】

( ) **5** 工程採購案依政府採購法第22條第1項第6款辦理限制性招標,應符合之條件,下列敘述何者有誤? (A)在原招標目的範圍內 (B)因未能預見之情形,必須追加契約以外之工程 (C)另行招標,確有產生重大不便及技術或經濟上困難之虞 (D)追加累計金額未逾原主契約金額。【105經濟部】

( ) **6** 機關辦理公告金額以上之採購,下列何者非屬政府採購法第22條可採限制性招標的標的? (A)專利權 (B)藝術品 (C)研究發展事項 (D)獨家製造品。【105經濟部】

(　　) **7** 機關辦理搶修搶險技術服務，下列何者之敘述為錯誤？　(A)可採開口契約　(B)可採行公開評選準用最有利標決標　(C)不得保留後續擴充1年　(D)得採複數決標。【107桃捷】

(　　) **8** 機關依政府採購法第22條第1項第13款委外辦理學術研究發展，下列敘述何者錯誤？　(A)得逕邀在專業領域具領先地位之自然人，並以該自然人為計畫主持人　(B)得委託經公告審查優勝之學術或非營利機構　(C)成立審查委員會辦理審查，適用採購評選委員會組織準則及審議規則之規定　(D)計畫書經審查通過後，再辦理議價。【107桃捷】

(　　) **9** 下列何者非屬政府採購法第22條第1項第4款所稱「原供應廠商」之範圍？　(A)原訂約廠商之關係企業　(B)原製造廠商　(C)原訂約廠商之分包廠商　(D)原訂約廠商。【107經濟部】

(　　) **10** 依採購法第22條第1項各款之規定，下列何者不適用於工程採購？　(A)第4款　(B)第14款　(C)第6款　(D)第16款。【108台電】

(　　) **11** 機關在原招標目的範圍內，因未能預見之情形，必須追加契約以外之工程，如另行招標，確有產生重大不便及技術或經濟上困難之虞，非洽原訂約廠商辦理，不能達契約之目的，且未逾原主契約金額百分之五十者，得採限制性招標。所稱百分之五十，下列何者正確？　(A)該次追加金額占原主契約金額　(B)該次追加金額占追加後主契約金額　(C)追加累計金額占追加後主契約金額　(D)追加累計金額占原主契約金額之比率。【107台電、109鐵路佐級、107桃捷】

(　　) **12** 邀請藝術專業人士或團體表演，應採何種招標方式？　(A)聯合招標　(B)經常性招標　(C)共同招標　(D)限制性招標。【108鐵路佐級】

(　　) **13** 下列何者非屬於政府採購法第22條第1項第2款所稱專屬權利？　(A)公開播送權　(B)發明專利權　(C)商標專用權　(D)品種權　(E)新型專利權　(F)著作財產權　(G)其他已立法保護之智慧財產權。【109鐵路佐級、110經濟部】

（　　）**14** 依政府採購法規定，關於限制性招標之敘述，下列何者正確？
(A)係指不經公告程序，由機關直接邀請3家以上廠商比價之招標方
式　(B)機關辦理限制性招標，亦得不經公告程序而直接邀請2家廠
商議價　(C)機關辦理限制性招標，邀請2家以上廠商比價而僅有1
家廠商投標者，即應廢標　(D)機關辦理限制性招標而得以比價方
式辦理者，應優先以比價方式辦理之。【110鐵路佐級】

（　　）**15** 機關辦理公告金額以上之限制性招標採購案，下列何者非屬政府採
購法第22條可採的標的？　(A)朱銘太極雕塑　(B)自動閉合杯的
新型專利　(C)Hello Kitty人氣肖像授權　(D)羅氏藥廠的克流感專
利。【107臺鐵服務員】

（　　）**16** 桃園捷運公司依採購法第22條第1項第9款辦理委託專業服務，下
列有關招標文件或契約規定，何者有誤？　(A)得標廠商提高績效
者，依契約價金總額之百分之五發給獎勵報酬　(B)採成本加公費
法計費，訂定成本上限及逾上限之處理方式　(C)訂約後預付契約
總額百分之四十之預付款　(D)履約期限3年，自第2年起得隨物價
指數調整契約價金。【107桃捷】

（　　）**17** 下列何者計費方式不適用專業服務採購？　(A)建造百分比法　(B)
總包價法　(C)服務成本加公費法　(D)按日計酬法。【107台電2】

（　　）**18** 下列何者非屬政府採購法第22條第1項第4款之「執行錯誤態樣」？
(A)原有採購之後續擴充標的，並非原供應廠商之專業能力範圍
(B)向原供應廠商之分包廠商採購　(C)以不具相容性或互通性之理
由（如：更換廠商將延誤工期），洽原供應廠商採購　(D)依本款
辦理所增加之金額偏高不合理。【110經濟部】

（　　）**19** 機關依採購法第22條第1項第9款規定，以限制性招標辦理專業服務
之公開評選優勝者，下列敘述何者正確？　(A)應先報經上級機關
核准　(B)如已於招標文件訂明決標之固定金額或費率者，則以該
金額或費率決標，免議價程序　(C)應成立採購評選委員會　(D)不
適用於未達公告金額之採購。【111台電】

(　) **20** 廠商辦理公告金額以上之採購,何種情況之下可採限制性招標?
(A)藝術品採購但有其他合適之替代標的　(B)非原有採購之後續維
修　(C)非原有採購之後續擴充　(D)參與文藝活動或提供文化創意
服務。【111鐵路佐級】

(　) **21** 下列何者非屬政府採購法第22條第1項第6款內涵之敘述?　(A)非
洽原訂約廠商辦理,不能達契約之目的,且未逾原主契約金額百
分之五十者　(B)在原招標目的範圍內,因未能預見之情形,必須
追加契約以外之勞務工作　(C)如另行招標,確有產生重大不便及
技術或經濟上困難之虞　(D)實作實算因結算時金額超出合約金額
時,得視情形依本款辦理。【110經濟部】

(　) **22** 關於限制性招標,下列敘述何者錯誤?　(A)對專屬權利之採購,
得採行之　(B)採公告程序　(C)得邀請二家以上廠商參與　(D)方
式為比價或議價。【111鐵路佐級】

(　) **23** 依政府採購法規定,下列何者為機關辦理公告金額以上之採購
時,得採限制性招標之情形?　(A)投標文件審查,須費時長久始
能完成者　(B)廠商資格條件複雜者　(C)廠商準備投標需高額費
用者　(D)以公告程序辦理設計競賽之結果,無廠商投標者。【110
鐵路佐級】

(　) **24** 依政府採購法第22條第1項第9款所辦理專業服務性質之採購,其以
服務成本加公費法計費時,全部公費應為定額,且不得超過直接薪
資扣除非經常性給與之獎金後與管理費用合計金額之:　(A)0.06
(B)0.25　(C)0.1　(D)0.15。【107桃捷2】

(　) **25** 機關委託廠商承辦專業服務,其履約期限達多少時間以上,得於
契約內訂明自該期間屆滿之次年起得隨物價指數調整契約價金?
(A)1年　(B)2年　(C)3年　(D)5年。【107桃捷2】

(　) **26** 委託技術服務廠商之服務費用,得於契約規定於訂約後預付一部
分,以不逾契約價金總額或契約價金上限之百分之幾為原則?
(A)百分之二十　(B)百分之五十　(C)百分之三十　(D)百分之十。
【106經濟部、107桃捷】

（　）**27** 在政府採購相關法規定之服務成本加公費法中，所稱之公費係指？
(A)直接薪資　(B)直接成本　(C)合理成本　(D)廠商提供服務所得
之報酬。【105經濟部】

（　）**28** 委託技術服務需縮短時間完成者，得按縮短時間之程度酌增費用，
其所增之費用　(A)須採服務成本加公費法計算　(B)得專案議定
(C)得採總包價法計算　(D)得採建造費用百分比法計算。【106桃捷】

（　）**29** 有關技術服務採購之敘述，下列何者有誤？　(A)得允許共同投標
(B)得允許外國廠商參與投標　(C)不得規定收取押標金及保證金
(D)共通性之需求得簽訂共同供應契約。【107經濟部】

（　）**30** 下列敘述何者有誤？
(A)公告金額於工程、勞務及財物採購為新台幣150萬元
(B)採購法第22條第1項第2款所稱專屬權利，指已立法保護之智慧
財產權。但不包括商標專用權
(C)依採購法第22條第1項第7款之規定，後續擴充之情形，須於原
招標公告及招標文件同時敘明始得適用
(D)機關辦理藝文工程採購，其金額在公告金額以上者，應依採購
法第22條第1項第14款規定採公告審查程序辦理，並將公告刊登
於政府採購公報。【修改自104經濟部】

解答與解析

1 (D)。請詳查採22。

2 (D)。只有在採22.1-9之專業服務、
技術服務、資訊服務及採22.1-10
（設計競賽經評選優勝）才適用公開
評選。(A)專業服務、(B)技術服務、
(C)資訊服務。可直接記憶：只要是
工程類就不適用採22.1-9~10之公開
評選。

3 (D)。採22.1-15→公營事業。

4 (A)。細則第23條之1，須就個案敘
明符合各款之情形簽報機關首長或其
授權人員核准。

5 (D)。採購法第22條第1項第6款要
件，追加累計金額未逾原主契約金額
之50%。

6 (C)。研究發展事項應為採購法第20
條第5款規定。

7 (C)。依工程會101年6月11日工程企
　　字第10100217060號函，答案為(C)。

8 (C)。請詳查「機關委託研究發展作
　　業辦法」第6條及第8條內容。

9 (A)。原供應廠商即原訂約商、原訂
　　約分包商、原製造商。

10 (B)。採購法第22條第1項第14款文
　　創服務。

11 (D)。請詳查細22.4。

12 (D)。請詳查採購法第22條第1項第
　　14款。

13 (C)。請詳查細則第22條第2項。

14 (D)。請詳查細23-1。

15 (C)。採購法第22條第1項第2款「專
　　屬權利」非商標專用權。

16 (C)。請詳查「機關委託專業服務廠
　　商評選及計費辦法」等相關規定，預
　　付款最高為30%。

17 (A)。建造費用百分比法只適用於技
　　術服務。

18 (B)。依「政府採購法第22條第1項各
　　款執行錯誤態樣」第4款：
　　(1)原有採購之後續擴充，並無必須
　　　向原供應廠商採購之理由，卻以
　　　本款為由辦理。
　　(2)依本款辦理所增加之金額偏高不
　　　合理。
　　(3)原有採購之後續擴充標的，並非
　　　原供應廠商之專業能力範圍。
　　(4)未向原供應廠商(包含原訂約廠商、
　　　原製造廠商或分包廠商)採購。

　　(5)已不具相容或互通性理由，洽原
　　　供應廠商採購，例如更換廠商將
　　　延誤工期。

19 (C)。(A)最有利標決標、查核金額以
　　上減價收受、撤銷決標、終止契約或
　　解除契約反不符公共利益等，須報經
　　上級核准。(B)固定費率或金額仍須
　　議價程序→議約。(D)依「中央機關
　　未達公告金額採購招標辦法」第2條
　　仍可採限制性招標辦理。

20 (D)。請詳查採22.1-14。

21 (B)。請詳查採22.1-6。

22 (B)。請詳查採18、採22及細19。

23 (D)。請詳查採22。

24 (B)。請詳查「機關委託專業服務廠
　　商評選及計費辦法」等相關規定。

25 (A)。請詳查「機關委託專業服務廠
　　商評選及計費辦法」等相關規定。

26 (C)。請詳查「機關委託技術服務廠
　　商評選及計費辦法」等相關規定。

27 (D)。請詳查「機關委託專業服務廠
　　商評選及計費辦法」等相關規定。

28 (B)。請詳查「機關委託專業服務廠
　　商評選及計費辦法」等相關規定。

29 (C)。請詳查採購法第30條。

30 (D)。採購法第22條第1項第14款應
　　是邀請或委託具專業素養、特質或經
　　公告審查優勝之文藝人士、機構或團
　　體提供文創服務，非藝文工程。

未達公告金額

( ) **1** 某機關辦理預算金額新臺幣90萬元之委託資訊服務勞務採購,下列採購方式何者有誤? (A)公開招標 (B)統包 (C)公開取得企劃書 (D)公開評選。【108經濟部、111台電、107臺鐵服務員、107經濟部】

( ) **2** 逾公告金額十分之一而未達公告金額之採購,除政府採購法第22條第1項各款情形外,其招標方式應採何種為之? (A)限制性招標 (B)選擇性招標 (C)公開取得三家以上廠商之書面報價或企劃書 (D)統包。【107臺鐵營運專員】

( ) **3** 未達公告金額採購之招標,其金額逾公告金額十分之一者,依「中央機關未達公告金額採購招標辦法」規定,符合採購法第22條第1項第16款採限制性招標者,應經需求、使用或承辦採購單位就個案敘明不採公告方式辦理及邀請指定廠商比價或議價之適當理由,並經下列何程序,得採限制性招標? (A)簽報主管機關認定 (B)簽報機關首長或其授權人員核准 (C)預算書敘明 (D)報經上級機關核准。【107臺鐵服務員】

( ) **4** 未達公告金額而逾公告1/10之採購案件,不可採用下列何種方式辦理? (A)採用公開招標 (B)公開取得3家以上廠商書面報價 (C)簽經機關首長核准後採用限制性招標 (D)非採限制性招標而逕洽廠商採購。【107台電2】

( ) **5** 依中央機關未達公告金額採購招標辦法之規定公開徵求廠商提供書面報價,下列何者有誤? (A)其公告須公開於主管機關之資訊網路或刊登於政府採購公報 (B)取得三家以上廠商之書面報價後擇符合需要者辦理比價或議價 (C)第一次公告結果未能取得三家以上廠商之書面報價者,不得改採限制性招標 (D)得於公告中訂明開標時間地點。【103經濟部】

( ) **6** 未達公告金額之採購,以公開取得廠商之書面報價或企劃書方式辦理者下列何者為正確: (A)以採購法第34條公開徵求廠商提供參考資料之方式刊登公告 (B)可於公告文件載明截止收件日期,不

必載明開標時間及地點　(C)其決標結果得不通知廠商　(D)廠商不得提出異議。【107桃捷2】

(　　) **7** 得不經公告程序逕洽廠商採購，免提供報價或企劃書之採購，為下列何者？　(A)9萬元之財物採購　(B)50萬元之勞務採購　(C)99萬元之工程採購　(D)以上皆非。【104經濟部】

(　　) **8** （多選）機關辦理小額採購，下列敘述何者正確？　(A)其驗收，仍適用採購法之監辦規定　(B)不得未經公告程序，逕洽廠商辦理採購　(C)所有案件皆無需簽訂契約　(D)不得採公開招標辦理　(E)屬工程採購者，仍適用不得轉包之規定。【修改自111台電、105經濟部】

解答與解析

1 (B)。統包只適用工程採購或財物採購。

2 (C)。請詳查採49及「中央機關未達公告金額採購招標辦法」第2條規定。

3 (B)。請詳查「中央機關未達公告金額採購招標辦法」第2條規定。

4 (D)。請詳查「中央機關未達公告金額採購招標辦法」第2條規定。

5 (C)。經簽報機關首長或其授權人員後立即改為限制性招標。

6 (A)。(B)僅細49規定（選擇性招標資格審查供建立合格廠商名單，分段開標後續開標時間地點無法標示，開標程序內容應保密或依採104.1-2辦理之採購）免標示開標時間地點。(C)請詳查採52.3。(D)廠商得依採75規定提出異議。

7 (A)。請詳查中央未達公告金額採購招標辦法第5條。

8 (AE)。(B)(D)請詳查中央未達公告金額採購招標辦法第5條。(C)契約乃雙方合意要約的書面文件，且驗收須依契約內容檢視，爰仍須簽訂契約。

招標方式之綜合考題

(　　) **1** 下列敘述何者正確？　(A)機關以統包併採最有利標決標方式辦理者，無需報經上級機關核准　(B)統包採購不得依採購法第22條第1項第9款規定辦理　(C)共同投標廠商應於簽約時檢附共同投標協議

書 (D)所稱統包，指將工程或財物採購中之設計、監造與施工、供應、安裝或一定期間之維修等併於同一採購契約辦理招標。【107桃捷】

( ) **2** 對於招標之敘述，下列何者有誤？ (A)機關辦理限制性招標時，僅有二家投標者，得洽最低標廠商當場改為議價辦理 (B)採購法第22條第1項第6款規定所稱百分之五十之比率計算，係指追加累計金額占原主契約金額之比率 (C)機關辦理限制性招標，得將徵求受邀廠商之公告刊登政府採購公報 (D)投標廠商與其分支機構就同一採購分別投標者，其所投之標均應不予開標或不予接受。【107台電2】

( ) **3** 下列敘述何者錯誤？ (A)公開取得企劃書得參考最有利標精神擇最優者議價 (B)機關依採購法第22條第1項第9款辦理公開評選，機關得評選2家以上優勝廠商辦理比價 (C)機關驗收完畢後填具結算驗收證明書或其他類似文件予廠商者，其開立之對象應為該採購契約之當事人 (D)押標金得以未載明受款人之金融機構支票繳納。【107桃捷2】

( ) **4** 機關辦理採購，下列敘述何者正確？ (A)預算金額新臺幣170萬元之採購，詢價結果只需新臺幣100萬元，以公開取得書面報價方式辦理 (B)財物採購預算金額新臺幣90萬元，決標金額新臺幣60萬元，廠商不履約，機關通知該廠商將其名稱及相關情形刊登政府採購公報，廠商只能提出異議，不能提出申訴 (C)機關承辦採購單位之主管不得為所辦採購之主驗人 (D)機關辦理限制性招標，其得以比價方式辦理者，優先以比價方式辦理。【修改自106經濟部】

( ) **5** 下列敘述何者正確？ (A)依採購法第22條第1項第9款辦理技術服務採購之公開評選，其招標資訊得免刊登政府採購公報 (B)機關以限制性招標辦理者，均無需刊登政府採購公報 (C)機關辦理採購，採購標的中僅40％為專屬權利，只要經機關評估無其他合適之替代標的，仍得依採購法第22條第1項第2款規定採限制性招標 (D)依採購法第22條第1項第10款辦理限制性招標者，投標廠商僅1家即得辦理開標。【107桃捷】

解答與解析

1 (B)。(A)只要是最有利標就要簽報上級機關核准；(B)採購法第22條第1項第9款只適用專業、技術、資訊、社福等勞務服務；(C)共同投標應於投標時就要檢附，如此才能確保投標廠商各自負責的比例，據以進行評選；(D)統包不含監造，才不會有「球員兼裁判」的狀況。

2 (A)。2家以上（含2家）廠商為比價，僅1家則為議價。

3 (B)。依採22.1-9限制性招標經公開評選最優勝廠商議價。

4 (D)。(A)仍應以公告金額以上採購方式辦理。(B)公法爭議，雖為單行道，但異議不成仍可申訴。(C)最低階承辦不得為主驗人。

5 (D)。(A)(B)依「政府採購公告及公報發行辦法」第4條規定。(C)依細23辦理。

押標金、保證金相關規定

（　　）**1**（多選）依採購法規定，下列何者正確？
(A)押標金得為一定比率以不逾標價5%為原則
(B)履約保證金得為一定比率以不逾契約價金5%為原則
(C)保固金得為一定比率以不逾契約價金5%為原則
(D)差額保證金係以總標價與底價或評審委員會建議金額之差額為原則
(E)押標金不得逾5,000萬
(F)機關於採購契約規定逾期違約金，以契約價金總額之10%為上限
(G)機關得於招標文件規定廠商繳納之押標金及履約保證金，應為金融機構簽發之本票或支票。【修改自107臺鐵營運專員、107臺鐵營運員、107桃捷、107經濟部、108經濟部、107台電2、110經濟部、105經濟部】

（　　）**2** 機關得視案件性質以及實際上的需要，於招標文件中規定得標廠商得支領預付款，並訂明廠商應該先提供同額預付款還款保證，其中提供保證之時機應為？　(A)支付預付款前　(B)決標後於簽約前　(C)繳納履約保證金時　(D)決標之前。【106桃捷】

( ) **3** （多選）機關辦理預算160萬財物採購，決標契約金額為150萬元，下列押標金或保證金額度何者不適法？ (A)押標金7萬元 (B)履約保證金12萬元 (C)保固保證金3萬元 (D)保固保證金5萬元。
【修改自107臺鐵營運員】

( ) **4** 某機關辦理財物採購，預算金額為760萬，採最低標決標，最低標廠商報價總價（560萬元）低於底價（700萬元），機關得通知廠商繳納差額保證金之額度？ (A)300萬元 (B)240萬元 (C)60萬元 (D)不需繳納。【107臺鐵服務員、104經濟部】

( ) **5** 某機關辦理電腦設備（電腦主機1,250部）採購，預算金額新臺幣（下同）1,250萬元，屬公告金額以上採購。招標文件要求廠商須繳納押標金100萬元，履約保證金150萬元；另其押標金、履約保證金及差額保證金規定繳納之種類，載明僅得以「銀行本票、郵政匯票，即期支票」繳納，並載明廠商投標所繳納之押標金票據如未載明受款人時，為不合格標。試問以上採購之辦理，不符政府採購法之錯誤情形有幾？ (A)1 (B)2 (C)3 (D)4。【103經濟部】

( ) **6** 照「押標金保證金暨其他擔保作業辦法」第6條規定，以下之敘述何者為非？
(A)招標文件規定廠商須繳納押標金者，應一併載明廠商應於截止投標期限前繳納至指定之收受處所或金融機構帳號
(B)招標文件規定廠商須繳納保證金或提供其他擔保者，應一併載明繳納期限及收受處所或金融機構帳號
(C)押標金或保證金以設定質權之金融機構定期存款單繳納者，應受特定存款金融機構之限制
(D)押標金或保證金向金融機構申請設定質權時，無需質權人會同辦理。【106桃捷】

( ) **7** 依主管機關訂定工程採購契約範本之內容，機關辦理若干金額以上之營建工程，履約保證金應依工程進度分四期以上平均發還？
(A)公告金額 (B)查核金額 (C)巨額採購 (D)無論金額大小均可。【107臺鐵營運專員】

( ) **8** （多選）押標金之法定繳納方式，包括有？ (A)以保付支票繳納 (B)無記名政府公債 (C)以由股票上市公司出具連帶保證書代之 (D)銀行開發或保兌之不可撤銷擔保信用狀。【107臺鐵營運員】

( ) **9** （多選）有關免收押標金或保證金敘述，下列何者正確？ (A)勞務 採購，得免收押標金、保證金 (B)未達公告金額之財物採購，得免 收押標金、保證金 (C)未達公告金額之工程採購，得免收押標金、 保證金 (D)以議價方式辦理之採購，得免收押標金、保證金 (E) 依市場交易慣例 (F)以選擇性招標辦理之公告金額以上財物採購 (G)關於營運管理、維修、訓練等類型之採購 (H)公告金額以上之 工程採購，投標廠商為經主管機關評定為優良廠商者。【修改自107臺 鐵服務員、108台電、109鐵路佐級、108鐵路佐級、110鐵路佐級】

( ) **10** 機關辦理招標，應於招標文件中規定投標廠商須繳納押標金，但例 外情形得免收。下列何者不屬之？ (A)以公開招標方式辦理採購 金額新臺幣300萬元之勞務採購 (B)以選擇性招標方式辦理採購金 額新臺幣95萬元之工程採購 (C)以選擇性招標方式辦理採購金額 新臺幣250萬元之財物採購 (D)以議價方式辦理採購金額新臺幣 300萬元之工程採購。【111鐵路佐級】

( ) **11** 機關辦理預算金額新臺幣60萬元之財物採購，其押標金之收取額 度，下列何者有誤？ (A)新臺幣0元 (B)新臺幣2萬元 (C)新臺 幣3萬元 (D)新臺幣5萬元。【108經濟部】

( ) **12** 機關辦理工程採購，得於招標文件中規定優良廠商得予減收金額之 項目，不包括下列何者？ (A)押標金 (B)履約保證金 (C)預付 款之扣回款 (D)保固保證金。【110台電】

( ) **13** （多選）機關得於招標文件中規定投標廠商所繳納之押標金不予發 還之情形，下列何者有誤？ (A)得標後拒不簽約 (B)廠商標價偏 低，而未於機關通知期限內提出合理說明者 (C)在報價有效期內 撤回報價 (D)冒用他人名義或證件投標 (E)有政府採購法第103 條第1項不得參加投標之情形 (F)以虛偽不實之文件投標 (G)機 關宣布廢標或因故不予開標、決標 (H)廠商報價有效期已屆，且

拒絕延長 (I)已決標之採購，得標廠商已依規定繳納保證金 (J)廠商之標價偏低，有採購法第58條所定情形而未於機關通知期限內提出合理之說明者。【修改自108經濟部、108鐵路佐級、109鐵路佐級、107臺鐵服務員、110經濟部、111鐵路佐級】

( ) **14** 機關得於招標文件中規定，當廠商發生下列何種情形時，其所繳納之履約保證金（含其孳息）應全部不發還？ (A)須返還已支領之契約價金而未返還者 (B)違反採購法第65條規定轉包者 (C)驗收不合格且通知期限內未依規定辦理者 (D)擅自減省工料者。【111台電、107台電】

( ) **15** 有關履約保證金部分或全部不予發還之情形，下列敘述何者錯誤？ (A)不予發還之履約保證金，於依契約規定分次發還之情形，得為尚未發還者 (B)於履約過程中，如因可歸責於廠商之事由，而有施工查核結果列為丙等、發生重大勞安或環保事故之情形，機關得不按原定進度發還履約保證金，至上開情形改善處理完成為止 (C)轉包者，依轉包部分所占契約比例之保證金 (D)因可歸責於廠商之事由，致部分終止或解除契約者，依該部分所占契約金額比率計算之保證金。【107桃捷】

( ) **16** 依採購法規定，機關辦理採購履約保證金之敘述，下列何者有誤？ (A)單價決標之採購，應為一定金額 (B)查核金額以上之採購繳納期限應訂14日以上 (C)契約金額有增減者，得依增減比率調整 (D)履約保證金一定比率，以不逾契約金額5%為原則。【108台電】

( ) **17** 機關辦理某工程招標案，投標須知明定投標廠商押標金之繳納，限以金融機構本票、金融機構支票及金融機構保付支票為限。A廠商繳交郵政匯票當作押標金，在開標當日A廠商當場表示改以現金繳納，招標機關如何處理？ (A)依規定，可繳納現金當作押標金，招標機關可准其改以現金替換郵政匯票 (B)廠商以郵政匯票繳納押標金，單據已附於投標文件檢送，表示投標的保證，現場改以現金繳納，更強化投標意願，招標機關可加以同意 (C)依規定，現金繳納應繳納至指定之收受處所或金融機構帳號，不得於開標當場繳納，招標機關認定為不合格標 (D)機關審查廠商投標文件，與

標價無關者，得允許廠商更正，可在現場繳納與郵政匯票同額之現金。【108鐵路佐級】

(　　) **18** 機關發還廠商之押標金後，發現廠商有以不實文件投標之情事，向廠商追繳押標金。其請求權時效自發還日起算為幾年？　(A)3年　(B)5年　(C)10年　(D)15年。【111鐵路佐級、110鐵路佐級】

(　　) **19** 有關押標金保證金規定，下列何者錯誤？　(A)查核金額以上之勞務採購，招標文件明定免收押標金，並無不可　(B)廠商以郵政匯票繳納押標金，並無不可　(C)以議價方式辦理之財物採購，招標文件明定免收押標金，並無不可　(D)機關不發還得標廠商所繳納之保證金時，其孳息應發還之。【107桃捷】

(　　) **20** 機關辦理採購，有關押標金之規定，下列敘述何者有誤？　(A)其額度以不逾預算金額或預估採購總額百分之五為原則，且不得逾新臺幣5,000萬元　(B)應以投標廠商名義繳納　(C)應於招標文件中載明廠商應將押標金（含現金）附於投標文件內遞送　(D)得於招標文件中規定採電子投標之廠商得減收押標金，但減收額度以不逾百分之十為限。【111台電】

(　　) **21** （多選）機關辦理未達公告金額而逾公告金額十分之一之採購，下列何者正確？　(A)免報請上級機關派員監辦　(B)得免收押標金　(C)得免收保證金　(D)通案以限制性招標方式辦理。【107臺鐵服務員】

(　　) **22** （多選）機關辦理勞務採購，下列何者正確？　(A)不論採購金額大小，得免收押標金及履約保證金　(B)不允許採統包方式辦理　(C)預算金額1000萬屬公告金額以上之採購　(D)辦理公務車輛保險屬勞務採購。【107臺鐵營運員】

(　　) **23** 機關辦理採購金額9,000萬元之工程採購，下列敘述何者正確？　(A)規定廠商有轉包之情形者，其履約保證金（含其孳息）得全部不發還　(B)規定廠商須以金融機構簽發之支票繳納履約保證金　(C)規定廠商必須提出連帶保證廠商　(D)規定廠商須於得標後10天內繳納履約保證金。【107經濟部、108經濟部】

解答與解析

1 (AE)。押標金→5%且不逾5000萬元，履約保證金→10%，保固保證金→3%，差額保證金為總標價與底價80%之差額。(F)20%，請詳查「採購契約要項」。(G)依採30規定機關「應」於招標文件規定廠商繳納之押標金及履約保證金……。

2 (A)。請詳見押保辦法21規定。

3 (D)。押標金不逾預算金額160萬元之5%為8萬元。履約保證金不逾預算金額160萬元之10%為16萬元。保固保證金不逾預算金額3%為4.8萬元。

4 (D)。總標價偏低時，差額保證金＝總標價－底價×80%（即700萬元×80%＝560萬元）

5 (C)。錯誤3處：押標金一定金額不逾1250萬元×5%＝62.5萬元，履約保證金一定金額不逾1250萬元×10%＝125萬元，依押保辦法7本票、支票等應為即期，未填寫受款人者，以執票之機關為受款人。

6 (C)。依押保辦法6.3規定，應不受特定存款金融機構之限制。

7 (B)。依工程會109年12月工程採購契約範本第14條第1款規定，機關得視案件特性及實際需要於招標時載明，尚不以4次為限；惟查核金額以上之工程採購，不得少於4次。

8 (ABD)。請詳查採30規定。

9 (ABCE)。請詳查採30規定，請特別注意議價方式辦理之採購「僅」得免收押標金。(H)優良廠商得減少押標金。

10 (C)。請詳查採30規定。

11 (D)。請詳查採30規定。

12 (C)。請詳查押保辦法33-5規定。

13 (BCEGHIJ)。(A)(D)請詳查採30，(B)為未得標故押標金發還，(C)屬得標後拒不簽約情形故押標金不予發還。(E)廠商不得參加投標，開標當下就會被刷掉，也就不會有收取押標金之情形，請詳查採31。(J)請詳查採31規定，惟廠商標價偏低卻未於機關通知期限內提出合理說明則為「廢標」，即該廠商未達標，依押保辦法12規定，應予發還。

14 (B)。請詳查押保辦法20規定。

15 (C)。請詳查押保辦法20規定。

16 (D)。履約保證金一定比率→10%，不妨試想，為保證廠商能如期如質完工，其保證金比率可想見為最高。

17 (C)。廠商應依投標須知明定方式繳納押標金，另依押保辦法5、6規定，押標金繳納方式得由機關准予下更改，除現金外押標金繳納文件應於招標文件中檢附。

18 (B)。請詳查採31。

19 (D)。請詳查押保辦法20。

20 (C)。現金應繳納至指定收受處所或金融帳號,請詳查押保辦法11。

21 (ABC)。(A)查核金額以上採購才須報上級監辦。(D)依中央機關未達公告金額採購招標辦法第2條,有3種方式擇一辦理:

(1)符合採22.1-1~22.1-15得採限制性招標。

(2)符合採22.1-16經承辦就個案敘明指定廠商比(議)價理由簽請首長或其授權人員核准限制性招標,免經主管機關認定。

(3)公開徵求廠商提供書面報價或企劃書,擇符合需要者比(議)價。

22 (ABD)。(C)查核金額以上採購。

23 (A)。(B)(C)依採30規定2種以上方式繳納。(D)依押保辦法18規定,查核金額以上採購,應訂定14日以上合理期限。

廠商投標資格、限制競爭及同等品

( ) **1** 下列何者非屬資格限制競爭之規定? (A)廠商納稅之證明(如營業稅或所得稅等) (B)投標廠商之所在地 (C)公部門(政府機關、公營事業、公立學校)之實績 (D)取得ISO9000系列驗證者 (E)限國內之實績 (F)限特定地區公會之會員。【104經濟部、107桃捷、107臺鐵服務員】

( ) **2** 下列何者屬於資格限制競爭,列入政府採購錯誤行為態樣? (A)限使用工程會範本 (B)限取得ISO9000系列驗證者 (C)限型錄有中文說明 (D)限使用機關之標封。【108鐵路佐級】

( ) **3** 有關投標廠商資格之敘述,下列何者正確? (A)機關辦理特殊或巨額採購,得視採購案件之特性及實際需要,訂定投標廠商之基本資格 (B)機關訂定投標廠商需具有相當財力之資格證明者,其範圍得包括實收資本額不低於招標標的預算金額之五分之二 (C)機關辦理外國廠商得參與之採購,不得禁止大陸廠商投標 (D)機關以廠商須有相當經驗或實績為特定資格者,其期間得限3年內者。【107桃捷】

（　　）　**4** 有關規格之訂定，下列敘述何者正確？　(A)得訂明「正字標記」產品，但須於招標文件註明「或同等品」字樣　(B)公告金額以上採購，應至少指定3家以上廠牌　(C)未達公告金額之採購，得指定進口品　(D)廠商所提供之型錄，應逐頁加蓋廠商及負責人章。【107桃捷】

（　　）　**5** 依照「政府採購法第二十六條執行注意事項」中所規定，機關擬訂定之技術規格有國際標準或國家標準，其未能符合機關採購需求，須於招標文件載明其他標準（例如JIS、ACI、ASTM等）或訂定較嚴之規格者，應擇下列方式之一審查後再行辦理，以下哪一個不在規定之範圍內？　(A)標準審查　(B)自行審查　(C)開會審查　(D)委託審查。【106桃捷】

（　　）　**6** 機關擬定之技術規格無國際標準或國家標準，且無法以精確之方式說明招標要求，爰於招標文件列舉特定之三廠牌並註明「或同等品」，以下何者為非其所列廠牌應符合之情形？　(A)所列廠牌之價格應相當　(B)所列廠牌僅供廠商參考　(C)所列廠牌目前市場上均有供應且取得容易　(D)所列廠牌之尺寸規格應相同。【107臺鐵營運員】

（　　）　**7** 機關辦理公告金額以上醫療器材採購其有關採購標的規格之訂定，下列敘述何者錯誤？　(A)依功能或效益　(B)所標示特性不得限制競爭　(C)有國際標準或國家標準者從其規定　(D)指定進口品。【107臺鐵服務員】

（　　）　**8**（多選）下列何者不是機關辦理採購時，得擇定廠商之基本資格？(A)廠商納稅之證明　(B)廠商具有相當人力之證明　(C)廠商具有製造、供應或承做能力之證明　(D)廠商具有維修、維護或售後服務能力之證明　(E)廠商依工業團體法加入工業團體之證明　(F)廠商具有符合國際品質管理驗證之證明　(G)公司登記之證明文件　(H)營業稅或所得稅之完稅證明　(I)工業團體會員證。【修改自107臺鐵營運專員、109鐵路佐級、110經濟部】

(　) **9** （多選）下列何者屬「與提供招標標的有關」之投標廠商基本資格？　(A)具有相當財力證明　(B)廠商依工業團體法或商業團體法加入工業或商業團體之證明　(C)具有相當經驗或實績之證明　(D)實收資本額　(E)廠商納稅之證明。【修改自107臺鐵營運員、108經濟部】

(　) **10** 下列何者係屬「與履約能力有關」之投標廠商基本資格？　(A)營業稅或所得稅之證明　(B)公會會員證　(C)維修人員經專業訓練之證明　(D)工廠登記證明文件。【107台電2、107桃捷】

(　) **11** 依採購法相關規定，下列何者非屬投標廠商特定資格證明文件？(A)營業稅或所得稅之納稅證明　(B)投標廠商現有與承包招標標的有關之專業或一般人力證明　(C)截止投標日前5年內，完成與招標標的同性質或相當之工程、財物或勞務契約　(D)具有符合國際或國家品質管理之驗證文件　(E)具有相當經驗或實績者　(F)實收資本額之規定　(G)投標廠商現有與承包招標標的有關之專業或一般人力證明　(H)廠商具有製造、供應或承做能力之證明。【111台電、106經濟部】

(　) **12** （多選）下列何者為政府採購法第36條所稱之特殊採購？　(A)期程緊迫且經機關首長核定之工程　(B)在地面下施工之工程　(C)古蹟構造物之修建　(D)開挖深度在15公尺以上之工程　(E)藝術品或具有歷史文化紀念價值之古物採購　(F)使用特殊施工方法或技術之工程　(G)興建構造物，單一跨徑在15公尺以上之工程　(H)需要特殊機具、設備或技術始能完成之財物或勞務採購　(I)興建構造物，地面高度超過30公尺或地面樓層超過15層者　(J)興建隧道，長度在1千公尺以上者。【107臺鐵營運專員、107臺鐵服務員、110台電、107經濟部、104經濟部】

(　) **13** 政府採購法第37條禁止機關對投標廠商之資格，規定不當限制競爭，下列何種情形違反本條規定？　(A)在特殊或巨額之採購，規定工程實績作為廠商資格限制　(B)招標文件要求投標廠商的員工應有半數以上具榮民身分之條件　(C)為確認廠商具備履行契約必須的能力，規定廠商必須為財團法人或公益社團法人　(D)機關要求廠商出具不限任何地區公會的會員證。【108鐵路佐級】

( ) **14** （多選）下列敘述何者錯誤？ (A)新臺幣8000萬元非特殊之工程採購，得依投標廠商資格與特殊或巨額採購認定標準訂定投標廠商之實收資本額 (B)投標廠商為外國廠商者，得免附具加入工業或商業團體之證明 (C)新臺幣1億元之工程採購，機關得訂定投標廠商之基本資格與特定資格 (D)有關廠商或其受雇人、從業人員具有專門技能之資格證明作為基本資格者，得就一定專門技能人員之人數依採購案之實際需要人數為限制規定。【107臺鐵營運員】

( ) **15** 機關辦理新台幣1億元之一般工程採購，不得訂定下列何種投標之廠商資格？ (A)廠商登記或是設立之證明 (B)廠商信用之證明 (C)具有相當財力之證明 (D)廠商具有製造供應或承做能力之證明 (E)廠商之受雇人具有專門技能之證明。【106桃捷、107經濟部】

( ) **16** 機關辦理文康旅遊之勞務採購案，非屬特殊採購，採購金額新臺幣150萬元，所訂之資格條件何者為非？
(A)營業稅繳款書收據聯或主管稽徵機關核章之最近一期營業人銷售額與稅額申報書收執聯
(B)須提出最近3年內曾辦理類似活動200人以上之經驗
(C)票據交換機構於截止投標日之前半年內所出具之最近3年內無退票紀錄證明
(D)由政府機關或其授權機構核發該廠商係合法登記或設立之證明文件。【修改自107臺鐵服務員】

( ) **17** 機關辦理預算金額為新臺幣10億元之巨額工程採購公開招標，經評定有訂定特定資格之必要，規定廠商應提報其所具有與招標標的同性質或相當之單次契約金額實績，該實績應至少不低於新臺幣多少元？ (A)2億元 (B)2億5,000萬元 (C)4億元 (D)5億元。【108經濟部】

( ) **18** 乙機關辦理一件非屬特殊性質之財物採購，其預算金額為新臺幣6,000萬元，有關投標廠商資格得規定廠商實收資本額不低於下列何者？ (A)新臺幣600萬元 (B)新臺幣6,000萬元 (C)新臺幣6,200萬元 (D)不得限定資本額。【111台電】

（　　）**19** 下列關於辦理公告金額以上採購，其招標文件所訂規格規定之敘述，何者錯誤？
(A)機關擬定之技術規格，其所標示之擬採購產品不得限制競爭
(B)招標文件不得為特定來源地要求之記載
(C)招標文件可為特定設計或型式之提示，以符合採購目的
(D)為說明招標要求，可於招標文件內提及特定生產者，但須註明允許得標廠商提出「或同等品」字樣。【108鐵路佐級】

（　　）**20** 機關辦理公告金額以上之採購，關於其招標文件技術規格之訂定，下列何者正確？　(A)為符合採購之品質與目的，得要求特定來源地　(B)機關無法以精確方式說明招標要求時，始得於招標文件中提及商標，並應加註「或同等品」　(C)為確保採購品質，招標文件應要求特定之設計或型式　(D)為避免限制競爭，機關不得為環境保護之目的，擬定減少溫室氣體排放之措施。【109鐵路佐級】

（　　）**21** 機關辦理採購，對投標廠商資格之訂定，下列敘述，何者錯誤？
(A)得依實際需要，規定投標廠商之基本資格　(B)特殊或巨額之採購有特別要求者，得另規定投標廠商之特定資格　(C)政黨不得參與投標，但其關係企業不在此限　(D)不符合招標規定投標廠商之財力資格，得以銀行或保險公司之履約及賠償連帶保證責任、連帶保證保險單代之。【108鐵路佐級】

（　　）**22** 廠商對招標文件內容有疑義者，至遲應於何時以書面向招標機關請求釋疑？　(A)招標文件規定之日期前　(B)等標期屆滿前　(C)決標前　(D)開標前。【110鐵路佐級】

（　　）**23** 有關政府採購法第34條第2項規定，下列何者有誤？　(A)機關辦理採購，不得於開標前洩漏領標、投標廠商之名稱與家數等資料　(B)除本法第41條第2項規定得公告事項外，承辦人不得洩漏其他廠商就標案提出之疑義內容　(C)承辦人違反本項規定可能成立洩漏國防以外機密之罪　(D)承辦人W洩漏廠商X就標案疑義內容予廠商Y，惟X嗣後未參標，則W不違反本項規定。【110經濟部】

解答與解析

1 (A)。為廠商基本資格。

2 (B)。屬於資格限制競爭錯誤態樣。

3 (C)。(A)特殊或巨額採購基本資格為必要。(B)(D)請詳查巨額標準5.1及5.2，「只寬不縮」。

4 (A)。請詳查本書2.1節工程會96年11月6日工程企字第09600437630號函釋。(B)廠牌僅作參考，只要符合需求，即便指定1家廠牌也不違法。(C)請詳查本書2.1節工程會88年9月9日（八八）工程企字第8813252號函釋，雖未達公告金額，仍須注意是否違反採6規定。(D)為機關採購錯誤態樣。

5 (A)。請詳查採26注意事項12。

6 (D)。請詳查採26及採26注意事項相關規定。

7 (D)。公告金額以上採購指定進口品限制競爭，違反採6規定；未達公告金額之採購仍須注意有否違反採6之規定。

8 (BF)。請詳見巨額標準5規定。

9 (BE)。請詳見巨額標準3規定。

10 (C)。請詳見巨額標準4規定。

11 (AH)。請詳見巨額標準5規定。

12 (BCDFHJ)。請詳查巨額標準6。(E)(H)依巨額標準僅限工程採購。

13 (B)。請詳查採37規定。

14 (ACD)。(A)非屬巨額工程採購。(D)人數係依「法規」限制，而非依採購案實際需要。另外，(C)針對特殊或巨額採購給予特定資格，故雖然官方公告(C)為錯誤，但此項非絕對錯誤，因為古蹟構造物修建或拆遷屬特殊採購，也適用基本資格及特定資格。

15 (C)。1億元工程採購級距為查核金額以上未達巨額，故無特定資格之適用。

16 (B)。(A)(C)(D)為基本資格，(B)為實績資格。本題未達巨額採購，非為實績資格之適用。

17 (C)。單次契約金額實績為預算金額之2/5，即10億元×（2/5）＝4億元。

18 (D)。非巨額，不得限定資本額，請詳見巨額標準5規定。

19 (C)。請詳查採26規定。

20 (B)。(A)(C)限制競爭有違採6規定。(D)請詳查採26-1規定。

21 (C)。請詳查採38規定。

22 (A)。請詳查採41。

23 (D)。請詳查採34。

統包、共同投標及等標期相關考題

(　　) **1** 下列何種採購不允許採統包方式辦理？　(A)工程採購　(B)勞務採購　(C)財物採購　(D)設計加施工案。【107臺鐵營運員】

(　　) **2** 依政府採購法之規定，下列何者非屬得併於統包契約辦理招標之事項？　(A)設計　(B)施工　(C)監造　(D)安裝。【109鐵路佐級】

(　　) **3** 依採購法相關規定，機關於招標文件規定允許一定家數內之廠商共同投標者，以不超過幾家為原則？　(A)3家　(B)5家　(C)6家　(D)無規定，係由機關自行決定。【111台電】

(　　) **4** 機關辦理工程採購，由二家以上之廠商共同具名投標，並於得標後共同具名簽約，連帶負履行採購契約之責。此為政府採購法所稱之何種情形？　(A)共同供應　(B)統包　(C)共同投標　(D)選擇性招標。【111鐵路佐級、109鐵路佐級、110鐵路佐級】

(　　) **5** 桃園捷運公司允許共同投標時，應於招標文件中規定共同投標廠商之成員，不得對同一採購另行提出投標文件或為另一共同投標廠商之成員。但有下列何種情形不在此限：　(A)採最有利標決標者　(B)該採購涉及特殊工法，得為不同廠商共同投標，增加競爭者　(C)其他經上級機關認定者　(D)該採購涉及統包，以增加廠商競爭者。【107桃捷、106經濟部】

(　　) **6** 下列有關共同投標之敘述，何者錯誤？　(A)共同投標廠商之資格，已得互為補充，故機關不得於招標文件中再規定允許其應符合資格之一部分，得以分包廠商就其分包部分所具有者代之　(B)機關於招標文件規定，契約價金由代表廠商統一請（受）領，並非指發票全由代表廠商統一開立　(C)共同投標協議書所載各成員所占契約金額比率，得經機關同意後變更　(D)共同投標廠商成員有破產致無法繼續共同履約，關於另覓之廠商資格應與該成員原資格條件相當之廠商繼受。【107桃捷2】

(　) **7** 有關共同投標之採購案件，下列敘述何者正確？　(A)招標文件中未載明允許廠商共同投標者，廠商採共同投標方式投標，機關仍得接受　(B)共同投標廠商之家數上限，得免於招標文件中載明　(C)允許廠商共同投標之案件，廠商單獨投標並無不可　(D)以聯合技師事務所投標者，亦屬共同投標。【107經濟部】

(　) **8** 下列敘述何者正確？　(A)機關以統包併採最有利標決標方式辦理者，無需報經上級機關核准　(B)統包採購不得依採購法第22條第1項第9款規定辦理　(C)共同投標廠商應於簽約時檢附共同投標協議書　(D)所稱統包，指將工程或財物採購中之設計、監造與施工、供應、安裝或一定期間之維修等併於同一採購契約辦理招標。【107桃捷】

(　) **9** 依採購法第27條第1項規定辦理之招標公告，下列何者不是應登載之事項？　(A)履約期限　(B)收受投標文件之地點及截止期限　(C)廠商資格條件摘要　(D)辦理決標之時間及地點。【107臺鐵服務員】

(　) **10** 下列何種情形，機關得免於招標文件或招標公告公開預算金額？　(A)巨額採購規定廠商具有相當實績之特定資格者　(B)巨額採購規定廠商實收資本額之特定資格者　(C)查核金額以上之勞務採購　(D)未達公告金額之工程採購。【107桃捷2】

(　) **11** 下列哪些資訊應公開於採購網站，必要時並得刊登採購公報？　(A)未達公告金額採購之決標公告資訊　(B)與政府採購有關之法令、司法裁判、訴願決定、仲裁判斷或宣導資訊　(C)財物之變賣或出租公告　(D)多餘不用堪用財物之無償讓與公告。【107桃捷】

(　) **12** 政府採購資訊網站所蒐集之採購公告資訊，除有特殊情形經主管機關調整者外，星期四下午傳送之資料，最快可刊登於何日採購公報？　(A)星期五　(B)星期六　(C)星期日　(D)星期一。【110台電】

(　) **13** 公告金額以上未達查核金額之採購，其等標期為幾日？（假設未提供電子領投標及公開閱覽等機制）　(A)7日　(B)14日　(C)21日　(D)28日。【修改自110鐵路佐級、110經濟部、111台電、108經濟部、107經濟部】

（　）**14** 機關辦理非適用WTO政府採購協定之採購選擇性招標之廠商資格預先審查，且未提供電子領投標及公開閱覽，公告金額以上未達巨額金額之採購，其等標期不得少於幾日？　(A)7日　(B)10日　(C)14日　(D)21日。【107臺鐵營運員】

（　）**15** 機關辦理採購，於招標前將招標文件稿辦理公開閱覽，且招標文件內容未經重大改變者，等標期得縮短A日。但縮短後不得少於B日，A、B各為幾日？　(A)A＝2日；B＝5日　(B)A＝3日；B＝5日　(C)A＝3日；B＝7日　(D)A＝5日；B＝10日。【110台電】

（　）**16** 機關於等標期截止後流標或廢標，於其後最長多久期間內重行招標，且招標文件內容未經重大改變者，等標期得予縮短？　(A)1個月　(B)2個月　(C)3個月　(D)6個月。【108經濟部】

（　）**17** 機關辦理採購，依政府採購法第93條之1規定辦理電子領標並於招標公告敘明者，等標期得縮短A日，但縮短後不得少於B日，請問下列何者正確？　(A)A＝2日；B＝7日　(B)A＝2日；B＝5日　(C)A＝3日；B＝7日　(D)A＝3日；B＝5日。【106經濟部】

（　）**18** 機關辦理採購，依採購法第93條之1規定辦理電子投標並於招標公告或招標文件敘明者，等標期得縮短A日。但縮短後不得少於B日？　(A)A＝2日；B＝5日　(B)A＝3日；B＝5日　(C)A＝3日；B＝7日　(D)A＝5日；B＝10日。【107臺鐵營運專員】

（　）**19** 機關辦理採購，於6個月內重行或續行招標且招標文件內容未經重大改變者，其等標期，未達公告金額之採購不得少於（甲）日，公告金額以上之採購不得少於（乙）日？　(A)甲＝2日；乙＝5日　(B)甲＝3日；乙＝5日　(C)甲＝3日；乙＝7日　(D)甲＝5日；乙＝7日。【107臺鐵營運員、105經濟部】

（　）**20** 機關於等標期截止前取消或是暫停招標，並且於取消或是暫停之後，且招標文件之內容未曾經過重大之改變時，最多應於多少期間內重新招標，該等標期得經考量取消或是暫停前已經公告或是邀標之日數，依照原定之期限酌予縮短？　(A)六個月內　(B)三個月內　(C)一年內　(D)二十日內。【106桃捷】

(　) **21** （多選）下列何種情形屬政府採購法第22條第1項第1款所稱之「重大改變者」？　(A)投標廠商資格放寬　(B)預算金額明顯變更　(C)等標期延長數日　(D)履約期限明顯變更。【107臺鐵服務員】

(　) **22** 公開招標廢標後大幅修改招標文件後再行辦理招標，必須多少家以上廠商投標始得開標？　(A)1家　(B)3家　(C)由機關決定　(D)視招標文件之規定。【106經濟部】

解答與解析

1 (B)。請詳查採24。

2 (C)。請詳查「統包實施辦法」第3條。

3 (B)。請詳查「共同投標辦法」第4條。

4 (C)。請詳查採25。

5 (B)。請詳查「共同投標辦法」第7條。

6 (A)。請詳查細36。其餘(B)(C)(D)請詳查「共同投標辦法」。

7 (C)。(A)招標文件允許共同投標，廠商方可共同投標。(B)(C)仍須訂定共同投標家數且符合資格者得單獨投標，請詳查「共同投標辦法」第4條。(D)聯合技師事務所為1家廠商，可當成具有多機能之公司，其投標者非屬共同投標。

8 (B)。(A)最有利標需報上級機關核准。(B)採22.1-9為採公開評選之限制性招標，僅有技術服務、專業服務、資訊服務及社會福利（勞務）採購適用。(C)請詳查採25.5。(D)僅有細部設計、施工及供應、安裝、維修等，請詳查採24.2。

9 (D)。請詳查「政府採購公告及公報發行辦法」第7條。另，從實務處理判斷，招標公告即邀請廠商來投標，因此採購案內容（如履約期限、工作內容）、廠商資格、收受投標文件地點及截止期限等都是要項，至於辦理決標之時間及地點，實務上往往廠商投標後都會經過審查會等不同形式之審查，決標時間地點通常要等到審查通過報機關首長核准後方才揭露。

10 (D)。請詳查「政府採購公告及公報發行辦法」第11條。

11 (D)。請詳查「政府採購公告及公報發行辦法」第5條。

12 (D)。請詳查「政府採購公告及公報發行辦法」第21條。

13 (B)。未達公告7日、公告以上未達查核14日、查核以上未達巨額21日、巨額以上28日。

14 (B)。請詳查「招標期限標準」第3條。

15 (D)。請詳查「招標期限標準」第9條。

16 (C)。請詳查「招標期限標準」第8條。

17 (D)。請詳查「招標期限標準」第9條。

18 (A)。請詳查「招標期限標準」第9條。

19 (C)。請詳查「招標期限標準」第8條。

20 (A)。請詳查「招標期限標準」第8條。

21 (ABD)。只要足以影響廠商投標意願即屬重大改變。

22 (B)。屬重大變更，回到第1次公開招標狀態，請詳查「機關辦理採購之廠商家數規定一覽表」。

適用法規速查

機關委託專業服務廠商評選及計費辦法 （106 年 8 月 28 日修正）	機關委託技術服務廠商評選及計費辦法 （109 年 9 月 9 日修正）
機關委託資訊服務廠商評選及計費辦法 （106 年 9 月 11 日修正）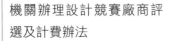	機關委託社會福利服務廠商評選及計費辦法 （108 年 11 月 22 日）
機關辦理設計競賽廠商評選及計費辦法 （88 年 5 月 6 日修正）	廠商指定地區採購房地產作業辦法 （107 年 3 月 14 日修正）
機關委託研究發展作業辦法 （105 年 2 月 17 日修正）	機關邀請或委託文化藝術專業人士機構團體提供藝文服務作業辦法 （110 年 9 月 11 日修正）

Lesson

決 標

這堂課是規範選定廠商之過程，是政府採購法前半段的核心內容之一，為公法範疇，同第二堂都是實務上一定會遇到的，所以出題機率非常高。

此處規範的是如何決標，什麼情形適用什麼決標方式，各種決標方式的介紹等，必須與第二堂共同準備，本書在最後精心整理成系統圖，協助各位以系統方式了解政府採購前半段招標、審標、決標等作業程序。

彙整各類國考、國營事業等相關考古題，統計各重點出題機率如下表，請務必把握相關題型及應用。

重點	法規條目	考題機率
決標	採 52（決標原則） 採 53、採 54、採 58（最低標） 採 56（最有利標）	49%
開標	採 33、採 42、採 45、採 48	22%
底價訂定	採 46、採 47	11%
其他	採 61（決標或無法決標公告） 採 50（不開決標狀況） 採 55 及採 57（協商措施）	18%

準備建議

1 決標原則之適用。
2 開標家數規定、不合格標的認定、採購錯誤態樣。
3 底價訂定。
4 最低標的規則，比減價格、超底價時的處理、底價偏低時的處理。
5 最有利標的三種型態及規則、評分及格最低標的規則。

逐條説明

一、開標

第 **42** 條

機關辦理公開招標或選擇性招標，得就資格、規格與價格採取分段開標。
機關辦理分段開標，除第一階段應公告外，後續階段之邀標，得免予公告。

> 細　則

第 **44** 條　機關依本法第四十二條第一項辦理分段開標，得規定資格、規格及
　　　　　價格分段投標分段開標或一次投標分段開標。但僅就資格投標者，
　　　　　以選擇性招標為限。

　　　　　前項分段開標之順序，得依資格、規格、價格之順序開標，或將資
　　　　　格與規格或規格與價格合併開標。

　　　　　機關辦理分段投標，未通過前一階段審標之投標廠商，不得參加後
　　　　　續階段之投標；辦理一次投標分段開標，其已投標未開標之部分，
　　　　　原封發還。

　　　　　分段投標之第一階段投標廠商家數已達本法第四十八條第一項三家
　　　　　以上合格廠商投標之規定者，後續階段之開標，得不受該廠商家數
　　　　　之限制。

　　　　　採一次投標分段開標者，廠商應將各段開標用之投標文件分別密
　　　　　封。

✅ 採購實務這樣做

選擇性招標或公開招標在一次投標分段開標或分段投標分段開標時適法的態樣
如圖3.1，特別注意：**僅就「資格」投標者，只限選擇性招標。**

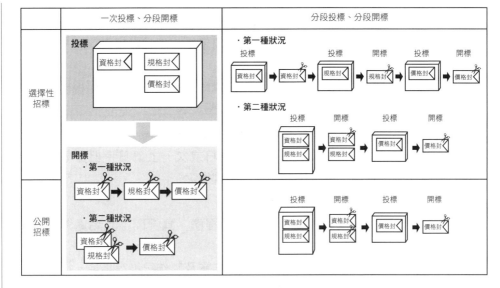

圖 3.1 公開招標及選擇性招標的投標開標方式一覽圖

第 45 條

公開招標及選擇性招標之開標，除法令另有規定外，應依招標文件公告之時間及地點公開為之。

> 細則

第 48 條　本法第四十五條所稱開標，指依招標文件標示之時間及地點開啟廠商投標文件之標封，宣布投標廠商之名稱或代號、家數及其他招標文件規定之事項。有標價者，並宣布之。

前項開標，應允許投標廠商之負責人或其代理人或授權代表出席。但機關得限制出席人數。

限制性招標之開標，準用前二項規定。

第 49 條　公開招標及選擇性招標之開標，有下列情形之一者，招標文件得免標示開標之時間及地點：

一、依本法第二十一條規定辦理選擇性招標之資格審查，供建立合格廠商名單。

二、依本法第四十二條規定採分段開標，後續階段開標之時間及地點無法預先標示。

三、依本法第五十七條第一款規定，開標程序及內容應予保密。

四、依本法第一百零四條第一項第二款規定辦理之採購。

五、其他經主管機關認定者。

前項第二款之情形，後續階段開標之時間及地點，由機關另行通知前一階段合格廠商。

第 49-1 條　公開招標、選擇性招標及限制性招標之比價，其招標文件所標示之開標時間，為等標期屆滿當日或次一上班日。但採分段開標者，其第二段以後之開標，不適用之。

第 50 條　辦理開標人員之分工如下：

一、主持開標人員：主持開標程序、負責開標現場處置及有關決定。

二、承辦開標人員：辦理開標作業及製作紀錄等事項。

主持開標人員，由機關首長或其授權人員指派適當人員擔任。

主持開標人員得兼任承辦開標人員。

承辦審標、評審或評選事項之人員，必要時得協助開標。

有監辦開標人員者，其工作事項為監視開標程序。

機關辦理比價、議價或決標，準用前五項規定。

第 51 條　機關辦理開標時應製作紀錄，記載下列事項，由辦理開標人員會同簽認；有監辦開標人員者，亦應會同簽認：

一、有案號者，其案號。

二、招標標的之名稱及數量摘要。

三、投標廠商名稱。

四、有標價者，各投標廠商之標價。

五、開標日期。

六、其他必要事項。

流標時應製作紀錄，其記載事項，準用前項規定，並應記載流標原因。

第 33 條

廠商之投標文件，應以書面密封，於投標截止期限前，以郵遞或專人送達招標機關或其指定之場所。

前項投標文件，廠商得以電子資料傳輸方式遞送。但以招標文件已有訂明者為限，並應於規定期限前遞送正式文件。

機關得於招標文件中規定允許廠商於開標前補正非契約必要之點之文件。

> **細 則**

第 29 條 本法第三十三條第一項所稱書面密封，指將投標文件置於不透明之信封或容器內，並以漿糊、膠水、膠帶、釘書針、繩索或其他類似材料封裝者。

信封上或容器外應標示廠商名稱及地址。其交寄或付郵所在地，機關不得予以限制。

本法第三十三條第一項所稱指定之場所，不得以郵政信箱為唯一場所。

第 30 條 （刪除）

第 31 條 （刪除）

第 32 條 本法第三十三條第三項所稱非契約必要之點，包括下列事項：

一、原招標文件已標示得更改或補充之項目。

二、不列入標價評比之選購項目。

三、參考性質之事項。

四、其他於契約成立無影響之事項。

第 33 條 同一投標廠商就同一採購之投標，以一標為限；其有違反者，依下列方式處理：

一、開標前發現者，所投之標應不予開標。

二、開標後發現者，所投之標應不予接受。

廠商與其分支機構，或其二以上之分支機構，就同一採購分別投標者，視同違反前項規定。

第一項規定，於採最低標，且招標文件訂明投標廠商得以同一報價載明二以上標的供機關選擇者，不適用之。

第 48 條

機關依本法規定辦理招標，除有下列情形之一不予開標決標外，有三家以上合格廠商投標，即應依招標文件所定時間開標決標：

一、變更或補充招標文件內容者。

二、發現有足以影響採購公正之違法或不當行為者。

三、依第八十二條規定暫緩開標者。

四、依第八十四條規定暫停採購程序者。

五、依第八十五條規定由招標機關另為適法之處置者。

六、因應突發事故者。

七、採購計畫變更或取消採購者。

八、經主管機關認定之特殊情形。

第一次開標，因未滿三家而流標者，第二次招標之等標期間得予縮短，並得不受前項三家廠商之限制。

> 細 則

第 55 條 本法第四十八條第一項所稱三家以上合格廠商投標，指機關辦理公開招標，有三家以上廠商投標，且符合下列規定者：

一、依本法第三十三條規定將投標文件送達於招標機關或其指定之場所。

二、無本法第五十條第一項規定不予開標之情形。

三、無第三十三條第一項及第二項規定不予開標之情形。

四、無第三十八條第一項規定不得參加投標之情形。

第 56 條 廢標後依原招標文件重行招標者，準用本法第四十八條第二項關於第二次招標之規定。

第 57 條 機關辦理公開招標，因投標廠商家數未滿三家而流標者，得發還投標文件。廠商要求發還者，機關不得拒絕。

機關於開標後因故廢標，廠商要求發還投標文件者，機關得保留其中一份，其餘發還，或僅保留影本。採分段開標者，尚未開標之部分應予發還。

✓ 採購實務這樣做

基於採購法公平公開原則，對廠商不得有不當限制競爭之要求，所以直接以公開招標的方式最不易有爭議，而且無論公告金額以上或以下都可使用，另考慮不同採購金額級距有不同的等標期，隨招標次數有所不同，為一致化全國採購

作業，工程會於91年7月訂定「機關辦理採購之廠商家數規定一覽表」（參考網址：http：//lawweb.pcc.gov.tw/LawContent.aspx？id=FL000719），供各級機關比照適用。本書已針對近年來考題方向彙整常考合格家數如表3.1，供各位服用。

採購實務上，尤其是機關庶務、總務或秘書部門或者是縣市政府採購中心，在辦理開標時，了解相關規定，才知道該怎麼處理不同招標方式所對應的廠商投標及合格情形。身為業務機關，基於政策時程需求考量，透過不同的採購策略之組合，能靈活地縮短行政作業時間，進而提升採購效率。

需要注意的是，公開招標的第1次開標應有3家合格廠商投標，第2次開標且**沒有招標文件重大變更**的狀況下就不受3家合格廠商投標的限制。所謂的招標文件重大變更，就是指**會影響廠商投標意願的變更**。當工程案一直流標，為能順利發包而調整的招標文件需求規定，往往會成為「重大變更」，**也因此無論第幾次開標，只要招標文件有重大變更，都會回到第1次開標需要3家合格廠商投標的狀況**。

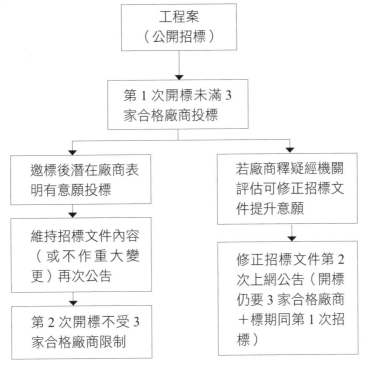

圖 3.2 流標後之處理方案（以工程案公開招標為例）

合格廠商家數及如何判斷合格廠商最常與錯誤態樣一起考。工程會彙整各級機關辦理採購在不同階段時的錯誤態樣（多數是被審計或採購稽核小組關切過的案例），請詳查「政府採購錯誤行為態樣」（參考網址：https：//lawweb.pcc.gov.tw/LawContent.aspx？id=GL000032）（最新版為工程會109年9月14日工程企字第1090100528號令），涉及本堂內容最常考的是「**什麼情況可以判不及格標**」，實務上這也很重要，因為一個沒弄好，就會被廠商盯上，機關就遭殃了。以下列出各種被認定或被誤認為不及格標之態樣，請各位詳讀表3.1及表3.2，這是必考題喔。

表 3.1 機關辦理採購之廠商家數規定一覽表

項次	情形		家數規定
一	公開招標	第 1 次開標	1. 3 家以上合格廠商投標即應開標決標。 2. 3 家以上合格廠商之定義依細 55 規定（已彙整於下表）。
二		第 2 次及以後次數開標	開標得不受 3 家廠商之限制→即開標後至少 1 家合格方能決標或進下一階段，否則流標。
三		開標後合於招標文件規定之廠商未達 3 家	如無採 48.1 各款情形之一，而合於招標文件規定之廠商有低於底價獲評審委員會建議金額或可評定最有利標者，應即決標。
四	公開招標及選擇性招標之分段招標或分段開標		第二階段以後之投標及開標，無廠商家數限制。
五	公開招標及選擇性招標廢標後依原招標文件重行辦理開標。		1. 準用採 48.2 關於第 2 次招標之規定→即開標後至少 1 家合格方能決標或進下一階段，否則流標。 2. 若大幅修正招標文件則回到第 1 次招標。

項次		情形	家數規定
六		為特定個案辦理之資格標	無。僅 1 家廠商提出資格文件亦得開標。資格審查後，應邀請所有符合資格之廠商投標。
七	選擇性招標	依採 20-2 至 5（投標文件審查須費時長久才完成、廠商準備投標費用高昂、廠商資格條件複雜、研究發展事項）辦理，為建立合格廠商名單辦理資格審查	無。僅 1 家廠商提出資格文件亦得辦理。
八	選擇性招標	依採 20-1（經常性採購）辦理，為建立合格廠商名單辦理資格審查	有。須 6 家以上廠商提出資格文件方得辦理。資格合格廠商未達 6 家時，不得建立名單。名單建立後依細 21.2 辦理採購。
九		限制性招標之比價	邀請 2 家以上廠商比價，僅 1 家廠商投標，得當場改為議價辦理。（細 19）
十		採 22.1-9~11 以公開評選優勝廠商之限制性招標	無。僅 1 家廠商投標，亦得辦理開標。
十一		未達公告金額採購之「公開取得報價或企劃書」	1. 3 家以上廠商之書面報價或企劃書。第 1 次公開徵求結果僅取得 1 家或 2 家廠商之書面報價或企劃書，而欲改以比價或議價方式辦理者，依「中央機關未達公告金額採購招標辦法」第 3 條之規定，經機關首長或其授權人員核准，得改以比價或議價方式辦理。其辦理第二次公開徵求者，得不受三家廠商之限制。

項次	情形	家數規定
十一	未達公告金額採購之「公開取得報價或企劃書」	2. 提出書面報價或企劃書之廠商家數為數甚多時，得擇價格較低且符合需要之 2 家以上廠商比價，或擇符合需要之最低價廠商議價。未能完成議價時，得依標價次序，由價格較低者起，依序洽其他符合需要者議價。

表 3.2 合格標、不合格標及誤認為不合格標

態樣	情形
合格標之認定	1. 投標文件（含電子投標）於截止投標前送達。 2. 無下列不予開標之情形 　(1) 未依招標文件[1] 規定投標。 　(2) 投標文件內容不符合招標文件規定。 　(3) 借用或冒用他人名義或證件投標。 　(4) 以不實之文件投標。 　(5) 不同投標廠商的投標文件內容有重大異常關聯。重大異常關聯如後列（工程會 91 年 11 月 27 日工程企字第 09100516820 號）： 　　A. 投標文件內容由同一人或同一廠商繕寫或備具者。 　　B. 押標金由同一人或同一廠商繳納或申請退還者。 　　C. 投標標封或通知機關信函號碼連號，顯係同一人或同一廠商所為者。 　　D. 廠商地址、電話號碼、傳真機號碼、聯絡人或電子郵件網址相同者。 　　E. 其他顯係同一人或同一廠商所為之情形者。

註解：　[1]　工程會 88 年（八八）工程企字第 8811559 號函說明二：本法第 33 條所稱「投標文件」指招標文件所規定投標廠商應提出之文件。

態樣	情形
合格標之認定	(6) 採 103.1 不得參加投標或作為決標對象之情形。 (7) 其他影響採購公正之違反法令行為。 3. 同一廠商（其分支機構—即分公司，視為同一廠商）只能投同一採購案之一標。 4. 非政黨及其關係企業不得投標之情形。
無效標／ 不及格標之認定	1. 廠商未於招標文件外標封標示名稱及地址（不得納入家數計算）。 2. 廠商投標文件置於透明資料袋並以膠帶密封。 3. 開標時，廠商標封內以現金繳納押標金；未檢附押標金繳交證明。 4. 廠商投標時未檢附「投標廠商聲明書」
誤認為不及格標	1. 廠商投標文件未檢附願繳納差額保證金之切結書。 2. 不分段開標之投標文件未依招標文件規定分置資格、規格或價格標封。 3. 投標文件未使用機關提供之封套。 4. 投標須知規定未以中文大寫填寫總價者，所投標單無效。 5. 投標須知規定型錄須為正本，廠商投標非為正本而判為不及格標。 6. **投標須知規定廠商實績證明須為公家機關，廠商投標實績僅私人單位。** 7. 不當限制競爭，例如：限廠商代表於開標當時必須攜帶與投標文件所用相同之印鑑，否則無權出席。 8. 不當增列法規所無之規定，例如於招標文件規定廠商之投標文件有下列情形之一者，為不合格標： (1) 標封封口未蓋騎縫章。 (2) 投標文件未逐頁蓋章。 (3) 投標文件未檢附電子領標憑據（可於開標後依機關通知再提出）。 (4) 投標文件之編排、字體大小、裝訂方式或份數與招標文件規定不符。 (5) 標單未蓋與招標文件所附印模單相符之印章等。

二、底價訂定

第 **46** 條

機關辦理採購,除本法另有規定外,應訂定底價。底價應依圖說、規範、契約並考量成本、市場行情及政府機關決標資料逐項編列,由機關首長或其授權人員核定。

前項底價之訂定時機,依下列規定辦理:

一、公開招標應於開標前定之。

二、選擇性招標應於資格審查後之下一階段開標前定之。

三、限制性招標應於議價或比價前定之。

> 細 則

第 **52** 條　機關訂定底價,得基於技術、品質、功能、履約地、商業條款、評分或使用效益等差異,訂定不同之底價。

第 **53** 條　機關訂定底價,應由規劃、設計、需求或使用單位提出預估金額及其分析後,由承辦採購單位簽報機關首長或其授權人員核定。但重複性採購或未達公告金額之採購,得由承辦採購單位逕行簽報核定。

第 **54** 條　公開招標採分段開標者,其底價應於第一階段開標前定之。

限制性招標之比價,其底價應於辦理比價之開標前定之。

限制性招標之議價,訂定底價前應先參考廠商之報價或估價單。

依本法第四十九條採公開取得三家以上廠商之書面報價或企劃書者,其底價應於進行比價或議價前定之。

第 **47** 條

機關辦理下列採購,得不訂底價。但應於招標文件內敘明理由及決標 條件與原則:

一、訂定底價確有困難之特殊或複雜案件。

二、以最有利標決標之採購。

三、小額採購。

前項第一款及第二款之採購,得規定廠商於投標文件內詳列報價內容。

小額採購之金額，在中央由主管機關定之；在地方由直轄市或縣（市）政府定之。但均不得逾公告金額十分之一。地方未定者，比照中央規定辦理。

細 則

第 **54-1** 條 機關辦理採購，依本法第四十七條第一項第一款及第二款規定不訂底價者，得於招標文件預先載明契約金額或相關費率作為決標條件。

✅ 採購實務這樣做

底價，以「底價訂定時機」及「不訂底價狀況」為命題大宗。

1.底價訂定時機，整理如圖3.3。

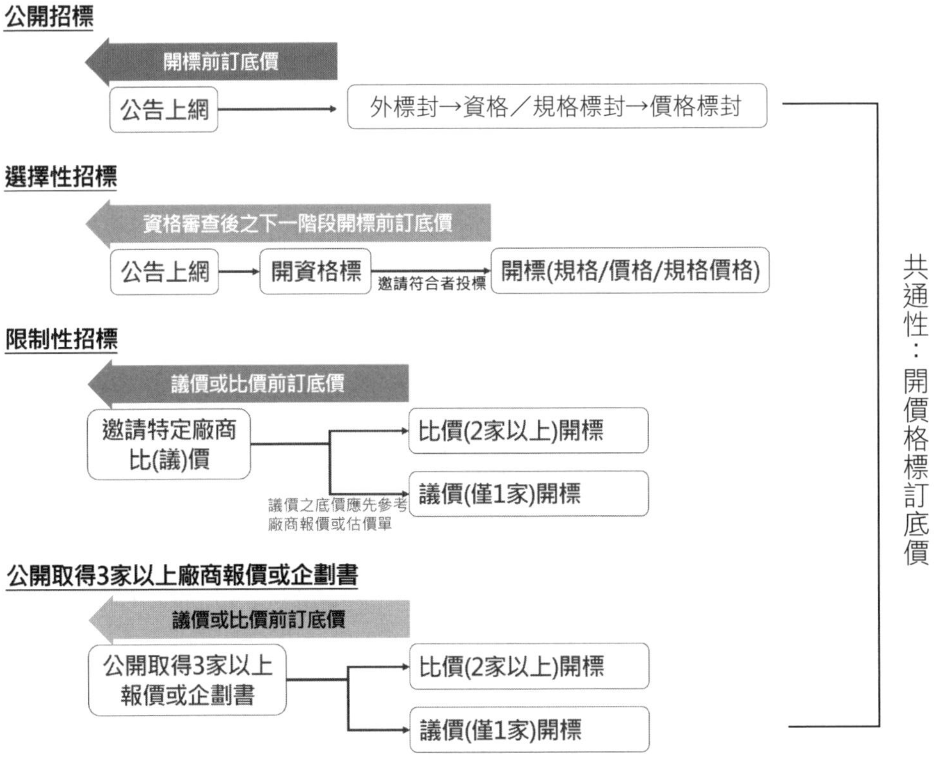

圖 3.3 各種招標方式的底價訂定時機

(1)公開招標在第一次開標以前就必須訂底價。所以剪開外標封再確認資格或規格後就是開價格標，故須先訂底價。

(2)選擇性招標則在資格審查後之下一階段開標前要訂底價，各位可以想像一開始機關有許多口袋名單，經過資格審查後才會知道誰符合資格，也才會知道要邀請誰繼續投下一階段的標。

(3)限制性招標及公開取得3家以上廠商報價或企劃書都是在比價（有2家以上廠商）或議價（僅1家廠商）前訂底價。特別注意，限制性招標例如後續擴充、契約變更或是採22.1-9~11經公開評選優勝之限制性招標等，**其議價應先參考廠商報價或估價單方能訂定底價**。

2.不訂底價狀況

(1)訂定底價確有困難之特殊或複雜案件。

(2)以最有利標決標之採購。

(3)小額採購。

依「最有利標評選辦法」第22條：「機關採最有利標決標，以不訂底價為原則；其訂有底價，而廠商報價逾底價須減價者，於採行協商措施時洽減之，並適用本法第53條第2項之規定。」實務上，最有利標決標之流程是：**開標→評選（綜合考量價格規格等因素）→決標**，其精神是藉由綜合考量廠商提供之「服務內容」及其「價格」（或稱CP值）來決定最有利標廠商（僅1家廠商），已先行評估「價格」，故不會再有「議價」的狀況，也不會有「訂定底價」的需求。

但機關已先訂底價，而廠商報價高於底價須減價則必須以「協商機制」來洽減，除了必須在招標公告規定「有協商機制」，該協商機制必須與所有參與評選的廠商協調價格，過程很繁複，有興趣的人請參閱工程會107年11月28日工程企字第1070050007號函「最有利標協商作業執行程序及範例」（參考網址：http：//plan3.pcc.gov.tw/gplet/mixac.asp？num=3668）。目前鮮少命題，實務上非必要也不會如此操作，多做多錯。

此外，在準用最有利標決標的情形（常見於採22.1-9限制性招標採公開評選→準用最有利標決標），經評選廠商服務建議書後將選出優勝廠商（經簽准可不只一家），逐洽該優勝廠商進行議價。之前議價時會循程序（參考廠商報價→簽底價小組提供建議底價→簽局長或授權人核定底價→議價會議）辦理，但工

程會先後於112年5月16日、工程企字第11200030081號函、112年9月21日工程企字第1120100473號函示各機關辦理資訊服務、技術服務採購時,採固定服務費用或費率辦理,故目前各機關於前開「議價」程序不再議「價格」而是改議「內容」,也就沒有必要再參考廠商報價、簽建議底價、簽核定底價程序,而僅僅邀集優勝廠商辦理議價會議(問問廠商還有沒有多做一點工作的空間)。

第 **49** 條 （請詳見Lesson 2）

三、不開決標之狀況

第 **50** 條

投標廠商有下列情形之一,經機關於開標前發現者,其所投之標應不予開標;於開標後發現者,應不決標予該廠商:

一、未依招標文件之規定投標。

二、投標文件內容不符合招標文件之規定。

三、借用或冒用他人名義或證件投標。

四、以不實之文件投標。

五、不同投標廠商間之投標文件內容有重大異常關聯。

六、第一百零三條第一項不得參加投標或作為決標對象之情形。

七、其他影響採購公正之違反法令行為。

決標或簽約後發現得標廠商於決標前有第一項情形者,應撤銷決標、終止契約或解除契約,並得追償損失。但撤銷決標、終止契約或解除契約反不符公共利益,並經上級機關核准者,不在此限。

第一項不予開標或不予決標,致採購程序無法繼續進行者,機關得宣布廢標。

> 細 則

第 **58** 條　機關依本法第五十條第二項規定撤銷決標或解除契約時,得依下列方式之一續行辦理:

　　一、重行辦理招標。

　　二、原係採最低標為決標原則者,得以原決標價依決標前各投標廠商標價之順序,自標價低者起,依序洽其他合於招標文件規

　　　　　定之未得標廠商減至該決標價後決標。其無廠商減至該決標價
　　　　　者，得依本法第五十二條第一項第一款、第二款及招標文件所
　　　　　定決標原則辦理決標。

三、原係採最有利標為決標原則者，得召開評選委員會會議，依招
　　　標文件規定重行辦理評選。

四、原係採本法第二十二條第一項第九款至第十一款規定辦理者，
　　　其評選為優勝廠商或經勘選認定適合需要者有二家以上，得依
　　　序遞補辦理議價。

前項規定，於廠商得標後放棄得標、拒不簽約或履約、拒繳保證金
或拒提供擔保等情形致撤銷決標、解除契約者，準用之。

第 59 條　機關發現廠商投標文件所標示之分包廠商，於截止投標或截止收件
期限前屬本法第一百零三條第一項規定期間內不得參加投標或作為
決標對象或分包廠商之廠商者，應不決標予該投標廠商。

廠商投標文件所標示之分包廠商，於投標後至決標前方屬本法第
一百零三條第一項規定期間內不得參加投標或作為決標對象或分包
廠商之廠商者，得依原標價以其他合於招標文件規定之分包廠商代
之，並通知機關。

機關於決標前發現廠商有前項情形者，應通知廠商限期改正；逾期
未改正者，應不決標予該廠商。

✅ 採購實務這樣做

這部分常會跟開標一起考，例如什麼狀況是不及格標（採50、細58、細59）
等，已整理於表3.2，請各位留意。另一個方向的考題則是**因有採50.1各款情
形、得標後放棄得標、拒不簽（履）約、拒繳保證金或擔保等而撤銷決標或解
除契約時的續行作法**（細58）：

1. 重新辦理招標。
2. 最低標決標時，依序洽合於招標文件規定之次低標起減至**被撤銷決標廠商的
　 決標價（原決標價）**。若無法減至原決標價，則至少減至底價（採52.1-1）。
3. 最有利標決標時，重新辦理評選。
4. 若為採22.1-9~11經公開評選優勝之限制性招標，則依優勝廠商次序，遞補
　 議價。

此外，不予開標或開標後不決標的狀況是依採48及採50方式來辦理。那麼採48與採50的差異為何？主要差異在「機關因素」（採48）與「廠商因素」（採50），機關因素通常是因應政策變動或機關需求改動，導致招標文件要做調整或索性不招標了等不開不決的狀況；廠商因素則有不得參與投標廠商、投標文件不符招標文件要求、以不實文件投標等等的不開不決。

命題方向也是反應實務狀況，身為採購人員，要特別小心什麼狀況不能開、開了不能決，也要特別小心不要因為「過度規定」而致不當限制競爭或不當增列法規所無之規定，發生採購錯誤態樣，被採購稽核事小，一旦被廠商提出爭議，就不是那麼好收尾的了。

至於怎麼收尾？收尾有何麻煩？請詳閱L6的「爭議」。

四、廠商文件之審查

第 **51** 條

機關應依招標文件規定之條件，審查廠商投標文件，對其內容有疑義時，得通知投標廠商提出說明。

前項審查結果應通知投標廠商，對不合格之廠商，並應敘明其原因。

> **細　則**

第 60 條　機關審查廠商投標文件，發現其內容有不明確、不一致或明顯打字或書寫錯誤之情形者，得通知投標廠商提出說明，以確認其正確之內容。

　　　　　前項文件內明顯打字或書寫錯誤，與標價無關，機關得允許廠商更正。

第 61 條　機關依本法第五十一條第二項規定將審查廠商投標文件之結果通知各該廠商者，應於審查結果完成後儘速通知，最遲不得逾決標或廢標日十日。

　　　　　前項通知，經廠商請求者，得以書面為之。

五、決標原則

第 **52** 條

機關辦理採購之決標，應依下列原則之一辦理，並應載明於招標文件中：

一、訂有底價之採購，以合於招標文件規定，且在底價以內之最低標為得標廠商。

二、未訂底價之採購，以合於招標文件規定，標價合理，且在預算數額以內之最低標為得標廠商。

三、以合於招標文件規定之最有利標為得標廠商。

四、採用複數決標之方式：機關得於招標文件中公告保留之採購項目或數量選擇之組合權利，但應合於最低價格或最有利標之競標精神。

機關辦理公告金額以上之專業服務、技術服務、資訊服務、社會福利服務或文化創意服務者，以不訂底價之最有利標為原則。

決標時得不通知投標廠商到場，其結果應通知各投標廠商。

☑ 採購實務這樣做

原本在採購法尚未施行前，各機關在審計稽查法規規範下，僅有合於招標文件規定之**最低標**為決標原則，但因此使機關難以採購功能佳、條件好的標的，遂參酌先進國家作法及WTO之GPA規定，加入最有利標決標機制。

是以，政府決標有下列幾種原則：

1. 最低標：由廠商報價來決定得標廠商，分「訂有底價」及「不訂底價」2種方式（簡單來說，就是比價格），以及兼有最有利標特性之「評分及格最低標」（先排除評分較差者，再比價格）的決標方式。

2. 最有利標：綜合考量廠商提供服務及報價的決標方式，分為「適用最有利標」、「準用最有利標」及「取最有利標精神」。

3. 複數決標：機關於招標文件中公告保留之採購項目或數量選擇之組合權利，但應合於最低標或最有利標之競標精神。

為協助機關擇定合宜的決標方式，工程會遂訂定「政府採購之決標方式參考原則」（最新版109年11月4日工程企字第1090100787號函），供機關實務作業參考。本書彙整相關考題及「政府採購之決標方式參考原則」成表3.3，供各位備考或實務上使用：

表 3.3 政府採購決標方式參考原則

決標方式	最低標	評分及格最低標	最有利標
法規依據	採 52.1-1、採 52.1-2	採 52.1-1、採 52.1-2、細 64-2	採 56、採 52.2
特性	1. 機關、廠商的作業便捷（開標即決標→價低者得標） 2. 有因廠商低價搶價致影響履約品質或未能順利履約之風險。 3. 除減價程序外，廠商無法任意變更或補充投標文件。	1. 藉由評分機制，淘汰資格、規格及條件不及格廠商，就評分及格廠商之標價採最低標決標。 2. 評分達一定分數之廠商，藉由價格競爭機制，發揮與最低標決標方式相近之效果，兼顧品質與價格。	1. 依招標文件所訂之評審標準作綜合評選，擇定決標廠商。 2. 鼓勵廠商從事非價格之競爭，避免惡性低價搶標。 3. 無法評定最有利標時，可透過協商機制，修正文件後再評選。 4. **應報上級機關核准。**
選用原則	1. 金額小。 2. 案情簡單，有明確履約依據。 3. 履約期限較短。 4. 緊急採購案件。 5. 市場普遍銷售之標的。 6. 過往類似案件多採最低標而無不良之情形。	1. 兼有最低標及最有利標競爭機制。 2. 過往類似案件多採評分及格最低標而無不良之情形。	1. 金額大。 2. 案情複雜。 3. 不同廠商之標的難訂統一比較規範（就是以前所說的「異質」性）。 4. **巨額工程以最有利標決標為原則。** 5. **專案服務、技術服務、資訊服務、社會福利服務及文化創意服務以不訂底價之最有利標為原則。**

決標方式	最低標	評分及格最低標	最有利標
選用原則			6. 藝文採購：依文化藝術採購辦法第9條規定，除有該條各款所訂情形外，應採最有利標決標。 7. 過往類似案件採最低標或評分及格最低標而有不良之情形。

六、最低標

細則

第 62 條　機關採最低標決標者，二家以上廠商標價相同，且均得為決標對象時，其比減價格次數已達本法第五十三條或第五十四條規定之三次限制者，逕行抽籤決定之。

前項標價相同，其比減價格次數未達三次限制者，應由該等廠商再行比減價格一次，以低價者決標。比減後之標價仍相同者，抽籤決定之。

第 63 條　機關採最低標決標，廠商之標價依招標文件規定之計算方式，有依投標標的之性能、耐用年限、保固期、能源使用效能或維修費用等之差異，就標價予以加價或減價以定標價之高低序位者，以加價或減價後之標價決定最低標。

第 64 條　投標廠商之標價幣別，依招標文件規定在二種以上者，由機關擇其中一種或以新台幣折算總價，以定標序及計算是否超過底價。

前項折算總價，依辦理決標前一辦公日臺灣銀行外匯交易收盤即期賣出匯率折算之。

第 **64-1** 條　機關依本法第五十二條第一項第一款或第二款規定採最低標決標，其因履約期間數量不確定而於招標文件規定以招標標的之單價決定最低標者，並應載明履約期間預估需求數量。招標標的在二項以上而未採分項決標者，並應以各項單價及其預估需求數量之乘積加總計算，決定最低標。

第 **66** 條　　（刪除）

第 **67** 條　　機關辦理決標，合於決標原則之廠商無需減價或已完成減價或綜合評選程序者，得不通知投標廠商到場。

第 **68** 條　　機關辦理決標時應製作紀錄，記載下列事項，由辦理決標人員會同簽認；有監辦決標人員或有得標廠商代表參加者，亦應會同簽認：
　　　　　　一、有案號者，其案號。
　　　　　　二、決標標的之名稱及數量摘要。
　　　　　　三、審標結果。
　　　　　　四、得標廠商名稱。
　　　　五、決標金額。
　　　　六、決標日期。
　　　　七、有減價、比減價格、協商或綜合評選者，其過程。
　　　　八、超底價決標者，超底價之金額、比率及必須決標之緊急情事。
　　　　九、所依據之決標原則。
　　　　十、有尚未解決之異議或申訴事件者，其處理情形。
　　　　廢標時應製作紀錄，其記載事項，準用前項規定，並應記載廢標原因。

第 **69** 條　　機關辦理減價或比減價格結果在底價以內時，除有本法第五十八條總標價或部分標價偏低之情形者外，應即宣布決標。

七、有底價時最低標決標之比減

第 **53** 條

合於招標文件規定之投標廠商之最低標價超過底價時，得洽該最低標廠商減價一次；減價結果仍超過底價時，得由所有合於招標文件規定之投標廠商重新比減價格，比減價格不得逾三次。

前項辦理結果，最低標價仍超過底價而不逾預算數額，機關確有緊急情事需決標時，應經原底價核定人或其授權人員核准，且不得超過底價百分之八。但查核金額以上之採購，超過底價百分之四者，應先報經上級機關核准後決標。

細則

第 70 條 機關於第一次比減價格前，應宣布最低標廠商減價結果；第二次以後比減價格前，應宣布前一次比減價格之最低標價。

機關限制廠商比減價格或綜合評選之次數為一次或二次者，應於招標文件中規定或於比減價格或採行協商措施前通知參加比減價格或協商之廠商。

參加比減價格或協商之廠商有下列情形之一者，機關得不通知其參加下一次之比減價格或協商：

一、未能減至機關所宣布之前一次減價或比減價格之最低標價。

二、依本法第六十條規定視同放棄。

細則

第 71 條 機關辦理查核金額以上之採購，擬決標之最低標價超過底價百分之四未逾百分之八者，得先保留決標，並應敘明理由連同底價、減價經過及報價比較表或開標紀錄等相關資料，報請上級機關核准。

前項決標，上級機關派員監辦者，得由監辦人員於授權範圍內當場予以核准，或由監辦人員簽報核准之。

第 72 條 機關依本法第五十三條第一項及第五十四條規定辦理減價及比減價格，參與之廠商應書明減價後之標價。

合於招標文件規定之投標廠商僅有一家或採議價方式辦理採購，廠商標價超過底價或評審委員會建議之金額，經洽減結果，廠商書面表示減至底價或評審委員會建議之金額，或照底價或評審委員會建議之金額再減若干數額者，機關應予接受。比減價格時，僅餘一家廠商書面表示減價者，亦同。

第 73 條 合於招標文件規定之投標廠商僅有一家或採議價方式辦理，須限制減價次數者，應先通知廠商。

前項減價結果，適用本法第五十三條第二項超過底價而不逾預算數額需決標，或第五十四條逾評審委員會建議之金額或預算金額應予廢標之規定。

八、無底價時最低標決標之比減

第 54 條

決標依第五十二條第一項第二款規定辦理者，合於招標文件規定之最低標價逾評審委員會建議之金額或預算金額時，得洽該最低標廠商減價一次。

減價結果仍逾越上開金額時，得由所有合於招標文件規定之投標廠商重新比減價格。機關得就重新比減價格之次數予以限制，比減價格不得逾三次，辦理結果，最低標價仍逾越上開金額時，應予廢標。

細則

第74條　決標依本法第五十二條第一項第二款規定辦理者，除小額採購外，應成立評審委員會，其成員由機關首長或其授權人員就對於採購標的之價格具有專門知識之機關職員或公正人士派兼或聘兼之。

前項評審委員會之成立時機，準用本法第四十六條第二項有關底價之訂定時機。

第一項評審委員會，機關得以本法第九十四條成立之評選委員會代之。

第75條　決標依本法第五十二條第一項第二款規定辦理且設有評審委員會者，應先審查合於招標文件規定之最低標價後，再由評審委員會提出建議之金額。

但標價合理者，評審委員會得不提出建議之金額。

評審委員會提出建議之金額，機關依本法第五十四條規定辦理減價或比減價格結果在建議之金額以內時，除本法第五十八條總標價或部分標價偏低之情形外，應即宣布決標。

第一項建議之金額，於決標前應予保密，決標後除有第三十五條之情形者外，應予公開。

九、標價偏低之處理

第 **58** 條

機關辦理採購採最低標決標時，如認為最低標廠商之總標價或部分標價偏低，顯不合理，有降低品質、不能誠信履約之虞或其他特殊情形，得限期通知該廠商提出說明或擔保。廠商未於機關通知期限內提出合理之說明或擔保者，得不決標予該廠商，並以次低標廠商為最低標廠商。

> 細 則

第 79 條　本法第五十八條所稱總標價偏低，指下列情形之一：

一、訂有底價之採購，廠商之總標價低於底價百分之八十者。

二、未訂底價之採購，廠商之總標價經評審或評選委員會認為偏低者。

三、未訂底價且未設置評審委員會或評選委員會之採購，廠商之總標價低於預算金額或預估需用金額之百分之七十者。預算案尚未經立法程序者，以預估需用金額計算之。

第 80 條　本法第五十八條所稱部分標價偏低，指下列情形之一：

一、該部分標價有對應之底價項目可供比較，該部分標價低於相同部分項目底價之百分之七十者。

二、廠商之部分標價經評審或評選委員會認為偏低者。

三、廠商之部分標價低於其他機關最近辦理相同採購決標價之百分之七十者。

四、廠商之部分標價低於可供參考之一般價格之百分之七十者。

第 81 條　廠商投標文件內記載金額之文字與號碼不符時，以文字為準。

✓ 採購實務這樣做

最低標，顧名思義就是一切依價格考量，所以適用性質簡單、差異性較少的採購，例如已經細部設計完成後的工程或者是辦公家具的採買等。機關選擇最低標作為決標原則後，標案公告上網，等標期一過即開標，一開標當審查符合資格甚至規格後，即開價格標及減價作業。

不管是合格廠商數量有多少，都有「訂有底價採購」及「未訂底價採購」兩種情形：

1.訂有底價的採購：底價，訂定時機依採46.2辦理。

2.未訂底價的採購：底價為「評審委員會建議金額」或「預算金額」。

　(1)**除小額採購外，應成立評審委員會，且應先審查標價後，再由評審委員會提出建議之金額；標價合理者，評審委員會得不提出建議之金額。**

　　※請注意：這裡用的是評「**審**」委員會，而非最有利標決標的評「**選**」委員會，是**專有名詞，不能混用**。

　(2)評審委員會成員由機關首長或其授權人員就對於採購標的之價格具有專門知識之機關職員或公正人士派兼或聘兼之；機關並得以採94成立之採購評選委員會代之。

　(3)成立時機：準用採46.2底價訂定時機。

依合格廠商數量（2家以上→比價，1家→議價），其比價或議價之作業程序如後：

1.合格廠商數量達2家以上：開價格標後，假設目前最低價超過底價。

　(1)洽該最低價廠商優先減價1次，減價後仍超過底價，那就所有合格廠商重新比減價格，不得逾3次。口訣：**優減1次，比減3次**。

　(2)每一次減價後，都**應該**宣布**當次減價後的最低價**。如優減後，要宣布該優減後的減價結果，第2次比減前要宣布第1次的減價結果。

　(3)參加比減價格之廠商，**未能減至機關所宣布之前一次減價或比減價格之最低價**，或通知廠商減價、比減價格而**廠商未依通知期限辦理視同放棄者**，機關**得不通知**其參加下一次之比減價格。

　(4)廠商標價超過底價（超底價），其減價或比減價格**應書明減價後之標價**。

　(5)比減價後：

　　A. 比減價結果在**底價內或與底價相同（平底價）**，例如底價50萬元，廠商減價後為50萬元或49萬9000元，除有總標價或部分標價偏低情形，**即應宣布決標**。

　　B. 比減價後**只剩1家**呢？與議價的狀況相同，即**若書面表示減至底價甚至底價以內，機關仍要接受並決標**。

C. 若比減價後，**合格廠商表明不再減價，或比減次數已達**3次（或招標文件所訂次數：1次或2次，總之不能逾3次），報價仍然超過底價時，**應予廢標**。但比減價後廠商報價未超過底價**8%**（假設底價50萬元，未超過8%即50*8%=4萬元，也就是比減後廠商報價54萬元）時：

　a. **機關有緊急情事須決標，應經原底價核定人或其授權人員核准。**

　b. 若屬**查核金額以上之採購，且廠商報價超過底價4%**（假設底價50萬元，未超過4%即50*4%=2萬元，也就是比減後廠商報價52萬元），**應先報經上級機關核准。上級機關派員監辦者，得由監辦人員於授權範圍內當場予以核准，或由監辦人員簽報核准。**

D. 有2家以上標價相同，且均得為決標對象時：

　a. 其比減價次數已達3次限制，則抽籤決定。

　b. 其比減價次數未達3次限制，這些廠商在比減價格1次，低價者決標。若仍標價相同，則抽籤決定。

2.合格廠商數量僅1家遂行議價程序：開價格標後，假設目前報價超過底價。

(1)機關若須限制減價次數者，應先通知廠商。否則，廠商可以減價無數次。

(2)廠商標價超過底價（超底價），其減價或比減價格**應書明減價後之標價。若書面表示減至底價甚至底價以內，機關仍要接受並決標。**

(3)減價後：

A. 比減價結果在**底價內或與底價相同（平底價）**，除有總標價或部分標價偏低情形，**即應宣布決標。**

B. 若減價後，**合格廠商表明不再減價，或比減次數已達限制次數**，報價仍然超過底價時，**應予廢標**。但**比減價後廠商報價未超過底價8%時**：

　a. **機關有緊急情事須決標，應經原底價核定人或其授權人員核准。**

　b. 若屬**查核金額以上之採購，且廠商報價超過底價4%，應先報經上級機關核准。上級機關派員監辦者，得由監辦人員於授權範圍內當場予以核准，或由監辦人員簽報核准。**

若有總標價或部分標價偏低的狀況呢？依據工程會頒訂「依政府採購法第58條處理總標價低於底價百分之八時案件之執行程序」（依工程會原圖再製）：

最低標總標價偏低
（假設底價 50 萬元）

底價 80% ≥ 總標價 ≥ 底價 70% （40 萬元 ≥ 總標價 ≥ 35 萬元）	總標價 < 底價 70% （總標價 < 35 萬元）
機關期限通知廠商提出說明，**不得未經說明逕行通知最低標提出擔保。**	機關期限通知廠商提出說明

廠商於機關通知期限內提出說明，機關認為：
· 說明合理：無須要求提出差額保證金，照價決標。
· 說明不合理：不要求提出差額保證金也不決標該廠商，縱使廠商願提出差額保證金，機關亦應拒絕。
· 說明並非完全合理，但如廠商繳納保證金可避免降低品質不能誠信履約疑慮者，則通知廠商期限提出差額保證金，繳妥後再行決標。

· 廠商於機關通知期限內提出說明機關認為說明合理；無需要求提出差保證金，照價決標。
· 廠商未於期限內提出說明，說明經機關認為顯不合理，並非完全合理，有降低品質、不能誠信履約之虞或其他特殊形情者，機關部要求提出差額保證金也不決標該廠商，縱使廠商願提出差額保證金，機關亦應拒絕。

圖 3.4 總標價偏低的處理程序

十、評分及格最低標

細則

第 64-2 條 機關依本法第五十二條第一項第一款或第二款辦理採購，得於招標文件訂定評分項目、各項配分、及格分數等審查基準，並成立審查委員會及工作小組，採評分方式審查，就資格及規格合於招標文件規定，且總平均評分在及格分數以上之廠商開價格標，採最低標決標。

依前項方式辦理者，應依下列規定辦理：

一、分段開標，最後一段為價格標。

二、評分項目不包括價格。

三、審查委員會及工作小組之組成、任務及運作，準用採購評選委員會組織準則、採購評選委員會審議規則及最有利標評選辦法之規定。

✅ 採購實務這樣做

評分及格最低標，其實就是最低標決標，**先透過評審方式**仍然是**審查廠商資格、規格及服務內容藉以淘汰資格、規格及若干條件不合格的廠商**，是兼有最有利標特性的採購方式，但其本質還是最低標決標。跟準用最有利標決標有點像，差異在於準用最有利標會評選有價格因素，而評選出的優勝廠商有序位，從序位最低開始依序為第一優勝、第二優勝……等，接下來就是依序從第一優勝廠商開始議價，只要該優勝廠商報價進底價或書寫願以底價承作就決標了。

評分及格最低標的審查是不含價格的，審查出合格廠商假設有2家，這2家以最低標決標的方式來處理，開價格標時若2家都未進底價，則由最低價者來優先減價，若未進底價全部合格廠商一起比減並不得逾3次，先進底價者決標，若2家都進底價則看誰最低價來決標；若只有1家合格廠商，就改成議價囉。

十一、最有利標評選及決標

第 56 條

決標依第五十二條第一項第三款規定辦理者,應依招標文件所規定之評審標準,就廠商投標標的之技術、品質、功能、商業條款或價格等項目,作序位或計數之綜合評選,評定最有利標。價格或其與綜合評選項目評分之商數,得做為單獨評選之項目或決標之標準。未列入之項目,不得做為評選之參考。評選結果無法依機關首長或評選委員會過半數之決定,評定最有利標時,得採行協商措施,再作綜合評選,評定最有利標。評定應附理由。綜合評選不得逾三次。

依前項辦理結果,仍無法評定最有利標時,應予廢標。

機關採最有利標決標者,應先報經上級機關核准。

最有利標之評選辦法,由主管機關定之。

✅ 採購實務這樣做

有關最有利標評選及決標的考題準備以及實務操作,除本條款規定外,尚有工程會「最有利標作業手冊」(109年11月10日最新版)(參考網址:https://www.pcc.gov.tw/Content_List.aspx?n=05CDC57761692634)、「採購評選委員會審議規則」(110年11月4日修正)及「採購評選委員會組織準則」(110年11月11日修正)等規定須準備及依循。

有關最有利標的緣由,節錄「最有利標作業手冊」壹、前言敘述,考量最低標造成諸多弊病致廠商低價搶標行為造成不佳的履約成果,而參酌先進國家政府採購及WTO規定加入採最有利標決標機制,目的在於讓機關透過招標文件訂定之評審標準,對廠商所提工程、財物或勞務等服務在技術、品質、功能、商業條款或價格等項目進行綜合評選,選出最佳決標對象。簡言之,就是在兼顧價錢與非價錢如品質的因素上取得最佳解;例如建築物工程,當然可用先設計好的圖,以最低標廠商找出最便宜的營造廠來施工,但做出來的建築物大概沒什麼變化,裏頭的用料可能在營造廠樽節成本的考量下就不是那麼好;反之,若透過結合設計工程一起發包的方式(就是第2堂所說的統包),綜合考量廠商提出的建築設計及價錢(有時候甚至有回饋),找出一個最符合機關需求的方案。但因為評選時已綜合考量價錢與廠商所提服務內容,原則上評選出準最有利標後不會再經過議價程序就等同於決標,也因此從決標原則選定「最有利標」起至「評選」非常重要,須予謹慎處理。

也是因為最有利標決標在實務操作上較為複雜，但卻有較能協助機關取得價格尚可而履約成果不會太差的優點，工程會遂訂定「最有利標作業手冊」以及各種採最有利標決標情形（適用、準用、取用，詳後述）之簽稿範本（參考網址：https：//www.pcc.gov.tw/Content_List.aspx？n=7302A8983CFDD0ED）、招標文件範本（參考網址：https://www.pcc.gov.tw/cp.aspx？n=99E24DAAC84279E4）供各級機關參考適用，並非只有實務操作可參考，彙整近年各類考題，最有利標作業手冊也能提供補充說明。

而關於「評選」，依據「採購評選委員會組織準則」第2條規定：機關辦理採22.1-9或採22.1-10之公開評選（準用最有利標），或採56規定評定最有利標或向機關首長建議最有利標（適用最有利標）等情形，必須依據「採購評選委員會審議規則」及「採購評選委員會組織準則」等規定辦理相關事宜，故本堂內容相關考題亦與本書L8採94相關內容有關，但基於本書編排方式，本書L8採94及其考題著重重點在於評選委員會組織配置，而此處則著重於評選規則與最有利標關係，請各位務必留意。

以下依最有利標相關考題趨勢，彙整採56、「最有利標評選辦法」、「最有利標作業手冊」、「採購評選委員會審議規則」及「採購評選委員會組織準則」等規定重點，協助你快速掌握命題重點，在實務操作上也能提供部分幫助：

1. 採購法可採最有利標的情形大致分為3類：**適用最有利標、準用最有利標及未達公告金額之取最有利標精神**。

2. 適用最有利標：無論採購金額大小，以公開招標或選擇性招標辦理採購，得視個案情形依採52.1-3最有利標決標。

   (1) **適用最有利標，無論金額大小，應報經上級機關核准**。

   (2) 採購評選委員會成立時機。

   A. **招標前**：訂定或審定招標文件之評選項目、評審標準及評定方式。

   B. **開標前**：若有前例或條件簡單，前開評選項目、評審標準及評定方式得由機關自行訂定或審定。開標前所成立之採購評選委員會的任務就是協助機關評選廠商。

   (3) 招標公告：應公開工程會採購資訊網路（政府電子採購網（參考網址：https：//web.pcc.gov.tw/pishtml/pisindex.html））並刊登政府採購公報。

   (4) 開標家數限制

   A. 公開招標：第1次招標有3家合格廠商投標方可開標，第2次以後則不受3家合格廠商限制。

B. 選擇性招標：**除經常性採購須有6家以上廠商始可資格審查，其餘無限制**。

(5) **以不訂底價為原則。若有減價必要，應預先於招標文件標示價格為得協商更改項目**，並於評定最有利標前與廠商協商洽減，否則只能就廠商標價決定是否接受。

(6) 評定最有利標後即決標。

A. 招標文件訂明**非固定金額或費率：以該最有利標廠商之報價或評選階段協商減價結果為決標價**。

B. **固定金額或費率：以該金額或費率決標。除非廠商報價單自行減價**。

3. 準用最有利標

(1) 依**採22.1-9~11以公開評選之限制性招標**辦理之專業服務、技術服務、資訊服務、社會福利服務、設計競賽評選、房地產勘選及採39專案管理廠商之評選等，準用最有利標之評選規定。

(2) **採22.1-9~10經公開評選之限制性招標**

A. **招標前確認採購標**的屬專業服務、技術服務、資訊服務、社會福利服務或設計競賽，**簽經機關首長或其授權人員核准**。

B. 採購評選委員規定會同「適用最有利標」重點。

C. 公開評選公告：應公開於工程會採購資訊網路，並刊登政府採購公報。

D. 開標家數限制：無限制，**僅1家投標亦可開標**。

E. **限制性招標之底價應先參考廠商報價後並於議價前訂之。對於不同優勝序位之廠商，應訂定不同之底價；如廠商標價合理者，可考慮照價訂底價，照價決標**。

F. 議價

a. 依優勝廠商序位（第1優勝廠商、第2優勝廠商…）辦理議價後決標。**議價時，廠商可書寫依底價承作**。

b. **無論是否將價格納入評選範圍、無論是否為固定金額或費率決標，仍須與經評選優勝之廠商進行議價，即議價程序不得免除**。

c. 若為固定金額或費率，則以該金額或費率決標，雖無須議減價格但仍須議定其他內容，即議約。

d. **議價過程若須限制減價次數，應先通知廠商**，即若無限制減價次數，廠商可無限次數減價。

(3) 採22.1-11房地產勘選（較少考）

(4) **機關辦理公告金額以上之專業服務、技術服務、資訊服務、社會福利服務**
（採22.1-9）**或文化創意服務者，以不訂底價之最有利標為原則。**

4. 未達公告金額之採購，公開取得書面報價或企劃書，取最有利標精神擇最符
合需要者議價，或擇2家以上最符合需要者依序議價或比價：

(1) 招標前簽經機關首長或其授權人員核准，並敘明若公告結果未取得3家以
上廠商報價或企劃書，則改採限制性招標續辦。

(2) 招標文件載明評審項目及其權重或配分，考量廠商投標內容之整體表現，
擇最符合需要者議價，或擇2家以上廠商依序議價或比價。

(3) 公開取得廠商書面報價及企劃書公告：應公開於工程會採購資訊網路，或
刊登政府採購公報。

(4) 擇符合需要之程序、標準、評審小組之組成及分工等均由機關依權責自行
核定，**無需報上級機關核准，免成立採購評選委員會**。是否成立工作小
組，亦由機關自行決定。

(5) **底價應於比價或議價前訂之**。通知最符合需要者進行議價、依序議價或
比價。

5. 評選委員及評選委員會：

(1) 不得遴選評選委員之情形：貪汙或瀆職經判刑確定、褫奪公權或破產宣告
未復權、專門職業人員經停止或撤銷或廢止執照、**因違反法令經工程會規
定不得列入者**[1]。

(2) 委員會召集人由機關首長、或由機關首長或其授權**指定一級主管以上人員
擔任（非委員互選產生）。縱使召集人非機關首長擔任，機關首長仍應對
評選結果負責**，召集人亦不能免除其對評選結果所負監督之責。

(3) 召集人及副召集人不能**同時**出席評選會議則應擇期另開。

(4) 評選委員自接獲評選資料起，不得就該採購案參加投標、作為投標廠商之
分包廠商或擔任工作人員；違者，機關應不決標予該廠商。

(5) 評選委員於決標後也不得擔任得標廠商之履約工作人員或協助履約；違
者，機關得終止或解除契約。

註解：　[1] 工程會依採 94.1 及專家學者建議名單資料庫建置及除名作業要點，訂有專家學
者不應有之消極條件（如評選不公、涉採購弊案等違法情形），前開人員不得
藉由機關自行遴選機制擔任個案採購評選委員，故機關不應再遴聘前開然原擔
任採購評選委員。

有關最有利標的評選（**經公開評選優勝廠商之準用最有利標可比照辦理**），依「最有利標評選辦法」辦理。本書彙整近期命題趨勢，彙整並節錄最有利標評選方式重點如後。具體操作方式較偏實務運作，請各位詳「最有利標作業手冊」之叁、評定最有利標之方式章節（節錄如下）。

1. 招標文件未訂明固定費用及費率，而由廠商於投標文件載明標價者，應規定廠商於投標文件內詳列報價內容。反之，仍得規定於招標文件內詳列組成該費用或費率內容，並納入評選。

2. 為利評選委員對廠商於各評選項目表現更為了解，得輔以廠商簡報及現場詢答，且應與評選項目有關；前開如列為評選項目之一，**所占配分或權重不得逾20%**。廠商若不出席簡報及現場詢答，不影響其投標文件有效性。

3. 簡報時，**廠商另外提出變更或補充資料者，應不納入評選**。

4. **綜合評選，不得逾3次**。

5. 評定方式：總評分法、評分單價法、序位法3種方式為主，另可辦理分階段評選。無論是評分還是評比，除應於招標文件載明合格分數或不及格的情形外，當廠商評比不及格（個別子項不及格應載明），不得為決標對象及協商對象。

   (1) 總評分法：評選委員會依招標文件所列評選項目之配分，針對廠商服務核給得分，再合計分數。

   A. 價格納入評分：總評分最高，且經評選委員會過半數決定為最有利標；**價格項目所占總滿分之比率不得低於20%，且不得逾50%**。有2家評分相同且均得為決標對象時的處理方式如後，但總評選次數達3次者，抽籤決定之。

   　　a. 對總評分或商數相同者再評選一次，最低者得標，若仍相同則抽籤決定。

   　　b. 擇配分最高之評選項目得分較高者決標，得分相同者抽籤決定。

   B. 價格不納入評分：綜合考量廠商之總評分及價格，以整體表現經評選委員會過半數之決定最優者為最有利標。

   C. 固定價格給付：以總評分最高，且經評選委員會過半數決定為最有利標。有2家評分相同且均得為決標對象時的處理方式如後，但總評選次數達3次者，抽籤決定之。

   　　a. 對總評分或商數相同者再評選一次，最低者得標，若仍相同則抽籤決定。

　　　b. 擇配分最高之評選項目得分較高者決標，得分相同者抽籤決定。
(2)評分單價法：價格不納入評分，以價格除以總評分得出之商數最低，且經
　　評選委員會過半數決定為最有利標。有2家評分相同且均得為決標對象時
　　的處理方式如後，但總評選次數達3次者，抽籤決定之。
　　A. 對總評分或商數相同者再評選一次，最低者得標，若仍相同則抽籤決定。
　　B. 擇配分最高之評選項目得分較高者決標，得分相同者抽籤決定。
(3)序位法：評選委員會依招標文件所列評比項目之重要性或權重，針對廠商
　　服務核給得分後，轉為序位排行。
　　A. 價格納入評比：序位第一，且經機關首長或評選委員會過半數之決
　　　　定為最有利標。**價格所占全部評選項目之權重，不低於20%，不得逾
　　　　50%。**序位第一有2家廠商以上且均為決標對象時的處理方式如後：
　　　　a. 序位合計值相同廠商再綜合評選1次，最低者決標。若仍相同則抽籤
　　　　　　決定之。
　　　　b. 擇配分最高之評選項目得分合計值較高者決標。若仍相同，抽籤決
　　　　　　定之。
　　　　c. 擇獲評選委員評定序位第一較多者決標。若仍相同則抽籤決定之。
　　B. 價格不納入評比：綜合考量廠商評比及價格，以整體表現經機關首長
　　　　或評選委員會過半數決定序位第一者為最有利標。
　　C. 固定價格給付：以序位第一，且經機關首長或評選委員會過半數之決
　　　　定者為最有利標。
(4)機關如有分階段篩選廠商家數之必要，則依「最有利標評選辦法」第11條
　　第2項辦理分階段評選。
　　A. 招標文件明定第1階段及格分數，未達及格分數者，不納入第2階段評
　　　　選，且不得就分數或權重較低之階段先評選。
　　B. 第2階段之評選項目不與第1階段評選項目相同。
　　C. **工程會94年3月11日工程企字第09400072290號函釋例：第1階段評選採
　　　　票選（未經評分），票選前3名者始得進度第2階段，為自創方法不得
　　　　採行。**
6.評選委員會評選最有利標，應依招標文件載明之評選項目、子項及其配分或
　權重辦理，不得變更。

7.評選委員會會議紀錄及評選總表，投標廠商得申請閱覽、抄寫、複印或攝影。**而各評選委員之評分表應保守秘密**。

8.最有利標評定後，對於合於招標文件規定但未得標之廠商，應通知其最有利標之標價與總評分或序位評比結果及該未得標廠商之總評分或序位評比結果。

9.最有利標決標之協商措施（前提是投標須知有註明「可協商」）：

(1)應就合於招標文件規定之投標廠商**分別協商**。

(2)參與協商之廠商依據協商結果，就協商項目於一定期間內修改招標文件重新遞送。

(3)重新遞送的招標文件，機關應再次綜合評選。但與協商無關或不受影響之項目則應不予評選，並以原投標文件內容為準。

(4)**第2次綜合評選時，未參與第1次綜合評選之委員不得參與。第3次評選亦同。**

(5)**訂有底價而廠商報價於底價須減價時，以協商措施洽減之。**

因為評分及格最低標兼有最有利標及最低標的特性，彙整各種最有利標態樣及評分及格最低標的特性進行比較（表3.4），幫助各位能對這些決標方式建立正確認知，並有利於備考及實務操作。

表 3.4 具異質特色的最有利標及評分及格最低標等決標原則比較

	適用最有利標	準用最有利標	取最有利標精神	評分及格最低標
依據	採 52.1-3 採 56	採 22.1-9~11 採 39	採 49「中央機關未達公告金額採購招標辦法」第 2 條第 1 項第 3 款	細 64-2
採購金額	不限	不限	未達公告金額	不限
適用類別	不限	勞務	不限	不限
招標方式	1. 公開招標。 2. 選擇性招標。 3. 公開取得 3 家以上廠商書面報價。	經公開評選之限制性招標。	公開取得 3 家以上廠商企劃書者。	1. 公開招標。 2. 選擇性招標。

	適用最有利標	準用最有利標	取最有利標精神	評分及格最低標
核准權限	逐案報上級機關	機關首長及其授權人員	機關首長及其授權人員	機關首長及其授權人員
公告	工程會採購資訊網路及政府採購公報。	工程會採購資訊網路及政府採購公報。	工程會採購資訊網路**或**政府採購公報。	－
等標期	依「招標期限標準」規定辦理			
開標家數限制	1. 公開招標：第1次3家,第2次以後不限。 2. 選擇性招標：經常性6家合格名單,非經常性不限。	不限	第1次3家,若未達3家則改採限制性招標；或事先簽准不受3家限制。	1. 公開招標：第1次3家,第2次以後不限。 2. 選擇性招標：經常性6家合格名單,非經常性不限。
評選委員會	<u>評選委員會</u> 1. 適用→適用評選委員會組織準則。 2. 準用→準用評選委員會組織準則。		**評審小組**	<u>審查委員會準用評選委員會組織準則</u>
工作小組	應成立	應成立	<u>得</u>成立	應成立
評定方式	總評分法、評分單價法、序位法			總評分法
底價	1. 不訂底價為原則。 2. 如有減價必要應納入協商程序洽減。	1. 公告金額以上之專業服務、技術服務、資訊服務、社會福利服務或文化創意服務以不訂底價之最有利標為原則。 2. 若訂底價則於議價前參考廠	若訂底價則於議價前參考廠商報價訂定；不同廠商訂不同底價；若廠商標價合理則可照價訂底價。	1. 公開招標於開標前訂之。 2. 選擇性招標於資格審查後之下一階段前訂之。

	適用最有利標	準用最有利標	取最有利標精神	評分及格最低標
		商報價訂定；不同廠商訂不同底價；若廠商標價合理則可照價訂底價。		
議價	1. 原則上評選最有利標經簽報後即決標（因不訂底價）。 2. 若訂底價且開放協商，則以協商方式辦理。若未開放協商，則予廢標。	1. 議價程序不得免除。 2. 若為固定費用/費率則議約。	通知符合需要者議價、依序議價或比價。	評選結果核定後，就評分及格廠商比減價格。
決標	1. 評定最有利標後決標。 2. 不得於評定最有利標後再洽減價。	依優勝序位議價（約）後即決標。	依優勝序位議價（約）後即決標。	最低價決標。
決標後查廠商有採 50 情形	重新招標，或召開評選委員會重新評選。	重新招標，或經評選為優勝廠商或經勘選認定是合需要者有 2 家以上得依序遞補議價。	重新招標，或經評選為優勝廠商或經勘選認定是合需要者有 2 家以上得依序遞補議價。	重新招標，或自標價低者依序洽減自原決標價後決標；若無，得決標予低於底價之原次低標。

十二、複數決標

細 則

第 **65** 條　機關依本法第五十二條第一項第四款採用複數決標方式者,應依下列原則辦理:

一、招標文件訂明得由廠商分項報價之項目,或依不同數量報價之項目及數量之上、下限。

二、訂有底價之採購,其底價依項目或數量分別訂定。

三、押標金、保證金及其他擔保得依項目或數量分別繳納。

四、得分項報價者,分項決標;得依不同數量報價者,依標價及可決標之數量依序決標,並得有不同之決標價。

五、分項決標者,得分項簽約及驗收;依不同數量決標者,得分別簽約及驗收。

十三、協商措施

第 **55** 條

機關辦理以最低標決標之採購,經報上級機關核准,並於招標公告及招標文件內預告者,得於依前二條規定無法決標時,採行協商措施。

第 **57** 條

機關依前二條(最低標、最有利標)之規定採行協商措施者,應依下列原則辦理:

一、開標、投標、審標程序及內容均應予保密。

二、協商時應平等對待所有合於招標文件規定之投標廠商,必要時並錄影或錄音存證。

三、原招標文件已標示得更改項目之內容,始得納入協商。

四、前款得更改之項目變更時,應以書面通知所有得參與協商之廠商。

五、協商結束後，應予前款廠商依據協商結果，於一定期間內修改投標文件重
　　行遞送之機會。

> 細 則

第 **76** 條　本法第五十七條第一款所稱審標，包括評選及洽個別廠商協商。
　　　　　　本法第五十七條第一款應保密之內容，決標後應即解密。但有繼續
　　　　　　保密之必要者，不在此限。
　　　　　　本法第五十七條第一款之適用範圍，不包括依本法第五十五條規定
　　　　　　採行協商措施前之採購作業。

第 **77** 條　機關依本法第五十七條規定採行協商措施時，參與協商之廠商依據
　　　　　　協商結果重行遞送之投標文件，其有與協商無關或不受影響之項目
　　　　　　者，該項目應不予評選，並以重行遞送前之內容為準。

第 **78** 條　機關採行協商措施，應注意下列事項：
　　　　　　一、列出協商廠商之待協商項目，並指明其優點、缺點、錯誤或疏
　　　　　　　　漏之處。
　　　　　　二、擬具協商程序。
　　　　　　三、參與協商人數之限制。
　　　　　　四、慎選協商場所。
　　　　　　五、執行保密措施。
　　　　　　六、與廠商個別進行協商。
　　　　　　七、不得將協商廠商投標文件內容、優缺點及評分，透露於其他
　　　　　　　　廠商。
　　　　　　八、協商應作成紀錄。

✅ 採購實務這樣做

協商措施，無論是最低價決標或最有利標決標都可進行，但前提都是招標文件
（常見於投標須知）註明「可協商」，並註明「可協商項目」方能辦理。若招
標文件無訂明，卻又無法決標時又如何？就是只能「廢標」了。

當招標文件註明可協商時，要注意只能對符合資格之廠商進行協商措施，且必
須一視同仁。最低價決標的協商，因為最後評定決標與否的基準在「價格」，

操作相對簡單（麻煩中的相對簡單）。最有利標就很複雜了，因為涉及服務內容、品質及價格，要協商的層面很廣且與每個符合資格的廠商都得協調，所以工程會特訂定「最有利標協商作業執行程序及範例」，幫助有需要的機關得以操作辦理。

不過也因為真的太繁複（容易出錯），機關通常不會採行協商機制來辦理。

第 **59** 條　（請詳見Lesson 7）

第 **60** 條

機關辦理採購依第五十一條、第五十三條、第五十四條或第五十七條規定，通知廠商說明、減價、比減價格、協商、更改原報內容或重新報價，廠商未依通知期限辦理者，視同放棄。

> **細　則**

第83條　廠商依本法第六十條規定視同放棄說明、減價、比減價格、協商、更改原報內容或重新報價，其不影響該廠商成為合於招標文件規定之廠商者，仍得以該廠商為決標對象。

　　　　依本法第六十條規定視同放棄而未決標予該廠商者，仍應發還押標金。

十四、決標或無法決標公告

第 **61** 條

機關辦理公告金額以上採購之招標，除有特殊情形者外，應於決標後一定期間內，將決標結果之公告刊登於政府採購公報，並以書面通知各投標廠商。無法決標者，亦同。

細 則

第 84 條 本法第六十一條所稱特殊情形，指符合下列情形之一：

一、為商業性轉售或用於製造產品、提供服務以供轉售目的所為之採購，其決標內容涉及商業機密，經機關首長或其授權人員核准者。

二、有本法第一百零四條第一項第二款情形者。

三、前二款以外之機密採購。

四、其他經主管機關認定者。

前項第一款決標內容涉及商業機密者，機關得不將決標內容納入決標結果之公告及對各投標廠商之書面通知。僅部分內容涉及商業機密者，其餘部分仍應公告及通知。

本法第六十一條所稱決標後一定期間，為自決標日起三十日。

依本法第六十一條規定未將決標結果之公告刊登於政府採購公報，或僅刊登一部分者，機關仍應將完整之決標資料傳送至主管機關指定之電腦資料庫，或依本法第六十二條規定定期彙送主管機關。

第 85 條 機關依本法第六十一條規定將決標結果以書面通知各投標廠商者，其通知應包括下列事項：

一、有案號者，其案號。

二、決標標的之名稱及數量摘要。

三、得標廠商名稱。

四、決標金額。

五、決標日期。

無法決標者，機關應以書面通知各投標廠商無法決標之理由。

第 62 條　機關辦理採購之決標資料，應定期彙送主管機關。

細 則

第 86 條 本法第六十二條規定之決標資料，機關應利用電腦蒐集程式傳送至主管機關指定之電腦資料庫。

決標結果已依本法第六十一條規定於一定期間內將決標金額傳送至主管機關指定之電腦資料庫者，得免再行傳送。

✅ 採購實務這樣做

從L2招標到本堂決標已林林總總規定了許多政府採購標案招標的相關事項,為協助各位了解採購作業流程,彙整採購法所提各種採購策略以及程序,再加入筆者辦理採購實務經驗後繪製成圖3.5,供各位對於政府採購於履約前的招標作業有所認知。

雖然各級地方中央政府各自採購程序及規定有所不同,但因循採購法相關法規及工程會協助各級政府機關所訂定的各類辦法、規定、範本、簽稿範例等,整體採購流程大同小異,政府採購於履約前的招標作業大致可分為構想階段、採購審查、採購策略決定、採購簽准、公告招標、開標及資格審查、服務內容審查、比議價乃至決標等階段。

構想階段,可能基於政策、可能基於民意代表意見、也可能基於各類方案評估之後細部需求(如基本設計後,開始有了具體的分標方案等),依招標標的研擬需求,概算預算金額,研擬招標文件,選擇採購策略如招標方式、決標原則等,然後整併成招標文件。

採購審查階段,即招標文件草稿擬定後進行的審查,由具經驗的專家學者、資深主管、外機關資深機關人員甚至政風、會計,共同審視招標文件的可行性(或說分擔責任),這時就會對即將成形的採購案做定型。在這部份各級機關有其內部規定,需注意的是巨額工程採購,因金額龐大(採購金額達2億元),特別需要審視,遂有採11-1及「政府採購工作及審查小組設置及作業辦法」相關審查規定,其審查內容莫過於採購需求及金額、採購策略及招標文件等。

當決定採購策略之後,採購金額達查核金額以上就可以依「公共工程招標文件公開閱覽制度實施要點」辦理公開閱覽,這算是採購公告前的前哨站,可用來收集潛在廠商意見,藉以調整招標文件的需求或釐清廠商問題,以利日後順利發包(即有廠商投標並得標)。

公開閱覽後,如廠商有意見,機關就會評估考量後修正(注意!此時尚未正式發布招標公告,所以修正招標文件沒有延長等標期的要求。)並將修正後招標文件簽陳至機關首長及其授權人員核可招標,就能請總務單位或採購代辦中心

協助公告上網，公告上網與否、公告上網形式、公告內容（如案名、採購標的、預算金額、公告時間、截止投標時間、開標時間地點等）均於「政府採購公告及公報發行辦法」規定。

不同招標方式、不同採購金額、不同採購狀況而有不同等標期（不同採購金額、招標方式對應等標期為必考題），依「招標期限標準」相關規定辦理。等標期一到，即截止廠商投標。截止投標後，機關開標主持人宣布開標即打開廠商所投標封，依當時招標次數、招標方式、廠商投標數量、廠商是否合格等來判斷是否進行下一階段，相關規定請詳「機關辦理採購之廠商家數規定一覽表」。

開標之後的流程與處理是依不同決標原則來處理的。

就像是最有利標決標，無論是公開招標或選擇性招標的適用最有利標，或是經公開評選的限制性招標準用最有利標，都要依據「最有利標評選辦法」、「最有利標作業手冊」、「採購評選委員會審議規則」及「採購評選委員會組織準則」來辦理評選；而未達公告金額之公開取得3家以上書面報價及企畫書取用最有利標決標，則以參考評選會議的評審會議來評定得標廠商。

而公開招標最低標決標，則是當第1次開標有3家以上合格廠商投標後，遂進行比減價格，進底價之最低標價為決標，若有標價偏低狀況則另行處理，或提出說明、或提出擔保。再例如：經公開評選之限制性招標準用最有利標，第1次開標僅1家投標也沒關係，依然可開標，當符合資格就能擇日進行評選，選出優勝廠商再擇日議價或議約，議價或議約當天就是決標日。

需要注意的是：任何有比減價、議價或議約（公開招標的底價應於開標前訂定。）之狀況時底價的訂定時機。例如，限制性招標無論是否為經公開評選，或變更設計，或後續擴充，都必須於比價或議價前訂定。實務上，底價訂定的流程是：需求單位先訂定預估價格，移交總務單位進行底價審議，審議後會訂定建議底價，然後簽請機關及其授權人員核定底價。而底價，於決標前是保密事項，不能洩密；實際作法是，宣布決標的同時一併宣布底價，在此當下，宣布決標即履約之開始，請詳本書L4內容。

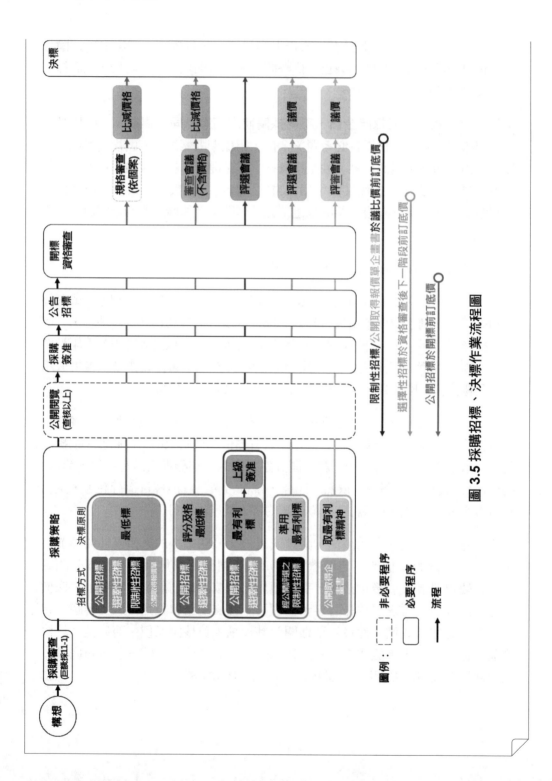

圖 **3.5** 採購招標、決標作業流程圖

精選試題

決標

決標原則

(　) **1** 機關辦理採購之決標原則，下列敘述，何者錯誤？　(A)訂有底價之採購，以合於招標文件規定，且在底價以內之最低標為得標廠商　(B)機關採最低標決標者，如決標對象2家以上廠商標價相同時，直接抽籤決定之　(C)未訂底價之採購，以合於招標文件規定，標價合理，且在預算數額以內之最低標為得標廠商　(D)機關辦理公告金額以上之專業服務、技術服務或資訊服務者，以不訂底價之最有利標為原則　(E)以合於招標文件規定之最有利標為得標廠商　(F)採用複數決標之方式：機關得於招標文件中公告保留採購項目或數量選擇之組合權利，但應合於最低價格或最有利標之競標精神。
　　　【108鐵路佐級】

(　) **2** 依採購法規定，下列敘述何者正確？
　　　(A)採最有利標決標，於評定出最有利標後，應再洽廠商減價
　　　(B)訂有底價之採購，廠商報價金額與底價相同時，機關得要求廠商再減價
　　　(C)公開開標之案件，機關得於招標文件中限制有權參加開標之每一投標廠商人數
　　　(D)公開客觀評選優勝廠商，其與優勝廠商議價之次數不得超過3次。【107桃捷】

解答與解析

1 (B)。依細62，2家以上標價相同、比減次數已達3次限制，抽籤決定。但未達3次，則再比減1次，低價者得標；若該比減後標價仍相同則抽籤。

2 (C)。(A)評出最有利標後決標。(B)報價與底價相同時即決標。(D)議價次數無限制，由機關定之。

最低價決標

(　) 　**1** 以下之各項敘述何者為是？ 　(A)依據「政府採購法」第53條第1項
規定，合於招標文件規定之投標廠商之最低標價超過底價時，得洽
該最低標廠商至少三家減價一次 　(B)前項所稱之「減價結果」仍
超過底價時，得由至少三家合於招標文件規定之投標廠商重新「比
減價格」 　(C)前項所稱之「比減價格」不得逾三次 　(D)前項辦理
結果，最低標價仍超過底價而不逾預算數額，機關確有緊急情事需
決標時，應經原底價核定人或其授權人員核准，且不得超過底價百
分之四。【107桃捷2】

(　) 　**2** 下列敘述何者正確？ 　(A)參加比減價格之廠商，其未能減至機關
所宣布之前1次減價或比減價格之最低標價，得不通知其參加下1次
之比減價格 　(B)查核金額以上之採購，其超底價決標，應先報經
上級機關核准 　(C)機關辦理比減價格，應以3次為限，不得限制次
數為1次或2次 　(D)依採購法規定，超底價決標之上限為底價的百
分之四。【107桃捷2】

(　) 　**3** 機關採公開招標最低標決標，招標文件載明廠商未於開標當日出席
以備說明或減價者視同放棄，計5家廠商投標均合格，下列何者為
是？ 　(A)5家報價均超底價，最低標廠商未到場，主持人請次低
標優先減價，該廠商減至底價以內，主持人宣布決標 　(B)5家均到
場，報價均超底價，最低標廠商優先減價時書寫照底價承作，主持
人宣布決標 　(C)5家報價均低於底價，最低報價計2家標價相同，
其中1家未到場，主持人宣布決標予在場最低標 　(D)5家報價均低
於底價，最低標廠商未到場且其報價低於底價百分之八十，機關逕
決標予未低於底價百分之八十之次低標。【107臺鐵營運專員】

(　) 　**4** 機關辦理最低價決標案件，開標後最低標廠商之標價未進入底價，
最低標廠商當場表示放棄優先減價，則該廠商得否參與後續比減
價？ 　(A)不得 　(B)得 　(C)經其他廠商同意後仍得 　(D)視為放
棄。【107臺鐵服務員】

( ) **5** （多選）依政府採購法，下列何者正確？ (A)最低標廠商優先減價時得書面表示減至底價 (B)機關於第1次比減價格前，應宣布最低標廠商減價結果 (C)第2次以後比減價格前，應宣布前一次比減價格之最低標價 (D)機關得限制廠商比減價格之次數為2次。【107臺鐵服務員、110台電】

( ) **6** 合於招標文件規定之投標廠商之最低標價超過底價時，得洽該最低標廠商減價1次；減價結果仍超過底價時，得由所有合於招標文件規定之投標廠商重新比減價格，比減價格不得逾幾次？ (A)1次 (B)2次 (C)3次 (D)4次。【110鐵路佐級】

( ) **7** 有關「公開招標」之敘述，下列何者有誤？ (A)訂有底價之採購，原則上以合於招標文件規定，且在底價以內之最低標者為得標廠商 (B)合於招標文件規定之投標廠商之最低標價超過底價時，得洽該廠商減價1次 (C)減價結果仍超過底價時，得由所有合於招標文件規定之投標廠商重新比減價格，比減價格不得逾3次 (D)前項辦理結果，最低標價仍超過底價而不逾預算數額，機關確有緊急情事需決標時，應經原底價核定人或其授權人員核准且不得超過底價之百分之五。【110經濟部】

( ) **8** 機關辦理採購採最低標決標時，廠商標價偏低顯不合理時之處置方式，下列敘述，何者錯誤？ (A)訂有底價之採購，廠商之總標價低於底標百分之九十者，即屬總標價偏低情形 (B)最低標廠商標價偏低有值得合理懷疑時，得限期通知該廠商提出說明或擔保 (C)廠商未於機關通知期限內提出合理之說明或擔保者，得不決標予該廠商 (D)最低標廠商標價偏低顯不合理而不決標予該廠商時，逕以次低標廠商為最低標廠商。【108鐵路佐級、107臺鐵服務員、109鐵路佐級、110鐵路佐級】

( ) **9** 最低標廠商報價低於底價百分之八十，但在底價百分之七十以上時，下列敘述何者正確？ (A)要決標給最低標時，該廠商一定須繳交差額保證金 (B)如果是決標給次低標時，則一定不須繳交差額保證金 (C)縱使最低標廠商說明合理要決標給該商亦須繳交差

額保證金　(D)最低標廠商之說明機關如認為合理，則不須要繳交差額保證金。【107臺鐵營運專員】

(　　) **10** 機關辦理採購採最低標決標，最低標廠商標價低於底價百分之七十，依採購法第58條規定，下列何者有誤？　(A)免洽最低標廠商說明，不決標予該最低標廠商　(B)經機關評估該標價並無降低品質、不能誠信履約之虞，不洽最低標說明，逕決標予該最低標廠商　(C)洽最低標廠商說明，如機關評估該說明合理，逕決標予該最低標廠商　(D)洽最低標廠商說明，如機關評估該說明不合理，不決標予該最低標廠商，並以次低標為最低標廠商。【107台電、107臺鐵營運員、111鐵路佐級】

(　　) **11** 下列何者超過底價決標時，須報經上級機關核准？　(A)超過底價8%　(B)超過底價4%而未超過8%　(C)查核金額之採購　(D)查核金額以上之採購超過底價4%而未超過8%。【107台電2、105經濟部】

(　　) **12** 機關辦理採購採最低標決標，經減價結果，如最低標價仍超過底價而不逾預算金額，機關確有緊急情事需決標時，應經原底價核定人或其授權人員核准，且不得超過底價多少？　(A)百分之四　(B)百分之六　(C)百分之八　(D)百分之十。【104經濟部】

(　　) **13** A機關辦理勞務採購，採最低標決標且訂有底價，合於招標文件規定之B、C、D、E四家投標廠商，以D廠商報價最低，但仍超過底價，此時A機關應如何處理？　(A)洽D廠商減價1次　(B)逐詢問D廠商是否願照底價承作　(C)由B、C、D、E四廠商重新比減價格　(D)逐詢問B、C、D、E四廠商是否願照底價承作，若願照底價承作之廠商不只一家，再行比減價格。【109鐵路佐級、111鐵路佐級】

(　　) **14** 桃園捷運公司辦理公告金額以上未訂底價採最低標決標之採購，最低合格標之標價是否合理，由下列何者審定之？　(A)機關首長或其授權人員　(B)底價審議委員會　(C)開標主持人　(D)評審委員會。【107桃捷2】

( ) **15** （多選）機關辦理查核金額以上之採購，下列何者屬須報上級核准之事項？ (A)最有利標 (B)減價收受 (C)超過底價百分之四決標 (D)統包方式辦理工程採購 (E)機關辦理公告金額以上之選擇性招標 (F)招標文件中公告底價 (G)機關辦理公告金額以上之限制性招標公開評選優勝廠商。【107臺鐵營運員、108經濟部、105經濟部、107桃捷】

( ) **16** 下列何者正確？ (A)機關辦理限制性招標，邀請3家廠商比價，如有2家廠商投標，即得進行比價 (B)機關辦理減價或比減價格結果與底價相同時，仍得洽該廠商再減價1次 (C)採議價方式辦理採購，依政府採購法規定減價次數不得逾3次 (D)選擇性招標之經常性採購，應建立3家以上合格廠商名單。【106經濟部】

( ) **17** 機關採議價方式辦理時，對於減價次數有何限制？ (A)1次 (B)3次 (C)5次 (D)得不受次數限制。【107臺鐵營運員、105經濟部】

( ) **18** 廠商得書寫照底價承製之情形，下列何者有誤？ (A)議價案 (B)屬優先減價廠商之權利 (C)比減價格時僅餘1家廠商 (D)合於招標文件規定之投標廠商僅有1家。【106經濟部】

解答與解析

1 (C)。請詳查採53。

2 (A)。(B)查核金額以上採購，超底價達4%欲決標須報經上級機關核准。(C)依採53.1規定，不得逾3次。(D)依採53.2規定，不得超底價8%決標。

3 (C)。(A)最低標優減，若未到場則直接比減，先進底價者決標。(B)在所有候選廠商都在場時，最低標廠商優減進底價方決標，不得書寫照底價承作，否則仍須比減；反之，只有1家廠商議價時，方可照底價承作。(D)應確認次低標是否低於底價80%，倘

經解釋後機關認為合理，則決標於該廠商。

4 (B)。僅為放棄優減，仍得參與比減。

5 (BCD)。(A)僅能優減，若不進底價則比減。其餘請詳查細70、細72。

6 (C)。請詳查細62。口訣：優減1次，比減3次。

7 (D)。依採53規定不得超過底價8%。

8 (A)。依細79規定，訂有底價之採購，廠商之總標價低於底價80%。

9 (D)。請詳查採58規定：「……得限期通知該廠商提出說明或擔保」。

10 (A)。請詳查採58規定。

11 (D)。請詳查採53.2。

12 (C)。請詳查採53.2。

13 (A)。依採53規定洽D廠商優減1次，若結果仍超底價則得由所有合於招標文件規定之投標廠商重新比減，比減不得逾3次。

14 (D)。請詳查細75.1規定。

15 (ABC)。(A)請詳採56.3，(B)請詳採72.2，(C)請詳採53.2，(D)(E)(F)(G)權責在機關。

16 (A)。(B)與底價同即應決標，請詳查細69規定。(C)議價須限制減價次數者，應先通知廠商，請詳查細73.1規定。(D)建立6家以上合格廠商名單，請詳查採21.3規定。

17 (D)。細73.1規定議價須限制減價次數者，應先通知廠商，即議價之減價次數得不受限制。

18 (B)。依細72.2規定之廠商減至底價而機關應予接受的狀況。

最有利標決標

(　) **1** 機關如採最有利標，有關受評廠商資料之保密作業，下列敘述何者有誤？　(A)原則上評選後仍應保守秘密　(B)得標廠商受評選之樣品，得於決標後公開　(C)未得標廠商受評選之樣品，得於決標後發還　(D)所有受評選之樣品，應於決標後公開。【105經濟部】

(　) **2** 下列敘述何者非屬機關採最有利標決標之必要事項？　(A)綜合評選　(B)訂定底價　(C)成立採購評選委員會　(D)採購評選委員會委員自接獲評選有關資料之時起，不得就該採購案參加投標、作為投標廠商之分包廠商或擔任工作成員，其有違反者，機關應不決標予該廠商。【107桃捷】

(　) **3** 下列何者不是桃園捷運公司評選最有利標之過程中，各次會議紀錄應載明之事項？　(A)評選委員會之組成、協助評選之人員及其工作事項　(B)評選方式　(C)個別委員要求納入紀錄之意見　(D)監辦人員及其工作事項。【107桃捷】

(　) **4** 依據最有利標評選辦法，價格納入評分者，其所占總滿分之比率，不得低於20％，且不得逾：　(A)30％　(B)40％　(C)50％　(D)60％。【107臺鐵營運專員、107台電、108台電、108經濟部、106桃捷】

(　) **5** 辦理最有利標，將廠商簡報及現場答詢列為評選項目者，其所佔權重至多不得高於多少比例？　(A)10％　(B)20％　(C)30％　(D)40％。【108經濟部】

(　) **6** 機關辦理採購採最有利標決標者，下列敘述何者正確？　(A)價格納入評選項目者，採購評選委員就價格給予評分時，應以比較入圍廠商標價之高低為評分基礎　(B)不論案件性質，採購評選委員會應於招標前成立　(C)工作小組擬具之初審意見，其內容不必包括受評廠商所提內容之優劣比較　(D)採購評選委員評選及出席會議，應親自為之。【107臺鐵營運專員】

(　) **7** 下列關於評選最有利標的敘述，何者正確？
(A)為利評選委員對廠商於各評選項目之表現為更深入之瞭解，得輔以廠商簡報及現場詢答
(B)廠商簡報不得更改其投標文件之內容。惟如廠商另外提出補充資料者，是否納入評選由評選委員決議之
(C)廠商簡報及現場詢答，應與評選項目有關；其列為評選項目者，所占配分或權重不得逾百分之十
(D)投標廠商未出席簡報及現場詢答者，該廠商不得參與評選，並不得作為最有利標。【107臺鐵營運員】

(　) **8** 機關依採購法第56條規定，以「最有利標原則」辦理招標時，下列何者有誤？　(A)以不訂定底價為原則　(B)價格納入評比者權重不得低於20％　(C)評定最有利標後得議減價格　(D)得採選擇性招標方式辦理。【107台電2】

(　) **9** 關於政府採購之最有利標決標原則，下列何者錯誤？　(A)以最有利標決標之採購，得不訂定底價　(B)機關採最有利標決標者，不論金額大小，均應報請上級機關逐案核准　(C)機關辦理最有利標

評選，應成立最有利標評選委員會　(D)綜合評選3次仍無法評定最有利標時，得採行協商措施。【109鐵路佐級】

(　　) **10** 下列有關總評分法評定最有利標之敘述，何者有誤？　(A)應於招標文件載明各評選項目之配分，其子項有配分者亦應載明　(B)得於招標文件載明個別子項不合格即不得作為協商對象　(C)如有分階段辦理評選及淘汰不合格廠商之評定方式者，以2階段為原則　(D)招標文件訂明固定費用者，仍得規定廠商於投標文件詳列組成費用內容，惟不得納入評選。【110台電】

(　　) **11** 桃園捷運公司依採購法第22條第1項第9款規定評選資訊服務廠商作業，何者正確？　(A)準用採購法有關最有利標之評選規定　(B)底價應於開標前訂定　(C)如為固定服務費用或費率者，評選優勝廠商後即辦理決標免議價程序　(D)評選優勝廠商後即辦理比價。【107桃捷】

(　　) **12** 機關依政府採購法第56條規定採最有利標決標者，下列何者正確？　(A)議價程序不得免除　(B)投標廠商未出席簡報及現場詢答者，其投標文件無效　(C)不論金額大小，均應先報經上級機關核准　(D)評選委員會置委員4人，其中外聘專家學者2人。【106經濟部】

解答與解析

1 (D)。未得標廠商受評樣品應發還。(A)(B)(C)請詳查「採購評選委員會審議規則」第13條。

2 (B)。請詳查「最有利標評選辦法」第22條。

3 (D)。依細11規定指監辦人員實地監視或書面審核機關開比議決驗是否符合本法規定之程序。

4 (C)。請詳查「最有利標評選辦法」第16條。

5 (B)。請詳查「最有利標評選辦法」第10條。

6 (D)。請詳查「採購評選委員會審議規則」第6條，為本題最優解。(A)應屬「最有利標評選辦法」所規定綜合評選之狀況。(B)請詳查「採購評選委員會組織準則」第3條第2項規定。(C)請詳查「採購評選委員會審議規則」第3條規定，但從實務角度，其實工作小組在初審意見只需表達初步

審查後各招標文件規定的「符合情形」，例如設備功能要有DEF，各廠商所提設備功能是否有包含DEF即可，而非去比較各廠商在設備功能上的優劣。因為比較各廠商優劣而致影響評選委員的決定，其實不宜。

7 (A)。請詳查「最有利標評選辦法」第10條第1項規定。(B)依「最有利標評選辦法」第10條第3項規定該資料不納入評選。(C)依「最有利標評選辦法」第10條第2項規定所占配分或權重不得逾20%。(D)依「最有利標評選辦法」第10條第4項規定不影響其投標文件之有效性。

8 (C)。依「最有利標評選辦法」第22條規定，以不訂底價為原則。

9 (D)。依採56規定綜合評選不得逾3次，倘結果仍無法評定最有利標，應予廢標。

10 (D)。請詳查「最有利標評選辦法」第9條。

11 (A)。請詳查「採購評選委員會組織準則」第2條第1項第1款規定。(B)請詳查採46規定。(C)請詳查最有利標作業手冊貳、二、(七)規定。(D)請詳查最有利標作業手冊貳、二、(八)規定。

12 (C)。請詳查採56規定。(A)經公開評選準用最有利標決標的場合。(B)該廠商仍得為決標對象，請詳查細83規定。(D)依「採購評選委員會組織準則」規定專家學者至少2人且不得低於全員之1/3。

評分及格最低標

(   ) **1** 機關辦理以最有利標決標之採購時，有關其評定方式，下列敘述何者有誤？　(A)總評分法　(B)評分在及格分數以上廠商開價格標　(C)評分單價法　(D)序位法。【105經濟部】

(   ) **2** 可藉由評分機制，淘汰資格、規格及條件不及格之廠商，並就評分達一定分數之廠商，以價格競爭機制辦理決標，屬於何種決標方式？　(A)最低標　(B)評分及格最低標　(C)最有利標　(D)限制性招標。【109鐵路佐級】

(   ) **3** 機關依採購法施行細則第64條之2規定，採評分及格最低標決標，下列敘述何者正確？　(A)辦理招標前需先陳報上級機關核准　(B)不必成立審查委員會　(C)招標文件明定採不分段開標　(D)評分項目不包括價格。【111台電】

解答與解析

1 **(B)**。為評分及格最低標。

2 **(B)**。請詳查細64-2規定。

3 **(D)**。請詳查細64-2規定。

複數決標

(　　) 1 機關依政府採購法第52條第1項第4款規定採用複數決標方式,應依下列何種原則辦理? (A)為避免圍標,押標金、保證金及其他擔保不得分別繳納 (B)主要看組合總價最低,不必訂底價 (C)為便於機關在採購項目或數量上為最有利或最低價之組合,得由廠商分項報價之項目 (D)為符合競標精神,招標文件不得規定數量之上、下限。【108鐵路佐級】

(　　) 2 採用複數決標之方式者,其每一次決標及不同標的或底價之項目,刊登決標公告方式為何? (A)應分別刊登決標公告 (B)於最後1次決標時才刊登決標公告 (C)於第1次決標時刊登決標公告即可 (D)皆無須刊登。【110台電】

(　　) 3 某機關擬採購30,000個醫療口罩,考量社會上醫療口罩短缺,為分散履約風險,招標文件規定每家廠商供應之數量之上、下限分別為15,000個及10,000個,廠商報價時應一併提出可供應數量之明細,試問以上敘述是何種決標方式? (A)共同供應契約 (B)共同投標 (C)最有利標 (D)複數決標。【109鐵路佐級】

(　　) 4 A縣政府辦理B漁港廢棄物清運勞務採購,清運作業分為漁港南岸及北岸區域,由南岸與北岸各區域之最低標得標。此採購案應屬何種決標方式? (A)最有利標 (B)複數決標 (C)聯合決標 (D)共同供應契約決標。【111鐵路佐級】

解答與解析

1 **(C)**。請詳查細65規定。

2 **(A)**。請詳查「政府採購公告及公報發行辦法」第13條。

3 **(D)**。請詳查細65規定。

4 **(B)**。請詳查細65規定。

其他

(　　)　機關允許外國廠商投標之採購，下列敘述何者正確？　(A)如招標文件未訂明投標廠商之標價幣別得為美元，因美元為國際流通貨幣，廠商仍得以美元報價　(B)投標廠商標價幣別在二種以上者，其總價之折算，依決標前一辦公日臺灣銀行外匯交易收盤即期賣出匯率折算之　(C)外國廠商以等值外幣繳納押標金及保證金者，以繳納日前一辦公日臺灣銀行外匯交易收盤即期賣出匯率折算之　(D)機關不得於招標文件載明外國廠商免附具加入工業或商業團體之證明。【107桃捷、108經濟部】

解答與解析

(B)。(A)請詳查細64.1規定，招標文件未訂明，則以新台幣折算總價較為適法，錯誤。(B)依細64.2規定為決標前一辦公日臺灣銀行外匯交易收盤即期「賣出」匯率折算之，正確。(C)依押標金保證金暨其他擔保作業辦法第3條第3項：「……以繳納日前一辦公日臺灣銀行外匯交易收盤即期『買入』匯率折算之。」。錯誤。(D)依「投標廠商資格與特殊或巨額採購認定標準」第3條第6項規定投標廠商為外國廠商者得免附具。錯誤。

開標

(　　)　**1** 下列何者為政府採購法第48條第1項及同法施行細則第55條所指之「合格廠商」？　(A)廠商W經查詢發現已依政府採購法第103條第1項提列為不得參加投標對象　(B)就投標之外標封形式檢查發現廠商X對同一採購案重覆投標　(C)廠商Y之投標文件有書面密封且於投標截止期限前，以快遞送達招標機關　(D)廠商Z於同一採購案規劃期間為提供設計服務之廠商。【110經濟部】

(　　)　**2** 下列何者不屬於不得參加政府採購案投標之廠商？　(A)政黨之關係企業廠商　(B)機關承辦採購人員之配偶為負責人之廠商　(C)經刊登政府採購公報，停權期間尚未屆滿之廠商　(D)代擬招標文件之廠商。【109鐵路佐級、110經濟部、106經濟部、107臺鐵營運員】

(　) **3** 機關辦理採購，下列何者正確？　(A)機關辦理公開招標，因投標
廠商家數未滿三家而流標者，得發還投標文件。但招標文件規定不
予發還者，機關得予拒絕　(B)未達公告金額之公開招標，可於截
止收件日前先簽請機關首長或其授權人員核准，敘明屆時如公告結
果，未能取得三家以上廠商之書面報價或企劃書者，將改採限制
性招標　(C)公開招標第一次開標，因未滿三家而流標者，第二次
招標得不受三家以上合格廠商之限制，但等標期間不得縮短　(D)
機關為特定個案辦理選擇性招標之採購，應有三家以上合格廠商投
標，始得開標。【107台電】

(　) **4** 機關依採購法第42條第1項辦理分段開標，下列何者有誤？　(A)辦
理一次投標分段開標，廠商投標文件已投標未開標之部分，不得發
還　(B)未通過第一階段審標之廠商，不得參加後續階段投標　(C)
採一次投標分段開標者，廠商應將各段開標用投標文件分別密封
(D)僅就資格標投標者，以選擇性招標為限。【108經濟部】

(　) **5** 廠商未於投標文件外標封標示名稱及地址之情形，下列何者正確？
(A)無效標，並不得列入家數計算　(B)無效標，但得列入家數計算
(C)得於開標前補正　(D)得於開標後補正。【106經濟部】

(　) **6** （多選）下列何者正確？　(A)規定投標當時即必須擁有指定之設
備　(B)規定廠商所附型錄均須為正本　(C)規定廠商提出之實績證
明須為公家機關　(D)規定外標封上應標示廠商名稱及地址。　(E)
規定廠商代表於開標時必須攜帶與投標文件所用相同之印鑑，否
則無權出席　(F)招標文件對親自及郵遞領取訂定不同之截止期限
(G)廠商信用證明限公告日後所取得者　(H)開標後不公開審標。
【修改自107桃捷、111台電】

(　) **7** 下列何者非屬採購法第33條及其相關施行細則之規定？　(A)投標
文件置於不透明之信封或容器內，並以漿糊、膠帶、繩索或其他類
似材料封裝　(B)投標信封上或容器外應標示廠商名稱及地址　(C)
機關指定以郵政信箱為唯一之投標送達場所　(D)同一投標廠商就
同一採購之投標，以一標為限。【111台電】

( ) **8** 關於廠商投標文件之敘述，下列何者錯誤？ (A)機關不得限定廠商投標文件應以郵遞或專人送達機關或其指定之場所 (B)機關得允許廠商於開標前補正不列入標價評比之選購項目 (C)廠商投標文件應以不透明之信封或容器密封，並應標示足以識別廠商之資訊 (D)廠商投標文件內記載金額之文字與號碼不符時，通知廠商說明確認之。【110鐵路佐級】

( ) **9** （多選）廠商準備投標工作耗時費力，機關原則上應依規定開標，在何種情況下機關可不予開標決標？ (A)招標文件內容未有變更或補充者 (B)採購計畫未有變更者 (C)未發現有影響採購公正之行為 (D)政黨及與其具關係企業之廠商參與投標 (E)依招標文件之規定投標 (F)投標文件內容符合招標文件之規定 (G)不同投標廠商間投標文件內容不一致。【修改自108鐵路佐級、111鐵路佐級】

( ) **10** （多選）某機關總務主任主持一開標案，經發現甲廠商之投標文件有下列何種情形時，應判為不合格標？ (A)投標文件置於塑膠透明資料袋內並以膠帶密封者 (B)標封封口未蓋騎縫章 (C)投標文件未逐頁蓋章 (D)開標時，發現廠商標封內以現金繳納押標金。【107臺鐵服務員】

( ) **11** 政府採購法第33條規定，允許廠商補正文件，其規定情形為何？ (A)於開標後補正非契約必要之點之文件 (B)於開標前補正契約必要之點之文件 (C)於開標前補正不列入標價評比之選購項目 (D)於開標前補正原招標文件標示不得更改之項目。【108鐵路佐級】

( ) **12** 下列何者非屬機關得於招標文件中規定，允許廠商於開標前補正之非契約必要之點之文件？ (A)原招標文件已標示得更改之項目 (B)參考性質之事項 (C)列入標價評比之選購項目 (D)其他於契約成立無影響之事項。【111台電、110經濟部】

( ) **13** 政府採購法就機關處理未得標廠商之已開標文件的方式何者為非？ (A)保留其中一份 (B)僅保留影本 (C)經廠商要求全部予以退還 (D)採分段開標者尚未開標之部分應予發還。【107桃捷】

（　）**14** 依採購法規定，下列何種招標方式得就資格、規格與價格採取分段開標？　(A)公開招標、選擇性招標及限制性招標　(B)公開招標及限制性招標　(C)公開招標及選擇性招標　(D)選擇性招標及限制性招標。【108台電】

（　）**15** 機關辦理公開招標或選擇性招標，得就何者事項採取分段開標？　(A)資格、規範、規格　(B)規範、規格、同等品　(C)資格、規格、價格　(D)規範、同等品、價格。【109鐵路佐級】

（　）**16** 機關以個案選擇性招標方式辦理採購者，第1次開標應至少有幾家以上之合格廠商始可開標？　(A)3家　(B)1家　(C)6家　(D)2家。【107桃捷】

（　）**17** 機關辦理招標，除有法定不予開標決標外，有幾家以上合格廠商投標，即應依招標文件所定時間開標決標？　(A)1家　(B)2家　(C)3家　(D)4家。【110鐵路佐級】

（　）**18** 公開招標廢標後大幅修改招標文件後再行辦理招標，開標至少須有幾家廠商投標？　(A)3家　(B)5家　(C)由機關決定　(D)視招標文件之規定。【107臺鐵服務員】

（　）**19** 機關採公開招標辦理50萬元之採購，第1次開標至少須有幾家合格廠商投標始可開標？　(A)1家且事先簽准　(B)2家且簽准　(C)3家　(D)6家。【107經濟部】

（　）**20** 機關依採購法第22條第1項第9款規定辦理評選專業服務廠商，其第1次開標，除招標文件另有規定外，投標廠商至少需幾家即可開標？　(A)1家　(B)2家以上　(C)3家以上　(D)6家以上。【107台電2、110台電、104經濟部】

（　）**21** 機關採取公開招標方式之採購，第一次公告僅有一家廠商投標，則機關應如何辦理？　(A)與該廠商進行議價，若低於底價，得決標予該廠商　(B)因採購程序無法續行，應予廢標處理　(C)因未達得開標要件，應屬流標　(D)應再行公告招標，留待更多廠商投標後一併辦理開標。【109鐵路佐級】

(　) **22** 因應COVID-19疫情影響，機關辦理開標、決標得採行下列何種處理方式？　(A)無法依招標文件所定時間開標、決標者，得暫緩開標決標　(B)移到下一年度預算執行開標　(C)依投標文件規定日期開標、決標　(D)由機關首長決定。【111鐵路佐級】

(　) **23** 機關辦理公開招標，採不分段開標者，其招標文件所標示之開標時間，下列何者正確？　(A)不得於等標期屆滿當日　(B)與等標期間無關，得視個案情形決定之　(C)為等標期屆滿當日或次一上班日　(D)僅限等標期屆滿之次一上班日。【107台電】

(　) **24** 機關以公開招標辦理採購，採不分段開標者，其招標文件標示之開標時間，下列何者正確？　(A)等標期屆滿後第5日　(B)等標期屆滿後第4日　(C)等標期屆滿後第3日　(D)等標期屆滿當日。【105經濟部】

解答與解析

1 (C)。請詳查細55規定。

2 (B)。該廠商仍可參加，但依採15.2規定該採購人員應行迴避。
不得參與投標廠商：
(1)採4：代辦採購之法人、團體與其受雇人及關係企業，不得為該採購之投標廠商或分包廠商。
(2)採38：政黨及與其關係企業關係之廠商，並準用公司法有關關係企業之規定，不得參與投標。
(3)細38：
　a.提供規劃設計之廠商，於依該規劃設計結果辦理之採購。
　b.代擬招標文件之廠商，於依該招標文件辦理之採購。
　c.提供審標服務之廠商，於該服務有關之採購。

　d.因履行機關契約而知悉其他廠商無法知悉或應秘密之資訊之廠商，於使用該等資訊有利於該廠商得標之採購。
　e.提供專案管理服務之廠商，於該服務有關之採購。
(4)採103規定時間內不得參加投標或作為決標對象或分包廠商之廠商者。

3 (B)。(A)依採57規定，廠商要求發還，機關不得拒絕。(C)依採48規定第2次招標等標期間得予縮短。(D)依細21規定，為特定個案辦理選擇性招標，應於辦理廠商資格審查後，邀請所有符合資格之廠商投標。

4 (A)。請詳查細44規定。

5 (A)。請詳查採33相關規定。

6 (DH)。其中(H)依採57.1辦理。(A)(B)(C)(E)(F)為工程會「政府採購錯誤行為態樣」。(G)依「投標廠商資格與特殊或巨額採購認定標準」第4條第1項第5款規定為截止投標日之前半年所出具之非拒絕往來戶及最近3年內無退票紀錄證明……等。

7 (C)。請詳查採33、細29、細33。

8 (D)。只有在內容不明確、不一致或明顯書寫錯誤且與標價無關時,請詳查細60。

9 (D)。請詳查採48及細55。

10 (A)(D)。為不合格標。(B)(C)若判為不合格標是錯誤態樣。

11 (C)。請詳查採33規定。

12 (C)。請詳查採33規定。

13 (C)。請詳查細57。

14 (C)。請詳查採42規定。

15 (C)。請詳查採42規定。

16 (B)。請詳查「機關辦理採購之廠商家數規定一覽表」。

17 (C)。請詳查「機關辦理採購之廠商家數規定一覽表」。

18 (A)。大幅修正即重大變更意思,故仍須回到第1次招標方式。

19 (C)。雖為未達公告金額,但因為採公開招標,第1次招標仍須有3家合格廠商方可開標,請詳查「機關辦理採購之廠商家數規定一覽表」。

20 (A)。請詳查「機關辦理採購之廠商家數規定一覽表」。

21 (C)。請詳查「機關辦理採購之廠商家數規定一覽表」。

22 (A)。請詳查採48經主管機關認定之特殊情形及工程會110年5月18日工程企字第1100100299號函。

23 (C)。請詳查細49-1。

24 (D)。請詳查細49-1。

底價訂定

(　　) **1** 關於底價之訂定,下列敘述何者為錯誤? (A)機關得基於技術、品質、功能、履約地、商業條款、評分或使用效益等差異,訂定不同之底價 (B)未達公告金額之採購,得由承辦採購單位逕行簽報機關首長或其授權人員核定底價 (C)限制性招標之議價,訂定底價前應先參考廠商之報價或估價單 (D)公開招標採分段開標者,

底價應於資格審查後之下一階段開標前定之。【107臺鐵營運專員、107
經濟部】

( ) **2** 下列何者依採購法規定，於底價訂定前應參考廠商報價？ (A)新
臺幣1000萬元財物採購之後續擴充採購 (B)新臺幣5000萬元財物
採購之第1次選擇性招標 (C)新臺幣500萬元工程採購之第2次公開
招標 (D)新臺幣3000萬元工程採購之第1次公開招標。【108台電】

( ) **3** （多選）關於採購底價之訂定時機，下列敘述，何者錯誤？
(A)公開招標採分段開標者，其底價應於第1階段開標前定之
(B)選擇性招標之底價，應於資格審查後之下一階段開標前定之
(C)限制性招標之底價，應於議價或比價前定之
(D)採最有利標決標之採購，其底價應於開標前定之
(E)採選擇性招標者，其底價應於規格標審查後之下一階段開標前
定之
(F)採公開取得三家以上廠商之書面報價或企劃書者，其底價應於
進行比價或議價前定之
(G)限制性招標之比價及議價，訂定底價前應先參考廠商之報價或
估價單
(H)公開招標採分段開標者，其底價應於價格標開標前定之。【108
鐵路佐級、106經濟部、107經濟部、107台電、109鐵路佐級】

( ) **4** （多選）依政府採購法之規定，下列何者非屬得不定底價之情形？
(A)巨額採購 (B)小額採購 (C)以最有利標決標之採購 (D)訂定
底價確有困難之特殊或複雜案件 (E)開口契約採購。【109鐵路佐
級、111鐵路佐級、107臺鐵服務員】

( ) **5** 準用最有利標，有關底價之敘述，下列何者有誤？ (A)得不訂定
底價 (B)決標前應保密 (C)應參考廠商之報價資料 (D)決標後
仍應保密。【107經濟部】

( ) **6** 依採購法第22條第1項第9款規定辦理公開客觀評選為優勝者採限制
性招標，其底價訂定時機為何？ (A)評選前定之 (B)開標前定之
(C)與優勝廠商議價前定之 (D)資格審查後定之。【107桃捷2】

(　)　**7** 有關未訂底價之採購，評審委員會提出建議之金額，下列敘述何者
正確？
(A)係於開標前訂定
(B)標價合理者，評審委員會得不提出建議金額
(C)審查資格後由評審委員會提出建議金額
(D)機關有緊急需求時，得超過建議金額決標。【111台電】

解答與解析

1 (D)。公開招標分段開標應於第一階
段（資格或資格＋規格）開標前定
之，請詳查細54規定。

2 (A)。請詳查細54.3規定。

3 (DEGH)。最有利標得不訂底價，請
詳查採47規定，其餘請詳查採46規定。

4 (AE)。(B)(C)(D)得不訂底價，請詳
查採47規定。

5 (D)。請詳查採34、細76。

6 (C)。請詳查採46。

7 (B)。請詳查細75。

其他考題

(　)　**1** 機關於開標前發現投標廠商有政府採購法第50條第1項所定情形之
一者，就其所投之標應不予開標。下列何者非屬之？　(A)未依招
標文件之規定投標　(B)借用他人名義投標　(C)以不實之文件投標
(D)因提出異議而暫停採購程序。【110鐵路佐級】

(　)　**2** （多選）採購法第50條第1項第5款所稱「不同投標廠商間之投標
文件內容有重大異常關聯者」不包括下列何種情形？　(A)分包廠
商為同一廠商者　(B)押標金由同一人繳納或申請退還者　(C)電子
郵件網址相同者　(D)投標文件內容由同一人繕寫或備具者　(E)投
標標封或通知機關信函號碼連號，顯係同一人或同一廠商所為者
(F)A公司及B公司為關係企業，該2公司參與同一標案之投標　(G)
分包廠商為同一廠商者。【修改自107臺鐵營運員、107臺鐵服務員、106經
濟部】

( ) **3** 機關依法撤銷決標或解除契約時，依規定續行辦理之方式，下列敘述，何者錯誤？ (A)重行辦理招標 (B)原採最低標決標原則者，得自決標前標價低者起，依序洽商未得標廠商減至該原決標價後決標 (C)原採最有利標為決標原則者，得依招標文件規定第1次評選結果次有利標後決標 (D)得標廠商棄標或拒不簽約或履約時，得重行辦理招標。【108鐵路佐級】

( ) **4** 政府採購法關於防止技術綁標之規定，下列敘述，何者錯誤？ (A)投標廠商冒用他人名義或證件，經機關於開標前發現者，其所投之標應不予開標 (B)投標廠商冒用他人名義或證件，經機關於開標後發現者，應不決標予該廠商 (C)不同投標廠商之投標文件內容有重大異常關聯者，應不予開標或決標 (D)決標或簽約後發現得標廠商於決標前，有不予開標或決標情形之一者，應宣布廢標。【108鐵路佐級】

( ) **5** 不同投標廠商間之投標文件內容有重大異常關聯，機關於開標後發現，決定不予決標，致採購程序無法繼續進行。機關應如何處理？ (A)宣布流標 (B)宣布廢標 (C)採行替代方案 (D)採行協商措施。【111鐵路佐級、109鐵路佐級】

( ) **6** 機關在開標後辦理廢標，須刊登下列哪一個公告？ (A)無法決標公告 (B)流標公告 (C)無須公告定期彙送 (D)更正公告。【108台電、107臺鐵服務員】

( ) **7** 桃園捷運公司委託廠商辦理技術服務且招標文件允許協商程序，下列敘述何者正確？
(A)評選委員於投標廠商簡報過程中發現廠商服務建議書需修正或加強之處，即可依招標文件與廠商協商修正或加強
(B)原招標文件標示得更改之項目始得納入協商
(C)協商時應平等對待所有投標廠商，包括原審標必要時並錄影或錄音存證
(D)協商僅得以會議方式為之。【107桃捷2】

(　　) **8** （多選）關於政府採購法規定機關之保密義務，下列何者正確？
(A)廠商之企劃書，決標後得免予保密　(B)招標文件於公告前應予
保密　(C)開標後，除有特殊情形外，底價應予公開　(D)機關得於
招標文件中公告底價，但應報經上級機關核准　(E)底價於開標後
至決標前，應予保密　(F)招標文件於決標前應予保密。【修改自107
臺鐵服務員、108台電】

(　　) **9** 依採購法對廠商之通知，下列何者應為書面？　(A)公告金額以上之
審標結果　(B)公告金額以上之無法決標通知　(C)未達公告金額之
決標結果　(D)未達公告金額之無法決標通知。【107臺鐵營運專員】

(　　) **10** 依採購法規定，下列何者非屬應製作紀錄之事項？　(A)流標　(B)
決標　(C)評選會議　(D)請託或關說。【108台電、107臺鐵營運員】

(　　) **11** 下列敘述何者正確？
(A)政府採購法第61條所稱決標後一定期間，為自決標日起20日
(B)依政府採購法第55條規定採行協商措施者，審標程序應公開
　　進行
(C)統包採購之性質及於工程、財物及勞務採購
(D)機關辦理驗收，廠商未依通知派代表參加者，仍得為之。【106
　　經濟部】

(　　) **12** 某公立高中辦理107學年度畢業紀念冊編製之採購案，於107年6
月15日決標，依採購法規定，最遲應於何日前刊登決標公告？
(A)107年7月15日　(B)107年8月15日　(C)107年7月4日　(D)107年
7月14日。【107臺鐵服務員、107臺鐵營運員】

解答與解析

1 (D)。請詳查採50。

2 (AFG)。請詳查工程會91年11月27
日工程企字第09100516820號函釋。

3 (C)。應就其他合格廠商再次辦理
評選。

4 (D)。應為撤銷決標，請詳查採50相
關規定。

5 (B)。請詳查採50規定。

6 (A)。請詳查「政府採購公告及公報發行辦法」第15條規定。

7 (B)。(A)只能針對招標文件規定可協商之內容進行協商。(C)應就所有「合格」廠商平等對待,而非所有廠商,因為有可能有不合格廠商。(D)不僅為會議方式。

8 (BE)。(A)仍予以保密,未得標廠商之企畫書,於標案發包後須予退回。(C)決標後才能公開底價。(D)依採34.3依機關實際需要得於招標文件公告底價。(D)招標文件於公告前應予保密,若於決標前保密,廠商該如何投標?

9 (B)。請詳查採61規定。

10 (D)。請詳查採16.1規定。

11 (D)。(A)請詳查細84.3規定。(B)個別廠商之協商應秘密為之。(C)統包應為工程及財物,請詳查採24.2規定。

12 (D)。請詳查細84.3規定。

適用法規速查

最有利標評選辦法（97年2月15日修正）		採購評選委員會審議規則（110年11月4日修正）	
採購評選委員會組織準則（110年11月11日修正）		工程會招標相關文件及表格	
工程會提供機關辦理最有利標簽辦文件範例			

Lesson

履約管理

這堂課為採購法履約管理之相關規定，彙整重點如下表。由於決標簽約後就是機關與廠商責任義務的開始，故採購法僅酌予規定部份內容，其後由工程會編訂如採購契約要項、投標須知、工程採購契約、勞務採購契約等，供各級機關參考選用，且不定期修訂。是以，本堂內容除須熟讀採購法相關規定外，仍須參考工程會近期發布之各類型招標文件內容，為減輕各位備考負擔，本書已彙整於後述，請各位務必把握相關題型及應用。

重點	法規條目	考題機率
契約要項及範本	採 63、採 70-1	48%
轉包與分包	採 65、採 66、採 67	33%
工程品管及施工查核	採 70	12%
終止契約規定	採 64	7%

準備建議

1 契約要項及契約範本內容。
2 轉包與分包的差異。
3 工程品質管理及工程施工查核。

一、契約要項及範本

第 63 條

各類採購契約以採用主管機關訂定之範本為原則，其要項及內容由主管機關參考國際及國內慣例定之。

採購契約應訂明一方執行錯誤、不實或管理不善，致他方遭受損害之責任。

✅ 採購實務這樣做

為符合採購法精神並兼顧機關及廠商權益，彙整長年來履約經驗及廠商爭議的血與淚，工程會協助全國機關撰寫各類契約範本及投標須知 (參考網址：https://www.pcc.gov.tw/cp.aspx?n=99E24DAAC84279E4)，以一致化全國機關採購辦理事宜，避免採購人員犯錯及廠商爭議狀況。是以，工程會特訂定各類採購契約應以採用其範本為原則，惟採購類型多樣，各級機關仍可參考範本自行訂定相關規定。

彙整本條款相關命題方向，應與「採購契約要項」及工程會所訂「工程契約範本」（最新版111/4/29）、「投標須知」（最新版110/7/30）一同準備。歸納相關重點如下：

1. 契約變更：契約變更有2種情況，**機關通知**及**廠商要求**。
   (1) 機關通知：於**契約所約定之範圍內通知**廠商變更，廠商接獲通知後應向機關提出契約內容變更相關文件，**經機關接受後方可進行**。機關於接受前即**要求廠商先供應，而之後未依原通知契約變更辦理時，應補償廠商增加之必要費用**。
   (2) 廠商要求：有下列情形之一時，**廠商得提出效益等相同或較優方案經機關同意後執行，但不得據以增加契約價金，其因而減省廠商履約費用者，應自契約價金扣除**：
      A. 契約原標示之廠牌或型號不再製造或供應。
      B. 契約原標示之分包廠商不再營業或拒絕供應。

　　C. 因不可抗力原因須更換。

　　D. 較契約原標示者更優或對機關更有利（但有增加經費必要時，經機關綜合評估總體效益更有益時，得予增加）。

　　E. 契約所定契約規格違反採26（同等品）規定。

2.查驗及驗收

　(1)工程採購契約應對重點項目訂定檢查程序及檢驗標準，廠商並應執行品質管理、環境保護、施工安全衛生之責任。

　(2)契約規定以外之查驗、測試或檢驗，其結果不符合契約規定者，由廠商負擔所生之費用；結果符合者，由機關負擔費用。

　(3)廠商不得因機關辦理查驗、測試或檢驗，而免除其依契約所應履行或承擔之責任，及費用之負擔。

3.契約價金：

　(1)契約價金總額，除另有規定外，為完成契約所需全部材料、人工、機具、設備、交通運輸、水、電、油料、燃料及施工所必須之費用。

　(2)契約價金之給付有「依契約總價給付」、「依實際施作或供應之項目及數量給付」或前開兩者兼具等方式。得契約變更調整價金之情形，詳如圖 4.1：

　　A. 採契約總價結算給付：工程個別項目實作數量較契約所定數量……

　　　a. **增減逾3%時，其逾3%之部分，依原契約單價以契約變更增減契約價金。未逾3%者，契約價金不予增減。**

　　　b. **增加逾30%時，其逾30%之部分，應以契約變更合理調整契約單價及計算契約價金。**

　　　c. **減少逾30%時且依原契約單價計算顯不合理，就不合理部分以契約變更合理調整實作數量部份之契約單價及計算契約價金。**

　　B. 採實際施作或供應之項目及數量結算給付：工程個別項目實作數量較契約所定數量……

　　　a. **增加逾30%時，其逾30%之部分，應以契約變更合理調整契約單價及計算契約價金。**

　　　b. 減少逾30%時且依原契約單價計算顯不合理，就不合理部分以契約變更合理調整實作數量部份之契約單價及計算契約價金。

註解：　[1]　依據工程會 109/1/14 修正之「工程採購契約範本」將總價結算部份之契約價金調整門檻自 5% 下修為 3%，依該版本修正條文對照表說明：依國家發展委員會 108 年 4 月 12 日「中華民國全國工業總會『2018 年白皮書』提案 4 年以上議題協調會」及本會 108 年 9 月 17 日研商「工程採購契約範本」修正草案會議結論。

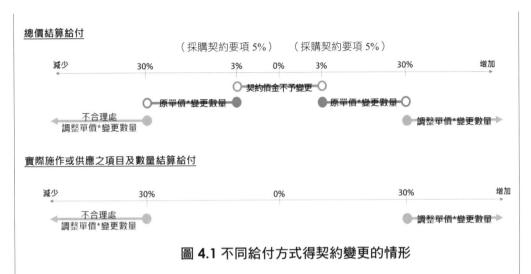

圖 4.1 不同給付方式得契約變更的情形

(3) 契約價金應含稅捐、規費及強制性保險費。

(4) 契約價金**因政府行為之調整致履約費用增減得予調整**：

  A. 政府法令之新增或變更。

  B. 稅捐或規費之新增或變更。

  C. 政府公告、公定或管制價格或費率之**變更**。

    倘以我國政府所為，致履約成本增加者，其所增加之必要費用由機關負擔；致履約成本減少者，其所減少之部分，得自契約價金中扣除。**非我國政府無論履約成本增減均不予調整**。

(5) 契約價金**依物價指數調整**，應載明：

  A. 得調整之項目及金額，調整所依據之物價、薪資或其指數或基期及調整公式。

  B. 得調整及不予調整之情形。

  C. **規費**、規劃費、設計費、土地及權利費用、法律費用、**管理費**（品質管理費、安全衛生管理費…）、**保險費**、**利潤**、利息、**稅雜費**、訓練費、檢（試）驗費、審查費、土地及房屋租金、文書作業費、調查費、協調費、製圖費、攝影費、已支付之預付款、自政府疏濬砂石計畫優先取得之砂石、**假設工程**項目、機關收入項目等不予調整。

(6) 廠商（含分包商）對機關人員或受機關委託之廠商人員給予期約、賄賂、佣金、比例金、仲介費、後謝金、回扣、餽贈、招待或其他不正利益者，**機關得終止或解除契約，並將2倍之不正利益自契約價款中扣除**。未能扣除者，通知廠商限期給付之。

(7)廠商履約標的應經第三人檢驗者，其檢驗所需費用，除契約另有規定外，由廠商負擔。

4.履約期限

(1)履約期間之計算有：

　A.限期完成：不分平假日均計入。

　B.日曆天計算：不分平假日均計入，機關可自訂不計入履約日之狀況，例如國定假日或民俗節日不計入。

　　註：那履約期限落在週六或週日該怎麼認定呢？依據工程會98年2月11日工程企字第09800038310號函示，若契約未有特別約定者，以其休息日次日代之。講白話就是下一工作日當作履約期限（如原履約期限在週日且未補班之情形下，真正履約期限訂在隔天，也就是週一）啦！（請注意，因為機關有時會過度解釋，導致廠商蒙受平白損失，甚至產生履約爭議，為避免未來諸位冤枉路，故特別說明以正視聽，詳參附錄16。）

　C.工作天計算，後列不計入：**週六日（補行上班日除外）、人事行政總處公布之調整放假日、投票日**、依「紀念日及節日實施辦法」規定之**元旦、國慶日、228紀念日、除夕春節、民俗掃墓節、端午節、中秋節、勞動節（僅勞工放假）、軍人節（僅軍人放假）。**

(2)契約變更，其工程（或勞務之供應）項目或數量有增減時，變更部份之工期（或勞務之履約期限）由雙方視實際需要議定增減之。

(3)機關及廠商因天災或事變等不可抗力或不可歸責於契約當事人之事由，致未能依時履約者，得展延履約期限；不能履約者，得免除契約責任。因非可歸責於廠商而需展延工期之情形：

　A.不可抗力或不可歸責契約當事人之事故。

　B.因天候影響無法施工。

　C.機關要求全部或部分停工。

　D.因辦理變更設計或增加工程數量或項目。

　E.機關應辦事項未及時辦妥。

　F.由機關自辦或機關之其他廠商之延誤而影響履約進度者。

　G.機關提供之地質鑽探或地質資料，與實際情形有重大差異。

　H.因傳染病或政府之行為，致發生不可預見之人員或貨物之短缺。

I. 因機關使用或佔用本工程任何部分，但契約另有規定者，不在此限。

J. 其他非可歸責於廠商之情形，經機關認定者。

5. 遲延

(1) 逾期違約金，為損害賠償額預定性違約金，以日為單位，其計算方式（定額、契約金額之一定比率）須載明於契約。

(2) **逾期違約金，以契約價金總額之20%為上限。一旦逾期，所有日數均應納入，不因工作日或日曆天有區別。**

(3) 不計逾期違約金之情形：

A. 屬不可抗力所致。

B. 不可歸責於廠商之契約變更或機關通知廠商停工。

C. 機關應提供予廠商之資料、器材、場所或應採行之審查或同意等配合措施，未依契約規定提供或採行。

D. 可歸責於與機關有契約關係之其他廠商之遲延。

E. 其他可歸責於機關或不可歸責於廠商之事由。

(4) 訂有分段進度及最後履約期限，**分段完工使用或移交**之逾期違約金，逾期違約金之計算原則如下，詳如後圖：

A. 未逾分段進度但逾最後履約期限者，扣除已分段完工使用或移交部分之金額，計算逾最後履約期限之違約金。

B. 逾分段進度但未逾最後履約期限者，計算逾分段進度之違約金。

C. 逾分段進度且逾最後履約期限者，分別計算違約金。但逾最後履約期限之違約金，應扣除已分段完工使用或移交部分之金額計算之。

D. 分段完工期限與其他採購契約之進行有關者，逾分段進度，得個別計算違約金，不受前款但書限制。

(5) 訂有分段進度及最後履約期限，**全部完工後使用或移交**之逾期違約金，逾期違約金之計算原則如下，詳如圖4.2：

A. 未逾分段進度但逾最後履約期限者，計算逾最後履約期限之違約金。

B. 逾分段進度但未逾最後履約期限，其有逾分段進度已收取之違約金者，於未逾最後履約期限後發還。

C. 逾分段進度且逾最後履約期限，其有逾分段進度已收取之違約金者，於計算逾最後履約期限之違約金時應予扣抵。

D. 分段完工期限與其他採購契約之進行有關者，逾分段進度，得計算違約金，不受第二款及第三款之限制。

逾期違約金計算原則　· 假設全工程契約價金1000萬元，分段1金500元，分段2價金300萬元，即剩餘工作200萬元。
　　　　　　　　　　　　· 逾期違約金計算以1天價金1%計

分段完工使用或移交

1.未逾分段進度但逾最後履約期限

分段1 (無逾期)	分段2 (無逾期)	最後 逾期 2天

逾期違約金為
200萬元*1%*2天=4萬元

2.逾分段進度但未逾最後履約期限

分段1 (逾期1天)	分段2 (逾期2天)	最後 (無逾 期)

逾期違約金為
分段1：500萬元1%*1天=5萬元
分段2：30元*1%*2天=6萬元
共11萬元

3.逾分段進度且逾最後履約期限

逾期違約金為
分段1：500萬元*1%*1天=5萬元
分段2：300萬元*1%*2天=6萬元
剩餘工作(1000萬元－500萬元－300萬元)*1%*5天=10萬元
共13萬元

全部完工後使用或移交

1.未逾分段進度但最後履約期限

分段1 (無逾期)	分段2 (無逾期)	最後 逾期 2天

逾期違約金為
1000萬元*1%*2天=20萬元

2.逾分段進度但未逾最後履約期限

分段1 (逾期1天)	分段2 (逾期2天)	最後 無逾 期

逾期違約金為
分段1：500萬元*1%*1天=5萬元
分段2：30元*1%*2天=6萬元
共11萬元先予扣除
因未逾最後履約期限，結算時歸還11萬元

3.逾分段進度且逾最後履約期限

分段1 (逾期1天)	分段2 (逾期2天)	最後 逾 期5天

逾期違約金為
分段1：500萬元*1%*1天=5萬元
分段2：300萬元*1%*2天=6萬元
剩餘工作：1000萬元*1%*5天=50萬元
最後應扣除50萬元－11萬元=39萬元

圖 4.2 逾期違約金計算原則

6.保固

(1)起算日

A. 全部完工驗收者，自驗收結果符合契約規定之日起算。

B. 部份驗收者，自部份驗收結果符合契約規定之日起算。

(2)保固期間：機關依個案載明，未載明者依工程契約範本：

A. 非結構物由廠商保固1年

B. 結構物，包含護岸、護坡、駁坎、排水溝、涵管、箱涵、擋土牆、防砂壩、建築物、道路、橋樑等，由廠商保固5年

(3)**瑕疵，包括損裂、坍塌、損壞、功能或效益不符合契約規定等。**

(4)**保固期內**發現之瑕疵，**應由廠商於機關指定之合理期限內負責免費無條件改正**。逾期不為改正者，機關得逕為處理，所需費用由廠商負擔，或動用保固保證金逕為處理，不足時向廠商追償。但屬故意破壞、不當使用、正常零附件損耗或其他非可歸責於廠商之事由所致瑕疵者，由機關負擔改正費用。

以上，大致歸納了「採購契約要項」及「工程契約範本」近年國考出題重點。但在實務上，基於契約是契約雙方履行彼此責任義務之天條，而採購的多樣性

致難於本書統整說明，前述部分項目例如全部移交使用或分段移交使用之規定，因為統包工程之精神在於廠商自行排定合理時程以符合機關需求，對於部分移交狀況較少發生，故在工程會109/12/25修訂之統包工程採購契約僅針對全部移交使用作規範。

為有利各位準備考試，仍建議以「採購契約要項」及「工程契約範本」為基礎，行有餘力再參考其他契約態樣（履約精神及運作機制大同小異）。

第 **70-1** 條

機關辦理工程規劃、設計，應依工程規模及特性，分析潛在施工危險，編製符合職業安全衛生法規之安全衛生圖說及規範，並量化編列安全衛生費用。

機關辦理工程採購，應將前項設計成果納入招標文件，並於招標文件規定廠商須依職業安全衛生法規，採取必要之預防設備或措施，實施安全衛生管理及訓練，使勞工免於發生職業災害，以確保施工安全。

廠商施工場所依法令或契約應有之安全衛生設施欠缺或不良，致發生職業災害者，除應受職業安全衛生相關法令處罰外，機關應依本法及契約規定處置。

二、終止契約

第 **64** 條

採購契約得訂明因政策變更，廠商依契約繼續履行反而不符公共利益者，機關得報經上級機關核准，終止或解除部分或全部契約，並補償廠商因此所生之損失。

三、轉包與分包

第 **65** 條

得標廠商應自行履行工程、勞務契約，不得轉包。

前項所稱轉包，指將原契約中應自行履行之全部或其主要部分，由其他廠商代為履行。

廠商履行財物契約，其需經一定履約過程，非以現成財物供應者，準用前二項規定。

> **細 則**

第 **87** 條　本法第六十五條第二項所稱主要部分,指下列情形之一:
　　　　　一、招標文件標示為主要部分者。
　　　　　二、招標文件標示或依其他法規規定應由得標廠商自行履行之
　　　　　　　部分。

第 **66** 條

得標廠商違反前條規定轉包其他廠商時,機關得解除契約、終止契約或沒收保
證金,並得要求損害賠償。
前項轉包廠商與得標廠商對機關負連帶履行及賠償責任。再轉包者,亦同。

> **細 則**

第 **88** 條　(刪除)

第 **67** 條

得標廠商得將採購分包予其他廠商。稱分包者,謂非轉包而將契約之部分由其
他廠商代為履行。
分包契約報備於採購機關,並經得標廠商就分包部分設定權利質權予分包廠商
者,民法第五百十三條之抵押權及第八百十六條因添附而生之請求權,及於得
標廠商對於機關之價金或報酬請求權。
前項情形,分包廠商就其分包部分,與得標廠商連帶負瑕疵擔保責任。

> **細 則**

第 **89** 條　機關得視需要於招標文件中訂明得標廠商應將專業部分或達一定數
　　　　　量或金額之分包情形送機關備查。

第 **68** 條

得標廠商就採購契約對於機關之價金或報酬請求權,其全部或一部得為權利質
權之標的。

第 **69** 條 （刪除）

☑ 採購實務這樣做

此部份最常出題的方向是要各位去分清楚**轉包與分包的差異**，其中最大差異莫過於「權利義務」上的分攤。

轉包就是主要部份轉給得標廠商以外的人做，而分包則是將部份分給其他專業廠商處理。

例如執行建築工程的營造廠，它們總不會連鋼筋都自己做吧？總不會連混凝土都自行生產吧？所以營造廠會分包給專業分包商、供料商業，但工程時程及進度的掌握就是它們本身的義務，所以一般工程（或統包工程）契約就會將契約主要部份設定為時程進度控管、材料品質控管等，一旦營造廠將前開控管事宜丟給其他廠商做，這就是「轉包」，是必須沒收全部的履約保證金的。也因此主要部份的設定其實很「藝術」，要確保機關找的到契約實際負責者以達成目標，又不能過度限制廠商影響廠商權益，進而造成履約風險，例如契約設定鋼構為主要部份表示營造廠連鋼構都得自己處理（可能全台沒有營造廠能做到），採購人員在設定上尤其要謹慎處理。

表4.1彙整轉包與分包間的差異，供各位參考適用：

表 4.1 轉包與分包的差異一覽表

	轉包	分包
定義	將契約應自行履行之全部或其主要部份由其他廠商執行。	非轉包，將部份契約由其他廠商代執行。
履約及賠償責任	轉包商（再轉包商）、得標廠商負連帶履行及賠償責任。	1. 由得標廠商負責。 2. 但若設置權利質權予分包廠商，分包廠商就其分包部分，與得標廠商連帶負瑕疵擔保責任。

	轉包	分包
罰則	機關得解除契約、終止契約或沒收保證金,並得要求損害賠償	無

四、工程品管及施工查核

第 **70** 條

機關辦理工程採購,應明訂廠商執行品質管理、環境保護、施工安全衛生之責任,並對重點項目訂定檢查程序及檢驗標準。

機關於廠商履約過程,得辦理分段查驗,其結果並得供驗收之用。

中央及直轄市、縣(市)政府應成立工程施工查核小組,定期查核所屬(轄)機關工程品質及進度等事宜。

工程施工查核小組之組織準則,由主管機關擬訂,報請行政院核定後發布之。其作業辦法,由主管機關定之。

財物或勞務採購需經一定履約過程,而非以現成財物或勞務供應者,準用第一項及第二項之規定。

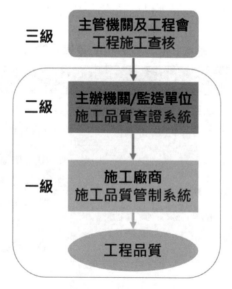

圖 4.3 三級品管概念圖(資料來源:工程會)

✅ 採購實務這樣做

本條款請與「工程施工查核小組組織準則」及「工程施工查核小組作業辦法」
（112年8月最新版）一同準備。簡介工程施工查核緣由如後：

為確保公共工程施工品質，行政院於82年10月頒布「公共工程施工品質管理
制度」即為人熟知之公共工程三級品管制度，所謂三級品管是由第一級（承包
商）自行對施工品質進行管制，由第二級（工程主辦單位或其委託監造）進行
工程查證以確保施工品質，再由第三級（工程主管機關或工程會）進行工程品
質之查核，詳如前圖4.3。

其中，第一級目的是承包商自行品質管制，以達成契約規定之工程品質目標，
第二級目的是工程主辦機關（或委託監造單位）確保工程施工成果能符合設計
及規範，其應執行事項須依「公共工程施工品質管理作業要點」規定辦理；**而
第三級則由工程主管機關或工程會確認一級、二級品管之執行成效**，其應執行
事項則依「工程施工查核小組組織準則」及「工程施工查核小組作業辦法」規
定辦理。

彙整目前命題重點如後：
1.查核小組任務為**辦理查核工程品質及進度**等事宜。
2.查核小組設立機關：
　(1)中央：中央（工程會為主管機關）、行政院所屬部會行處局署院。
　(2)地方：直轄市政府、縣（市）政府。
3.查核小組查核工程範圍：
　(1)中央查核小組：中央各機關所辦工程、中央各機關補助委託所辦工程適用
　　本法規定者、**地方機關所辦工程**。
　(2)部會行處局署院查核小組：所屬機關所辦工程、所屬機關補助委託所辦工
　　程適用本法規定者。
　(3)直轄市政府查核小組：屬機關所辦工程、所屬機關補助委託所辦工程適用
　　本法規定者。
　(4)縣（市）政府查核小組：屬機關所辦工程、所屬機關補助委託所辦工程適
　　用本法規定者。

4.查核小組每年應辦理施工查核件數比率以**不低於當年度所屬預算金額150萬以上工程標案（不含補助及委託其他機關辦理案件）之10%為原則**，且各規模**應**查核件數如下：

(1)預算金額5000萬元以上標案，以20件以上為原則，**當年度未達20件則全數查核**。

(2)**預算金額1000萬元以上未達5000萬元之標案，以15件以上為原則，當年度未達15件則全數查核**。

(3)預算金額150萬元以上未達新臺幣1000萬元之標案，以10件以上為原則，**當年度未達10件則全數查核**。

5.查核小組應依規定之查核件數，視工程推動情形安排查核時機，定期辦理查核，並**得不預先通知赴工地進行查核**。

6.查核小組辦理查核時，得通知機關就指定之工程項目進行檢驗、拆驗或鑑定。涉及**取樣者，應會同機關、專案管理廠商、監造單位及廠商**，確認取樣方法、位置、數量及運送方式後辦理之。

7.查核成績70分以上**應於試驗結果判定完成後始**通知機關；應為查核丙等（成績69分）之情形如下：

(1)「混凝土結構物『或』路面工程瀝青混凝土」鑽心試體不合格。

(2)「路基工程壓實度」不合格。

(3)「主要結構『或』主要材料設備」與設計不符情節重大。

(4)其他缺失情節重大影響安全。

前項檢驗、拆驗或鑑定費用之負擔，依契約規定辦理。契約未規定，而**檢驗、拆驗或鑑定結果與契約規定相符者，該費用由機關負擔；與規定不符者，該費用由廠商負擔**。

請注意，工程施工查核小組作業辦法於112年8月增列第4條（優先查核態樣）規定，如：民眾／媒體報導工程異常、標價偏低／履約工進落後／大幅契約變更、品質欠佳等。簡言之，就是針對未滿足如期如質目標之工程，透過查核手段，而對該工程主辦機關做個提醒，所以建議各位至少留下印象。

而按慣例，考試通常會考這些更新規定，請各位詳加閱讀。

工程施工查核小組組織準則

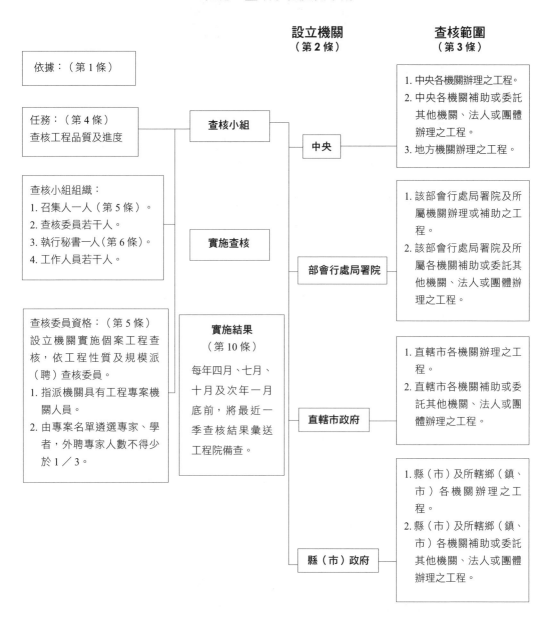

圖 4.4 工程施工查核小組組織準則（資料來源：工程會）

精選試題

契約要項及範本

( )　**1** 廠商履約遇有下列政府行為之一,致履約費用增加或減少者,契約價金得予調整,何者為非?　(A)政府法令之新增　(B)稅捐變更　(C)貨物管制費率之新增　(D)規費之變更。【106桃捷】

( )　**2** 依採購契約要項第32條規定,工程之個別項目實作數量較契約所定數量增減至少須超過百分之幾,契約價金始得增減?　(A)5%　(B)10%　(C)15%　(D)20%。【106桃捷、110鐵路佐級】

( )　**3** 契約價金係以總價決標,且以契約總價給付,工程標的中某項之實作數量較契約所定數量增加達18%,下列敘述何者正確?　(A)以契約變更增加該項契約價金15%,由廠商自行負擔　(B)應完全由廠商自行負擔　(C)應以契約變更增加該項契約價金18%　(D)由機關與廠商各負擔一半。【修改自107桃捷】

( )　**4** 契約訂有分段進度及最後履約期限,屬分段完工使用或移交者,除分段完工期限與其他採購契約之進行有關者外,逾分段進度且逾最後履約期限者,其逾期違約金為:　(A)扣除已分段完工使用或移交部分之金額,計算逾最後履約期限之違約金　(B)計算逾分段進度之違約金　(C)分別計算違約金但逾最後履約期限之違約金,應扣除已分段完工使用或移交部分之金額計算之　(D)個別計算違約金。【107桃捷2】

( )　**5** 桃園捷運公司辦理工程採購,其採用主管桃園捷運公司訂頒之工程採購契約範本內容,且工期以工作天計算,下列何者應計入工期?　(A)勞動節　(B)調整放假日　(C)元宵節　(D)雙十節　(E)補行上班日。【107桃捷2、107臺鐵服務員】

(　　)　**6** 下列何者非屬機關得辦理採購契約價金調整之情形：　(A)因國內政府法令之變更　(B)因國外稅捐變更　(C)總價結算工程契約之單項履約數量因契約變更須增減　(D)依契約規定辦理物價指數調整(E)因國內政府管制費率變更。【修改自107桃捷2、110台電】

(　　)　**7** 契約約定所有應檢驗或測試之費用應由廠商負擔，在何種情況下應由機關負擔？　(A)檢驗結果合格　(B)測試結果不合格　(C)檢測契約約定以外之項目結果合格　(D)檢測契約約定以外之項目結果不合格。【107臺鐵營運專員】

(　　)　**8** 下列何者須於招標文件載明，否則機關不能據以辦理？　(A)辦理部分驗收　(B)逾期違約金之計罰　(C)驗收不符時，改正期限之訂定　(D)減價收受之減價計算方式。【107經濟部】

(　　)　**9** 機關於採購契約中規定逾期違約金，至多以契約價金總額之多少比例為上限？　(A)40%　(B)30%　(C)20%　(D)10%。【107台電2、108經濟部、110鐵路佐級】

(　　)　**10** 下列何者適合列入工程採購物價調整之項目？　(A)假設工程項目費用　(B)管理費　(C)利潤　(D)鋼筋費。【107桃捷】

(　　)　**11** 下列敘述何者有誤？
(A)任何契約均應記載固定金額之總價
(B)契約文字應以中文書寫，其與外文文意不符者，除契約另有規定者外，以中文為準
(C)各類採購契約以採用主管機關訂定之範本為原則
(D)採購契約要項內容，由機關依採購之特性及實際需要擇訂於契約。【106經濟部】

(　　)　**12** 各機關履約中之政府採購案件，因COVID-19疫情，致廠商未能依契約履行者，應如何處理？　(A)無限期停工　(B)重新招標　(C)依遲延工期處罰　(D)疫情屬於天災或事變不可抗力，得展延履約期限。【111鐵路佐級】

(　　) **13** 國內外物價有上漲趨勢，行政院公共工程委員會「工程採購契約範本」如何處理物價指數調整？　(A)不論工程是否長於1年，各機關物價指數調整之規定納入招標文件　(B)契約中由雙方決定是否列入物價調整指數　(C)契約中明定「本工程無物價指數調整規定」之條款　(D)物價上漲為景氣使然，風險應由承包廠商負擔，不必規定。【111鐵路佐級】

解答與解析

1 (C)。依「採購契約要項」第38點僅規定政府管制費率之「變更」，而非「新增」。

2 (A)。依「採購契約要項」第32點規定超過5%契約價金得調整，亦即5%內自行吸收的意思。請各位留意，若本題詢問是「工程採購契約」，則依據工程會最新的「工程採購契約範本」5%已下修為3%。

3 (A)。依工程會最新「工程採購契約範本」，增加價金＝逾3%至30%數量×原單價。

4 (C)。請詳查「採購契約要項」第47點第3款。

5 (CE)。依「採購契約要項」第44點第3款及工程會109年12月25日修正之工程契約範本第7條第2款第2目規定，(A)(D)勞動節及雙十節為國定假日不計入，(B)調整放假日不計入。

6 (B)。請詳查「採購契約要項」第38點第3項及第39點。

7 (C)。請詳查「採購契約要項」第27點第3項。

8 (B)。(A)請詳查採71規定，(C)請詳查細97規定，(D)請詳查細98.2規定。

9 (C)。請詳查「採購契約要項」第45點第2項。

10 (D)。請詳查「採購契約要項」第39點規定，(B)(C)不予調整，(A)假設工程包含工務所、圍籬等無涉物價基期，(D)有物價基期最適合。

11 (D)。依採63規定，契約要項及內容由主管機關參考國際及國內慣例定之。

12 (D)。依「採購契約要項」第49點，機關及廠商因天災或事變等不可抗力事由，致未能依時履約者，得展延履約期限。

13 (A)。依據行政院公共工程委員會95年8月25日工程企字第09500326530號函釋：不論工期是否長於1年，均請各機關將本會訂頒「工程採購契約範本」第5條物價指數調整之相關規定納入招標文件，不宜於契約中訂定「本工程無物價指數調整規定」之條款，以降低雙方風險負擔。

轉包與分包

(　) **1** 得標廠商將原契約中應自行履行之全部或主要部分，由其他廠商代為履行，此稱為？　(A)共同投標　(B)分包　(C)轉包　(D)統包。
【106經濟部、107臺鐵營運員】

(　) **2** 廠商不得以其不具備履行契約分包事項能力，或是未依法登記或設立之廠商為分包廠商。對於分包廠商履約之部分，得標廠商　(A)仍應負催告責任　(B)仍應負部分責任　(C)就已報備於機關之部分負責　(D)仍應負起完全之責任。【107桃捷2、107台電】

(　) **3** （多選）依政府採購法規定，關於轉包及分包之敘述，下列何者正確？　(A)得標廠商應自行履行工程、財物，以及勞務契約，不得轉包　(B)廠商履行財物契約，其需經一定履約過程而非以現成財物供應者，不得分包　(C)得標廠商轉包其他廠商時，轉包廠商就其轉包部分，與得標廠商連帶負瑕疵擔保責任　(D)得標廠商違反規定轉包時，轉包廠商與得標廠商對機關負連帶履行及賠償責任　(E)得標廠商將採購分包予其他廠商時，分包廠商取得對機關之價金及報酬請求權　(F)以現成財物供應之財物採購契約並不禁止轉包　(G)機關因得標廠商違反轉包規定時，得就沒收保證金或請求損害賠償擇一行使。【修改自108鐵路佐級、109鐵路佐級、110鐵路佐級、111鐵路佐級】

(　) **4** 依採購法規定，下列何者有誤？　(A)得標廠商應自行履行工程、勞務契約，不得轉包　(B)得標廠商得將採購分包予其他廠商　(C)機關基於效率及品質之要求得將工程及勞務採購以統包辦理招標　(D)機關得視工程、財物、勞務採購之特性，允許一定家數內之廠商共同投標。【107台電2】

(　) **5** 依採購法第65條規定，得標廠商應自行履行勞務契約，下列敘述何者正確？　(A)不得轉包，不得分包　(B)不得轉包，得分包　(C)得轉包，不得分包　(D)得轉包，得分包。【104經濟部、111台電】

(　　) **6** 得標廠商違法轉包其他廠商時，下列何者並非機關得採取之措施？
(A)解除或終止契約　(B)沒收保證金　(C)減價收受　(D)通知廠商
將刊登政府採購公報停權。【111鐵路佐級】

(　　) **7** 下列何者非屬原契約中應由得標廠商自行履行，而不得由其他廠商
代為履行之主要部分？
(A)招標文件標示為主要部分者
(B)招標文件標示應由得標廠商自行履行之部分
(C)依其他法規規定應由得標廠商自行履行之部分
(D)財物契約中以現成財物供應之部分。【110鐵路佐級】

(　　) **8** 甲廠商承攬乙公立醫院機電空調電信工程，並分別與三家協力廠商
簽約，由該三家協力廠商依乙公立醫院工程規範各別進行機電、空
調、電信工程；甲廠商每期領款後，依該三家協力廠商估驗內容
扣除15%管理費，發給估驗款。試問甲廠商可能違反政府採購法何
條規定？　(A)分批採購之禁止　(B)分包之禁止　(C)轉包之禁止
(D)不正利益之禁止。【109鐵路佐級】

解答與解析

1 (C)。請詳查採65轉包定義。

2 (D)。依採67.3規定，分包廠商就其
分包部分，與得標廠商連帶負瑕疵擔
保責任。

3 (DF)。請詳查採66。(A)依採65，無
論工程、財物或勞務均不得轉包。(B)
依採67，廠商得將採購分包，分包謂
非轉包而將契約部分（契約規定非自
行履行之全部或其主要部分）由其他
廠商代為執行。(C)依採66.2，轉包廠
商與得標廠商對機關負連帶履行及賠
償責任。再轉包者，亦同。(E)依採
67.2僅就分包部分有對機關之價金或
報酬請求權。(F)依採65.3，財物契約

非以現成財物供應者，準用採65.1、
65.2（換言之，現成財物供應之契約
不禁止轉包）。(G)採66：得解除契
約、終止契約或沒收保證金，並得要
求損害賠償。採101：可刊登政府採
購公報列入拒絕往來黑名單。

4 (C)。依採24規定，統包僅限工程及
財物。

5 (B)。請詳查採65、67。

6 (C)。當得標商違法轉包，機關得採
取措施如下：
(1)採66機關得解除契約、終止契約
或沒收保證金（全部保證金）並
得要求損害賠償。

(2)採101機關應通知廠商並附記未提出異議者將刊登政府採購公報，且另有採103規定3個月至一年不等之停權處分。

7 (D)。依採65.3，財物契約非以現成財物供應者，準用採65.1、65.2（換言之，現成財物供應之契約不禁止轉包，實務上也有經銷商或代理商提供現成財物的案例）。

8 (C)。依題意，甲廠商承攬之機電空調電信工程即為該採購案全部且主要部份，卻由3協力廠商進行機電、空調、電信工程，符合採65轉包情形。

工程品管及施工查核

( ) **1** 關於政府採購法所定工程履約管理之執行，下列何者錯誤？
(A)契約應明定廠商施工安全衛生之責任
(B)重點項目應訂定檢驗標準
(C)招標文件應量化編列安全衛生費用
(D)各招標機關應成立工程施工查核小組，辦理定期查核。【109鐵路佐級】

( ) **2** 預算金額5000萬元以上之標案，工程施工查核小組應辦理之件數應？ (A)20件以上為原則，當年度未達20件則全查 (B)15件以上為原則，當年度未達15件則全查 (C)佔當年度執行工程標案之比率，由其設立機關自行訂定 (D)佔當年度執行工程標案之比率，由主管機關每年訂定之比率。【修改自107臺鐵服務員、107桃捷、110鐵路佐級】

解答與解析

1 (D)。工程施工查核小組是以上級機關角色對於主辦機關所辦工程進行查「核」（三級品管），故不會是招標機關成立；反之，招標機關委託監造技術服務進行工程查「證」及機關督導（二級品管）。

2 (A)。依工程施工查核小組作業辦法第4條第1項：「查核小組每年應辦理工程施工查核之件數比率以不低於當年度所屬新臺幣150萬元以上工程標案（不含補助及委託其他機關辦理案件）之百分之十為原則」且同條第1

項第1款：「新臺幣五千萬元以上之標案：以二十件以上為原則；當年度執行工程標案未達二十件者，則全數查核。」

終止契約規定

(　　)　採購契約倘因政策變更，廠商依契約繼續履行反而不符公共利益者，機關得如何處理，下列何者錯誤？　(A)機關得報經上級機關核准解除契約　(B)機關得報經上級機關核准終止契約　(C)機關得補償廠商所生損失　(D)機關得另行招標續行原約未完工作。【109鐵路佐級、110鐵路佐級、110台電】

解答與解析

(D)。依政府採購法第64條：「採購契約得訂明因政策變更，廠商依契約繼續履行反而不符公共利益者，機關得報經上級機關核准，終止或解除部分或全部契約，並補償廠商因此所生之損失。」

 適用法規速查

採購契約要項 （108 年8月6日修正）	工程施工查核小組 組織準則 （112年8月17日修正）
工程施工查核小組作業辦法 （112 年8月9日修正）	

Lesson

05 驗 收

總算到了履約之末端─驗收階段。驗收，是檢驗廠商提供工程、勞務或財物是否**在時間內完成**並且**符合機關當初招標標的**之重要階段；當此階段完成後，機關與受託廠商間的責任義務即將終了，是以，為保障雙方權益，必須予以律定相關作業規則。

本書彙整採購法「驗收」命題方式，依驗收時間軸分為三階段，其中以「驗收之程序」出題機率最高，請各位妥為準備。

重點	法規條目	考題機率
驗收之程序	採 71	54%
驗收結果之處理	採 72	32%
驗收程序完成後	採 73、採 73-1	14%

準備建議

1 驗收人員之分工、工程財物驗收採書面驗收而免現場查驗之態樣、機關限期驗收的期限等。
2 驗收紀錄之簽認、減價驗收、部分驗收。
3 結算驗收證明書、付款及審核。

逐條説明

一、驗收之程序

第 **71** 條

機關辦理工程、財物採購，應限期辦理驗收，並得辦理部分驗收。

驗收時應由機關首長或其授權人員指派適當人員主驗，通知接管單位或使用單位會驗。

機關承辦採購單位之人員不得為所辦採購之主驗人或樣品及材料之檢驗人。

前三項之規定，於勞務採購準用之。

> **細 則**

第 **90** 條　機關依本法第七十一條第一項規定辦理下列工程、財物採購之驗收，得由承辦採購單位備具書面憑證採書面驗收，免辦理現場查驗：

一、公用事業依一定費率所供應之財物。

二、即買即用或自供應至使用之期間甚為短暫，現場查驗有困難者。

三、小額採購。

四、分批或部分驗收，其驗收金額不逾公告金額十分之一。

五、經政府機關或公正第三人查驗，並有相關品質或數量之證明文書者。

六、其他經主管機關認定者。

前項第四款情形於各批或全部驗收完成後，應將各批或全部驗收結果彙總填具結算驗收證明書。

第 **90-1** 條　勞務驗收，得以書面或召開審查會方式辦理；其書面驗收文件或審查會紀錄，得視為驗收紀錄。

第 **91** 條　機關辦理驗收人員之分工如下：

一、主驗人員：主持驗收程序，抽查驗核廠商履約結果有無與契約、圖說或貨樣規定不符，並決定不符時之處置。

二、會驗人員：會同抽查驗核廠商履約結果有無與契約、圖說或貨樣規定不符，並會同決定不符時之處置。但採購事項單純者得免之。

三、協驗人員：協助辦理驗收有關作業。但採購事項單純者得免之。

會驗人員，為接管或使用機關（單位）人員。

協驗人員，為設計、監造、承辦採購單位人員或機關委託之專業人員或機構人員。

法令或契約載有驗收時應辦理丈量、檢驗或試驗之方法、程序或標準者，應依其規定辦理。

有監驗人員者，其工作事項為監視驗收程序。

第 **92** 條　廠商應於工程預定竣工日前或竣工當日，將竣工日期書面通知監造單位及機關。除契約另有規定者外，機關應於收到該書面通知之日起七日內會同監造單位及廠商，依據契約、圖說或貨樣核對竣工之項目及數量，確定是否竣工；廠商未依機關通知派代表參加者，仍得予確定。

工程竣工後，除契約另有規定者外，監造單位應於竣工後七日內，將竣工圖表、工程結算明細表及契約規定之其他資料，送請機關審核。有初驗程序者，機關應於收受全部資料之日起三十日內辦理初驗，並作成初驗紀錄。

財物或勞務採購有初驗程序者，準用前二項規定。

第 **93** 條　採購之驗收，有初驗程序者，初驗合格後，除契約另有規定者外，機關應於二十日內辦理驗收，並作成驗收紀錄。

第 **94** 條　採購之驗收，無初驗程序者，除契約另有規定者外，機關應於接獲廠商通知備驗或可得驗收之程序完成後三十日內辦理驗收，並作成驗收紀錄。

第 **95** 條　前三條所定期限，其有特殊情形必須延期者，應經機關首長或其授權人員核准。

☑ 採購實務這樣做

驗收，是機關針對廠商所提結果是否符合履約標的的檢驗，當通過驗收且支付尾款後，雙方權利義務關係就結束了，除了機關再也沒有理由要求廠商執行與履約標的相關事務外，倘日後發生問題，機關作為品質把關者，驗收者如主驗人是難逃其咎的。

採購有分工程、財物及勞務等三種類型，其中因為工程同時具有勞務、財物特性，且可能涉及使用者生命財產安全，故其驗收相對複雜，涉及法律責任也相對重大，例如103年7月31日發生之高雄氣爆事故最後判決就認為驗收人員對公共工程品質有把關責任，故雖命題上不脫條款規定範疇，但實務上卻是日後身為機關承辦人員必須謹慎以對的。

圖5.1為公共工程之竣工驗收程序。**竣工即指工程完工**。廠商可以向機關申報工程完工依不同契約、不同案件特性而有不同條件，例如公共建築物工程，有的要使用執照取得後才能申報竣工（簡稱報竣），有的則是工程本體作完就可以竣工，後續使用執照取得或是接水送電則分開計履約期程，這是完全取決於機關需求考量。因為竣工涉及契約逾期違約金計算部分，廠商依自行辦理進度可向機關及監造申報竣工日期，可以是契約規定的竣工日前，也可以是竣工當天（總不至於是竣工後才報竣，那就是廠商白白送機關工期的意思，廠商通常是想要提早完工驗收結案，才能釋放人力機具資源去接下個專案），但機關收到廠商報竣通知，仍要審核是否已達竣工條件才能進行下一步─驗收。

當採購金額或範疇過大，為免廠商驗收時因瑕疵過多致無法及時改善（對機關來說也是無法及時使用），機關會提出初驗要求並在契約中訂定。初驗，目前主管機關尚無初驗之門檻值，是由各機關或各縣市政府按其需求自行訂定，以新北市政府來說就是契約金額達500萬元以上工程要辦理初驗。當初驗通過後，正式驗收（簡稱正驗）程序則必須檢附初驗紀錄及相關佐證資料，作為正驗參考。也因此細93條才有初驗合格後機關應於20日內辦理驗收。各位可以這樣記憶，**驗收可分為初驗正驗（2階段）或僅正驗（1階段）兩種狀況，無論是2階段或1階段，第1階段機關就是要30天內辦理初驗或正驗。**

其中，關於採71.3：「機關承辦採購單位之人員不得為所辦採購之主驗人或樣品及材料之檢驗人」一節，依工程會88年8月5日工程企字第8811283號函釋，所謂「機關承辦採購單位之人員」是指辦理該採購**最基層之承辦人員**，並非為該科室的主管或中階主管，必考，請各位留意。

此外，按照採購監辦的時機「開比議決驗」，**公告金額以上的採購案之驗收，必須要找主會計單位監辦**，但「初驗」呢？

依據工程會88年8月26日（八八）工程企字第8812619號函釋說明二：「**機關辦理公告金額以上工程之估驗及初驗，主會計單位得免派員監辦**」，因此初驗是可以不用找主會計單位會同監辦的。

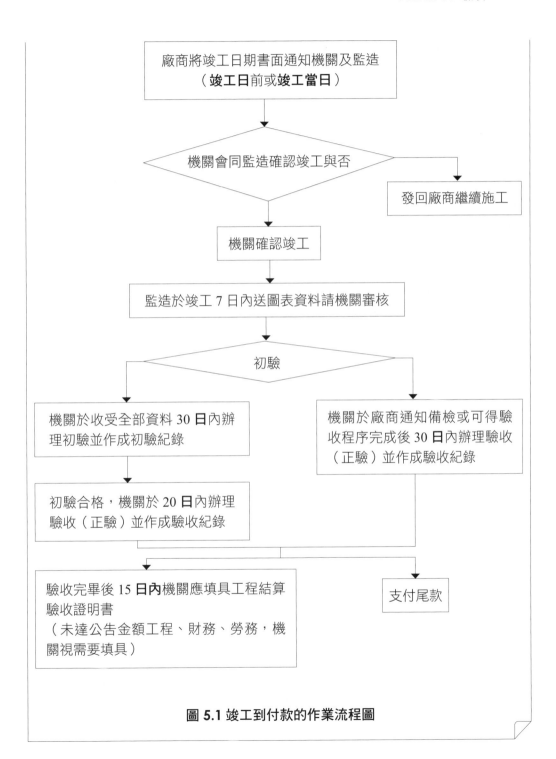

圖 5.1 竣工到付款的作業流程圖

二、驗收結果之處理

第 **72** 條

機關辦理驗收時應製作紀錄，由參加人員會同簽認。驗收結果與契約、圖說、貨樣規定不符者，應通知廠商限期改善、拆除、重作、退貨或換貨。

其驗收結果不符部分非屬重要，而其他部分能先行使用，並經機關檢討認為確有先行使用之必要者，得經機關首長或其授權人員核准，就其他部分辦理驗收並支付部分價金。

驗收結果與規定不符，而不妨礙安全及使用需求，亦無減少通常效用或契約預定效用，經機關檢討不必拆換或拆換確有困難者，得於必要時減價收受。其在查核金額以上之採購，應先報經上級機關核准；未達查核金額之採購，應經機關首長或其授權人員核准。

驗收人對工程、財物隱蔽部分，於必要時得拆驗或化驗。

> **細 則**

第 **96** 條　機關依本法第七十二條第一項規定製作驗收之紀錄，應記載下列事項，由辦理驗收人員會同簽認。有監驗人員或有廠商代表參加者，亦應會同簽認：

一、有案號者，其案號。

二、驗收標的之名稱及數量。

三、廠商名稱。

四、履約期限。

五、完成履約日期。

六、驗收日期。

七、驗收結果。

八、驗收結果與契約、圖說、貨樣規定不符者，其情形。

九、其他必要事項。

機關辦理驗收，廠商未依通知派代表參加者，仍得為之。驗收前之檢查、檢驗、查驗或初驗，亦同。

第 **97** 條　機關依本法第七十二條第一項通知廠商限期改善、拆除、重作或換貨，廠商於期限內完成者，機關應再行辦理驗收。

前項限期，契約未規定者，由主驗人定之。

第 98 條 機關依本法第七十二條第一項辦理部分驗收,其所支付之部分價金,以支付該部分驗收項目者為限,並得視不符部分之情形酌予保留。

機關依本法第七十二條第二項辦理減價收受,其減價計算方式,依契約規定。契約未規定者,得就不符項目,依契約價金、市價、額外費用、所受損害或懲罰性違約金等,計算減價金額。

第 99 條 機關辦理採購,有部分先行使用之必要或已履約之部分有減損滅失之虞者,應先就該部分辦理驗收或分段查驗供驗收之用,並得就該部分支付價金及起算保固期間。

第 100 條 驗收人對工程或財物隱蔽部分拆驗或化驗者,其拆除、修復或化驗費用之負擔,依契約規定。契約未規定者,拆驗或化驗結果與契約規定不符,該費用由廠商負擔;與規定相符者,該費用由機關負擔。

✅ 採購實務這樣做

這裡有幾個重點:驗收紀錄、部分驗收、減價驗收、隱蔽部分拆(化)驗。

驗收紀錄,由參加人員會同簽認。**但廠商可以不派代表會同,程序上仍可繼續下去**,初驗亦同。驗收(初驗)後發現有瑕疵,若契約上沒規定,就由主驗人訂定改善時間。

部分驗收有幾種情形:
(1)驗收紀錄不符部分非屬重要,而其他部分能先行使用,並經機關檢討認為確有先行使用之必要者。
(2)部分有先行使用必要。
(3)已履約部分有減損滅失之虞,得經機關首長或其授權人員核准就能辦理部分驗收。

(2)(3)部分可做分段查驗供驗收之用,機關得支付該部分價金並起算保固期間,要注意的是**一旦經過部分驗收,表示雙方在施作上的責任義務關係已終結(保固正開始)**,機關日後不能再對該部分驗收作再次驗收。

減價驗收：驗收結果與規定不符，而**不妨礙安全及使用需求，亦無減少通常效用或契約預定效用，經機關檢討不必拆換或拆換確有困難者**，得於必要時減價收受。其在查核金額以上之採購，應先報經上級機關核准；未達查核金額之採購，應經機關首長或其授權人員核准。其價金的計算，若契約未規定，**得就不符項目，依契約價金、市價、額外費用、所受損害或懲罰性違約金等**，計算減價金額。

因此，實務上廠商所填寫的標單內容很重要。過去案例曾有藝術品工作項目因機關與廠商對於價值概念差異，標單上僅籠統概述1式價金多少，因不符合機關要求遂減價驗收，但因為無法定義前開1式的部分價值，機關只好全數扣除該部分費用，法規上雖說可依契約價金、市價、額外費用等項目計算減價金額，但實際操作上除非市場有可明確定義該部分價金的案例，否則在減價金額的計算上仍與廠商協議來決定，或是直接扣除待日後廠商再來履約爭議兩種方式。

隱蔽部分拆（化）驗：其拆除、修復或化驗費用之負擔，當契約未規定時，拆驗或化驗結果與契約規定不符，該費用由廠商負擔；**與規定相符者，該費用由機關負擔**。實務上，有些機關的作法是隱蔽部分交由監造單位負責，並落入會議紀錄。

三、驗收程序完成後

第 **73** 條

工程、財物採購經驗收完畢後，應由驗收及監驗人員於結算驗收證明書上分別簽認。
前項規定，於勞務驗收準用之。

細 則

第 **101** 條　公告金額以上之工程或財物採購，除符合第九十條第一項第一款或其他經主管機關認定之情形者外，應填具結算驗收證明書或其他類似文件。未達公告金額之工程或財物採購，得由機關視需要填具之。

前項結算驗收證明書或其他類似文件，機關應於驗收完畢後十五日內填具，並經主驗及監驗人員分別簽認。但有特殊情形必須延期，經機關首長或其授權人員核准者，不在此限。

第 **73-1** 條

機關辦理工程採購之付款及審核程序，除契約另有約定外，應依下列規定辦理：
一、定期估驗或分階段付款者，機關應於廠商提出估驗或階段完成之證明文件後，十五日內完成審核程序，並於接到廠商提出之請款單據後，十五日內付款。
二、驗收付款者，機關應於驗收合格後，填具結算驗收證明文件，並於接到廠商請款單據後，十五日內付款。
三、前二款付款期限，應向上級機關申請核撥補助款者，為三十日。
前項各款所稱日數，係指實際工作日，不包括例假日、特定假日及退請受款人補正之日數。
機關辦理付款及審核程序，如發現廠商有文件不符、不足或有疑義而需補正或澄清者，應一次通知澄清或補正，不得分次辦理。
財物及勞務採購之付款及審核程序，準用前三項之規定。

✅ 採購實務這樣做

這部分的重點是結算驗收證明書及付款審核規定。

公告金額以上之工程及財物結算驗收證明書須在驗收合格後15日內由機關填具，但勞務及未達公告金額的工程及財物則由機關視需要填具。實務上，通常是廠商比較需要結算驗收證明書，因為廠商爭取標案而須結算驗收證明書來作為實績證明。但因為勞務採購是準用採購法相關規定，所以也有廠商會以驗收證明來作為實績證明的狀況。

付款審核規定的重點是「15」日內完成審核，提出單據的「15」日內完成支付，有核撥補助款的情形則為「30」日。實務上，要支付任何款項的程序是：廠商發文檢附相關佐證資料請款→專管或監造審核通過函請主辦機關撥款（若有專管或監造，約10天）→專管或監造經審主辦機關承辦簽陳同意撥款及函請外機關核撥補助款（約10天）→外機關同意核撥補助款（約10天）→補助款到帳，主辦機關撥款（約10～20天不等）→廠商領款。由前述可知，機關撥款程序需要一連串簽請撥款的程序以及款項流動之行政作業，以確保不浪費公帑，但其程序之繁瑣有時也可能因為會計部門、承辦科室之意見而有延遲付款之狀況，若履約過程之相關成本廠商可接受倒好，但多數狀況尤其工程廠商在請款時往往已支付龐大資金，此時能否儘速到款，對於廠商生存至關重要，故為確保廠商權益，方有此規定。

但也許各位會提出質疑：廠商能不能拿到款，與本單位何干啊？

試想，案件履約到一半廠商倒閉，那有多少行政程序要處理？再試想，機關倘一直不撥款，預算執行率就不好看，也連帶影響下一年度預算之編列及通過與否，到年終承辦單位就有一堆考評、研考表單要填列，甚至還會影響考績並涉及獎懲。所以廠商領到款的快慢與各位有沒有關係呢？這答案留待各位自由心證囉。

精選試題

驗收之程序

( ) **1** 辦理驗收時,得委託專業人員或機構人員辦理的工作為何? (A)主驗 (B)會驗 (C)協驗 (D)監驗。【106桃捷、107臺鐵服務員、107台電、107桃捷2】

( ) **2** 採購之驗收,無初驗程序者,除契約另有規定者外,機關應於接獲廠商通知備驗或可得驗收之程序完成後,至遲幾日內辦理驗收並作成驗收紀錄? (A)10日 (B)14日 (C)20日 (D)30日。【104經濟部、107台電、107臺鐵服務員、108經濟部、107桃捷2】

( ) **3** 機關辦理驗收時,應製作紀錄,驗收人員如何分工?
(A)須由機關首長擔任主驗人員
(B)由機關承辦採購單位之人員擔任主驗人員
(C)驗收紀錄由主驗人員簽名,監驗人員不必簽名
(D)採購事項單純者,得免會驗人員和協驗人員。【108鐵路佐級】

( ) **4** 有關勞務採購之驗收規定,下列何者正確? (A)應採實地審查方式辦理驗收 (B)得以召開審查會方式辦理驗收 (C)應將驗收結果填具結算驗收證明書 (D)免辦理驗收。【107台電第2次】

( ) **5** 下列何者不得為所辦採購之主驗人或樣品及材料之檢驗人? (A)機關總務人員 (B)該採購案件最基層之承辦人員 (C)需求單位人員 (D)承辦採購單位之主管。【107臺鐵營運員】

( ) **6** 機關依採購法第71條第1項規定辦理財物採購驗收,下列何者不是得採書面驗收,免辦理現場查驗之規定? (A)即買即用 (B)小額採購 (C)經政府機關或公正第三人查驗,並有相關品質或數量之證明文書者 (D)分批驗收,其驗收金額不逾公告金額 (E)公用事業依一定費率所供應之財物。【修改自107臺鐵營運員、107台電、110鐵路佐級】

( ) **7** 以下何者不得採書面驗收，應辦理現場查驗？ (A)未達公告金額之工程採購，其採購金額逾公告金額十分之一者 (B)小額採購 (C)部分驗收其驗收金額不逾十萬元者 (D)即買即用或自供應至使用之期間甚為短暫，現場查驗有困難者。【107台鐵營運員】

( ) **8** （多選）有關技術服務採購之驗收規定，下列何者正確？ (A)不得辦理分段查驗供驗收之用 (B)得以書面審查方式 (C)得以召開審查會方式 (D)設計成果之驗收，於施工標驗收時方得一併辦理。【107台鐵營運員】

( ) **9** 依採購法規定，廠商應書面通知監造單位及機關工程竣工日期，有關書面通知日期，下列何者有誤？ (A)預定竣工日前 (B)竣工前1日 (C)竣工當日 (D)竣工次日。【108台電】

( ) **10** 政府採購法對機關辦理驗收之規定，下列敘述，何者錯誤？ (A)由機關首長或其授權人員指派適當人員擔任主驗 (B)驗收時應通知接管單位或使用單位會驗 (C)驗收應製作紀錄，僅由主驗人員簽名確認 (D)辦理小額採購，得採書面驗收。【108鐵路佐級】

( ) **11** 下列敘述何者有誤？ (A)機關辦理工程、財物採購，應限期辦理驗收 (B)承辦採購單位之主管不得為所督導採購之主驗人 (C)有初驗程序者，機關應於收受全部資料之日起30日內辦理初驗 (D)公告金額以上之工程或財物採購，應於驗收完畢後15日內填具結算驗收證明。【105經濟部】

( ) **12** 關於採購之驗收，下列敘述何者正確？ (A)機關辦理財物採購之驗收，應限期辦理，且不得部分驗收 (B)機關承辦採購單位之人員不得為所辦採購之主驗人，但得為樣品及材料之檢驗人 (C)勞務驗收，得以書面或召開審查會之方式辦理 (D)財物採購如自供應至使用之期間甚短，不論現場查驗有無困難，均得採書面驗收。

( ) **13** 採購之驗收，有初驗程序者，初驗合格後，除契約另有規定者外，機關應至遲幾日內辦理驗收，並作成驗收紀錄？ (A)7日 (B)10日 (C)20日 (D)30日。【110台電】

解答與解析

1 (C)。請詳查細91。

2 (D)。請詳查細94。

3 (D)。(A)由機關首長及其授權人指派，(B)機關承辦採購單位之人員不得為所辦採購之主驗人或樣品及材料之檢驗人，(C)驗收紀錄由參加人員（主驗、會驗、協驗、廠商）會同簽認。

4 (B)。(A)勞務驗收得以書面或召開審查會方式辦理，(C)勞務驗收準用採73結算驗收證明書，(D)仍須辦理驗收。

5 (B)。依工程會88/8/5工程企字第8811283號函釋，採71機關承辦採購單位之人員為辦理該採購最基層之承辦人員。

6 (D)。請詳查細90，分批或部分驗收，其驗收金額不逾10萬元。

7 (A)。(A)非分批及部分驗收態樣，應辦理現場查驗，(B)(C)(D)請詳查細90。

8 (BC)。請詳查細90-1。

9 (D)。請詳查細92，竣工日前或竣工當日。

10 (C)。驗收紀錄應由參加人員（主驗、會驗、協驗、廠商）會同簽認。

11 (B)。依工程會88/8/5工程企字第8811283號函釋，採71機關承辦採購單位之人員為辦理該採購最基層之承辦人員，故承辦採購單位主管仍可為主驗人。

12 (C)。請詳查細90-1。(A)依採71，得辦理部分驗收。(B)依採71，不得為主驗人或樣品及材料之檢驗人。(D)請詳查細90，工程、財物自供應至使用之期間短暫，現場查驗有困難得採書面驗收。

13 (C)。請詳查細93。

驗收結果之處理

(　　) **1** 機關辦理工程採購，有部分先行使用之必要或已履約之部分有減損滅失之虞者，下列處理方式何者有誤？　(A)就該部分辦理分段查驗供未來驗收之用　(B)就該部分先辦理驗收　(C)就該部分先辦理驗收者，未來仍應針對該部分再辦理驗收　(D)不論就該部分辦理驗收或分段查驗供驗收之用，均得就該部分支付價金及起算保固期間。【106經濟部】

（　　）**2** 下列有關機關依採購法辦理驗收之敘述，何者正確？　(A)機關承辦採購單位之人員得為材料之檢驗人　(B)驗收時有先行使用之必要者，得報經上級機關核准，辦理部分驗收　(C)查核金額以上之採購，驗收結果與規定不符時，得報經上級機關核准，辦理減價收受　(D)機關應依契約規定期限辦理驗收，其有特殊情形必須延期者，應經上級機關核准。【107台電第2次】

（　　）**3** 依採購法規定，對於驗收之敘述，下列何者有誤？　(A)驗收時應製作紀錄，由參加驗收人員會同簽認　(B)辦理驗收時，廠商應派代表參加　(C)會驗人員，為接管或使用機關人員　(D)監驗人員，其工作事項為監視驗收程序。【108台電】

（　　）**4** （多選）有關政府採購法第72條辦理減價收受事宜，下列何者為正確？　(A)須以驗收結果與規定不符，惟不妨礙安全及使用需求，亦無減少通常效用或契約預定效用，經機關檢討不必拆換或拆換確有困難者為要件　(B)機關驗收結果與契約規定不符，依採購法第72條規定於必要時辦理減價收受者，無須經廠商同意　(C)廠商請求機關辦理減價收受，機關不得拒絕　(D)查核金額以上之採購，應先報經機關首長或其授權人員核准　(E)辦理減價驗收須先經廠商同意　(F)得於必要時減價收受　(G)辦理查核金額以上之採購時，應先報經上級機關核准　(H)公告金額以上之案件，應先報經上級機關核准　(I)採購契約得約定減價收受時，以減價金額一定倍數為懲罰性違約金　(H)經機關檢討可以拆換。【修改自107臺鐵營運員、108鐵路佐級、110經濟部、111鐵路佐級】

（　　）**5** 採購案件驗收結果與規定不符者，機關得於必要時減價收受。關於減價收受，下列何者錯誤？
(A)須不妨礙安全及使用需求，亦無減少通常效用或契約預定效用
(B)經機關檢討不必拆換或拆換確有困難
(C)減價收受不論採購金額大小，應先報上級機關核准
(D)採購契約得約定減價收受時，以減價金額一定倍數為懲罰性違約金。【修改自109鐵路佐級、111鐵路佐級】

( ) **6** 關於政府採購案件之驗收，下列敘述何者正確？
　　(A)機關辦理財物採購，應限期辦理驗收，且不得部分驗收
　　(B)機關承辦採購單位之人員為主辦採購之主驗人
　　(C)會驗人員為接管或使用單位之人員
　　(D)即買即用之財物採購，不論現場查驗有無困難，均得採書面驗
　　　收。【111鐵路佐級】

( ) **7** 有關機關辦理驗收應注意事項，下列敘述何者正確？
　　(A)驗收人對勞務隱蔽部分，於必要時得拆驗或化驗
　　(B)驗收結果與規定不符，沒有減價收受空間
　　(C)機關辦理工程、勞務採購得辦理部分驗收
　　(D)機關辦理工程、財物採購得辦理部分驗收。【111鐵路佐級】

( ) **8** 下列何者違反採購法第6條第1項公平合理原則？
　　(A)廠商履約期間因機關提前使用目的，採部分驗收，並於部分驗
　　　收後將相關之履約保證金部分發還
　　(B)機關無法順利取得廠商履約所需土地，通知廠商暫停履約，並
　　　暫時發還履約保證金
　　(C)公開招標案件，履約期間因廠商財務困難，辦理契約變更，增
　　　列給付預付款，契約價金不變
　　(D)道路工程得標廠商因法定工時縮短，要求延長工期，機關認為
　　　部分有理由，同意廠商之部分要求。【107臺鐵營運員、107桃捷2】

解答與解析

1 (C)。(A)(B)(D)請詳查細99規定，(C)既已先辦理驗收，則須就該部分支付價金及起算保固期間，不應再針對該部分再辦理驗收。

2 (C)。(A)依採71機關承辦採購單位之人員不得為材料檢驗人，(B)依採72驗收時有先行使用之必要者，報經機關首長及其授權人核准辦理部分驗

收，(D)依細95驗收延期應經機關首長或其授權人員核准。

3 (B)。請詳查細96.2規定。

4 (ABFGI)。請詳查採72規定及工程會101年11月1日工程企字第10100383950號函釋。

5 (C)。請詳查採72規定查核→上級、未達查核→機關首長及其授權人員。

6 (C)。(A)採71：得部分驗收，(B)採71：機關承辦採購單位之人員（直接承辦人員）不得為所辦採購之主驗人，(D)現場查驗困難者，備具書面憑證採書面驗收，免辦理現場查驗。

7 (D)。(A)採72：工程或財物隱蔽部分，(B)採72：不妨礙安全及使用需求、無減少效用，經機關檢討不必拆換或拆換確有困難，(C)採71：工程、財物限期驗收並得部分驗收。

8 (C)。工程會89年1月5日（89）工程企字第88022347號函：預付款之有無，影響廠商之投標價。旨揭工程招標文件既未訂明機關得支付廠商預付款，且經決標，基於對其他未得標廠商之公平原則，機關自不應於決標後始單獨對得標廠商同意支付預付款。

驗收程序完成後

(　) **1** 工程或財物採購於驗收完畢後，何種金額以上案件，應填具結算驗收證明書或其他類似文件？
(A)巨額採購
(B)查核金額
(C)公告金額
(D)小額採購。【105經濟部】

(　) **2** 下列敘述何者有誤？
(A)結算驗收證明書或其他類似文件，除有特殊情形經核准者外，機關應於驗收完畢後二十日內填具
(B)機關依採購法第72條第1項辦理部分驗收，其所支付之部分價金，以支付該部分驗收項目者為限，並得視不符部分之情形酌予保留
(C)機關辦理採購，有部分先行使用之必要或已履約之部分有減損滅失之虞者，應先就該部分辦理驗收或分段查驗供驗收之用
(D)驗收結果與契約、圖說、貨樣規定不符者，應通知廠商限期改善、拆除、重作或換貨，廠商於期限內完成者，機關應再行辦理驗收。【107台電】

(　　) **3** 依照政府採購法之規定，以下有關機關辦理工程採購之付款及審核程序，何者為非？

(A)定期估驗或分階段付款者，機關應於廠商提出估驗或階段完成之證明文件後，十五日內完成審核程序

(B)驗收付款者，機關應於驗收合格後，填具結算驗收證明文件，並於接到廠商請款單據後，十五日內付款

(C)機關辦理付款及審核程序，如發現廠商有文件不符、不足或有疑義而需補正或澄清者，應儘量一次通知澄清或補正，除有特殊之情形者外，不得分次辦理

(D)財物及勞務採購之付款及審核程序採定期估驗或分階段付款者，機關應於廠商提出估驗或階段完成之證明文件後完成審核程序，並於接到廠商提出之請款單據後，十五日內付款。【107桃捷第2次、110鐵路佐級】

解答與解析

1 (C)。請詳查細101規定。

2 (A)。結算驗收證明書，機關應於驗收完畢後15日填具，請詳查細101規定。

3 (C)。請詳查採73-1規定。

NOTE

Lesson

爭議處理

本堂課必須先理解採購法雙階理論（招審決乃公法行為 V.S. 履約至保固乃私法行為），才能理解公法爭議及履約（私法）爭議的運作機制，其中公法爭議涉及行政程序法、行政訴訟法，履約爭議則涉及民法及仲裁法等法規，為利各位備考，本書已整理如此處內容所述，如遇採購法相關規定無明訂條款時，建議可從前開法律觀點切入，能較為深入理解 L6 樣貌。

以下彙整包含自 103 年起迄今高普考、經濟部、國營事業相關考試考古題之重點及考試機率，尤其以「各種狀況各對象處理期限」、「申訴會受理及不受理的狀況」、「公法爭議的單行道救濟」、「履約爭議處理之調解、仲裁」等為考題大宗，其相關子法也請各位參詳。

重點	法規條目	考題機率
公法爭議	採 74、採 75、採 102、採 76~ 採 85、採 86	59%
履約爭議	採 85-1~ 採 85-4	29%
申訴及申訴會	採 76~ 採 85、採 86	12%

準備建議

1 雙階理論。
2 公法爭議的單行道救濟—爭議→申訴→行政訴訟、申訴會受理及不受理的狀況。
3 履約爭議的多元處理：調解、仲裁、訴訟……。
4 公法爭議、履約爭議的各種狀況各對象處理期限。

政府採購全生命週期包含招標、開標、審標、決標、訂約、履約、驗收至保固。
採購過程中，機關與廠商間的爭議有：
1. 招標、審標、決標（簡稱招審決）之爭議
2. 不良廠商之停權爭議
3. 履約爭議
過去廠商在參與投標、審標、決標甚至被停權，是「沒有」任何救濟管道的。
而履約部分，則回歸到民法屬雙方權利義務關係，也無需訂定特別法來規範，
機關、廠商就各自到法院訴訟來處理。
為加入政府採購協定（GPA），工程會遂依世界各國政府採購相關法規、
WTO 及 GPA 等相關規定，建立政府採購爭議之處理方式，即「廠商之救濟程
序」，以落實公平、公開競爭及快速有效之爭議處理制度。

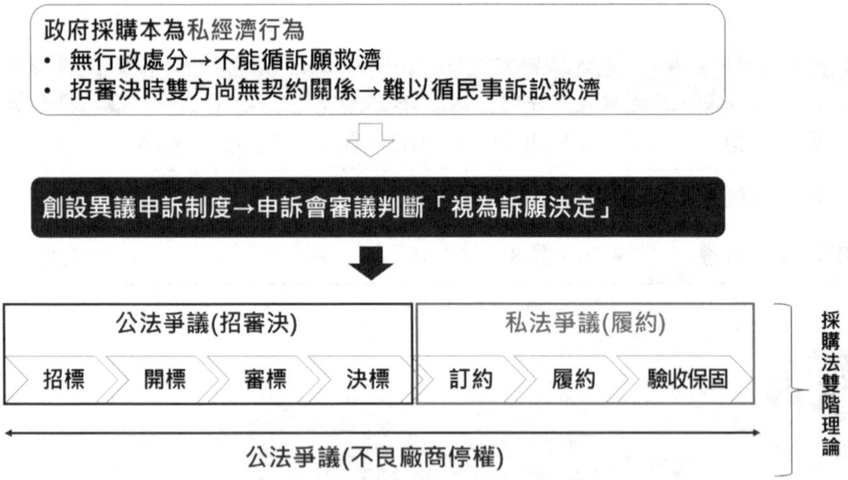

圖 6.1 採購法的雙階理論

本來，機關向廠商購買服務、財貨或工程，其參與競標的資格也好、規格也罷
（招標、審標），比較喜歡哪個廠商供應的服務（決標），就是機關說的算，

雖然用的是人民的血汗錢（弊端什麼的是另一回事），畢竟機關才知道自己需要什麼。即使機關因為某個廠商不好，而昭告其他兄弟姊妹機關這個廠商不要用（廠商停權），也是合理。

但畢竟是用人民的血汗錢，立法院基於監督立場，歷經逐年修法後形成共識，將前述所有私經濟行為，轉化為「基於行政程序法及行政訴訟法」的立論基礎。遂形成以下 2 個體系：

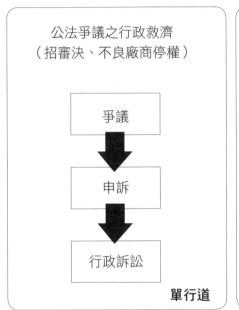
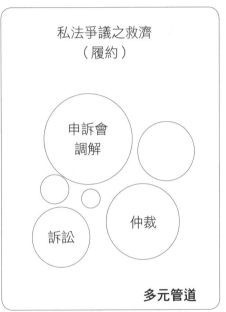

圖 6.2 公法爭議與履約爭議的救濟管道差異

在研讀 L6 時須由採購之生命週期著手，以決標為分界點，分為兩部分探討：**「招審決、停權之爭議」（公法爭議）**及**「履約爭議」（私法爭議）**。因為部分內容涉及行政程序法、行政訴訟法甚至民法，本書已先行整理應考重點，建議各位多加留意。

一、公法爭議─招審決爭議

第 **74** 條

廠商與機關間關於招標、審標、決標之爭議,得依本章規定提出異議及申訴。

二、公法爭議─不良廠商停權爭議

第 **102** 條

廠商對於機關依前條(採101不良廠商情形)所為之通知,認為違反本法或不實者,得於接獲通知之次日起二十日內,以書面向該機關提出異議。

廠商對前項異議之處理結果不服,或機關逾收受異議之次日起十五日內不為處理者,無論該案件是否逾公告金額,得於收受異議處理結果或期限屆滿之次日起十五日內,以書面向該管採購申訴審議委員會申訴。

機關依前條通知廠商後,廠商未於規定期限內提出異議或申訴,或經提出申訴結果不予受理或審議結果指明不違反本法或並無不實者,機關應即將廠商名稱及相關情形刊登政府採購公報。

第一項及第二項關於異議及申訴之處理,準用第六章之規定。

三、招審決異議

第 **75** 條

廠商對於機關辦理採購,認為違反法令或我國所締結之條約、協定(以下合稱法令),致損害其權利或利益者,得於下列期限內,以書面向招標機關提出異議:

一、對招標文件規定提出異議者,為自公告或邀標之次日起等標期之四分之一,其尾數不足一日者,以一日計。但不得少於十日。

二、對招標文件規定之釋疑、後續說明、變更或補充提出異議者,為接獲機關通知或機關公告之次日起十日。

三、對採購之過程、結果提出異議者，為接獲機關通知或機關公告之次日起十日。其過程或結果未經通知或公告者，為知悉或可得而知悉之次日起十日。但至遲不得逾決標日之次日起十五日。

招標機關應自收受異議之次日起十五日內為適當之處理，並將處理結果以書面通知提出異議之廠商。其處理結果涉及變更或補充招標文件內容者，除選擇性招標之規格標與價格標及限制性招標應以書面通知各廠商外，應另行公告，並視需要延長等標期。

細則

第 102 條　廠商依本法第七十五條第一項規定以書面向招標機關提出異議，應以中文書面載明下列事項，由廠商簽名或蓋章，提出於招標機關。其附有外文資料者，應就異議有關之部分備具中文譯本。但招標機關得視需要通知其檢具其他部分之中文譯本：

一、廠商之名稱、地址、電話及負責人之姓名。

二、有代理人者，其姓名、性別、出生年月日、職業、電話及住所或居所。

三、異議之事實及理由。

四、受理異議之機關。

五、年、月、日。

前項廠商在我國無住所、事務所或營業所者，應委任在我國有住所、事務所或營業所之代理人為之。

異議不合前二項規定者，招標機關得不予受理。但其情形可補正者，應定期間命其補正；逾期不補正者，不予受理。

第 103 條　機關處理異議，得通知提出異議之廠商到指定場所陳述意見。

第 104 條　本法第七十五條第一項第二款及第三款所定期限之計算，其經機關通知及公告者，廠商接獲通知之日與機關公告之日不同時，以日期在後者起算。

第 104-1 條　異議及申訴之提起，分別以受理異議之招標機關及受理申訴之採購申訴審議委員會收受書狀之日期為準。

　　　　　　　廠商誤向非管轄之機關提出異議或申訴者，以該機關收受之日，視為提起之日。

第 105 條　異議逾越法定期間者，應不予受理，並以書面通知提出異議之廠商。

第 105-1 條　招標機關處理異議為不受理之決定時，仍得評估其事由，於認其異議有理由時，自行撤銷或變更原處理結果或暫停採購程序之進行。

✅ 採購實務這樣做

當機關因應需求規劃並發布採購案招標公告於政府採購公報或政府採購網後，廠商見其公告即可依自我承案能力評估是否參與標案。試想，當廠商想爭取標案卻因投標資格限制致喪失投標機會、廠商有更好（或更低成本）的材料工法卻受限機關需求書內容無法採用，或是廠商雖能投標也如期投標卻因程序瑕疵、文件檢附不足等原因致無法得標……等狀況發生時，廠商基於機關採購案需求認為自身權益受損害、或違反法令時，該如何尋求救濟？這時就必須循採購法所規定之救濟管道「爭議→申訴→行政訴訟」來處理，這是**單行道**，也就是廠商沒有提爭議就不能申訴及訴訟。

1.招審決爭議

　依據採75規定，廠商欲提出爭議，主要有3種態樣，分別是：

　(1)**招標文件爭議**：廠商資格或需求規格受限制，致廠商失去投標資格。

　(2)**機關對招標文件規定之釋疑、後續說明、變更或補充提出異議**：機關依某甲廠商建議對招標文件之釋疑、變更等，致另一廠商權益、利益受到損害。

　(3)**對採購之過程、結果提出異議**：廠商未依招標文件（投標須知）檢附正確文件而致失去資格，或某甲廠商曾為該採購案提供規劃、設計服務致某乙廠商因資訊不對等而落選等……。

實務上，廠商通常會在採購案之投標須知文件規定期限內進行**疑義**，各位可假想成用較「客氣」的方式**來詢問或建議**招標機關是否可調整招標文件資格**或需求內容**，與爭議相同處在於都是對招標機關提出，相關規定請詳採41。想當然爾，機關可能拒絕（因為同意廠商意見表示必須變更招標文件，若變更如工期、預算甚至資格等涉廠商投標意願，則為重大變更，即等標期必須延長或重頭計算，對急著發包出去的機關來說划不來），機關也可能因為不是重大變更而接受（但某甲廠商的意見被接受了，可能意謂原有利於某乙廠商的規格條件被調整，某乙廠商可能因此覺得不甘心而爭議）。但是當機關拒絕，廠商執著在該採購案時，就會以各種方式提出爭議，可能是針對招標文件內容（例如資格、規格）、也可能是對於機關釋疑或變更之不滿意；或者，雖於截止投標期限內投標，但在開標時因少了什麼文件被判失去下一階段審標資格；抑或者，廠商投標文件受審時，廠商認為招標機關的審標有問題、決標程序有問題、或原勢在必得的案子卻被對手拿走等……都可能是廠商提出爭議的理由。此時廠商就必須循採75規定，對招標機關提出書面爭議（公務體系均係以「書面」為依據），書面格式依細102辦理。需要注意的是，在此所說的廠商是「**直接涉權利損失**」之廠商。例如前開甲廠商意見被接受而乙廠商適用條件被調整時，因廠商權利受影響，乙廠商可提爭議。但若是乙廠商害怕與機關撕破臉，而委請工會提爭議可以嗎？不行。因為不是「直接」的權利損失。

而招標機關如何處理呢？**先程序再實質**，先作程序審查，再實質審查。在收受廠商異議之次日起15日內處理完畢。

在程序審查方面，若廠商若逾法定期間，或欠缺異議法定要件，即採75規定之違反採購相關法令、條約協定（如南韓多次抗議我國違背國際條約協令致其無法投標臺鐵電聯車購案），或損害廠商權利或利益等，依細105規定招標機關應不受理。逾期絕對不受理，但機關仍可自行修正調整作適法決定。

若程序審查通過，進入實質審查階段，則會檢視異議書面格式是否符合（細102），或雖不符合但情形可補正，但廠商若**逾期未提補正，招標機關仍應不受理**。

倘招標機關經審查後認為異議有理由，就應評估是否自行撤銷、變更原處理結果或暫停採購程序，或雖認其理由但因緊急情況、公共利益之必要或事由無影響採購之虞，機關亦可不作為。

那若是招標機關雖不受理爭議，卻認為廠商爭議有理由呢？招標機關仍得評估是否自行撤銷、變更原處理結果或暫停採購程序。

招標機關異議處理結果做成後，因異議屬行政處分，應依行政程序法第96條相關規定，記載相關事項，並按工程會97年10月3日工程企字第09700410510號函釋，**書面通知廠商並附記教示條款，如救濟途徑、救濟期間、受理機關等，使廠商了解其權利以避免爭議**。

如未教示救濟方式、期間及受理機關呢？依工程會96年4月11日工程企字第09600082350號函，**若招標機關未於異議處理結果教示救濟條款時，廠商自異議處理結果送達後1年內聲明不服時，視為於法定期間內所為**。從招標機關的立場來看，就得不償失了。

2.不良廠商停權爭議

而同樣是公法爭議的不良廠商停權爭議，因涉及廠商權益。你可以這樣思考：畢竟用的都是納稅人的錢，是公眾的錢，要儘量開放讓普羅廠商公平競爭，前述內容關於行政程序，討論的是廠商在投標到決標過程中的公平性問題，而本堂內容則是**討論廠商「本人」是否被政府沒收參與採購門票之議題**。

不良廠商停權之異議申訴準用政府採購法第6章招審決爭議部分等相關內容。當機關通知某廠商被灌水桶或浸豬籠—即停權，其通知必須敘述其事實、理由、依據及教示條款，並以雙掛號送達，且必須取得送達證明。相關程序適用行政程序法第98條第3項，未附教示內容，廠商可申訴之期間就是「1年」。表示這1年內，未來成為該案承辦人員的各位將一直有塊潛在的石頭放在心上，這1年內似乎沒有結案的可能……。

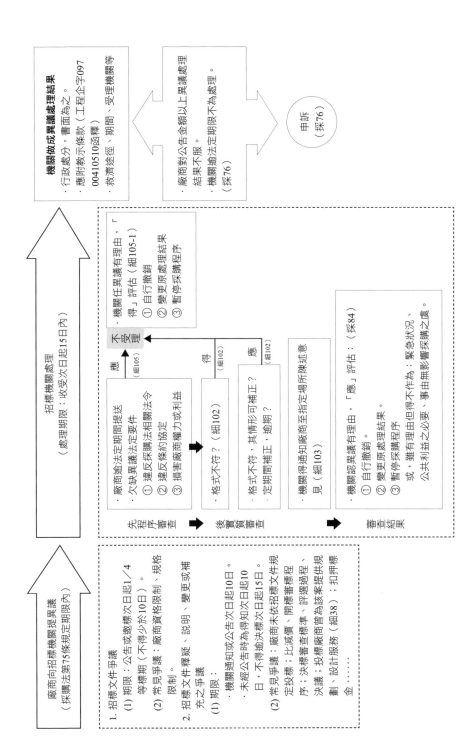

圖 6.3 招審決爭議處理程序

四、申訴

第 76 條

廠商對於公告金額以上採購異議之處理結果不服，或招標機關逾前條第二項所定期限不為處理者，得於收受異議處理結果或期限屆滿之次日起十五日內，依其屬中央機關或地方機關辦理之採購，以書面分別向主管機關、直轄市或縣（市）政府所設之採購申訴審議委員會申訴。地方政府未設採購申訴審議委員會者，得委請中央主管機關處理。

廠商誤向該管採購申訴審議委員會以外之機關申訴者，以該機關收受之日，視為提起申訴之日。

第二項收受申訴書之機關應於收受之次日起三日內將申訴書移送於該管採購申訴審議委員會，並通知申訴廠商。

爭議屬第三十一條規定不予發還或追繳押標金者，不受第一項公告金額以上之限制。

第 77 條

申訴應具申訴書，載明下列事項，由申訴廠商簽名或蓋章：

一、申訴廠商之名稱、地址、電話及負責人之姓名、性別、出生年月日、住所或居所。

二、原受理異議之機關。

三、申訴之事實及理由。

四、證據。

五、年、月、日。

申訴得委任代理人為之，代理人應檢附委任書並載明其姓名、性別、出生年月日、職業、電話、住所或居所。

民事訴訟法第七十條規定，於前項情形準用之。

第 78 條

廠商提出申訴，應同時繕具副本送招標機關。機關應自收受申訴書副本之次日起十日內，以書面向該管採購申訴審議委員會陳述意見。

採購申訴審議委員會應於收受申訴書之次日起四十日內完成審議,並將判斷以書面通知廠商及機關。必要時得延長四十日。

第 79 條

申訴逾越法定期間或不合法定程式者,不予受理。但其情形可以補正者,應定期間命其補正;逾期不補正者,不予受理。

第 80 條

採購申訴得僅就書面審議之。

採購申訴審議委員會得依職權或申請,通知申訴廠商、機關到指定場所陳述意見。

採購申訴審議委員會於審議時,得囑託具專門知識經驗之機關、學校、團體或人員鑑定,並得通知相關人士說明或請機關、廠商提供相關文件、資料。

採購申訴審議委員會辦理審議,得先行向廠商收取審議費、鑑定費及其他必要之費用;其收費標準及繳納方式,由主管機關定之。

採購申訴審議規則,由主管機關擬訂,報請行政院核定後發布之。

第 81 條

申訴提出後,廠商得於審議判斷送達前撤回之。申訴經撤回後,不得再行提出同一之申訴。

第 82 條

採購申訴審議委員會審議判斷,應以書面附事實及理由,指明招標機關原採購行為有無違反法令之處;其有違反者,並得建議招標機關處置之方式。

採購申訴審議委員會於完成審議前,必要時得通知招標機關暫停採購程序。

採購申訴審議委員會為第一項之建議或前項之通知時,應考量公共利益、相關廠商利益及其他有關情況。

第 83 條

審議判斷,視同訴願決定。

第 **84** 條

廠商提出異議或申訴者，招標機關評估其事由，認其異議或申訴有理由者，應自行撤銷、變更原處理結果，或暫停採購程序之進行。但為應緊急情況或公共利益之必要，或其事由無影響採購之虞者，不在此限。

依廠商之申訴，而為前項之處理者，招標機關應將其結果即時通知該管採購申訴審議委員會。

> **細　則**

第 **106** 條　（刪除）

第 **85** 條

審議判斷指明原採購行為違反法令者，招標機關應自收受審議判斷書之次日起二十日內另為適法之處置；期限屆滿未處置者，廠商得自期限屆滿之次日起十五日內向採購申訴審議委員會申訴。

採購申訴審議委員會於審議判斷中建議招標機關處置方式，而招標機關不依建議辦理者，應於收受判斷之次日起十五日內報請上級機關核定，並由上級機關於收受之次日起十五日內，以書面向採購申訴審議委員會及廠商說明理由。

審議判斷指明原採購行為違反法令，廠商得向招標機關請求償付其準備投標、異議及申訴所支出之必要費用。

五、採購申訴委員會

第 **86** 條

主管機關及直轄市、縣（市）政府為處理中央及地方機關採購之廠商申訴及機關與廠商間之履約爭議調解，分別設採購申訴審議委員會；置委員七人至三十五人，由主管機關及直轄市、縣（市）政府聘請具有法律或採購相關專門知識之公正人士擔任，其中三人並得由主管機關及直轄市、縣（市）政府高級人員派兼之。但派兼人數不得超過全體委員人數五分之一。

採購申訴審議委員會應公正行使職權。採購申訴審議委員會組織準則，由主管機關擬訂，報請行政院核定後發布之。

✅ 採購實務這樣做

首先，申訴是什麼？申訴簡言之就是透過第三人（非廠商或招標機關）來判斷，取得相對公正的結果。

那麼，身為廠商要向誰申訴呢？
1. 地方政府—該採購案所屬縣（市）政府或直轄市所設之申訴會，未設者得委請中央主管機關處理。
2. 中央政府—主管機關（工程會）。

特別注意：**目前僅有台北、新北、桃園、台中、台南、高雄等6都有設申訴會，其他都只能委託工程會處理**。

依據採76規定，應向採購申訴審議委員會（簡稱申訴會）申訴。申訴的期限為收受異議處理結果或期限屆滿次日起15日內。廠商誤向非採購案所屬申訴會申訴時，申訴期限改以前開機關收受日為提出日，而前開機關應於收受日次日起3日內，將申訴書移送所屬申訴會並通知廠商喔！

不過，申訴會也不是廠商所有不服異議處理結果的案件都會受理，例如公告金額（150萬元）以下採購案之招標、審標、決標，就不是受理案件，其他如廠商逾法定期間（指「收受異議處理結果或期限屆滿次日起15日內」）、不合法定程式（如申審規則第3～6條及收費規則相關規定內容、或未向招標機關提出爭議）不能補正或限期未補正、非受申訴會管轄範疇、已經申訴會審議判斷或撤回者（廠商下一步應為「行政訴訟」而非再次審議）、招標機關已依廠商請求撤銷或變更處理結果者（事由消失也無須審議了）等狀況，也不在受理範疇。

申訴會的公法爭議處理，依「採購申訴審議收費辦法」規定是3萬元，與處理履約爭議依案件的採購金額計費不同，請留意。

申訴會收受申訴書後，應於收受次日起40日內完成審議，包含前開不受理通知及審議判斷。

本書適用於準備國考、公職、國民營事業考試的你，故應多留意行政體系（含招標機關及申訴會）的作為。**當廠商提申訴會申訴時，依法須副本通知招標機**

關，此時招標機關應於收受申訴書副本次日起10日內，書面向申訴會陳述意見；但若是逾期未陳述呢？申訴會得函催或逕為審議。

有關申訴會審議之運作，永遠都是「**先程序再實質**」，排除逾期、不適格等不受理案件後，進行預審，預審結果再經由委員大會決議進行審議判斷。但在審議判斷前，若預審時已發現機關辦理採購違背採購相關法令、條約協定等，申訴會則會通知招標機關暫停採購程序，俟審議判斷通知機關適法處理。

申訴會之審議判斷視為訴願決定（必考！必考！必考！因為很重要所以說3次）。這表示，申訴會的審議判斷本非訴願決定，**但被強制地視為訴願決定**。也因此，採購法在招審決爭議之屬性，改為「**公法爭議**」，加上履約的私法爭議，確立了採購法「**二元性**」或稱「**雙階**」的架構。

審議判斷有分3種狀況：
1. 廠商申訴無理由：自然是「**駁回申訴**」→廠商不服則於收受審議判斷書之2個月內於所屬行政法院提「行政訴訟」。
2. 廠商申訴**有理由**：**招標機關之原異議處理結果撤銷**。
3. 廠商申訴**部分有理由**：**招標機關之原異議處理結果涉有理由部分撤銷，餘則駁回**。

申訴會的**審議判斷指明原採購行為違反法令者，招標機關應自收受審議判斷書之次日起20日內另為適法之處置；期限屆滿未處置者，廠商得自期限屆滿之次日起15日內**向採購申訴**審議委員會**申訴。

採購申訴審議委員會於審議判斷中建議招標機關處置方式，**而招標機關不依建議辦理者，應於收受判斷之次日起15日內報請上級機關核定，並由上級機關於收受之次日起15日內，以書面向採購申訴審議委員會及廠商說明理由。**

有關申訴會的組織、審議規則及收費詳見「採購申訴審議委員會組織準則」、「採購申訴審議規則」及「採購申訴審議收費辦法」，本書彙整相關命題重點如後，供各位參用：
1. 採購申訴審議委員會組織準則
   (1) 申訴會掌理：**採76（招審決）、採102（不良廠商停權）廠商申訴、履約爭議調解等相關事項。**

(2) **申訴會委員7至35人**，任期2年，由主管機關或直轄市、縣（市）政府就本機關高級人員或具有法律或採購相關專門知識之公正人士派（聘）兼之。

(3) 採購申訴或調解履約爭議，得由申訴會委員1至3人預審或調解之。

(4) 申訴會委員、諮詢委員、執行秘書及工作人員應行迴避的情形：

　A. 該事件涉及本人、配偶、三親等以內血親或姻親或同財共居親屬之利益者。

　B. 曾為該採購之承辦或監辦人員。

　C. 曾參與該事件之異議處理者。

　D. 本人或其配偶與機關、廠商或其負責人間現有或三年內曾有僱傭、委任或代理關係者。

　E. 有其他情形足認其有不能公正執行職務之虞者。

2. 採購申訴審議規則：

(1) 廠商得**書面**向申訴會申訴的情形：

　A. **公告金額以上採購（招審決）**。

　B. **對未達公告金額採購爭議屬採31.2規定不予發還或追繳押標金異議之處理結果不服**。

　C. **對機關依採102.1（不良廠商停權）異議之處理結果不服**。

　D. **招標機關逾採75.2、採85.1所定期限不處理**。

(2) 廠商申訴期限：於收受異議處理結果或處理期限屆滿之次日起15日內。

(3) 廠商提出申訴應繕具副本送招標機關，**招標機關應自收受申訴書副本之次日起10日內，以書面向該管申訴會陳述意見**，並檢附相關文件。

(4) 申訴會對於招標機關接受申訴書副本未依規定期限向其陳述意見者，得予函催或逕為審議。

(5) 廠商**誤**向非管轄之機關申訴者，**以該機關收受之日，視為提起申訴之日。其收受機關應於收受之次日起3日內**，將申訴事件移送有管轄權之申訴會，並副知申訴廠商。

(6) 申訴事件應先程序審查再實體審查。程序審查若有程式不合而情形可不正則應酌定時間通知廠商補正。

(7) 申訴會不受理情形：

　A. **採購未達公告金額，但對機關不良廠商停權之異議處理結果不服、對機關押標金之異議處理結果不服，不在此限**。

　　B. **申訴逾越法定期間**。

　　C. 申訴不合法定程式不能補正，或經通知限期補正屆期未補正。

　　D. 申訴事件不屬收受申訴書之申訴會管轄而不能移送。

　　E. **對於已經審議判斷或已經撤回之申訴事件復為同一之申訴**。

　　F. **招標機關自行依申訴廠商之請求，撤銷或變更其處理結果**。

　　G. **申訴廠商不適格**。

　　H. **採購履約爭議提出申訴，未申請改行調解程序**。

　　I. 非屬政府採購事件。

　　J. 其他不予受理之情事。

(8)申訴會得依職權或申請，**通知廠商、機關到指定場所陳述意見**。

(9)**預審委員審議申訴事件，認為有必要者，經提報申訴會委員會議決議後，得通知招標機關暫停採購程序**。但預審委員認時間急迫，應及時處理者，申訴會得以書面徵詢全體委員之意見，獲過半數委員之書面同意後暫停之。

(10)**審議判斷書，應指明招標機關原採購行為有無違反法令之處；其有違反者，並得建議招標機關處置方式**。

(11)**審議判斷書應附記如不服審議判斷，得於審議判斷書送達之次日起2個月內，向行政法院提起行政訴訟**。審議判斷書未依前項規定為附記或附記錯誤者，準用訴願法第91條及第92條規定。

(12)廠商對於採購履約爭議事件誤提起申訴者，**得申請改行調解程序。廠商未申請者，申訴會應告知得為申請**。

(13)審議判斷書，採用郵務送達者，**應使用申訴郵務送達證書**。申訴文書之送達，除前項規定外，準用行政程序法關於送達之規定。

3.採購申訴審議收費辦法：

　(1)廠商提出申訴時，應繳納審議費。**其未繳納者，由申訴會通知限期補繳；**逾期未補繳者，不受理其申請。

　(2)審議費，每一**申訴**事件為**3萬元**。

當申訴會基於招標機關有違反法令情事而對於招標機關作出建議時，招標機關應比照採75規定，**於收受審議判斷書次日起15日內，針對廠商之異議重為處理並書面通知廠商**。招標機關「只能」遵照申訴會審議判斷作適法決定，

也就是廠商可以提行政訴訟，**但機關不服申訴會審議判斷時，可以提行政訴訟嗎**？當然不行。相關內容如圖6.3。

有關行政訴訟內容，因不在採購法範疇，故本書不納入說明，你若有興趣，不妨google相關內容。

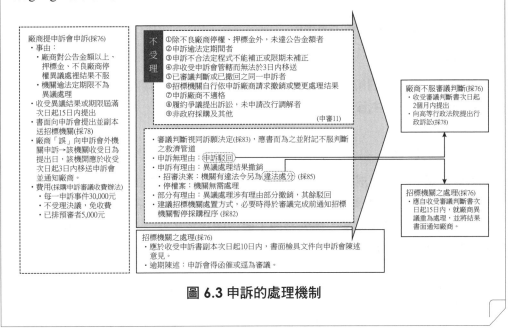

圖 6.3 申訴的處理機制

六、私法爭議—履約爭議

第 **85-1** 條

機關與廠商因履約爭議未能達成協議者，得以下列方式之一處理：

一、向採購申訴審議委員會申請調解。

二、向仲裁機構提付仲裁。

前項調解屬廠商申請者，機關不得拒絕。工程及技術服務採購之調解，採購申訴審議委員會應提出調解建議或調解方案；其因機關不同意致調解不成立者，廠商提付仲裁，機關不得拒絕。

採購申訴審議委員會辦理調解之程序及其效力，除本法有特別規定者外，準用民事訴訟法有關調解之規定。

履約爭議調解規則，由主管機關擬訂，報請行政院核定後發布之。

七、履約爭議之調解

第 **85-2** 條

申請調解，應繳納調解費、鑑定費及其他必要之費用；其收費標準、繳納方式及數額之負擔，由主管機關定之。

第 **85-3** 條

調解經當事人合意而成立；當事人不能合意者，調解不成立。

調解過程中，調解委員得依職權以採購申訴審議委員會名義提出書面調解建議；機關不同意該建議者，應先報請上級機關核定，並以書面向採購申訴審議委員會及廠商說明理由。

第 **85-4** 條

履約爭議之調解，當事人不能合意但已甚接近者，採購申訴審議委員會應斟酌一切情形，並徵詢調解委員之意見，求兩造利益之平衡，於不違反兩造當事人之主要意思範圍內，以職權提出調解方案。

當事人或參加調解之利害關係人對於前項方案，得於送達之次日起十日內，向採購申訴審議委員會提出異議。

於前項期間內提出異議者，視為調解不成立；其未於前項期間內提出異議者，視為已依該方案調解成立。

機關依前項規定提出異議者，準用前條第二項之規定。

✅ 採購實務這樣做

政府採購履約爭議之處理有「協調」、「調解」、「仲裁」及「訴訟」等各種方法。為加速並順利採購爭議之處理，工程會歷年來發展許多解決履約爭議途徑，如：

1.機關成立「採購工作及審查小組」協助處理履約爭議（採11-1，108／11修正）。

2.機關與廠商成立「爭議處理小組」協調爭議。

3.向申訴會或鄉鎮市調解委員會申請調解。

4.工程會「公共建設諮詢小組」協助釐清契約條款認知歧異（109／1修正）。

5.雙方合意仲裁。

6.訴訟等。

相對於採購案招標、審標、決標之公法爭議，履約爭議係屬於契約甲乙方間權利義務之私法爭議。其中，與前述公法爭議在時間上的區隔是「決標」。依據最高行政法院98年度判字第38號判決略以：「……採購機關之決標，為承諾性質，且以決標時點意思合致為雙方契約成立時點。準此，採購契約內容於決標時即已確定……應以決標日為契約成立日」也就是說，**從決標日開始即為甲乙雙方履約之開始**，乃至契約完成—依契約規定甚至包含保固階段。

實務上，當廠商與機關於履約上產生爭議時，一開始機關與廠商必然會進行協調。過程中，機關內部可能會邀請至少1位外聘委員夥同其他機關委員共同成立「機關採購工作及審查小組」針對爭議處進行審查，如遭遇契約條款認知歧異，也可能向工程會「公共建設諮詢小組」申請諮詢，彙整相關結論後與廠商召開協調會討論，或與廠商成立「爭議處理小組」共同處理爭議。

但當雙方無法達成協議時，依採85-1規定則有調解及仲裁等處理方式，乃至前述2方式均無法處理時，就會進入訴訟程序。

那麼，什麼是調解？什麼是仲裁？又什麼是訴訟呢？

調解，引述自我國司法院常見問答的定義：「……發生紛爭的雙方當事人，在調解委員的協調下，互相讓步，尋求一個大家都可以的解決方案，現行法上，可分為法院的調解與非法院的調解」，採購法所提之「調解」即為前述之「非法院的調解」，是透過第三人的協調，取得機關及廠商雙方之共識。

履約爭議的調解是向所屬採購案所在地的申訴會申請。機關或廠商均可提出調解申請（一般機關不會自找麻煩，**按照「採購履約爭議調解規則」第10條第9款規定，機關主動調解須經廠商同意，若廠商不同意，申訴會應為調解不受理**），唯獨廠商提出調解申請時，機關不得拒絕。

由於採購案類型多樣，其中以工程、技術服務採購案所涉層面廣而複雜、且利益龐大，針對工程及技術服務（即對應工程之專案管理、監造、設計等，相關規定請詳「機關委託技術服務廠商評選及計費辦法」）採購之調解（採85-1），**申訴會「應」提出書面調解建議或調解方案。**

有關履約爭議之調解，雙方當事人雖不能合意但已甚接近，申訴會應斟酌情形並徵詢調解委員意見，求兩造利益平衡，再不違反兩造當事人意思範圍內，以職權提出調解方案。（採85-4）

也因此，**若因機關不同意致調解不成立，**廠商提付仲裁時，機關不得拒絕，**此即所謂之「強制仲裁」。上述先調解再仲裁之處理邏輯，則簡稱為「先調後仲」。**（必考題：請解釋何為先調後仲？請務必詳讀）。

彙整各級國考、採購法及「採購履約爭議調解規則」、「採購履約爭議調解收費辦法」等規定履約爭議調解重點如後：

1. 調解事件屬中央機關之履約爭議者，應向主管機關所設申訴會申請；其屬地方機關之履約爭議者，應向直轄市、縣（市）政府所設申訴會申請，若未設申訴會則得向主管機關所設申訴會申請。
2. 若當事人及利害關係人**對於前述調解方案有異議，則得於送達次日起10日內提出，**未逾前述法定期間視為調解不成立；反之，**若未於前項期間提出異議，則是為該方案調解成立。**
3. 申請人**誤**向非管轄之申訴會申請調解者，該申訴**應即移送有管轄權之申訴會辦理，**並副知申請人及他造當事人。
4. 調解事件應先程序審查再實體審查。
5. 他造當事人**應自收受調解申請書副本之次日起15日內，以書面向申訴會陳述意見，並同時繕具副本送達於申請人。**
6. 申訴會不受理調解事件之情形：
   (1) 當事人不適格。
   (2) 已提起仲裁、申（聲）請調解或民事訴訟。但其程序已依法合意停止者，不在此限。
   (3) 曾經法定機關調解未成立。
   (4) 曾經法院判決確定。
   (5) 申請人係無行為能力或限制行為能力人，未由法定代理人合法代理。

(6) 由代理人申請調解，其代理權有欠缺。

(7) 申請調解不合程式。

(8) 經限期補繳調解費，屆期未繳納。

(9) 廠商不同意調解。

(10) 送達於他造當事人之通知書，應為公示送達或於外國為送達。

(11) 非屬政府採購事件。

(12) 其他應不予受理之情事。

7. 調解，以不公開為原則。

8. **調解成立書、調解方案通知書及調解不成立證明書，應於申訴會委員會議決議通過之次日起10日內，以正本送達於當事人及參加調解之利害關係人。**

9. **調解事件應自收受調解申請書之次日起4個月內完成調解程序**。但經雙方同意延長者，得延長之。

10. 以請求或確認金額為調解標的者，其調解費如表6.1，若以外幣計算則按申訴會收件日前一交易日臺灣銀行外匯小額交易收盤買入匯率折算之。若非以請求金額為調解標的則為3萬元。

表 6.1 調解費

調解請求金額級距	調解費
未滿 200 萬元	2 萬元
200 萬元以上，未滿 500 萬元	3 萬元
500 萬元以上，未滿 1000 萬元	6 萬元
1000 萬元以上，未滿 3000 萬元	10 萬元
3000 萬元以上，未滿 5000 萬元	15 萬元
5000 萬元以上，未滿 1 億元	20 萬元
1 億元以上，未滿 3 億元	35 萬元
3 億元以上，未滿 5 億元	60 萬元
5 億元以上	100 萬元
非以請求金額為調解標的	3 萬元

仲裁，則是指雙方當事人在爭議發生前後達成協定，自願將糾紛交予共同選定之第三人（仲裁機構或仲裁人）居中評判，據以作出對雙方當事人均有約束力之裁決。雖然調解與仲裁均為雙方合意之作為，但調解人無權作出裁決，而仲裁人則有權且獨立公正對爭議問題判斷或裁決。彙整各級國考及仲裁法相關規定，整理重點如後：

1. 仲裁人及主任仲裁人由雙方共同推出，所爭議事項範圍以及仲裁方式也是在雙方合意下進行。

2. 有關現在或將來之爭議，當事人得訂立**仲裁協議**，約定由仲裁人一人或單數之數人成立仲裁庭仲裁之。前項爭議，**以依法得和解者為限**。

3. 仲裁協議，**應以書面為之**。當事人間之文書、證券、信函、電傳、電報或其他類似方式之通訊，**足認有仲裁合意者，視為仲裁協議成立**。

4. 仲裁協議，如一方不遵守，另行提起訴訟時，法院應依他方聲請裁定停止訴訟程序，並命原告於一定期間內提付仲裁。前開訴訟經法院裁定停止訴訟程序後，如仲裁成立，視為於仲裁庭作成判斷時撤回起訴。

5. **仲裁地，當事人未約定者，由仲裁庭決定**。

6. **仲裁人之判斷，於當事人間，與法院之確定判決，有同一效力**。

7. 仲裁事件，於仲裁判斷前，得為和解。和解成立者，由仲裁人作成和解書。前項和解，與仲裁判斷有同一效力。但須聲請法院為執行裁定後，方得為強制執行。

訴訟，則是將雙方當事人爭議事件提交法定國家司法機構（法院）進行審理。

表6.2顯示調解、仲裁、訴訟之差異，足以觀察到糾紛之處理隨協議、判斷甚至裁決之不同等級發展，在法律效力上亦隨之升級。

表 6.2 調解、仲裁、訴訟的差異

	調解	仲裁	訴訟
相同處	雙方合意進行		
		第三者獨立裁決	
判斷效力	結果為雙方合意	獨立判斷或裁決	獨立判斷或裁決
管轄機構	所屬申訴會，無法定管轄權	仲裁機構（民間機構），無法定管轄權	法院，具法定管轄權

	調解	仲裁	訴訟
管轄範圍	雙方事先約定範疇	雙方事先約定範疇	審判法定範圍事項
判斷程式	雙方協商確定	雙方協商確定	法院任命及決定
程序耗時 *	0.58 年	1.14 年	2.08 年以上

註：依工程會 102 年統計

資料來源：彙整工程會、何志揚律師「仲裁法規及制度介紹—兼談工程爭議仲裁」簡報

從前述可知，處理履約爭議對於廠商及機關都是折磨。參考民間訴訟案件可發現，只要取得雙方同意之結果，整個程序就會結束，往往都是雙方各有堅持，才讓事件一發不可收拾。那，有什麼事情會讓廠商死咬著不放呢？

對廠商來說，無非就是「利益」，例如原需求形式是較便宜的A並附帶一切依都市設計審議方案為主，但施工時卻被都市設計審查要求做較貴的B，兩者相差幾千萬到幾億元不等，偏偏又是統包契約必須概括承受，全部吸收可能就倒了，廠商一定死嗑到底…都是政府採購目前常見之履約爭議。

彙整近年考題，本堂最常考重點之一就是「不同狀況不同對象的處理期限」，整理如表6.3，必考，請各位務必把握：

表 6.3 不同狀況不同對象的處理期限

類別	狀況	發動方	期限
公法異議	對招標文件提出異議	廠商	1. 自公告或邀標次日起等標期之 1/4，不足 1 日者以 1 日計。 2. 不得少於 10 日。
	對招標文件規定之釋疑、後續說明、變更或補充提出異議	廠商	接獲機關通知或機關公告次日起 10 日。

類別	狀況	發動方	期限
公法異議	對採購之過程、結果提出異議者	廠商	接獲機關通知或機關公告之次日起 10 日。
	對採購之過程、結果提出異議者，其過程或**結果未經通知或公告者**	廠商	1. 知悉或可得而知悉之次日起 10 日。 2. 至遲不得逾決標日之次日起 15 日。
	機關之不良廠商停權通知	廠商	接獲通知之次日起 20 日內。
	招標機關收受異議後的處理	招標機關	收受異議之次日起 15 日內為適當之處理。
公法申訴	廠商提申訴會申訴期限	廠商	收受異議處理結果或期限屆滿次日起 15 日內。
	廠商誤向非採購案所在申訴會申訴後，受遞申訴會移送時間	受遞申訴會	收受日次日起 3 日內。
	廠商提申訴會申訴副本通知招標機關後，機關向申訴會書面陳述意見	招標機關	收受申訴書副本次日起 10 日內。
	申訴會審議完成	申訴會	收受申訴書次日起 40 日內。
	申訴會審議判斷指明機關採購行為違反法令，招標機關的處置期限	招標機關	收受審議判斷書之次日起 20 日內另為適法處置。
		招標機關	收受審議判斷書次日起 15 日內，重新處理廠商異議並書面通知廠商。
	招標機關經申訴會審議判斷違反法令，而期限屆滿未處置者，廠商再次申訴期限	廠商	自期限屆滿之次日起15日內。

類別	狀況	發動方	期限
公法申訴	招標機關不依申訴會審議判斷建議辦理者,報請上級核定期限及由上級書面向申訴會及廠商說明期限	招標機關	**招標機關應於收受判斷之次日起 15 日內報請上級機關核定。**
		招標機關之上級機關	上級機關於收受之次日起 15 日內書面向申訴會及廠商說明。
	廠商對於申訴會審議判斷書不服,向行政法院提起行政訴訟期限	廠商	審議判斷書送達之次日起 2 個月內。
履約調解	他造當事人收受調解申請書副本,書面陳述意見期限	他造當事人	收受調解申請書副本之次日起 15 日內。
	申訴會完成調解事件之調解程序	申訴會	收受調解申請書之次日起 4 個月內。
	調解成立書、調解方案及調解不成立證明書送達當事人及參加調解之利害關係人期限	申訴會	申訴會委員會議決議通過之次日起 10 日內。
	對於調解方案有異議的提出期限,未逾期限提出視為調解不成立;逾期提出則調解成立	當事人及利害關係人	調解方案送達次日起 10 日內提出。

精選試題

公法爭議

(　) **1** （多選）關於政府採購行為之「雙階理論」，下列敘述何者正確？
(A)招標、審標、決標行為屬於私法行為，簽約、履約、驗收行為
屬於公法行為　(B)招標、審標、決標行為屬於公法行為，簽約、
履約、驗收行為屬於私法行為　(C)履約、驗收行為屬於公權力行
為　(D)招標、審標、決標行為屬於契約行為　(E)機關的招標公告
為私法契約，政府採購法的罰則為公法行為　(F)機關動用預算的
採購行為，一律為公法行為　(G)機關的審標為私法承攬或買賣行
為，有糾紛一律送民事法院解決。【修改自107臺鐵營運專員、110經濟
部、108鐵路佐級】

(　) **2** 關於政府採購法在制定時明定異議、申訴程序，下列何者正確？
(A)在整個採購程序，從招標至履約完成，均可利用異議申訴程序
來解決爭議　(B)在政府採購法制定時增訂異議申訴程序之功能之
一，在於解決廠商在招標階段投訴無門之情形　(C)異議及申訴程
序適用於所有之採購案件　(D)異議程序由採購申訴審議委員會受
理。【106鐵路佐級】

(　) **3** 廠商對機關辦理採購，認為違反法令，致損害其權利或利益者，提
出異議時，應向何機關提起？　(A)採購申訴審議委員會　(B)招標
機關　(C)上級機關　(D)法院。【108鐵路佐級、111鐵路佐級】

(　) **4** 廠商對於機關刊登政府採購公報之通知，如有不服，應如何救濟？
(A)向機關提出異議　(B)向機關提出申訴　(C)向法院提出訴訟
(D)向仲裁機關申請仲裁。【111鐵路佐級、106鐵路佐級】

(　) **5** 廠商對機關辦理採購，如有招標文件之釋疑，向機關提出之救濟方
式為何？　(A)異議　(B)申訴　(C)調解　(D)仲裁。【111鐵路佐級】

( ) **6** 關於廠商提出異議之限制與期限，下列敘述，何者錯誤？ (A)對招標文件規定提出異議者，不得逾自公告或邀標之次日起等標期之四分之一 (B)對招標文件規定釋疑提出異議者，自接獲機關通知或公告次日起15日內 (C)對未經通知或公告之採購過程、結果提出異議者，自決標日次日起15日內 (D)招標機關應自收受異議次日起，15日內為適當之處理。【108鐵路佐級】

( ) **7** 廠商對招標文件提出異議。假設該採購案之等標期為45日，則異議之期限為何？ (A)11日 (B)12日 (C)13日 (D)14日。【107鐵路佐級】

( ) **8** 機關因廠商有政府採購法第101條第1項各款情形之一者，應將其事實及理由通知廠商，廠商若有不服，得於接獲通知之次日起幾日內以書面向該機關提出異議？ (A)10日 (B)15日 (C)20日 (D)30日。【107臺鐵營業員、105經濟部】

( ) **9** 依採購法規定，廠商對於採購之過程、結果提出異議者，應於接獲機關通知或機關公告之次日起幾日提出？ (A)30日 (B)10日 (C)15日 (D)20日。【108台電】

( ) **10** 廠商於等標期內向招標機關提出異議，廠商如對該異議處理結果不服，應於收受機關異議處理結果之次日起幾日內，以書面向採購申訴審議委員會提出申訴？ (A)15日 (B)20日 (C)25日 (D)30日。【108經濟部】

( ) **11** 廠商對於招標文件內容有疑義者，在招標文件規定之日期前，應如何處理？ (A)向招標機關提出異議 (B)向政府採購申訴審議委員會請求釋疑 (C)向招標機關請求釋疑 (D)向仲裁機構提出仲裁。【107臺鐵營業員】

( ) **12** 關於廠商提出異議之處理，下列何者錯誤？ (A)招標機關對於廠商所提異議，應自收受異議之次日起15日內為適當之處理 (B)廠商逾期提出異議者，招標機關得不予受理 (C)招標機關對於廠商所提異議，應將處理結果以書面通知提出異議之廠商 (D)招標機關以書面通知廠商異議處理結果時，應附記教示內容。【109鐵路佐級】

(　) **13** 廠商提出異議若超過法定期間時，機關之處理方式下列何者正確？
(A)該異議逾期，機關僅能不受理而維持原決定　(B)應以該異議無
理由駁回之　(C)應轉送予採購申訴審議委員會　(D)應異議不受
理，但若機關評估其事由為有理由時，仍得自行撤銷或變更原處理
結果。【106鐵路佐級、106經濟部】

(　) **14** 機關發現廠商違反政府採購法第101條，應將事實及理由通知廠
商，下列敘述何者正確？　(A)如廠商未提出異議，機關應即將廠
商名稱及相關情形刊登政府採購公報　(B)廠商對於機關之通知，
得以書面提出訴願及行政訴訟　(C)如廠商表示不服，機關應俟行
政法院判決確定再行刊登政府採購公報　(D)經刊登政府採購公報
不得參加投標之廠商，自收受機關通知之翌日開始起算停權期間。
【103經濟部】

(　) **15** 依政府採購法規定，關於廠商異議之敘述，下列何者錯誤？　(A)
廠商誤向非管轄之機關提出異議者，以該機關收受之日起，視為
提起之日　(B)異議逾越法定期間者，應不予受理，並以書面通知
提出異議之廠商　(C)招標機關為不受理決定時，如認為異議有理
由，得自行撤銷或變更原處理結果或暫停採購程序　(D)招標機關
處理異議之結果涉及變更限制性招標之招標文件內容者，應另行公
告該變更之內容。【110鐵路佐級】

(　) **16** 廠商A針對招標文件內容請求招標機關國立臺灣大學釋疑，臺灣大
學釋疑結果，A廠商仍有不服，應如何救濟？　(A)臺灣大學釋疑
結果並非行政處分，依法尚無救濟途徑　(B)向臺灣大學提出異議
(C)向採購申訴委員會提出申訴　(D)向教育部提起訴願　(E)逕向
該管行政法院提起行政訴訟。【修改自107鐵路佐級、111鐵路佐級】

(　) **17** 台灣電力公司辦理採購，發現廠商驗收後不履行保固責任，情節重
大，擬依政府採購法第101條通知廠商將刊登政府採購公報。下列
敘述何者錯誤？　(A)台灣電力公司為通知前，應給予廠商口頭或
書面陳述意見之機會　(B)台灣電力公司應成立採購工作及審查小
組認定廠商是否該當通知刊登之事由　(C)台灣電力公司審酌是否

情節重大,應考量其所受損害之輕重、廠商可歸責之程度、廠商之實際補救或賠償措施等情形 (D)廠商如不服台灣電力公司之通知,得於接獲通知之次日起20日內,以書面向行政院公共工程委員會採購申訴審議委員會提出申訴。【111鐵路佐級】

( ) **18** 廠商遭機關依政府採購法第101條作成刊登採購公報之處分後,其實際刊登於公報之時機為何時? (A)廠商於行政訴訟敗訴確定後始得刊登於採購公報 (B)我國採救濟不停止執行原則,故一經機關為停權處分即刻可刊登 (C)於廠商行政訴訟第一審判決敗訴即可刊登 (D)於廠商申訴遭駁回即可刊登。【110鐵路佐級】

( ) **19** A國立大學執行B政府機關標案,因計畫主持人C赴中國大陸未在臺灣任教,致該標案履行嚴重延誤,B機關解除契約,並依政府採購法第101條第1項第3款、第10款及第12款刊登政府採購公報,A大學未在法定期限內提起異議,請問B機關應如何處理?
(A)刊登政府採購公報
(B)請計畫主持人C返臺完成該標案
(C)請A大學繳還已支付之金額
(D)提供A大學展延工期以期完成標案。【111鐵路佐級】

( ) **20** 關於廠商提出異議申訴之法定事由,下列何者錯誤? (A)採購程序違反法令 (B)採購違反政府採購協定 (C)採購違反聯合國之採購模範法 (D)採購違反台星經濟夥伴協定。【106鐵路佐級】

( ) **21** 有關採購申訴之敘述,下列何者正確?
(A)廠商對於機關辦理採購,認為違反法令或與我國所締結之條約、協定,致損害其權利或利益者,得逕向採購申訴審議委員會提出申訴
(B)採購申訴之提出,不以書面為限
(C)採購申訴審議委員會原則上應於收受申訴書之次日起40日內完成審議
(D)採購申訴一經提出,不得撤回。【107鐵路佐級】

(　　) **22** 下列何種採購案，廠商經提出異議後，不服異議處理結果，不得向該管採購申訴審議委員會提起申訴？　(A)採購金額為80萬元之勞務採購案，廠商經通知有政府採購法第101條第12款之情事，將刊登政府採購公報　(B)採購金額為500萬元之工程採購案，廠商主張機關未按招標文件規定審查投標廠商資格，違法將其排除　(C)採購金額為90萬元之財物採購案，廠商遭機關追繳已發還之押標金　(D)採購金額為90萬元之財物採購案，未得標之廠商主張決標違法，請求撤銷決標。【109鐵路佐級、103經濟部、105經濟部、111台電】

(　　) **23** 依政府採購法之規定，採購申訴審議判斷之效力為何？　(A)視同仲裁判斷　(B)視同調解結果　(C)視同訴願決定　(D)視同確定判決。【107鐵路佐級、103經濟部、105經濟部、108台電】

(　　) **24** 採購申訴審議委員會所為之審議判斷，其效力及後續救濟如何？(A)為一般處分，如有不服，請上級糾正　(B)為行政指導，如有不服，無從救濟　(C)視同訴願決定，如有不服，提起行政訴訟　(D)為行政處分，如有不服，提起訴願。【111鐵路佐級】

(　　) **25** （多選）關於採購申訴審議委員會之判斷，下列敘述何者正確？(A)應指明招標機關原採購行為有無違反法令之處　(B)不得建議招標機關處置之方式　(C)針對審議判斷不服者，得提起訴願　(D)招標機關認申訴廠商之申訴有理由者，不得自行變更原處理結果(E)審議判斷指明原採購行為違反法令者，招標機關應另為適法之處置　(F)審議判斷視同訴願決定　(G)審議判斷中建議招標機關處置方式，而招標機關不依建議辦理者，應由招標機關於收受判斷之次日起15日內以書面向採購申訴審議委員會說明理由。　(H)申訴廠商不得再行救濟　(I)審議判斷之效力，依政府採購法第85條規定，視同請願決定　(J)審議判斷指明原招標機關違反法令者，招標機關應自收受審議判斷書之次日起30日內另為適法之處置　(K)申訴廠商可在審議判斷書達到之次日起2個月內，向有管轄權之行政法院提起行政訴訟　(L)招標機關不依審議判斷之建議辦理者，應於所定期限內報請上級機關核定。【修改自106鐵路佐級、103經濟部、109鐵路佐級】

( ) **26** 招標機關之決標行為經審議判斷指明違法時，下列處理方式何者正確？ (A)機關應宣布廢標 (B)機關應另為適法之處置 (C)機關應將爭議交付仲裁 (D)機關應提起行政訴訟。【107鐵路佐級】

( ) **27** 廠商申訴有理由而由採購申訴審議委員會撤銷異議處理結果時，機關應於幾日內為適當之處置？ (A)10日 (B)20日 (C)30日 (D)15日。【106鐵路佐級】

( ) **28** 對採購申訴審議委員會審議判斷應如何救濟？
(A)提起訴願救濟
(B)提起行政訴訟救濟
(C)提起聲明異議救濟
(D)提起調解救濟。【108鐵路佐級】

( ) **29** 依政府採購法規定，關於將廠商刊登政府採購公報之敘述，下列何者錯誤？
(A)機關為通知前，應給予廠商口頭或書面陳述意見之機會
(B)機關應成立採購工作及審查小組，認定廠商是否有所定應刊登之情形
(C)機關應將事實、理由，以及不得參加投標或作為決標對象或分包廠商之期間，一併通知廠商
(D)廠商得於接獲機關通知之日起20日內，以書面向該管採購申訴審議委員會申訴。【110鐵路佐級】

( ) **30** 甲廠商就預算金額新臺幣40萬元之工程採購案之審標結果不服，提出異議遭駁回，乃於法定期間向行政院公共工程委員會提出申訴。本件工程因未達公告金額，依政府採購法第76條未達公告金額者不得申訴。請問受理申訴機關應如何處理？
(A)受理之機關應直接不受理決定即可，無須為任何之其他處置
(B)受理機關應主動移送該管訴願審議委員會審理
(C)應移送調解機關進行調解
(D)應直接移送予地方法院行政訴訟庭審理。【106鐵路佐級】

解答與解析

1 (B)。招標、審標、決標（招審決）屬公法行為，救濟管道為異議→爭議→行政訴訟之單行道方式。罰則部分涉及公務員身分者、招審決者為公法行為。其餘如履約、驗收為私法行為，如：履約付款（動用預算）即私法行為。

2 (B)。(A)僅公法爭議才可。(C)公告金額以上或未達公告金額之廠商停權、押標金等狀況。(D)由招標機關受理。

3 (B)。請詳查採75規定。

4 (A)。請詳查採75規定。

5 (A)。請詳查採75規定。

6 (B)。應為「10日內」，請詳查採75規定。

7 (B)。應為公告次日起等標期之1/4，不足1日以1日計，請詳查採75規定。

8 (C)。請詳查採102.1規定。

9 (B)。請詳查採75.1規定。

10 (A)。請詳查採76.1規定。

11 (C)。疑義非異議，向招標機關書面釋疑，招標機關則書面答復處理結果，亦得公告，請詳查採41規定。

12 (B)。機關「應」不受理，請詳細105規定。

13 (D)。機關「應」不受理，請詳細105及細105-1規定。

14 (A)。(B)不良廠商停權屬公法爭議，救濟管道為單行道即爭議→申訴→訴訟。(C)請詳查採101規定。(D)應為自「刊登日」起算，請詳查採103.1規定。

15 (D)。撤銷既有採購並重新公告。

16 (B)。對釋疑不服就對招標機關提出異議，請詳查採75規定。

17 (D)。請詳查細109-1。

18 (D)。請詳查採101、102，停權爭議乃公法爭議，為單行道：爭議→申訴→行政訴訟。申訴審議結果以前之廠商失敗都可刊登。

19 (A)。請詳查採102。

20 (C)。採購模範法非強制規定。其餘請詳查採75.1規定。

21 (C)。(A)要先對招標機關異議，才會進申訴。(B)請詳查採76規定。(C)「應」於收受申訴書次日起40日內完成審議，並將判斷書面通知廠商，請詳查採78.2規定。

22 (D)。未達公告金額且對採購過程提出異議之不服。(A)(C)雖未達公告金額但涉及停權釋疑，仍可向申訴會提出申訴，除此之外還有押標金態樣，亦同。(B)公告金額以上採購。

23 (C)。本題為必考題，出現在各類國考、國營事業考試，請絕對要把握住。

24 (C)。請詳查採83。

25 (AEFGKL)。(B)請詳查採82規定。(C)審議判斷視同訴願決定，請詳查採83規定。(D)請詳查採84規定。(H)公法爭議的就濟為單行道，申訴後為行政訴訟。(I)視同「訴願」決定。(J)為「20日」。

26 (B)。請詳查採82規定。

27 (D)。撤銷異議處理依採75規定15日辦理。

28 (B)。公法爭議，為單行道：爭議→申訴→行政訴訟。

29 (D)。15日內，請詳查採76。

30 (B)。因屬公法爭議，依行政程序法第96條第1項第6款規定：「表明其為行政處分之意旨及不服行政處分之救濟方法、期間及其受理機關。」又因該廠商向工程會之申訴會提出申訴，卻又未作出審議判斷（仍非訴願決定），故其行政救濟應循該管訴願審議委員會辦理，而非地方法院之行政訴訟庭。

履約（私法）爭議

(　　) **1** （多選）根據「政府採購法」之規定，機關與廠商因履約爭議未能達成協議者，得以下列方式處理：　(A)向採購申訴審議委員會申請調解　(B)向行政院訴願審議委員會提起訴願　(C)向高等行政法院提起一般給付之訴　(D)向仲裁機構提付仲裁　(E)向採購申訴審議委員會提出再申訴　(F)向法院提起民事訴訟　(G)廠商得向中央主管機關提起訴願　(H)廠商得以機關為被告，提起國家賠償訴訟。【修改自107桃捷、107鐵路佐級】

(　　) **2** 廠商與機關之間因採購履約產生爭議而未能達成協議，得）向採購申訴審議委員會申請下列何種方式解決？　(A)調解　(B)申訴　(C)仲裁　(D)訴訟。【108經濟部、106經濟部】

(　　) **3** 有關政府採購履約爭議調解程序，下列爭議何者不適用？　(A)招標、審標、決標　(B)履約　(C)驗收　(D)保固。【111台電】

(　　) **4** 政府採購法對因履約爭議申請調解或提付仲裁之規定,下列敘述,
何者正確?
(A)履約爭議之調解或仲裁,應由廠商申請或提付
(B)機關對採購申訴審議委員會提出之工程調解建議或方案不得拒絕
(C)參加調解之利害關係人對調解方案,得於送達次日起15日內提
出異議
(D)未於法定期間內提出異議者,視為已依該方案調解成立。【108
鐵路佐級】

(　　) **5** 廠商針對採購契約履約爭議提出申訴,且未申請改行調解程序時,
採購申訴審議委員會應如何處理? (A)限期命廠商補正 (B)命廠
商撤回 (C)為申訴不受理之決議 (D)為申訴無理由之決議。【109
鐵路佐級】

(　　) **6** 關於「先調後仲」之敘述,下列何者正確? (A)此制度乃在於處
理採購之招標爭議 (B)依政府採購法第85條之1「先調後仲」規定
提起之仲裁仍應有仲裁協議 (C)「先調後仲」僅適用於工程採購
與技術服務採購,在財物採購不適用之 (D)「先調後仲」機制之
建立與擴大訴訟外之紛爭解決機制無關。【修改自106鐵路佐級、107臺
鐵營運專員】

(　　) **7** 依政府採購法第85條之4規定的「調解方案」係何所指? (A)在仲
裁程序中提出 (B)由採購申訴審議委員會依職權提出 (C)由法院
依雙方當事人申請提出 (D)任何人對調解方案皆不得異議。【106
鐵路佐級】

(　　) **8** 依政府採購法規定,關於向採購申訴審議委員會申請調解,下列敘
述何者正確? (A)機關不同意調解委員以採購申訴審議委員會名
義所提出之書面調解建議者,應先報請主管機關核定 (B)當事人
對於調解,不能合意但已甚接近者,採購申訴審議委員會得依職權
或依申請提出調解方案 (C)廠商對於調解方案,得於送達之次日
起20日內,向採購申訴審議委員會提出異議 (D)機關對調解方案
提出異議者,應先報請上級機關核定,並以書面向採購申訴審議委
員會及廠商說明理由。【110鐵路佐級】

(　　) **9** 依政府採購法規定，關於向採購申訴審議委員會申請調解之敘述，下列何者錯誤？　(A)須因機關與廠商因履約爭議未能達成協議者，方能申請調解　(B)專業服務採購之調解，採購申訴審議委員會應提出建議或調解方案　(C)工程採購之調解，因廠商不同意致調解不成立者，機關提付仲裁時，廠商得予以拒絕　(D)調解過程中，調解委員得依職權以採購申訴審議委員會名義提出書面調解建議。【110鐵路佐級】

(　　) **10** （多選）關於政府採購履約爭議之強制仲裁，下列何者錯誤？
(A)適用對象為工程及技術服務採購之調解
(B)採購申訴審議委員會應提出調解建議或調解方案
(C)強制仲裁毋須雙方合意
(D)因廠商不同意致調解不成立者，機關提付仲裁，廠商不得拒絕
(E)須因機關不同意致調解不成立
(F)廠商提付仲裁，機關不得拒絕
(G)採購爭議一律送仲裁
(H)政府採購契約應有仲裁約定
(I)調解屬機關申請者，廠商不得拒絕
(J)採購申訴審議委員會辦理調解之程序及其效力，除政府採購法有特別規定者外，準用民事訴訟法有關調解之規定。【修改自109鐵路佐級、107鐵路佐級、111鐵路佐級、110經濟部】

(　　) **11** 下列何種採購案件之履約爭議調解，如因機關不同意採購申訴委員會之調解建議，致調解不成立者，廠商提付仲裁，機關不得拒絕？
(A)A市立國民小學之校舍耐震補強工程採購案　(B)B市政府之大樓清潔勞務採購案　(C)C市立美術館之藝文採購案　(D)台灣電力公司之電腦資訊設備採購案。【111鐵路佐級、108鐵路佐級】

(　　) **12** 根據「採購履約爭議調解收費辦法」規定，以請求或確認金額金額新臺幣一億元以上，未滿三億元者為調解標的者，其調解費為(A)新臺幣十萬元　(B)新臺幣二十萬元　(C)新臺幣三十五萬元(D)新臺幣一百萬元。【106桃捷】

(　　) **13** 廠商申請調解，已繳納調解費10萬元，於通知調解期日後始發現有當事人不適格之情事，應退還調解費多少元？　(A)0元　(B)5萬元　(C)9萬5千元　(D)10萬元。【110鐵路佐級】

(　　) **14** 調解事件應自收受調解申請書之次日起至遲幾個月內完成調解程序，但經雙方同意延長者，得延長之？　(A)2個月　(B)3個月　(C)4個月　(D)6個月。【110鐵路佐級】

(　　) **15** 招標公告從私法層面觀察，其法律屬性為下列何者?　(A)要約　(B)觀念通知　(C)承諾　(D)要約之引誘。【110鐵路佐級】

解答與解析

1 (ADF)。請詳查採85-1.1規定。(B)(C)(G)均屬公法爭議，履約為私法爭議，不適用。(E)向申訴會提出調解。(H)非國家賠償，應係履約訴訟。

2 (A)。請詳查採85-1.1規定。

3 (A)。履約爭議乃私法爭議，非公法爭議者（招審決）可適用。

4 (D)。請詳查採85-4.3規定。(A)請詳查採85-1.2：「前項調解屬廠商申請者…」顯示調解可由機關提出。(B)依採85-3.1，應為雙方合意。(C)依採85-4.2：於送達次日起10日內。

5 (D)。請詳查「採購申訴審議規則」第11條。

6 (C)。請詳查採85-1.2規定。(A)處理履約爭議。(B)依仲裁法第1條第1項：「……當事人得訂立仲裁協議……」(D)是為了降低必須到訴訟才能解決的情形。

7 (B)。請詳查採85-1.2規定。

8 (D)。請詳查採85-3。(A)……報請「上級」機關核定。(B)採85-4，申訴會以職權提出調解方案。(C)當事人對於調解方案提出異議為送達之次日起10日內。

9 (B)。(A)依採85-1，機關與廠商因履約爭議未能達成協議有調解及仲裁兩方式之一處理。(B)依採85-1：工程及技術服務之採購調解，申訴會應提出建議或調解方案，非「專業」服務採購。(C)依採85-1規定，調解不成立，廠商提付仲裁，機關不得拒絕，即「先調後仲」。但若是機關提付仲裁，廠商是可以拒絕的。實務上，因為仲裁人立場往往較傾向廠商，所以機關仍較傾向以「訴訟」來處理履約爭議。(D)請詳查採85-3。

10 (DGHI)。請詳查採85-1.2規定，應為：廠商提仲裁，機關不得拒絕。也

因此仲裁無須雙方合意。(G)(H)履約爭議有多元處理方案，包含仲裁、調解等，契約中沒有仲裁規定。(I)調解乃雙方合意。

11 (A)。依採85-1.2規定，應為工程及技術服務。

12 (C)。請詳查「採購履約爭議調解收費辦法」第5條規定。

13 (C)。請詳查「採購履約爭議調解收費辦法」第10條。

14 (C)。請詳查「採購履約爭議調解規則」第20條。

15 (D)。招標公告→引誘廠商要約（投標），決標→雙方合意。

申訴會相關

( )　**1** 縣政府A未設置採購申訴審議委員會。對於該縣內公立學校辦理採購案之申訴事件，應如何處理？　(A)委請教育部採購申訴審議委員會處理　(B)委請內政部採購申訴審議委員會處理　(C)委請行政院公共工程委員會採購申訴審議委員會處理　(D)委請監察院採購申訴審議委員會處理。【107鐵路佐級】

( )　**2** 高雄市某社團法人接受台電公司補助辦理採購，補助金額為新臺幣（下同）150萬元，採購金額為200萬元，投標廠商不服決標結果，應向下列那一個採購申訴審議委員會申訴？　(A)高雄市政府採購申訴審議委員會　(B)經濟部採購申訴審議委員會　(C)行政院公共工程委員會採購申訴審議委員會　(D)以上皆非。【修改自103經濟部】

( )　**3** 關於廠商申訴之敘述，下列何項錯誤？　(A)採取異議前置原則　(B)限於公告金額以上採購、押標金或不良廠商停權異議之處理結果不服　(C)廠商誤向該管採購申訴審議委員會以外之機關申訴時，以該機關收受之日，視為提起申訴之日　(D)履約爭議，可藉由申訴救濟。【修正自107鐵路佐級】

( )　**4** 採購申訴審議委員會委員之人數依法為？　(A)5人至17人　(B)7人至35人　(C)9人至27人　(D)機關自行依內規訂定。【107桃捷】

(　) **5** 廠商誤向轄管採購申訴審議委員會以外之機關申訴，收受申訴書之機關應於收受之次日起幾日內將申訴書移送至該廠商轄管採購申訴審議委員會，並通知申訴廠商？　(A)5日　(B)7日　(C)3日　(D)10日。【107桃捷】

(　) **6** 採購申訴審議委員會應於收受申訴書之次日起至少幾日內完成審議？　(A)30日　(B)40日　(C)50日　(D)60日。【110鐵路佐級】

(　) **7** 依採購申訴審議收費辦法第4條之規定，每一申訴案件之審議費為新臺幣多少元？　(A)依個案認定　(B)不用收費　(C)5萬元　(D)3萬元。【107經濟部】

(　) **8** 廠商針對採購契約履約爭議提出申訴，且未申請改行調解程序時，採購申訴審議委員會應如何處理？
(A)限期命廠商補正
(B)命廠商撤回
(C)為申訴不受理之決議
(D)為申訴無理由之決議。【109鐵路佐級】

(　) **9** 我國政府採購法之爭議處理程序有關暫時性之權利保護規定，下列何者正確？
(A)並無任何關於暫時性之權利保護規定
(B)第75條之異議即為暫時性之權利保護規定
(C)第82條第2項之暫停採購程序屬於暫時性之權利保護規定
(D)第85條第1項招標機關應另為適法處置即為暫時性之權利保護措施。【106鐵路佐級】

解答與解析

1 (C)。委請工程會的申訴會處理。

2 (C)。非高雄市政府的採購案，又是接受台電公司補助的採購，非屬地方申訴會，只能是工程會的申訴會。

3 (D)。履約爭議有多種救濟管道，如訴訟、調解等。

4 (B)。請詳查「採購申訴審議委員會組織準則」第4條。

5 **(C)**。請詳查採76.3規定。

6 **(B)**。請詳查採78。

7 **(D)**。申訴審議固定3萬元,非依調解請求金額有所差異。

8 **(C)**。請詳查「採購申訴審議規則」第11條。

9 **(C)**。按行政訴訟之暫時性權利保護機制有:停止執行、假扣押或假處分,是以「申訴會完成審議前得通知機關暫停採購程序(採82)」就是種暫時性權利保護機制。(B)採75廠商提出異議,但招標機關仍可續行採購,非屬暫時性權利保護規定。(D)採85.1另為適法之處置—「仍在執行」,非屬站暫時性權利保護。

適用法規速查

採購申訴審議委員會組織準則 (105 年 5 月 25 日修正)	採購申訴審議規則 (108 年 10 月 29 日修正)
採購申訴審議收費辦法 (96 年 3 月 13 日修正)	採購履約爭議調解規則 (97 年 4 月 22 日修正)
採購履約爭議調解收費辦法 (101 年 8 月 3 日修正)	

NOTE

Lesson

 罰 則

這裡目前出題機率相對低，多數散佈於本堂各條款中，命題主要以各條款規定之情況及對應徒刑、罰金為主。

逐條說明

第 **59** 條

廠商不得以支付他人佣金、比例金、仲介費、後謝金或其他不正利益為 條件，促成採購契約之成立。

違反前項規定者，機關得終止或解除契約，並將二倍之不正利益自契約價款中扣除。未能扣除者，通知廠商限期給付之。

> **細 則**

第 **82** 條　本法第五十九條第一項不適用於因正當商業行為所為之給付。

第 **87** 條

意圖使廠商不為投標、違反其本意投標，或使得標廠商放棄得標、得標後轉包或分包，而施強暴、脅迫、藥劑或催眠術者，處一年以上七年以下有期徒刑，得併科新臺幣三百萬元以下罰金。

犯前項之罪，因而致人於死者，處無期徒刑或七年以上有期徒刑；致重傷者，處三年以上十年以下有期徒刑，各得併科新臺幣三百萬元以下罰金。

以詐術或其他非法之方法,使廠商無法投標或開標發生不正確結果者,處五年
以下有期徒刑,得併科新臺幣一百萬元以下罰金。

意圖影響決標價格或獲取不當利益,而以契約、協議或其他方式之合意,使廠
商不為投標或不為價格之競爭者,處六月以上五年以下有期徒刑,得併科新臺
幣一百萬元以下罰金。

意圖影響採購結果或獲取不當利益,而借用他人名義或證件投標者,處三年以
下有期徒刑,得併科新臺幣一百萬元以下罰金。容許他人借用本人名義或證件
參加投標者,亦同。

第一項、第三項及第四項之未遂犯罰之。

第 **88** 條

受機關委託提供採購規劃、設計、審查、監造、專案管理或代辦採購廠商之人
員,意圖為私人不法之利益,對技術、工法、材料、設備或規格,為違反法令
之限制或審查,因而獲得利益者,處一年以上七年以下有期徒刑,得併科新臺
幣三百萬元以下罰金。其意圖為私人不法之利益,對廠商或分包廠商之資格為
違反法令之限制或審查,因而獲得利益者,亦同。

前項之未遂犯罰之。

第 **89** 條

受機關委託提供採購規劃、設計或專案管理或代辦採購廠商之人員,意圖為私
人不法之利益,洩漏或交付關於採購應秘密之文書、圖畫、消息、物品或其他
資訊,因而獲得利益者,處五年以下有期徒刑、拘役或科或併科新臺幣一百萬
元以下罰金。

前項之未遂犯罰之。

第 **90** 條

意圖使機關規劃、設計、承辦、監辦採購人員或受機關委託提供採購規劃、設
計或專案管理或代辦採購廠商之人員,就與採購有關事項,不為決定或為違反
其本意之決定,而施強暴、脅迫者,處一年以上七年以下有期徒刑,得併科新
臺幣三百萬元以下罰金。

犯前項之罪，因而致人於死者，處無期徒刑或七年以上有期徒刑；致重傷者，處三年以上十年以下有期徒刑，各得併科新臺幣三百萬元以下罰金。

第一項之未遂犯罰之。

第 **91** 條

意圖使機關規劃、設計、承辦、監辦採購人員或受機關委託提供採購規劃、設計或專案管理或代辦採購廠商之人員，洩漏或交付關於採購應秘密之文書、圖畫、消息、物品或其他資訊，而施強暴、脅迫者，處五年以下有期徒刑，得併科新臺幣一百萬元以下罰金。

犯前項之罪，因而致人於死者，處無期徒刑或七年以上有期徒刑；致重傷者，處三年以上十年以下有期徒刑，各得併科新臺幣三百萬元以下罰金。

第一項之未遂犯罰之。

第 **92** 條

廠商之代表人、代理人、受雇人或其他從業人員，因執行業務犯本法之罪者，除依該 條規定處罰其行為人外，對該廠商亦科以該 條之罰金。

✅ 採購實務這樣做

本堂課須留意相關規定之敘述，如：

1. 「機關規劃、設計、承辦、監辦採購人員或受機關委託提供採購規劃、設計或專案管理或代辦採購廠商之人員（後簡稱廣義採購人員，請留意僅為本書定義非專有名詞）」即不僅限於機關採購人員，尚包含採購法第4條（法人或團體受機關補助辦理採購）、第5條（法人團體代辦採購）、第39條（規劃、設計、供應或履約業務之專案管理）等辦理採購事項之人員。

2. 「意圖使A，而施行B，因而得到C，處分D」的敘述，其中A、B、C都是要件，要件均達成後才有D的處分；此外，也要留意「主詞」是誰，該條款是針對「誰」來規範。由前述邏輯可知，並不是辦採購就會觸法，採購人員確實須謹慎辦理採購，避免違法（要件均符合才違法），但也不要過於小心什麼事情都不敢碰。

3. 此處部分條款加註「未遂犯罰之」，表示只要有「意圖」就會犯法喔，要小心。

本書歸納本章罰則內容如表7.1，供各位參用：

表 7.1 採購法第 7 章相關罰則

主詞	要件	懲罰	依據
任一自然人	意圖使廠商不為投標、違反其本意投標，或使得標廠商放棄得標、得標後轉包或分包＋施強暴、脅迫、藥劑或催眠術者。	1 年以上 7 年以下有期徒刑，得併科 300 萬以下罰金。 1. 致人於死，無期徒刑或 7 年以上有期徒刑。 2. 致重傷，3 年以上 10 年以下有期徒刑，各得併科 300 萬元以下罰金。	**採** 87.1
	以詐術或其他非法之方法，使廠商無法投標或開標發生不正確結果者。	5 年以下有期徒刑，得併科 100 萬元以下罰金。	**採** 87.3
	意圖影響決標價格或獲取不當利益，而以契約、協議或其他方式之合意，使廠商不為投標或不為價格之競爭者。	0.5 年以上 5 年以下有期徒刑，得併科 100 萬元以下罰金。	**採** 87.4
	1. 意圖影響採購結果或獲取不當利益，而借用他人名義或證件投標者。 2. 容許他人借用本人名義或證件參加投標者。	3 年以下有期徒刑，得併科 100 萬元以下罰金。	**採** 87.5

主詞	要件	懲罰	依據
任一 自然人	意圖使廣義採購人員，就與採購有關事項，不為決定或為違反其本意之決定，而施強暴、脅迫者。	1 年以上 7 年以下有期徒刑，得併科 300 萬以下罰金。 1. 致人於死，無期徒刑或 7 年以上有期徒刑。 2. 致重傷，3 年以上 10 年以下有期徒刑，各得併科 300 萬元以下罰金。	採 90
	意圖使廣義採購人員，洩漏或交付關於採購應秘密之文書、圖畫、消息、物品或其他資訊，而施強暴、脅迫者。	5 年以下有期徒刑，得併科 100 萬元以下罰金。 1. 致人於死，無期徒刑或 7 年以上有期徒刑。 2. 致重傷，3 年以上 10 年以下有期徒刑，各得併科 300 萬元以下罰金。	採 91
廣義 採購人員	1. 意圖為私人不法之利益，對技術、工法、材料、設備或規格，為違反法令之限制或審查，因而獲得利益者。 2. 意圖為私人不法之利益，對廠商或分包廠商之資格為違反法令之限制或審查，因而獲得利益者。	1 年以上 7 年以下有期徒刑，得併科 300 萬以下罰金。	採 88

主詞	要件	懲罰	依據
廣義採購人員	意圖為私人不法之利益，洩漏或交付關於採購應秘密之文書、圖畫、消息、物品或其他資訊，因而獲得利益者。	5 年以下有期徒刑、拘役或科或併科 100 萬元以下罰金。	採 89

NOTE

精選試題

( ) **1** 有關意圖使機關規劃、設計、承辦、監辦採購人員或受機關委託提供採購規劃、設計或專案管理或代辦採購廠商之人員,就與採購有關事項,不為決定或為違反其本意之決定,而施強暴、脅迫者,以下之敘述何者為是?

(A)處三年以上七年以下有期徒刑,得併科新台幣三百萬元以下罰金

(B)處一年以上七年以下有期徒刑,得併科新台幣三百萬元以下罰金

(C)處一年以上七年以下有期徒刑,得併科新台幣五百萬元以下罰金

(D)處一年以上五年以下有期徒刑,得併科新台幣五百萬元以下罰金。【107桃捷】

( ) **2** 意圖影響採購結果或獲取不當利益,而借用他人名義或證件投標者,需負何法律責任? (A)3年以下有期徒刑,得併科新臺幣1百萬元以下罰金 (B)5年以下有期徒刑,得併科新臺幣1百萬元以下罰金 (C)3年以下有期徒刑,得併科新臺幣2百萬元以下罰金 (D)5年以下有期徒刑,得併科新臺幣2百萬元以下罰金。【108鐵路佐級】

( ) **3** 依政府採購法第91條規定,洩漏採購秘密罪的構成要件,不包括何者? (A)洩漏採購應秘密之文書 (B)洩漏採購應秘密之底價資訊 (C)洩漏採購應秘密之圖畫 (D)洩漏開標之時間及地點。

( ) **4** 受機關委託代辦採購廠商之人員,意圖為私人不法之利益,對材料、規格,為違反法令之限制,因而獲得利益者,構成下列何條之罪? (A)政府採購法第87條之罪 (B)政府採購法第88條之罪 (C)政府採購法第89條之罪 (D)政府採購法第91條之罪。【110鐵路佐級】

(　　) **5** 有關政府採購法第59條「廠商不得支付他人佣金、比例金、仲介費、後謝金或其他不正利益為條件，促成採購契約成立」規定之敘述，下列何者有誤？
(A)違反規定者，機關得終止或解除契約
(B)不問其名目為何，舉凡有違反公平採購之原則者，均認定屬同法施行細則第82條非正當商業行為所為之給付而適用本條規定
(C)機關於無法自契約價款中扣除時得移送管轄法務部行政執行署（處）辦理
(D)機關得將2倍之不正利益自契約價款中扣除。【110經濟部】

解答與解析

1 (B)。請詳查採90相關規定。

2 (A)。請詳查採87相關規定。

3 (D)。請詳查採87相關規定。

4 (B)。(A)(D)請詳見採59規定。

5 (C)。(A)(D)請詳見採59規定。(B)摘錄最高法院103年度台上字第87號民事判決『而所謂不當利益，除同法施行細則第八十二條所稱因「正當商業行為所為之給付」外，凡有違反公平採購之原則者，不問其名目為何，均有上開規定之適用。』但此選項文義上並不考慮正當商業行為所為之給付，所以筆者認為不全正確。(C)摘錄臺北市政府採購申訴與調解業務資訊網對於「政府採購法第59條第2項之性質」鑑定意見書，扣除2倍不正利益非裁罰性不利處分（非公法），且立法者認為係請求權基礎（並未規定追討方式），機關應追討至少2倍不正利益（私法認定）。

又法務部行政執行署主要功能為集中辦理基於法令或行政處分所生之公法上金錢給付義務之案件。

基於2倍不正利益乃私法範疇，故無法移送行政執行署辦理。

比較(B)與(C)，仍以(C)較為錯誤。

Lesson

附 則

這裡的內容是採購法中無法歸類於前 7 堂之相關內容，包含共同供應契約、評選委員會相關規定、原住民優惠條款、不可作為招決標對象、採購稽核小組、不適用招決標規定態樣、電子化招標方式、巨額效益分析等內容。

本書彙整近年考題，本堂內容目前出題機率最高者為「通知廠商並刊登政府採購公告情形」（採 101）及「不得參加投標或作為決標對象或分包廠商」（採 103）為最大宗，其次為「採購評選委員會相關規定」（採 94），「共同供應契約」（採 93）、「原住民相關規定」（採 98）再次之。請斟酌時間備考。除去前開出題機率相對高的各類別，多數為個別分散式出題，請各位斟酌備考時間來掌握。

重點	法規條目	考題機率
不良廠商刊登政府採購公報之情形、行政救濟及停權期間	採 101 ～ 103	30%
採購評選委員會相關規定	採 94	15%
共同供應契約、原住民就業規定	採 93	18%
其他	—	37%

準備建議

1 不良廠商刊登政府採購公告情形及不得參加投標或作為決標對象或分包廠商的狀況。
2 採購評選委員會相關規定：專家學者定義、評選委員出席人數規定等。
3 共同供應契約相關規定。
4 原住民相關規定。

逐條説明

一、共同供應契約

第 93 條

各機關得就具有共通需求特性之財物或勞務，與廠商簽訂共同供應契約。

共同供應契約之採購，其招標文件與契約應記載之事項、適用機關及其他相關事項之辦法，由主管機關另定之。

✅ 採購實務這樣做

本條款請與「共同供應契約實施辦法」一同準備，彙整目前國考命題方向大致不脫三種類題：共同供應契約含意、共同供應契約適用採購類型（財物或勞務）以及契約公開管道（主管機關指定之資訊網站）。重點如後：

1. 具有共同需求特性之財物或勞務，指該財物或勞務於二以上機關均有需求者。
2. 共同供應契約，指一機關為二以上機關具有共通需求特性之財物或勞務與廠商簽訂契約，使該機關及其他適用本契約之機關均得利用本契約辦理採購者。
3. 本契約應公開於主管機關指定之資訊網站。

實務上，共同供應契約就是針對財物或勞務，由某一機關（訂約機關）與廠商訂約，其他機關（適用機關）利用前開已經簽訂的契約來採購的態樣。較常見於秘書部門、總（庶）務部門的採購物資，如冷氣、文具等。

二、電子化方式辦理採購

第 93-1 條

機關辦理採購，得以電子化方式為之，其電子化資料並視同正式文件，得免另備書面文件。

前項以電子化方式採購之招標、領標、投標、開標、決標及費用收支作業辦法，由主管機關定之。

✅ 採購實務這樣做

本條款請與「電子採購作業辦法」一同準備，歸納重點如後：

1. 機關及廠商以電子化方式辦理採購（以下簡稱電子採購），依規定應簽名或蓋章者，應**以電子簽章為之**。
2. 機關及廠商辦理電子採購，應利用主管機關指定之資訊系統，並登錄必要之資料。
3. 機關得於招標文件中規定廠商電子投標使用之檔案格式，或廠商列印電子招標文件投標之格式。但廠商之檔案格式或列印格式不影響讀取、辨識或使用者，機關不得拒絕。前項機關規定之檔案格式或列印格式不應限制廠商之競爭。
4. 廠商電子投標者，應於投標截止期限前將所有電子投標文件均傳輸至主管機關指定之資訊系統。
5. 廠商辦理電子投標，其依採30或採37.2規定繳納押標金、保證金或提供擔保，得以銀行開具之電子押標金保證書或電子保證金保證書為之。
6. 機關採購，**其電子招標、廠商電子領標、廠商電子投標，以及機關與廠商間之通知、說明、減價、比減價格、協商、更改原報內容、重新報價**，得以電子資料傳輸方式辦理。

三、採購評選相關規定

第 **94** 條

機關辦理評選，應成立五人以上之評選委員會，專家學者人數不得少於三分之一，其名單由主管機關會同教育部、考選部及其他相關機關建議之。

前項所稱專家學者，不得為政府機關之現職人員。

評選委員會組織準則及審議規則，由主管機關定之。

✅ 採購實務這樣做

本條款應與「採購評選委員會組織準則」及「採購評選委員會審議規則」等規定一同參照，且備考應特別留意採購評選委員會適用狀況、成立時機、成員數、出席人數規定。先對「評選委員」及「工作小組」角色定位做解釋。簡單的說，評選委員的角色是對投標廠商評分，評分會依招標文件所載的個別評分表評選標準來給分；而工作小組除評選行政事務外，必須先檢閱各投標廠商服務建議書，對應評選標準先釐清哪些內容有符合標準要求、哪些沒有，評估所報內容的可行性，以及廠商間的差異性，並針對缺失或機關在意處於工作小組初審意見標示，請評選委員協助詢問投標廠商。也因此，前開需要留意之規定、執行準則於「採購評選委員會審議規則」予以規範。

彙整前開規定重點如下，供各位把握：
1. 採購評選委員會組織準則
   (1) 適用狀況：採22.1-9～22.1-10規定之評選優勝者（準用最有利標）以及採56**最有利標等**。
   (2) 任務：
     A. 訂定或審定評選項目、評審標準、評定方式等。
     B. 廠商評選。
     C. 協助機關解釋與評審標準、評選過程或評選結果有關事項。
   (3) 成員數：**5人以上，專家學者（非機關現職人員）不得少於**1／3。
   (4) 採購評選委員會應於招標前成立，於完成評選事宜且無待辦處理事項後解散。但評選項目、評審標準及評定方式有前例或條件簡單得由機關自行訂定或審定，故採購評選委員會**最晚應於開標前成立**。
   (5) 採購評選委員會成立時，**一併成立3人以上**之工作小組，至少應有1人具有採購專業人員資格。
2. 採購評選委員會審議規則
   (1) 工作小組應依據評選項目或評選委員會指定項目，就受評廠商擬具初審意見，載明下列事項：
     A. 採購案名稱。
     B. 工作小組人員姓名、職稱及專長。

C. 受評廠商於各評選項目所報內容是否具可行性，並符合招標文件所定之目的、功能、需求、特性、標準、經費及期程等。

D. 受評廠商於各評選項目之差異性。

(2)評選委員會議應有委員總額1/2以上出席，決議應經出席委員過半數同意行之。出席委員中之專家學者人數應至少2人且不得少於出席人數之1／3。

(3)評選委員之評選及出席會議應親自為之。

(4)評選總表應附記：

A. 出席委員是否就評選項目、受評廠商資料及工作小組初審意見，逐項討論後評選。

B. 若評選委員會或個別委員評選結果與工作小組初審意見有無差異及其處置方式。若有異應敘明理由並列入紀錄。

C. 不同出席委員評選結果有無明顯差異及其處置方式。

(5)評選結果應通知投標廠商，對不合格或未獲選之廠商並應敘明原因。

(6)最後一次評選會議紀錄應於當次會議結束前作成並予確認。

(7)評選委員應辭職或解聘之情形：

A. 案件涉及本人、配偶、二親等以內親屬，或共同生活家屬之利益。

B. 本人或其配偶與受評選之廠商或其負責人間現有或3年內曾有僱傭、委任或代理關係。

C. 委員認為本人或機關認其有不能公正執行職務之虞。

D. 有其他情形足使受評選之廠商認其有不能公正執行職務之虞。

(8)評選委員自接獲評選有關資料時起，不得就該採購案參加投標、作為投標廠商之分包廠商或擔任工作人員。有違反者，機關應不決標予該廠商。

(9)評選委員於所評採購各案決標後，不得擔任得標廠商該案之履約工作成員，或協助履約。得標廠商不得委任或聘任評選委員為前開工作，有違反者，機關得終止或解除該採購契約。

四、採購專業人員規定

第 95 條

機關辦理採購宜由採購專業人員為之。但一定金額之採購,應由採購專業人員為之。

前項採購專業人員之資格、考試、訓練、發證、管理辦法及一定金額,由主管機關會商相關機關定之。

✓ 採購實務這樣做

本條款請與「採購專業人員資格考試訓練發證及管理辦法」一同準備。彙整前開規定重點如後:

1. 機關辦理採購,其訂定招標文件、招標、決標、訂約、履約管理、驗收及爭議處理,達公告金額以上之採購(駐外機構為300萬元),應由採購專業人員承辦或經採購專業人員審核、協辦或會辦。

2. 採購專業人員不因職務調任或異動、**辭職5年內回任機關採購職務**而喪失資格,即辭職超過5年後回任機關者,喪失採購專業人員資格。

3. **喪失採購專業人員資格情形**,倘其判決無罪確定予以回復:

   (1) **辦理採購業務,涉嫌不法行為,經有罪判決者**。

   (2) **因辦理採購業務違法法令情節重大而受免除職務、撤職、剝奪、減少退休金、休職、降級、減俸、罰款、記過申誡處分之判決者**。但倘與操守無關,係偶發情形,且可改善者,經主管機關核准,**得免喪失**採購專業人員資格。

五、優先採購環保標章產品

第 96 條

機關得於招標文件中,規定優先採購取得政府認可之環境保護標章使用許可,而其效能相同或相似之產品,並得允許百分之十以下之價差。產品或其原料之

製造、使用過程及廢棄物處理,符合再生材質、可回收、低污染或省能源者,亦同。

其他增加社會利益或減少社會成本,而效能相同或相似之產品,準用前項之規定。

前二項產品之種類、範圍及實施辦法,由主管機關會同行政院環境保護署及相關目的事業主管機關定之。

✅ 採購實務這樣做

本條款應與「機關優先採購環境保護產品辦法」一同準備。彙整前開規定重點如後:

1. 環境保護產品指第一類至第三類產品。

　(1) 政府認可之環境保護標章使用許可之產品(第一類產品),指該產品屬環保署公告之環保標章產品項目,或取得與我國達成相互承認協議之外國環保標章使用許可。

　(2) 產品或其原料之製造、使用過程及廢棄物處理,符合再生材質、可回收、低汙染或省能源者(第二類產品),指經環保署認定符合此等條件,並發給證明文件者。

　(3) **增加社會利益或減少社會成本**之產品(第三類產品),指該產品經**相關目的事業主管機關認定符合此等條件**,並發給證明文件者。

2. 機關**優先採購環保產品並允許價差優惠者**,其優惠比率由機關個案訂定,並載明於招標文件,但**不得逾10%**。

3. 優先採購方式:

　(1) 非環保產品廠商為最低標,環保產品廠商標價符合採52.1決標原則者,得優先決標予該環保廠商。

　(2) 非環保產品廠商為最低標,環保產品廠商標價符合採52.1決標原則者,**環保產品廠商之最低價逾非環保產品廠商金額且於價差優惠比率以內者,決標予該環保廠商**;逾價差優惠比率者仍決標予非環保產品廠商。

　(3) 決標依採52.1-3規定辦理者,得將廠商供應環保產品之情形,納入評定最有利標之評選項目。

4.本優惠辦法不適用下列採購：
　(1) 條約協定採購。
　(2) 招標標的僅部分屬環保產品者。

第 **97** 條

主管機關得參酌相關法令規定採取措施，扶助中小企業承包或分包一定金額比例以上之政府採購。

前項扶助辦法，由主管機關定之。

六、原住民就業規定

第 **98** 條

得標廠商其於國內員工總人數逾一百人者，應於履約期間僱用身心障礙者及原住民，人數不得低於總人數百分之二，僱用不足者，除應繳納代金，並不得僱用外籍勞工取代僱用不足額部分。

> **細 則**

第 **107** 條　本法第九十八條所稱國內員工總人數，依身心障礙者權益保障法第三十八條第三項規定辦理，並以投保單位為計算基準；所稱履約期間，自訂約日起至廠商完成履約事項之日止。但下列情形，應另計之：
一、訂有開始履約日或開工日者，自該日起算。兼有該二日者，以日期在後者起算。
二、因機關通知全面暫停履約之期間，不予計入。
三、一定期間內履約而日期未預先確定，依機關通知再行履約者，依實際履約日數計算。
依本法第九十八條計算得標廠商於履約期間應僱用之身心障礙者及原住民之人數時，各應達國內員工總人數百分之一，並均以整數為計算標準，未達整數部分不予計入。

第 108 條 得標廠商僱用身心障礙者及原住民之人數不足前條第二項規定
者，應於每月十日前依僱用人數不足之情形，分別向所在地之直
轄市或縣（市）勞工主管機關設立之身心障礙者就業基金專戶及
原住民中央主管機關設立之原住民族就業基金專戶，繳納上月之
代金。

前項代金之金額，依差額人數乘以每月基本工資計算；不足一月
者，每日以每月基本工資除以三十計。

✅ 採購實務這樣做

本條款於國考命題常與大法官釋憲釋字第719號一起考，而另一個類型則是原
住民或身障人士的應僱用人數計算。彙整本條款重點如下：

1. 依採98及細107.2規定身障及原住民應**各達國內員工總人數**1%，且總和不得
   低於總人數之2%，**未達整數部分不予計入**。

2. 倘僱用人數不足則應向所在地勞工主管機關設立之身心障礙者就業基金專戶
   及原住民中央主管機關設立之原住民族就業基金專戶繳納代金。

另節錄大法官會議103年4月18日釋字第719號解釋（參考網址：https://cons.
judicial.gov.tw/jcc/zh-tw/jep03/show?expno=719）如下：

1. 解釋爭點：政府採購得標廠商員工逾百者應進用一定比例原住民，未進用者
   令繳代金之規定，違憲？

2. 解釋文：原住民族工作權保障法第十二條第一項、第三項及政府採購法第
   九十八條，關於政府採購得標廠商於國內員工總人數逾一百人者，應於履約
   期間僱用原住民，人數不得低於總人數百分之一，進用原住民人數未達標準
   者，應向原住民族綜合發展基金之就業基金繳納代金部分，尚無違背憲法第
   七條平等原則及第二十三條比例原則，與憲法第十五條保障之財產權及其與
   工作權內涵之營業自由之意旨並無不符。

3. 理由書：國家對於財產權及營業自由之限制應符合憲法第7條平等原則及第
   23條比例原則，為正當公益之目的限制人民權利，其所採手段必要，且限
   制並未過當者，始與憲法第二十三條比例原則無違。採購法要求得標廠商進
   用原住民及身心障礙者未達一定比例須繳納代金，**係對其是否增僱或選擇受**

僱對象等營業自由形成一定限制，**侵害其財產權及其與工作權內涵之營業自由**。而得標廠商未達進用原住民之標準者**須繳納代金**，**則屬對其財產權之侵害**。未達比例者須繳納代金之義務，在政府採購市場形成因**企業規模大小不同而有差別待遇**。**按系爭規定所以為差別待遇**。得標廠商未僱用一定比例之原住民而**須繳納代金，其金額如超過政府採購金額者，允宜有適當之減輕機制**。有關機關應依本解釋意旨，就政府採購法及原住民族工作權保障法相關規定儘速檢討改進。

七、BOT

第 **99** 條

機關辦理政府規劃或核准之交通、能源、環保、旅遊等建設，經目的事業主管機關核准開放廠商投資興建、營運者，其甄選投資廠商之程序，除其他法律另有規定者外，適用本法之規定。

> **細 則**

第 **109** 條　機關依本法第九十九條規定甄選投資興建、營運之廠商，其係以廠商承諾給付機關價金為決標原則者，得於招標文件規定以合於招標文件規定之下列廠商為得標廠商：
一、訂有底價者，在底價以上之最高標廠商。
二、未訂底價者，標價合理之最高標廠商。
三、以最有利標決標者，經機關首長或評選委員會過半數之決定所評定之最有利標廠商。
四、採用複數決標者，合於最高標或最有利標之競標精神者。
機關辦理採購，招標文件規定廠商報價金額包括機關支出及收入金額，或以使用機關財物或權利為對價而無其他支出金額，其以廠商承諾給付機關價金為決標原則者，準用前項規定。

八、不良廠商刊登政府採購公報之情形、行政救濟及停權期間

第 101 條

機關辦理採購，發現廠商有下列情形之一，應將其事實、理由及依第一百零三條第一項所定期間通知廠商，並附記如未提出異議者，將刊登政府採購公報：

一、容許他人借用本人名義或證件參加投標者。

二、借用或冒用他人名義或證件投標者。

三、擅自減省工料，情節重大者。

四、以虛偽不實之文件投標、訂約或履約，情節重大者。

五、受停業處分期間仍參加投標者。

六、犯第八十七條至第九十二條之罪，經第一審為有罪判決者。

七、得標後無正當理由而不訂約者。

八、查驗或驗收不合格，情節重大者。

九、驗收後不履行保固責任，情節重大者。

十、因可歸責於廠商之事由，致延誤履約期限，情節重大者。

十一、違反第六十五條規定轉包者。

十二、因可歸責於廠商之事由，致解除或終止契約，情節重大者。

十三、破產程序中之廠商。

十四、歧視性別、原住民、身心障礙或弱勢團體人士，情節重大者。

十五、對採購有關人員行求、期約或交付不正利益者。

廠商之履約連帶保證廠商經機關通知履行連帶保證責任者，適用前項規定。

機關為第一項通知前，應給予廠商口頭或書面陳述意見之機會，機關並應成立採購工作及審查小組認定廠商是否該當第一項各款情形之一。

機關審酌第一項所定情節重大，應考量機關所受損害之輕重、廠商可歸責之程度、廠商之實際補救或賠償措施等情形。

> 細則

第 109-1 條

機關依本法第一百零一條第三項規定給予廠商陳述意見之機會，應以書面告知，廠商於送達之次日起十日內，以書面或口頭向機關陳述意見。

廠商依本法第一百零一條第三項規定以口頭方式向機關陳述意見時，應至機關指定場所陳述，機關應以文字、錄音或錄影等方式記錄。

機關依本法第一百零一條第一項規定將其事實、理由及依第一百零三條第一項所定期間通知廠商時，應附記廠商如認為機關所為之通知違反本法或不實者，得於接獲通知之次日起二十日內，以書面向招標機關提出異議；未提出異議者，將刊登政府採購公報。

機關依本法第一百零二條規定將異議處理結果以書面通知提出異議之廠商時，應附記廠商如對該處理結果不服，得於收受異議處理結果之次日起十五日內，以書面向採購申訴審議委員會提出申訴。

第 110 條　廠商有本法第一百零一條第一項第六款之情形，經判決無罪確定者，自判決確定之日起，得參加投標及作為決標對象或分包廠商。

第 111 條　（刪除）

第 112 條　（刪除）

第 102 條

廠商對於機關依前 條所為之通知，認為違反本法或不實者，得於接獲通知之次日起二十日內，以書面向該機關提出異議。

廠商對前項異議之處理結果不服，或機關逾收受異議之次日起十五日內不為處理者，無論該案件是否逾公告金額，得於收受異議處理結果或期限屆滿之次日起十五日內，以書面向該管採購申訴審議委員會申訴。

機關依前條通知廠商後，廠商未於規定期限內提出異議或申訴，或經提出申訴結果不予受理或審議結果指明不違反本法或並無不實者，機關應即將廠商名稱及相關情形刊登政府採購公報。

第一項及第二項關於異議及申訴之處理，準用第六章之規定。

第 103 條

依前條第三項規定刊登於政府採購公報之廠商，於下列期間內，不得參加投標或作為決標對象或分包廠商：

一、有第一百零一條第一項第一款至第五款、第十五款情形或第六款判處有期徒刑者，自刊登之次日起三年。但經判決撤銷原處分或無罪確定者，應註銷之。

二、有第一百零一條第一項第十三款、第十四款情形或第六款判處拘役、罰金或緩刑者，自刊登之次日起一年。但經判決撤銷原處分或無罪確定者，應註銷之。

三、有第一百零一條第一項第七款至第十二款情形者，於通知日起前五年內未被任一機關刊登者，自刊登之次日起三個月；已被任一機關刊登一次者，自刊登之次日起六個月；已被任一機關刊登累計二次以上者，自刊登之次日起一年。但經判決撤銷原處分者，應註銷之。

機關因特殊需要，而有向前項廠商採購之必要，經上級機關核准者，不適用前項規定。

本法中華民國一百零八年四月三十日修正之條文施行前，已依第一百零一條第一項規定通知，但處分尚未確定者，適用修正後之規定。

細則

第112-1條　本法第一百零三條第一項第三款所定通知日，為機關通知廠商有本法第一百零一條第一項各款情形之一之發文日期。

本法第一百零三條第二項所稱特殊需要，指符合下列情形之一，且基於公共利益考量確有必要者：

一、有本法第二十二條第一項第一款、第二款、第四款或第六款情形之一者。

二、依本法第五十三條或第五十四條規定辦理減價結果，廢標二次以上，且未調高底價或建議減價金額者。

三、依本法第一百零五條第一項第一款或第二款辦理者。

四、其他經主管機關認定者。

✅ 採購實務這樣做

這是本堂課的內容中最常考的部分—不良廠商之處理，由於此涉及廠商停權（意即不得參加投標、作為決標對象或分包商）議題，為公法爭議，走的是行

政程序及行政救濟這條路，倘機關遭遇採101規定情形之廠商，其處理必須循行政程序法、採購法等相關規定辦理（請詳L6說明）**如給予廠商口頭或書面陳述意見機會，機關也必須成立採購工作及審查小組來認定**是否符合採101.1各款情形，其**通知亦應附記教示說明**，給予廠商提出爭議之機會，**倘期限內廠商未提出爭議**（公法爭議為單行道，即採購申訴審議委員會→行政訴訟），**機關則刊登政府採購公報並給予停權處置**。

相關考題會跟L2押標金保證金發還與否有關，故一併彙整如後表8.1，供各位參考適用：

表 8.1 不良廠商的停權期間及押保金處理

採 101 廠商情形	採 103 停權期間	押標金保證金處置
1. 容許他人借用本人名義或證件參加投標。 2. 借用或冒用他人名義或證件投標者。 3. 擅自減省工料，情節重大者。 4. 以虛偽不實之文件投標、訂約或履約，情節重大者。 5. 受停業處分期間仍參加投標者。 6. 犯採 87 至採 92 之罪經一審判決有罪且判處有期徒刑者。 7. 對採購人員行求、期約或交付不正利益者。	政府採購公報刊登次日起 3 年。	1. 押標金不予發還或追繳。 2. 履約／保固保證金：擅自減省工料，其減省工料及所造成損失之金額，自待付契約價金扣抵仍有不足者，與該不足金額相等之保證金。

採 101 廠商情形	採 103 停權期間	押標金保證金處置
1. 破產程序中之廠商。 2. 歧視性別、原住民、身心障礙或弱勢團體人士，情節重大者。 3. 犯採 87 至採 92 之罪經一審判決有罪且判處拘役、罰金或緩刑者。	政府採購公報刊登次日起 1 年。	
1. 得標後無正當理由而不訂約者。 2. 查驗或驗收不合格，情節重大者。 3. 驗收後不履行保固責任，情節重大者。 4. 因可歸責於廠商之事由，致延誤履約期限，情節重大者。	通知日（機關依採 101 之發文日期）起前 5 年內： 1. 未被刊登者，刊登次日起 3 個月。 2. 刊登 1 次者，刊登次日起 6 個月。 3. 刊登累計 2 次以上者刊登次日起 1 年。	1. 押標金不予發還或追繳。 2. 履約 / 保固保證金：查驗或驗收不合格，且未於通知期限內依規定辦理，其不合格部份及所造成損失、額外費用或懲罰性違約金之金額，自待付契約價金扣抵仍有不足者，與該不足金額相等之保證金。

另依據工程會105年3月10日工程企字第10500046160號函釋說明三略以「……公司聲請重整期間，尚非必然無法繼續履約；惟如公司已因聲請重整致無法繼續履約（例如法院為公司法第287條第1項第2款或第3款之裁定），應得認為與破產情形相當」因此，目前部分考題常將「重整」及「破產」交互出題，務必請務必留意，在備考或實務上，如要認定廠商是否適用停權情形，「破產」程序中的廠商經通知且未提出異議時，當然停權，**但如若是「重整」程序中的廠商，則必須查明是否無法繼續履約**，方能停權處理。

九、軍事採購

第 **104** 條

軍事機關之採購，應依本法之規定辦理。但武器、彈藥、作戰物資或與國家安全或國防目的有關之採購，而有下列情形者，不在此限。

一、因應國家面臨戰爭、戰備動員或發生戰爭者，得不適用本法之規定。

二、機密或極機密之採購，得不適用第二十七條、第四十五條及第六十一條之規定。

三、確因時效緊急，有危及重大戰備任務之虞者，得不適用第二十六條、第二十八條及第三十六條之規定。

四、以議價方式辦理之採購，得不適用第二十六條第三項本文之規定。

前項採購之適用範圍及其處理辦法，由主管機關會同國防部定之，並送立法院審議。

十、得不適用招決標規定之情形

第 **105** 條

機關辦理下列採購，得不適用本法招標、決標之規定。

一、國家遇有戰爭、天然災害、癘疫或財政經濟上有重大變故，需緊急處置之採購事項。

二、人民之生命、身體、健康、財產遭遇緊急危難，需緊急處置之採購事項。

三、公務機關間財物或勞務之取得，經雙方直屬上級機關核准者。

四、依條約或協定向國際組織、外國政府或其授權機構辦理之採購，其招標、決標另有特別規定者。

前項之採購，有另定處理辦法予以規範之必要者，其辦法由主管機關定之。

十一、駐外採購規定

第 **106** 條

駐國外機構辦理或受託辦理之採購，因應駐在地國情或實地作業限制，且不違背我國締結之 條約或協定者，得不適用下列各款規定。但第二款至第四款之事項，應於招標文件中明定其處理方式。

一、第二十七條刊登政府採購公報。

二、第三十條押標金及保證金。

三、第五十三條第一項及第五十四條第一項優先減價及比減價格規定。

四、第六章異議及申訴。

前項採購屬查核金額以上者，事後應敘明原由，檢附相關文件送上級機關備查。

十二、採購稽核小組

第 **108** 條

中央及直轄市、縣（市）政府應成立採購稽核小組，稽核監督採購事宜。

前項稽核小組之組織準則及作業規則，由主管機關擬訂，報請行政院核定後發布之。

✅ 採購實務這樣做

本條款請與「採購稽核小組組織準則」及「採購稽核小組作業規則」一同準備。歸納重點如後：

1.採購稽核小組任務為稽核監督機關辦理採購有無違反政府採購法令。

2.採購稽核小組稽核監督範圍如下：

　(1)中央採購稽核小組

　　A. 設立採購稽核小組之部會署與所屬機關所辦理之採購，或其補助或委託地方機關、法人或團體辦理之採購。

　　B. 地方機關所辦理之採購，有重大異常者。

　(2)部會署/直轄市政府/縣（市）政府採購稽核小組：該部會署及所屬各機關所辦理之採購，或該部會署及所屬機關補助或委託地方機關、法人或團體辦理之採購。

3.採購稽核小組成員為召集人1人、副召集人1人、稽核委員若干人（含政風1人及具採購相關專業知識派兼之），**成員任職2年。稽核委員應有半數以上為採購專業人員**。另置執行秘書1人，**稽查人員若干人，稽查人員應有70%以上為採購專業人員**。

4.稽核小組得相機關調閱相關資料，機關不得拒絕。稽核監督時，得不預先通知機關。

5.稽核小組認為採購機關有違反採購法情形，應函知機關採行改正措施，並副知其上級機關、主管機關及審計機關。其情節重大者，稽核小組應另通知機關追究相關人員責任，並副知其上級機關、主管機關及審計機關；有犯罪嫌疑者，應移送該管司法機關處理。

6.稽核委員辦理稽核監督，除涉及本人目前或過去3年內任職機關之採購事項應行迴避外，其迴避準用採15之規定。

此外，工程施工查核與採購稽核不同，前者查的是工程品質管理（即是否依公共工程品質作業要點規定及相關函示辦理），後者查的是採購全生命週期是否合法（政府採購法及相關子法）、是否符合程序等，請留意。

第 **109** 條

機關辦理採購，審計機關得隨時稽察之。

第 **110** 條

主計官、審計官或檢察官就採購事件，得為機關提起訴訟、參加訴訟或上訴。

十三、巨額採購效益分析

第 **111** 條

機關辦理巨額採購，應於使用期間內，逐年向主管機關提報使用情形及其效益分析。主管機關並得派員查核之。

主管機關每年應對已完成之重大採購事件，作出效益評估；除應秘密者外，應刊登於政府採購公報。

十四、採購倫理規定

第 **112** 條

主管機關應訂定採購人員倫理準則。

✅ 採購實務這樣做

本條款請與「採購人員倫理準則」一同準備,考題不多,實務上比較容易用到,歸納重點如後:

1. 採購人員不接受下列與職務或利益有關廠商之**餽贈**或招待,**反不符合社會禮儀或習俗者,得予接受,但非以主動求取,且係偶發之情形為限。然基於家族或私人情誼所為者,不適用。**
   (1) **價值在500元以下之廣告物、促銷品、紀念品、禮物、折扣或服務。**
   (2) **價值在500元以下之飲食招待。**
   (3) **公開舉行且邀請一般人參加之餐會。**
   (4) 其他經主管機關認定者。

2. 前開第1點,價值超過500元退還有困難者,得於獲贈或知悉獲贈日起7日內付費收受、歸公或轉贈慈善機構。

3. 採購人員不接受與職務有關廠商之下列招待,反有礙業務執行者,得予接受,不受「採購人員倫理準則」第7條限制。以下(1)、(2)契約規定應由廠商提供者,從其規定;契約未規定,廠商得向機關請求支付其提供食宿或交通工具所生之必要費用。
   (1) 於無適當食宿場所之地辦理採購業務,由廠商於其場所提供與一般工作人員同等之食宿。
   (2) 於交通不便之地辦理採購業務,須使用廠商提供之交通工具。
   (3) 廠商因公務目的於正當場所開會並附餐飲,邀請機關派員參加。
   (4) 其他經主管機關認定者。

4. 機關發現採購人員有違反本準則之情事者,應審酌其情狀,並給予申辯機會後,迅速採取下列必要之處置;其情節重大者,機關於作成前項處置前,應先將其調離與採購有關之職務:
   (1) 依公務員服務法、公務員懲戒法、公務人員考績法及其他相關規定處置。其觸犯刑事法令者,應移送司法機關處理。
   (2) 調離與採購有關之職務。
   (3) 施予與採購有關之訓練。

第 **113** 條

本法施行細則,由主管機關定之。

十五、其他

第 **100** 條

主管機關、上級機關及主計機關得隨時查核各機關採購進度、存貨或其使用狀況,亦得命其提出報告。

機關多餘不用之堪用財物,得無償讓與其他政府機關或公立學校。

第 **107** 條

機關辦理採購之文件,除依會計法或其他法律規定保存者外,應另備具一份,保存於主管機關指定之場所。

> **細 則**

第 **112-1** 條　本法第一百零七條所稱採購之文件,指採購案件自機關開始計劃至廠商完成契約責任期間所產生之各類文字或非文字紀錄資料及其附件。

精選試題

不良廠商刊登政府採購公報之情形、行政救濟及停權期間

( ) **1** 刊登於政府採購公報之拒絕往來廠商，於停權期間，不得為之情形，下列敘述何者有誤？ (A)不得參加投標 (B)不得作為決標對象 (C)不得作為分包廠商 (D)不得繼續履約。【105經濟部、107臺鐵服務員】

( ) **2** 下列何者非屬政府採購法第101條所規定，得刊登於政府採購公報之情形？ (A)重整程序中之廠商 (B)得標後無正當理由而不訂約者 (C)借用或冒用他人名義或證件投標者 (D)驗收後不履行保固責任，情節重大者。【106、108經濟部、107臺鐵服務員、111台電】

( ) **3** （多選）依政府採購法之規定，下列何者並非得通知廠商為不良廠商，刊登政府採購公報停權之事由？ (A)歧視原住民，情節重大 (B)違反環境保護或勞動安全相關法律且情節重大 (C)破產程序中之廠商 (D)受停業處分期間仍參加投標 (E)歧視婦女，情節重大 (F)擅自減省工料，情節重大 (G)驗收後不履行保固責任，情節重大 (H)容許他人借用本人證件參加投標者 (I)得標後有正當理由而不訂約者 (J)因可歸責於廠商之事由，致解除契約，情節重大 (K)未依招標文件規定繳納押標金 (L)重整程序中之廠商 (M)公司資本額低於採購案金額仍參加投標。【修改自107、臺鐵服務員、109鐵路佐級、110鐵路佐級、111鐵路佐級】

( ) **4** A廠商參與政府採購案件，因有可歸責於己之事由，致延誤履約期限，情節重大，經機關通知將刊登政府採購公報，假設A廠商於本次通知日起前5年已累計被刊登達3次，則本次通知刊登之停權期間為何？ (A)自刊登之次日起3個月 (B)自刊登之次日起6個月 (C)自刊登之次日起1年 (D)自刊登之次日起3年。【109鐵路佐級】

(　) 　**5** 機關依政府採購法辦理採購，發現廠商有本法第101條第1項各款情形之一，依該條規定通知廠商將刊登政府採購公報，下列何者為機關通知前應踐行之程序？　(A)報經上級機關核准　(B)成立採購工作及審查小組認定廠商是否該當停權事由　(C)限期命廠商提出補救措施　(D)向行政院公共工程委員會報備。【109鐵路佐級】

(　) 　**6** 機關辦理採購，倘發現廠商有容許他人借用本人名義或證件參加投標之情事，下列何者非屬機關得為之處置？　(A)不予發還押標金　(B)中止契約　(C)刊登政府採購公報　(D)移送廠商追究刑事責任。【109鐵路佐級】

(　) 　**7** 政府採購法第101條第1項有多款規定「情節重大」之文字，招標機關容或有裁量空間，其規定如何？　(A)得標後無正當理由而不訂約，情節重大者　(B)查驗或驗收不合格，情節重大者　(C)容許他人借用本人名義或證件參加投標，情節重大者　(D)偽造、變造投標、契約或履約相關文件，情節重大者。【108鐵路佐級】

(　) 　**8** 廠商因冒用他人名義投標而遭依政府採購法第101條刊登採購公報之處分，其法律性質為何？　(A)觀念通知　(B)事實行為　(C)管制性不利處分　(D)裁罰性不利處分。【110鐵路佐級】

(　) 　**9** A廠商為B市政府工程採購案之得標廠商，因可歸責於A廠商之事由，延誤履約期限，情節重大，經B市政府通知將刊登政府採購公報。假設A廠商本次通知前2年已因違法轉包遭刊登一次，則本次通知刊登之停權期間為何？　(A)自刊登之次日起3個月　(B)自刊登之次日起6個月　(C)自刊登之次日起1年　(D)自刊登之次日起3年。【111鐵路佐級】

(　) **10** 廠商刊登於政府採購公報之事由如係為涉犯政府採購法第87條至第92條之罪，且經第一審判處有期徒刑者，不得參加投標或作為決標對象之期間為何？　(A)於通知日起前5年內未被任一機關刊登者，自刊登之次日起3個月　(B)1年　(C)3年　(D)應視招標機關於投標須知及招標文件所公告之期間而決定。【110經濟部】

(　) **11** 下列何者有誤？　(A)依政府採購法第43條第2款，外國廠商為最低標時，且其標價符合同法第52條規定之決標原則者，得以該標價優先決標予國內廠商，惟應載明於招標文件中　(B)依政府採購法施行細則第99條規定，「先行使用」機制雖得就該部分支付價金，惟保固期間仍應俟機關總驗收辦理合格後起算　(C)依政府採購法第101條意旨，機關發現廠商有符合刊登政府採購公報情形時，應先踐行給予廠商陳述意見之機會　(D)我國加入GPA開放市場僅限承諾開放清單，如非屬適用內容，機關仍得於招標文件中明訂只允許我國廠商投標。【110經濟部】

(　) **12** 甲借牌投標，遭法院依政府採購法第87條一審判刑6個月，機關若再依同法第101條第1項第6款停權處分，下列何者正確？　(A)一行為不二罰原則，既已一審判刑，即不可再為停權處分　(B)僅判刑6個月，因此無須為停權處分　(C)停權處分尚有防止廠商再危害其他機關之目的，因此可二者併罰　(D)須判刑確定始有一行為不二罰原則適用，本題僅一審有罪判決，故可以併罰。【110鐵路佐級】

解答與解析

1 (D)。仍可繼續履約。各位可試想，通常1個廠商會同時承接其他機關的案子，若是被某個機關停權就因此無法繼續履約，不符合公共利益，違背採購法精神。

2 (A)。依工程會105年3月10日工程企字第10500046160號函釋：「公司聲請重整期間，尚非必然無法繼續履約」故非採101刊登政府採購公報之情形，其餘請詳查採101。

3 (BIKLM)。(B)(I)有「正當」理由、(K)無法決標、(L)重整未必無法履約、(M)無法決標，其餘請詳查採101。

4 (C)。請詳查採103。

5 (B)。請詳查採101.3。

6 (B)。容許他人借用本人名義或證件參加投標（即借牌投標）屬採101規定情形，屬於行政程序法、行政訴訟法等公法範疇，而(B)係屬私法範疇（民法上履約關係）。

7 (B)。請詳查採101。其餘(C)(D)已涉及刑法、(A)屬民法履約關係之違背，沒有所謂機關裁量空間之情形。

8 (D)。依最高行政法院109年上字第544號判決，行政罰係對於違反行政法上義務且出於故意或過失之主觀可資

咎責者，施以裁罰；管制性不利處分則非以人民有故意或過失違反行政法上義務之行為為管制理由，而係以管制措施乃為向未來維持行政秩序所必要。爰採101涉及停權是為行政處分，依採101規定是先將機關認定之事實、理由通知廠商，廠商在期限內沒做任何努力（如提出異議），或努力之後失敗（申訴失敗）而刊登停權公告，是裁罰性不利處分，是為行政罰。

9 (B)。請詳查採103.3。

10 (C)。請詳查採103.1。

11 (B)。請詳查細99。

12 (C)。依大法官解釋89年4月20日釋字第503號：…「一事不再罰」或「一事不二罰」原則，就行政制裁而言，係指違法行為人之同一違法行為，亦即其基於單一之決定，或自然意義下之單一行為，違反數個法律；其與通常複數之違反行政義務行為，係由於各別之決意或自然意義下之複數行為有別，不得以同一事實和同一依據，給予兩次以上行政處罰。反之，為達行政「合目的性」之要求，遇有數個違反行政義務之行為，應分別處罰。爰採101、103所規範除判刑外，尚因為防止危害其他機關之目的，而另再懲罰之意。補充：有關停權後追繳押標金有無一行為二罰問題，依最高行政法院判決101年度判字第625號，押標金追繳係公權力強制廠商實現參與投標之擔保，屬管制性不利處分，而停權則是對於過去不法行為之制裁，屬裁罰性不利處分，是以停權後可追繳押標金，無一事不二罰之適用。

採購評選委員會相關規定

( )　**1** 機關辦理採購評選，依規定應成立之評選委員會專家、學者人數不得少於總人數的幾分之幾？召開評選委員會議時，出席委員中之專家、學者人數至少應有幾人？依規定成立之工作小組，其人數至少應有幾人？　(A)二分之一，3人，2人　(B)三分之一，2人，3人　(C)五分之二，2人，2人　(D)五分之三，3人，3人。【103經濟部、111台電、107臺鐵營業員、107台電2】

( )　**2** 機關辦理以最有利標決標之採購，成立評選委員會時，由機關內部人員派兼人數為5人，則專家學者人數至少需有幾人？　(A)1人　(B)2人　(C)3人　(D)4人。【105經濟部、108經濟部】

(　　) **3** （多選）機關辦理採購時，採最有利標決標，則下列何者正確？
(A)成立採購評選委員會時，一併成立工作小組　(B)如案件性質單純、緊急，得免成立工作小組　(C)評選委員會辦理第2次綜合評選時，其未參與第1次評選之委員，不得參與　(D)為利業務推行，工作小組成員可兼任評選委員。【107臺鐵營運員】

(　　) **4** 採購評選委員會最後一次會議紀錄，應於何時作成？　(A)會議結束前　(B)會議結束後當日　(C)會議結束後1日內　(D)會議結束後1週內。【108台電】

(　　) **5** （多選）機關成立採購評選委員會，下列何者正確？
(A)專家學者人數不得少於二分之一
(B)專家學者不得為政府機關之現職人員
(C)採購評選委員會議出席委員中之專家學者人數應該至少2人，且不得少於出席人數之二分之一
(D)辦理評分及格最低標時應成立採購評選委員會
(E)機關辦理複數決標應成立採購評選委員會
(F)評選委員會應於決標前成立，並於完成評選事宜且無待處理事項後解散。【109鐵路佐級、111鐵路佐級】

(　　) **6** 機關辦理未達100萬元之採購，下列何者無需依採購評選委員會組織準則之規定成立採購評選委員會或審查委員會？
(A)公開取得書面報價或企劃書，取最有利標精神決標
(B)公開招標，最有利標決標
(C)公開客觀評選，優勝者採限制性招標，準用最有利標決標
(D)公開招標，審查合於標準，最低標決標。【修改自104經濟部】

解答與解析

1 (B)。評選委員會專家學者不得少於總人數1/3，出席之專家學者應為出席人數之1/3且最少2人，工作小組則最少應有3人。

2 (C)。(A)專家學者1人+機關5人＝6人，專家學者比率1/6低於1/3，(B)專家學者2人+機關5人＝7人，專家學者比率2/7低於1/3，(C)(D)專家學者3人+機關5人＝8人，專家學者比率3/8高於1/3，故至少應為3人。

3 (AC)。(B)這是與評選標準單純或有
前例者免召開採購評選委員會審定評
選標準之混用。(D)評選委員之存在
可想成獨立第3者的存在，免除招標
機關徇私舞弊之可能及風險，而工作
小組由招標機關人員組成，僅就符合
評選規定之情形協助評選委員形式審
查，自然不可兼任評選委員。

4 (A)。請詳查「採購評選委員會審議
規則」第11條第2項。

5 (B)。(A)1/3，(C)1/3，(D)僅依採
22.1-9~22.1-10之評選優勝者（準用
最有利標）及採56之最有利標決標適
用，請詳查「採購評選委員會組織準
則」第2條。(F)評選委員會應於開標
前成立。

6 (A)。(A)公開取得書面報價或企畫
書，是參考最有利標精神，免依採購

法第94條成立採購評選委員會，可由
機關人員自行評審（依工程會JP08未
達公告金額之採購作業程序表）。
(B)正確，採購評選委員會組織準則
第2條第2款：本法第56條規定之評定
最有利標或向機關首長建議最有利
標。(C)正確，採購評選委員會組織
準則第2條第1款：本法第22條第1項
第9款或第10款規定之評選優勝者。
(D)正確，依採購法細則第64-2條第1
項：機關依本法第52條第1項第1款或
第2款辦理採購，得於招標文件訂定
評分項目、各項配分、及格分數等審
查基準，並成立「審查委員會」及工
作小組，採評分方式審查，就資格及
規格合於招標文件規定，且總平均評
分在及格分數以上之廠商開價格標，
採最低標決標。

共同供應契約、原住民就業規定

（　）**1** 依政府採購法第93條簽訂之共同供應契約應公開於下列何處供各
機關利用？　(A)訂約機關之資訊網站　(B)主管機關指定之資訊
網站　(C)各適用機關之資訊網站　(D)政府採購公報。【107經濟
部、107桃捷】

（　）**2** 各機關可以就下列何種具共通需求特性之採購，與廠商簽訂共同供
應契約？　(A)財物、勞務　(B)財物、工程　(C)勞務、工程　(D)
財物、勞務、工程。【104經濟部、107桃捷、107桃捷2、107台電2、107臺
鐵服務員、108鐵路佐級】

(　) 3 各機關得與廠商簽訂共同供應契約者，下列何者不屬於政府採購法規定內容？
(A)具有共同需求特性之工程採購
(B)具有共同需求特性之財物採購
(C)具有共同需求特性之勞務採購
(D)2機關以上均有需求之財物者。【108鐵路佐級】

(　) 4 針對「原住民族工作權保障法」第12條第1項、第3項及「政府採購法」第98條規定，以下之敘述何者為非？　(A)對於政府採購得標廠商於國內員工總人數逾一百人者，應於履約期間僱用原住民，人數不得低於總人數的百分之一　(B)進用人數未達標準者，應向原住民族綜合發展基金就業基金繳納所謂代金　(C)政府採購屬於國家公務運作的一環，涉及國家預算的運用，與維護公共利益具有密切關係　(D)大法官會議第749號解釋認為上述之規定並不違憲。
【107桃捷2】

(　) 5 政府採購得標廠商員工逾百者，於履約期間應進用一定比例之原住民，未進用者需繳納代金，關於此規定，依司法院釋字第719號解釋之意旨，下列何者錯誤？　(A)履約期間須進用一定比例原住民，係侵害廠商之營業自由　(B)此規定對於企業規模不同廠商形成差別待遇，違反政府採購之公平競爭原則　(C)得標廠商未僱用一定比例之原住民而須繳納代金，係侵害廠商之財產權　(D)得標廠商未僱用一定比例之原住民而須繳納代金，其金額如超過政府採購金額者，宜有適當減輕機制。【109鐵路佐級】

(　) 6 依政府採購法規定，得標廠商其於國內員工總人數逾一百人者，應於履約期間僱用身心障礙者及原住民，人數不得低於總人數之百分之二。有一得標廠商國內員工總人數120人，其於政府採購標案履約期間，應僱用之身心障礙者及原住民人數，下列何者正確？
(A)原住民1人，身心障礙者0人　(B)原住民1人，身心障礙者1人
(C)原住民0人，身心障礙者2人　(D)原住民0人，身心障礙者3人。
【104經濟部、106桃捷】

( ) **7** 有關「共同供應契約」之敘述，下列何者正確？ (A)適用機關履約時發現廠商以虛偽不實之文件履約且情節重大，得告知立約機關依採購機關地位，將廠商刊登於政府採購公報 (B)適用機關得就具有共通需求特性之財物、勞務或工程採購與廠商簽訂共同供應契約 (C)適用機關利用本契約採購之期間，包括後續擴充，最長以1年為限 (D)適用機關應利用有效履約中之共同供應契約，不得另依政府採購法自行招標採購。【110經濟部】

( ) **8** 除大宗物資（鋼筋、水泥、柏油等）共同供應契約基於採購標的特性外，訂購金額達多少以上時，且未經上級機關核准者，機關不得透過共同供應契約執行訂購？ (A)公告金額十分之一 (B)公告金額 (C)查核金額 (D)查核金額二分之一。【110台電】

解答與解析

1 (B)。請詳查「共同供應契約實施辦法」第7條。

2 (A)。請詳查採93。

3 (A)。特別注意：共同供應契約僅適用於財物採購及勞務採購，不適用於工程採購。

4 (D)。應為大法官會議第719號解釋。

5 (B)。請詳查大法官會議第719號解釋。

6 (B)。依細107.2規定身障及原住民應各達國內員工總人數1%，且不得低於總人數之2%，未達整數部分不予計入。

7 (A)。(B)共同供應契約實施辦法第2條不含工程採購、(C)共同供應契約實施辦法第11條最長2年為限、(D)共同供應契約實施辦法第9條第3項規定，若高於市場行情時不得以該共同供應契約採購。

8 (C)。共同供應契約實施辦法第6條第4項。

其他考題

( ) **1** 機關採購專業人員於下列何種情形，喪失其採購專業人員資格？
(A)辭職後5年內回任機關採購職務　(B)調任其他機關辦理採購
(C)辦理採購業務違反法令情節重大而受申誡懲戒處分者　(D)以上
皆非。【107桃捷、110台電】

( ) **2** 「政府採購法」所稱之增加社會利益或減少社會成本之產品，係指
該產品經過下列何者機關之認定應符合此等條件，並發給證明文件
者？　(A)經濟部　(B)相關目的事業主管機關　(C)行政院環境保
護署　(D)行政院公共工程委員會。【107桃捷2】

( ) **3** （多選）政府採購法對環境保護之明文規定，下列何者正確？
(A)對於取得環保標章之產品，機關得允許10%以下之價差
(B)對於取得環保標章之產品，得成為機關優先決標對象
(C)對於減少社會成本之產品，得於評選項目中加分
(D)機關得以促進環境保護目的擬定技術規格，不受註明「或同等
品」之限制
(E)效能相同之產品，取得環保標章者，採購機關得優先採購並允
許百分之十以下之價差
(F)違反環境保護之相關法規情節重大之廠商，機關得於一定期間內
禁止其投標或成為分包廠商。【109鐵路佐級、110台電、111鐵路佐級】

( ) **4** 依採購法規定，機關多餘不用之堪用財物，下列何者不適用無償受讓？
(A)內政部　(B)臺灣大學　(C)台電公司　(D)國防部。【108台電】

( ) **5** 機關辦理採購，得不適用政府採購法招標、決標之規定，下列何者
有誤？
(A)國家遇有戰爭、天然災害、癘疫需緊急處置之採購事項
(B)人民之生命、身體、健康、財產遭遇緊急危難，需緊急處置之
採購事項
(C)辦公廳舍之承租
(D)公務機關間財物或勞務之取得，經雙方直屬上級機關核准者。
　　【105經濟部】

(　) **6** 採購稽核小組之組織成員任期為？　(A)2年　(B)3年　(C)5年　(D)不受限制。【107桃捷、107經濟部】

(　) **7** 依據採購人員倫理準則之規定，下列何者非為採購人員被禁止的行為？
(A)藉婚喪喜慶機會向廠商索取金錢或財物
(B)於公務場所張貼或懸掛廠商廣告物
(C)於交通不便之地辦理採購業務時，利用廠商提供之交通工具
(D)利用職務關係對廠商要求、期約或收受賄賂、回扣、餽贈、優惠交易或其他不正利益。【107臺鐵營運員】

(　) **8** 公務機關間依政府採購法第105條第1項第3款取得勞務者，下列敘述何者有誤？　(A)政府機關得向公立學校或公營事業採購　(B)須經雙方分別隸屬之上級機關核准　(C)公立學校或公營事業得向政府機關採購　(D)仍適用監辦規定。【107經濟部】

(　) **9** 機關辦理下列採購，何者得不適用政府採購法招標、決標之規定？
(A)文創採購　(B)社會福利服務採購　(C)人民之生命遭遇緊急危難，需緊急處置之採購　(D)統包採購。【108鐵路佐級】

(　) **10** 疫情期間政府採購防疫物資，得不適用政府採購法招標、決標之規定，主要理由為：　(A)組織口罩國家隊不必適用政府採購法　(B)對外國採購不必適用政府採購法　(C)國家遇有瘟疫，需緊急處置之採購事項，得不適用政府採購法　(D)防疫物資取得不易。【111鐵路佐級】

(　) **11** 台北市政府依採購法第105條第1項第3款向經濟部工業局承租房地產，下列何者有誤？　(A)須經雙方直屬上級機關核准　(B)得不適用採購法規定之招標方式　(C)仍應依採購法規定辦理監辦　(D)決標後得不刊登決標公告或傳輸決標資料。【110台電】

(　) **12** 駐國外機構辦理之採購，因應駐在國情且不違背我國締結之條約或協定者，得不適用政府採購法之部分規定，下列何者非屬之？
(A)第27條刊登政府採購公報之規定　(B)第30條押標金及保證金之

規定　(C)第101條刊登政府採購公報之規定　(D)第6章異議及申訴之規定。【110鐵路佐級】

(　　) **13** 下列何者非屬採購法第110條,得為機關提起訴訟、參加訴訟或上訴人員?　(A)審計官　(B)檢察官　(C)主計官　(D)司法官。【108台電】

(　　) **14** 機關辦理巨額採購,應於使用期間內,提報使用情形及其效益分析。下列敘述何者正確?　(A)逐季向上級機關　(B)逐季向主計機關　(C)逐年向上級機關　(D)逐年向主管機關。【108台電】

(　　) **15** 下列敘述何者錯誤?
(A)機關辦理特殊或巨額採購,應於使用期間內逐年向主管機關提報使用情形及其效益分析
(B)主計機關得隨時查核各機關採購進度、存貨或其使用狀況,命其提出報告
(C)採購法第98條所稱履約期間,屬履約日期未預先確定,依機關通知再行履約者,依實際履約日數計算
(D)機關辦理採購之文件,除依會計法或其他法律規定保存者外,應另備具一份,保存於主管機關指定之場所。【107桃捷】

(　　) **16** (多選)下列敘述何者有誤?　(A)採購人員只要接受500元以下之饋贈或招待,尚屬合宜　(B)辦理新臺幣十萬元以下之採購,未通知主(會)計及有關單位人員辦理監辦　(C)為符合社會禮儀或習俗,不依法令規定辦理採購　(D)採購案負責驗收人員與主辦人員如係夫妻關係,應予迴避。【107臺鐵營運員】

(　　) **17** 機關及廠商以電子化方式辦理採購,依規定應簽名或蓋章者:
(A)應以電子簽章為之　(B)得以電子簽章為之　(C)存成磁片並在其上加蓋關防　(D)以政府採購卡為之。【107桃捷】

(　　) **18** 桃園捷運公司辦理下列4項作業:(1)電子招標、(2)電子領標、(3)電子投標、(4)比減價格,可採用電子化方式辦理有那些?　(A)只有(1)(2)　(B)只有(1)(2)(3)　(C)只有(2)(3)(4)　(D)(1)(2)(3)(4)都可。
【107桃捷】

(　　) **19** 依政府採購法規定，關於機關辦理採購之敘述，下列何者正確？
(A)機關辦理採購，應由採購專業人員為之
(B)主管機關得採取措施扶助中小企業轉包一定金額比例以上之政府採購
(C)機關得於招標文件中，規定優先採購減少社會成本，而效能相同之產品
(D)各機關得就具有共通需求特性之工程，與廠商簽訂共同工程供應契約。【110鐵路佐級】

(　　) **20** 機關辦理位於原住民地區未達公告金額之採購，下列何者錯誤？
(A)應優先由原住民個人、機構、法人或團體承包
(B)於招標文件敘明開放原住民及非原住民廠商投標，且將優先決標予原住民廠商者，須有3家以上原住民廠商投標方可開標
(C)新臺幣10萬元以下之採購，得不經公告程序，逕洽原住民機構、團體或個人辦理採購
(D)依採購法第22條第1項第9款規定，以公開評選優勝廠商方式辦理者，得不優先決標予原住民廠商。【107臺鐵營運專員】

解答與解析

1 (D)。(A)(B)請詳查「採購專業人員資格考試訓練發證及管理辦法」，(C)雖受處分但非關操守且為偶發事件，得免喪失採購專業人員資格。

2 (B)。請詳查「機關優先採購環境保護產品辦法」。

3 (AE)。(B)若為最低標決標，環保產品廠商標價逾非環保產品廠商標價且價差超過10%，則為非環保產品廠商得標。(C)未有相關規定。(D)仍須符合採26規定。(F)採101、103無相關規定。

4 (C)。請詳查採100規定，特別注意：得無償讓與其他政府機關或公立學校。台電公司雖為採購法所定義之「機關」但非符合採100之規定。

5 (C)。辦公廳舍之承租仍適用採購法招決標規定，請詳本書第1章內容。

6 (A)。請詳查「採購稽核小組組織準則」。

7 (C)。請詳查「採購人員倫理準則」。

8 (A)。依據「特別採購招標決標處理辦法」第3條，公務機關指政府機關。另105條3款所說：公務機關間，表示政府機關間，所以(A)錯誤。

9 (C)。請詳查採105規定。

10 (C)。請詳查採105規定。

11 (D)。依採105規定僅不適用招決標規定,而非全採購法不適用。

12 (C)。請詳查採106。

13 (D)。請詳查採110規定。

14 (D)。請詳查採111規定。

15 (A)。採111規定並不包含特殊採購。

16 (AC)。(A)不接受餽贈反有違禮俗且為偶發事件為之。(C)仍應依法令規定辦理採購。

17 (A)。請詳查「電子採購作業辦法」。

18 (D)。請詳查「電子採購作業辦法」。

19 (C)。(A)「宜」為採購專業人員為之→若非如此,恐大多數人都以「沒有接受採購訓練」為由,而拒絕辦理「採購」事務。(B)採65規定不得轉包。(D)依採93,只有財物、勞務才能與廠商簽訂「共同供應契約」。

20 (B)。(A)請詳查「原住民族工作權保障法」第11條。(B)非為法規所定。(C)小額採購可不經公告程序逕洽廠商採購。(D)依「原住民族工作權保障法」第11條規定的是「辦理位於原住民地區未達政府採購法公告金額之採購...」,但採22.1-9乃公告金額以上之採購,當然不受前項法律之規定。

適用法規速查

法規名稱	QR	法規名稱	QR
共同供應契約實施辦法 (108 年 11 月 22 日修正)		電子採購作業辦法 (91 年 7 月 17 日修正)	
採購專業人員資格考試訓練發證及管理辦法 (108 年 11 月 14 日修正)		機關優先採購環境保護產品辦法 (90 年 1 月 15 日修正)	
採購稽核小組組織準則 (109 年 11 月 27 日修正)		採購稽核小組作業規則 (108 年 9 月 23 日修正)	
採購人員倫理準則 (88 年 4 月 26 日修正)			

NOTE

附 錄

收錄本書所提工程會相關函釋及相關資料。請各位於準備採購法餘裕下，當成是補充資料來參考使用。

Lessn 01

● **附錄1 機關辦理後續擴充採購之適用條件及宣導作法**

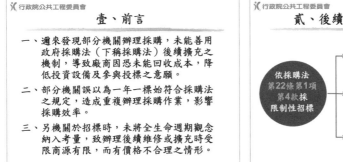

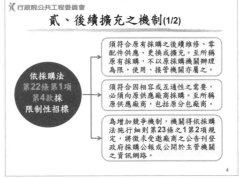

貳、後續擴充之機制(2/2)

行政院公共工程委員會

依採購法
第22條第1項
第7款採
限制性招標

→ 須已於原招標公告及招標文件載明擴充之期間、金額或數量。

→ 原有採購之採購金額，應將後續擴充所需金額計入。

→ 後續擴充之採購，須於所載明擴充之期間、金額或數量範圍內。

→ 訂定適當之擴充條件，例如於契約納入評鑑考核機制，原得標廠商評鑑結果良好時，再洽其辦理後續擴充。

5

貳、採購法施行細則第23條之1

行政院公共工程委員會

採購法施行細則第23條之1規定：「機關依本法第二十二條第一項規定辦理限制性招標，應由需求、使用或承辦採購單位，就個案敘明符合各款之情形，簽報機關首長或其授權人員核准。其得以比價方式辦理者，優先以比價方式辦理（第1項）。機關辦理本法第二十二條第一項所定限制性招標，得將徵求受邀廠商之公告刊登政府採購公報或公開於主管機關之資訊網路。但本法另有規定者，依其規定辦理（第2項）。」

• 就個案敘明符合規定之情形，並簽報核准
• 得以比價方式辦理者，優先以比價方式辦理
• 得以公告程序徵求廠商

6

參、案例說明-水庫清淤(1/2)

行政院公共工程委員會

一、水庫清淤（抽泥）採購案特性：

(一)廠商得標後需耗費大量時間及費用組裝抽泥設備，如履約期間較短，或未能妥適訂定後續擴充條款，不利廠商投入資金引進新機具，且容易影響廠商投標意願。

(二)屬經年性辦理工作，機關於履約完成後辦理相同類型採購案，預算編列仍需考量抽泥設備相關費用，有造成資源浪費疑慮。

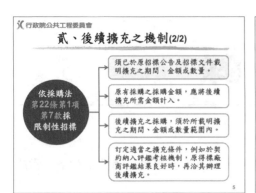

7

參、案例說明-水庫清淤(2/2)

行政院公共工程委員會

二、經瞭解水庫清淤（抽泥）辦理情形，本會提供下列建議：

(一)機關雖有依採購法第22條第1項第7款保留後續擴充權利，惟部分案件之保留擴充期間僅有1年或數量僅有原契約數量之50%。

(二)基於提升採購效益之考量，並減少一再重複組裝抽泥設備及節約成本，建議機關考量將保留擴充期間延長為2至3年或數量增加至原契約數量之2至3倍。

8

參、案例說明-電腦軟硬體採購

行政院公共工程委員會

一、機關辦理電腦軟、硬體採購，其後續維護依採購法第22條第1項第4款採限制性招標時，得標廠商可能藉後續維護，以不合理之報價與機關議價，致予廠商有賺取不當利益之機會。

二、建議辦理方式：

(一)機關如於使用期間有由原供應廠商提供維護服務之必要者，其後續數年維護服務之價格，建議附於採購標的一併考量，例如列為廠商報價項目或納入評選項目之一，合併招標決標。

(二)本會曾以95年6月20日工程企字第09500227550號函及107年1月11日工程企字第10700010910號函，通函向各機關宣導。

9

參、案例說明-軌道工程(1/2)

行政院公共工程委員會

一、機關考量軌道工程未來維修情形，有向原得標廠商採購後續維修零組件或維修服務之必要。

二、為避免缺乏替代來源而遭廠商抬高價格，可將採購案之全生命週期需求納入考量，採最有利標決標，並搭配後續擴充，以降低成本與縮短維護保養時間，提升妥善率。

10

行政院公共工程委員會

參、案例說明-軌道工程(2/2)

三、本會106年10月17日函送各機關「鼓勵與協助國內軌道工業發展之配套措施」

(一)評選項目增列一定使用壽命期間之廠商履約責任及費用:契約可包括該期間之維護、修理、零配件供應、後續擴充增購項目數量之所有費用,並請投標廠商提出如何履行此等事項之計畫及能力,一併納入評選項目。

(二)例如履約期限之零配件供應、維護保養、維持運轉所需費用、每年停機維護保養時間、每次故障修護時間、可用率、維護保養計畫、後續擴充項目數量及其交貨期程、計價方式等。

11

行政院公共工程委員會

肆、錯誤態樣(1/2)

一、勿發生採購法第22條第1項第4款執行錯誤態樣

❌ 原有採購之後續擴充,並無必須向原供應廠商採購之理由,卻以本款為由辦理。

❌ 依本款辦理所增加之金額偏高不合理。

❌ 原有採購之後續擴充標的,並非原供應廠商之專業能力範圍。

❌ 未向原供應廠商(包含原訂約廠商、原製造廠商或分包廠商)採購。

❌ 以不具相容或互通性之理由,洽原供應廠商採購,例如更換廠商將延誤工期。

12

行政院公共工程委員會

肆、錯誤態樣(2/2)

二、勿發生採購法第22條第1項第7款執行錯誤態樣

❌ 未於原招標公告及招標文件載明後續擴充之期間、金額或數量。例如僅於招標文件載明。

❌ 於招標公告刊載保留未來增購權利,惟後續擴充情形之內容過簡,未敘明擴充之期間、金額或數量。例如僅敘明詳如招標文件某條款。

❌ 招標公告已載明後續擴充情形,計算採購金額時未將預估後續擴充項目所需金額計入,或招標公告預算金額誤以採購金額登載。

❌ 招標公告及招標文件標示之後續擴充期間、金額或數量,明顯過長、過大,顯不合理。例如原有採購清潔服務1年,後續擴充4年。

13

行政院公共工程委員會

伍、宣導作法

一、為使機關辦理採購,靈活運用採購法後續擴充之機制,或以較長履約期間辦理招標,將加強宣導。

二、納入採購人員教育訓練,透過案例講解,加深採購人員瞭解。

14

行政院公共工程委員會

陸、結語

一、基於提升採購效益,並減少重複採購作業程序,機關可善用採購法後續擴充之機制,於原有採購之招標公告及招標文件合理訂定擴充之期間、金額或數量,俾利辦理後續擴充,或以較長履約期間辦理招標。

二、機關依採購法第22條第1項第7款辦理者,得於招標文件訂定適當之擴充條件,就原得標廠商執行成效辦理評鑑,以評估是否洽其辦理後續擴充。

15

行政院公共工程委員會

簡報完畢
敬請指教

16

請參考下列網址:

ttps://www.pcc.gov.tw/DL.aspx?sitessn=297&nodeid=271 3&u=LzAwMS9VcGxvYWQvMjk3L2NrZmlsZS8yOWJlMmQ5Ny1jNjc0LTQxMT AtOWM3OC1jMmVkNTA5OGVmNTAucGRm&n=44CM5qmf6Zec6L6m55CG5b 6M57qM5pO05YWF5o6h6LO85LmL6YGp55So5qKd5Lu25Y%2bK5a6j5bCO5L2c 5rOV44CN57Ch5aCx6LOH5paZLnBkZg%3d%3d&icon=.pdf。

● 附錄2　具敏感性或國安（含資安）疑慮之業務範疇（依行政院秘書長109年11月9日院臺護字第1090195928號函）

主領域	次領域	類別名稱	主管機關
能源	電力	1. 電能管理相關系統。 2. 輸配電調度控制相關系統。 3. 發電監控相關系統。	經濟部
	石油	1. 石油及石化煉製監控相關系統。 2. 供油灌裝相關系統。	經濟部
	天然氣	天然氣輸氣監控相關系統。	經濟部
水資源	供水	1. 水庫操作管理相關系統。	經濟部、臺北市政府
		2. 水庫監控相關系統。	
		3. 供水相關管理系統。	經濟部、金門縣政府、臺北市政府
		4. 產水監控相關管理系統。	臺北市政府
通訊傳播	通訊	1. 通訊網路維運支援相關系統。 2. 通訊網路維運管理相關系統。 3. 網域名稱解析系統。 4. 通訊網路帳務及用戶管理相關系統。	國家通訊傳播委員會
	傳播	1. 無線廣播電視主控播出相關系統。 2. 有線廣播電視網路管理相關系統。 3. 傳播數位訊號加擾及授權管理相關系統。 4. 有線廣播電視帳務及用戶管理相關系統。	國家通訊傳播委員會
交通	陸運	1. 行車控制相關系統。 2. 公路監理業務相關系統。	交通部

主領域	次領域	類別名稱	主管機關
交通	陸運	3. 交通控制相關系統。	交通部、臺北市政府、新北市政府、臺中市政府、屏東縣政府
	空運	1. 飛航管制相關系統。 2. 民航場站維運相關系統。	交通部
	海運	1. 航行管理相關系統。 2. 航港管理相關系統。	交通部
	氣象	1. 氣象測報及資訊發布相關系統。 2. 地震測報及資訊發布相關系統。 3. 海象測報及資訊發布相關系統。	交通部
金融	銀行	1. 銀行業跨行相關系統。	金融監督管理委員會
		2. 票券市場相關系統。	
		3. 銀行業務相關系統。	行政院農業委員會、僑務委員會
		4. 郵政資訊相關系統。	交通部
		5. 金融資訊交換與清算相關系統。	行政院農業委員會
	證券	1. 證券市場相關系統。	金融監督管理委員會、中央銀行
		2. 期貨市場相關系統。	金融監督管理委員會
	金融支付	支付清算及外匯交易相關系統。	中央銀行
緊急救援與醫院	醫療照護	1. 醫療行政、病歷及檢查相關系統。 2. 緊急醫療相關系統。	衛生福利部
	疾病管制	傳染病預防與管制相關系統。	衛生福利部

主領域	次領域	類別名稱	主管機關
緊急救援與醫院	緊急應變體系	1. 空勤救援相關系統。 2. 災害應變管理相關系統。	內政部
		海岸巡防救援相關系統。	海洋委員會
政府機關	資通訊系統	立法服務相關系統。	立法院
		審判業務相關系統。	司法院
		國家考試及證書管理相關系統。	考選部、考試院
		1. 財產申報相關系統。 2. 監察職權行使相關系統。	監察院
		銓敘業務相關系統。	銓敘部
		保障培訓相關系統。	公務人員保障暨培訓委員會
		基金管理相關系統。	公務人員退休撫卹基金管理委員會
		國土安全應變管理相關系統。	行政院院本部
		地理資訊相關系統。	內政部、臺北市政府、臺南市政府
		1. 戶役政作業管理相關系統。 2. 地政作業管理相關系統。 3. 自然人憑證管理相關系統。 4. 警政管理相關系統。 5. 移民管理相關系統。	內政部
		1. 跨國骨幹網路相關系統。 2. 護照製發相關系統。	外交部
		1. 關務相關系統。 2. 賦稅相關系統。 3. 國庫相關系統。 4. 國產相關系統。 5. 促進民間參與公共建設相關系統。	財政部
		臺灣學術網路相關系統。	教育部

主領域	次領域	類別名稱	主管機關
政府機關	資通訊系統	1. 廉政與財申相關系統。 2. 行政執行相關系統。 3. 檢察業務相關系統。 4. 矯正業務相關系統。 5. 調查業務相關系統。	法務部
		商工行政服務資訊相關系統。	經濟部
		1. 全民健康保險相關系統。 2. 出生通報相關系統。 3. 社會福利重要系統。	衛生福利部
		勞工行政及研究相關系統。	勞動部、臺北市政府、臺中市政府
		1. 勞就保、農保、退休金及國民年金相關系統。 2. 勞動力發展相關系統。 3. 職業安全衛生相關系統。 4. 勞動基金投資管理相關系統。 5. 勞動及職業安全衛生研究相關系統。	勞動部
		1. 科技研發人才管理相關系統。 2. 災害監控輔助相關系統。	科技部
		農業金融監理相關系統。	行政院農業委員會
		1. 政府基礎網路服務相關服務。 2. 政府施政管制業務相關服務。 3. 公文電子交換相關系統。	國家發展委員會
		金融監理相關系統。	金融監督管理委員會
		僑務行政相關系統。	僑務委員會
		1. 政府採購相關系統。 2. 公共工程技術相關系統。 3. 公共工程管理相關系統。	行政院 公共工程委員會

主領域	次領域	類別名稱	主管機關
政府機關	資通訊系統	1. 普抽查資訊相關系統。 2. 政府歲計會計資訊相關系統。 3. 主計業務資訊相關系統。	行政院主計總處
		人事業務相關系統。	行政院人事行政總處
		1. 全國藝文活動相關系統。 2. 會員中心相關系統。 3. 數位典藏相關系統。 4. 文物典藏相關系統。 5. 國家文化資產相關系統。 6. 文化藝術事業相關系統。	文化部
		1. 故宮安全管理相關系統。 2. 故宮文物典藏管理相關系統。	故宮博物院
		選務相關系統。	中央選舉委員會
		1. 多層次傳銷管理相關系統。 2. 產業查詢及填報相關系統。	公平交易委員會
		1. 水費水表營收作業相關系統。 2. 報案管理相關系統。 3. 災害應變相關系統。 4. 救護資料相關系統。	臺北市政府
		1. 公共管線地理資訊相關系統。 2. 醫療資訊相關系統。 3. 電子化救護紀錄相關系統。 4. 119 派遣相關系統。	新北市政府
		水情防災資訊系統。	桃園市政府
		衛政業務輔助系統。	金門縣政府
		跨機關整合服務相關系統。	嘉義市政府
		1. 社會福利相關系統。 2. 個資業務相關系統。	桃園市政府

主領域	次領域	類別名稱	主管機關
政府機關	資通訊系統	1. 救護紀錄表電子化應用管理系統。 2. 地政作業管理相關系統。 3. 道路挖掘管理相關系統。 4. 市府網路及警政資通訊相關系統。 5. 教育網路相關系統。	臺南市政府
		財務相關系統。	基隆市政府
		行政輔助重要系統。	各機關
科技園區與工業局	科學工業與生醫園區	科學園區管理相關系統。	科技部
	軟體園區與工業區	工業區土地與建物資源整合管理暨智慧化服務系統。	經濟部

● 附錄3　承辦採購人員及監辦採購人員定義（工程會95年11月3日工附錄企字第09500420310號）

行政院公共工程委員會 函

發文日期：中華民國 95年11月03日
發文字號：工程企字第09500420310號函
根據 政府採購法第15條
本解釋函上網公告者：企劃處 第三科 陳 (先生或小姐)

主旨：有關政府採購法第15條第1項執行疑義，復如說明，請　查照。
說明：
一、復　貴局95年10月30日市政字第0951001373號函。
二、來函說明一，旨揭條項所稱「承辦採購人員」，包括處理訂定招標文件、招標、開標、審標、比價、議價、決標、訂約、履約管理、驗收及爭議處理之人員；所稱「監辦採購人員」指監視機關辦理採購之開標、比價、議價、決標及驗收之人員；另承辦、監辦採購人員之主官、主管亦適用之。
三、來函說明二，機關辦理採購，如認定投標廠商僱用人員符合旨揭條項規定情形，得認定該廠商符合政府採購法第50條第1項第7款規定；併請查閱公務員服務法第14條之1及第22條之1規定。
正本：內政部營建署市鄉規劃局
副本：本會企劃處（網站）
主任委員 吳 澤 成

● 附錄4　有關採15.1、採15.4「接洽」及「廠商」之定義（工程會88年6月9日工程企字第8807424號）

行政院公共工程委員會 函

發文日期：中華民國 88年06月09日

發文字號：(88)工程企字第8807424號

根據 政府採購法第15條

本解釋函上網公告者：企劃處 第三科 張 (先生或小姐)

主旨：貴局函詢有關政府採購法第十五條第一項及第四項之疑義乙節，復如說明，請查照。

說明：

1.復 貴局八十八年五月二十五日八八高市工務公字第一三五四三號函。

2.政府採購法（以下簡稱本法）第十五條第一項所稱「代理廠商」及「接洽處理」指代廠商以書面或口頭方式向原任職機關洽辦事務。來函說明一後段所述情形，該建築師事務所仍可參加應徵。

3.本法第十五條第四項所稱「廠商」，不包括該建築師事務所內非屬「負責人」之職員。

正本：高雄市政府工務局

副本：本會法規委員會、採購申訴審議委員會、企劃處網站

主任委員 蔡 兆 陽

備註：108年5月22日總統華總一義字第10800049691號令修正公布政府採購法部分條文，刪除第15條第4項規定。

備註：備註：108年5月22日總統華總一義字第10800049691號令修正公布政府採購法部分條文，刪除第15條第4項規定。

Lessn 02

● 附錄5　原供應廠商含原分包廠商（工程會89年12月4日工程企字第89035121號）

行政院公共工程委員會 函

發文日期：中華民國 89年12月04日

發文字號：(89)工程企字第89035121號

根據 政府採購法第22條

本解釋函上網公告者：企劃處 第四科 傅 (先生或小姐)

主旨：政府採購法第二十二條第一項第四款所稱「原供應廠商」，包括原分包廠商。復請 查照。

說明：復 貴處八十九年十一月二十三日高市國宅二字第10835號函。

正本：高雄市政府國民住宅處

副本：本會法規會、採購申訴審議委員會、中央採購稽核小組、企劃處網站（公告）

主任委員 林 能 白

● 附錄6 說明採22.1-4原有採購適用範圍（工程會99年 1 月8日工程企字第09900004730號）

行政院公共工程委員會 令

發文日期：中華民國 99年01月08日

發文字號：工程企字第09900004730號

根據 政府採購法第22條

本解釋函上網公告者：企劃處 第三科 劉 (先生或小姐)

政府採購法第二十二條第一項第四款所稱「原有採購」之適用範圍，不以原採購機關辦理為限：其屬「原有採購」之使用、接管機關，對於該「原有採購」之後續維修、零配件供應、更換或擴充，如認定符合該條款所稱「因相容或互通性之需要，必須向原供應廠商採購者」之情形，得簽報機關首長或其授權人員核准後，採限制性招標。

主任委員 范 良 錡

● 附錄7 採22.1-6適用要件（工程會88年7月19日工程企字第 8809861號）

行政院公共工程委員會 函

發文日期：中華民國 88年07月19日

發文字號：(88)工程企字第8809861號

根據 政府採購法第22條

本解釋函上網公告者：企劃處 第四科 傅 (先生或小姐)

主旨：貴公司函詢有關「政府採購法」適用疑義乙案，復如說明，請 查照。

說明：

一、 復 貴公司八十八年七月六日電建字第八八０七～０二四五號函。

二、 查「政府採購法」第二十二條第一項第六款之適用要件為：(一)工程採購；(二)在原招標目的範圍內；(三)因未能預見之情形，必須追加契約以外之工程（包括增加原契約內工作項目之內容及原契約外之工作項目）；(四)如另行招標，確有產生重大不便及技術或經濟上困難之虞；(五)非洽原訂約廠商辦理，不能達契約之目的；(六)追加累計金額在公告金額以上且未逾原主契約金額百分之五十。機關辦理公告金額以上之採購，若符合上開要件，報經上級機關核准，得採限制性招標。

正本：台灣電力股份有限公司

副本：本會法規會、申訴會、企劃處網站

主任委員 蔡 兆 陽

【註】前揭說明二之(三)，本會八十八年九月一日 (八八) 工程企字第八八一二０九九號函已更正如下：「政府採購法」第二十二條第一項第六款所稱「因未能預見之情形，必須追加契約以外之工程」，係指增加原契約外之工作項目，不包括原契約項目規格之變更或既有標的數量之增加。

【註】又因部分機關反映上開釋例造成該款執行上之不必要限制及分辨「契約以外」、「契約以內」之困擾，本會業於97年12月23日以工程企字第09700053610號函示政府採購法第22條第1項第6款所稱「必須追加契約以外之工程」之情形，包括新增項目、原契約項目數量之增加、原契約項目規格之變更，並停止適用88年9月1日 (88) 工程企字第8812099號函釋例。

【註】政府採購法部分條文於九十一年二月六日奉 總統華總一義字第０九一０００二五六一０號令修正公布，本函說明二採限制性招標已無須報經上級機關核准。

備註：【註】政府採購法部分條文於九十一年二月六日奉 總統華總一義字第０九一０００二五六一０號令修正公布，本函說明二採限制性招標已無須報經上級機關核准。

● 附錄8　採22.1-6必須追加契約以外之工程情形（工程會97年12月23日工程企字第09700536510號）

行政院公共工程委員會 函

發文日期：中華民國 97年12月23日
發文字號：工程企字第09700536510號
根據 政府採購法第22條
本解釋函上網公告者：企劃處 第四科 李（先生或小姐）

主旨：政府採購法（以下簡稱本法）第22條第1項第6款所稱「必須追加契約以外之工程」之情形，包括新增項目、原契約項目數量之增加、原契約項目規格之變更，請查照。

說明：

一、本法第22條第1項第6款規定「在原招標目的範圍內，因未能預見之情形，必須追加契約以外之工程，如另行招標，確有產生重大不便及技術或經濟上困難之虞，非洽原訂約廠商辦理，不能達契約之目的，且未逾原主契約金額百分之五十者」，其「必須追加契約以外之工程」之情形，本會前以88年9月1日（88）工程企字第8812099號及88年12月16日（88）工程企字第8820975號釋例，僅限增加原契約外之工作項目，不包括原契約項目規格之變更或既有標的數量之增加。

二、考量部分機關反映上開釋例造成該款執行上之不必要限制及分辨「契約以外」、「契約以內」之困擾，爰自即日起停止適用該釋例；另考量原契約既有標的數量之增加亦應有所限制，本會89年9月8日（89）工程企字第89022836號函一併停止適用，回歸本法第22條第1項第6款「未逾原主契約金額百分之五十者」之限制。

正本：總統府第三局、國家安全會議秘書處、行政院秘書長、立法院秘書長、司法院秘書長、考試院秘書長、監察院秘書長、國家安全局、行政院各部會行處局署、省市政府、臺灣省諮議會、臺北市議會、高雄市議會、各縣市政府、各縣市議會
副本：全國政府機關電子公布欄、本會各處室會組、企劃處（網站）
主任委員 范 良錦

● 附錄9　後續擴充以換文方式辦理之情形（工程會97年1月29日工程企字第09700034290號）

行政院公共工程委員會 函

發文日期：中華民國 105年03月10日
發文字號：工程企字第10500046160號
根據 政府採購法第25條
本解釋函上網公告者：企劃處 第三科 張（先生或小姐）

主旨：關於共同投標辦法第10條第1項第6款之執行疑義，復如說明，請查照。

說明：

一、復貴府105年2月17日高市府捷工字第10530192300號函。

二、共同投標辦法第10條第1項第6款規定：「共同投標廠商於投標時應檢附由各成員之負責人或其代理人共同具名，且經公證或認證之共同投標協議書，載明下列事項，於得標後列入契約：六、成員有破產或其他重大情事，致無法繼續共同履約者，同意將其契約之一切權利義務由其他成員另覓之廠商或其他成員繼受。」上開所稱「重大情事」之認定，可參酌是否與「破產」情形相當，本會88年8月16日（88）工程企字第8811158號函釋已有說明（公開於本會網站），合先敘明。

三、所詢疑義，公司聲請重整期間，尚非必然無法繼續履約；惟如公司已因聲請重整致無法繼續履約（例如法院為公司法第287條第1項第2款或第3款之裁定），應得認為與破產情形相當。

正本：高雄市政府
副本：高雄市政府捷運工程局、本會企劃處（網站）
主任委員 許 俊逸

● 附錄10　優先採用正字標記國貨之作法（96年11月6日工程企字第09600437630號）

行政院公共工程委員會 函

發文日期：中華民國 96年11月06日

發文字號：工程企字第09600437630號

根據 政府採購法第26條

本解釋函上網公告者：企劃處 第三科 張 (先生或小姐)

主旨：關於台灣區陶瓷工業同業公會林理事長榮德96年9月20日致林政務委員錦廉建言書，其中建議各級政府單位辦理公共工程及各項採購優先採用「正字標記國貨」乙節，請 卓處並轉知所屬（轄）機關。

說明：

一、依據行政院經濟建設委員會96年10月29日部字第0960004910號函辦理。

二、政府採購法第26條規定：「機關辦理公告金額以上之採購，應依功能或效益訂定招標文件。其有國際標準或國家標準者，應從其規定（第1項）。機關所提定、採用或適用之技術規格，其所標示之擬採購產品或服務之特性，諸如品質、性能、安全、尺寸、符號、術語、包裝、標誌及標示或生產程序、方法及評估之程序，在目的及效果上均不得限制競爭（第2項）。招標文件不得要求或提及特定之商標或商名、專利、設計或型式、特定來源地、生產者或供應者。但無法以精確之方式說明招標要求，而已在招標文件內註明諸如『或同等品』字樣者，不在此限（第3項）。」故機關訂定採購規格，應依上開規定辦理，如機關經檢討以正字標記為規格標示符合所需之功能或效益者，得指定使用「正字標記」產品，惟應在招標文件註明「或同等品」字樣。本會88年9月14日(88)工程企字第8814260號函已有釋例。本會鼓勵各機關以正字標記加註或同等品作為規格標，至於正字標記及同等品之定義及認定標準，本會95年11月16日工程企字第09500426900號函已有說明。上開釋例均公開於本會網站。

三、至於採用國產品乙節，因我目前尚未締結與政府採購法第17條第1項有關之條約或協定，故限採用國產品，未牴觸該法。本會88年6月21日(88)工程企字第8808497號函已有釋例（公開於本會網站）。

正本：總統府第三局、國家安全會議秘書處、行政院秘書長、立法院秘書長、司法院秘書長、考試院秘書長、監察院秘書長、國家安全局、行政院各部會行處局署、省市政府、臺灣省諮議會、臺北市議會、高雄市議會、各縣市議會、各縣市政府、本會企劃處（網站）

副本：行政院副院長辦公室、林政務委員錦權辦公室、台灣區陶瓷工業同業公會、全國政府機關電子公布欄

主任委員 吳澤成

【註】世界貿易組織〈WTO〉政府採購協定〈GPA〉已於98年7月15日對我國生效，就適用GPA採購案，應符合相關規定。

備註：【註】世界貿易組織〈WTO〉政府採購協定〈GPA〉已於98年7月15日對我國生效，就適用GPA採購案，應符合相關規定。

● 附錄11　未達公告金額不適用採26規格規定（工程會88年9月9日工程企字第8813252號）

行政院公共工程委員會 函

發文日期：中華民國 88年09月09日

發文字號：(88)工程企字第8813252號

根據 政府採購法第26條

本解釋函上網公告者：企劃處 第三科 任 (先生或小姐)

主旨：貴公司函詢台南縣消防局案號T88119-4消防安檢器材招標規格疑慮乙案，本案如屬未達公告金額之採購，不適用政府採購法（以下簡稱本法）第二十六條關於規格之規定。惟前揭器材如有我國產品符合招標規格，不應禁止我國產品競標，以免違反本法第六條第一項之規定，復請 查照。

說明：

一、復 貴公司八十八年八月二十八日八八榮消字第88001號函。

二、貴公司如認為本案有違反法令致損害 貴公司權利或利益者，請依本法第七十五條之規定向招標機關提出異議。

正本：榮祥消防安全設備股份有限公司

副本：台南縣消防局、本會法規委員會、企劃處網站

Lessn 03

● 附錄12　機關辦理採購之廠商家數規定一覽表

法規名稱：機關辦理採購之廠商家數規定一覽表

公發布日：民國 88 年 06 月 24 日

修正日期：民國 91 年 07 月 24 日

發文字號：（91）工程企字第 09100312010 號

法規體系：行政院公共工程委員會企劃處

項次	情形	家數規定
一	以公開招標方式辦理第一次開標。	政府採購法（以下簡稱本法）第四十八條第一項規定有三家以上合格廠商投標，即應開標決標。所稱三家以上合格廠商投標之定義，詳本法施行細則第五十五條。
二	以公開招標方式辦理第二次開標。	得不受本法第四十八條第一項三家廠商之限制，由招標機關決定。
三	以公開招標方式辦理第三次以後開標。	無。不論金額大小均得開標。
四	公開招標，開標後合於招標文件規定之廠商未達三家。	如無本法第四十八條第一項各款情形之一，而合於招標文件規定之廠商有低於底價或評審委員會建議金額或可評定最有利標者，應即決標。
五	公開招標及選擇性招標之分段投標或分段開標。	第二階段以後之投標及開標，無廠商家數限制。
六	公開招標及選擇性招標廢標後依原招標文件重行辦理開標。	準用本法第四十八條第二項關於第二次招標之規定。

項次	情形	家數規定
七	以選擇性招標方式為特定個案辦理之資格標。	無。僅一家廠商提出資格文件亦得開標。資格審查後，應邀請所有符合資格之廠商投標。
八	依本法第二十條第二款至第五款辦理選擇性招標，為建立合格廠商名單辦理資格審查。	無。僅一家廠商提出資格文件亦得辦理。
九	依本法第二十條第一款辦理選擇性招標，為建立合格廠商名單辦理資格審查。	有。須六家以上廠商提出資格文件方得辦理。資格合格廠商未達六家時，不得建立名單。名單建立後依本法施行細則第二十一條第二項之規定辦理採購。
十	限制性招標之比價。	邀請二家以上廠商比價，僅一家廠商投標，得當場改為議價辦理（本法施行細則第十九條）。
十一	本法第二十二條第一項第九款至第十一款之應徵廠商。	無。僅一家廠商應徵，亦得辦理。
十二	未達公告金額採購之「公開取得報價或企劃書」。	1. 三家以上廠商之書面報價或企劃書。第一次公開徵求結果僅取得一家或二家廠商之書面報價或企劃書，而欲改以比價或議價方式辦理者，依「中央機關未達公告金額採購招標辦法」第三條之規定，經機關首長或其授權人員核准，得改以比價或議價方式辦理。其辦理第二次公開徵求者，得不受三家廠商之限制。 2. 提出書面報價或企劃書之廠商家數為數甚多時，得擇價格較低且符合需要之二家以上廠商比價，或擇符合需要之最低標廠商議價。未能完成議價時，得依標價次序，由價格較低者起，依序洽其他符合需要者議價。

● 附錄13　政府採購錯誤行為態樣（工程會109年9月18日工程企字第1090107461號）

號　序		錯誤行為態樣	依據法令
一、準備招標文件	（一）	擅改法律文字，例如：更改或增列政府採購法（以下簡稱採購法）第三十一條第二項、第一百零一條、第一百零三條之文字。	
	（二）	漏記法規規定，例如：漏記採購法第六十三條第二項、第七十條第一項、採購法施行細則（以下簡稱施行細則）第三十八條等應於招標文件載明之規定。	採購法第三條。
	（三）	曲解法規規定，例如：曲解採購法第五十八條之執行程序。	
	（四）	違反法規規定，例如：對於機關之決定不得異議。	採購法第七十四條、第七十五條。
	（五）	不當增列法規所無之規定，例如於招標文件規定廠商之投標文件有下列情形之一者，為不合格標：標封封口未蓋騎縫章；投標文件未逐頁蓋章；投標文件未檢附電子領標憑據；投標文件之編排、字體大小、裝訂方式或份數與招標文件規定不符；標單未蓋與招標文件所附印模單相符之印章。	採購法第六條，工程會九十六年五月八日工程企字第09600182560號令。
	（六）	依採購法第二十二條第一項第九款、第十款及第五十六條辦理評選（不論金額大小），未於開標前成立評選委員會。評選委員由代理人出席會議。	採購評選委員會組織準則第三條，採購評選委員會審議規則第六條第一項。
	（七）	評選優勝者或評定最有利標之評審項目，除非是固定費率或公布決標價格者外，未將價格納入；或雖將價格納入，但卻單以比較入圍廠商標價之高低為評分基礎，未分析各該廠商標價相對於其他項目評分之合理性。	最有利標評選辦法。

號序		錯誤行為態樣	依據法令
一、準備招標文件	(八)	評選優勝者或評定最有利標之評審項目不當或配分與重要性不平衡，例如：規定廠商簡報，十分鐘之簡報，其配分即占20%。	最有利標評選辦法。
	(九)	招標文件中之資料錯誤，例如：數量或數據有誤；前後矛盾；引用過時或失效之資料。	行政疏失。
	(十)	招標文件中之履約條款違反公平合理原則，例如：履約期限過短；逾期違約金過高。	採購法第六條。
	(十一)	招標文件過簡，例如：未載明終止或解除契約條件、查驗或驗收條件；未載明依政府採購法令辦理。	採購法第二十九條第三項。
	(十二)	未預為防範問題之發生，例如：履約期限為日曆天者未載明特定假日是否計入；未規定廠商投保必要之保險。	行政疏失。
	(十三)	意圖規避法規之適用而將案件化整為零招標。	採購法第十四條，中央機關未達公告金額採購招標辦法第六條。
	(十四)	認定採購金額之方式錯誤，例如：分批辦理採購，未依各批合計總金額認定其採購金額；未將含有選購或後續擴充項目金額計入。	施行細則第六條。
	(十五)	不當限制競爭，例如：限廠商代表於開標當時必須攜帶與投標文件所用相同之印鑑，否則無權出席。	採購法第六條、第二十五條、第二十六條、第二十八條、第三十七條等。
	(十六)	製造不必要之陷阱，例如：可在標價欄位印上「整」字卻不印，而規定廠商未寫「整」字即為無效標。	
	(十七)	未使用工程會之範本，致錯漏頻生。	採購法第六十三條第一項，採購契約要項第一點。
	(十八)	以單價決標者，未載明預估數量或採購金額上限；標的二項以上未採分項決標者，未以分項單價乘以預估數量後之總和決定最低標。	施行細則第六條第一項第五款，第六十四條之一。

號　序		錯誤行為態樣	依據法令
一、準備招標文件	（十九）	辦理巨額採購，招標前未簽准預期使用情形、效益目標及效益分析指標、預計採購期程、開始使用日期及使用年限。	採購法第一百十一條，機關提報巨額採購使用情形及效益分析作業規定第二點。
	（二十）	機關辦理巨額工程採購，未成立採購工作及審查小組，協助審查採購需求與經費、採購策略及招標文件等事項。	採購法第十一條之一。
二、資格限制競爭	（一）	訂定之廠商資格為「投標廠商資格與特殊或巨額採購認定標準」（以下簡稱資格標準）所無或違反或較該標準更嚴格之規定。	採購法第三十六條、第三十七條，資格標準。
	（二）	非特殊或巨額採購卻規定特定資格。	採購法第三十六條第二項，資格標準第五條。
	（三）	訂定特定資格未依該標準評估廠商家數及檢討有無限制競爭。	資格標準第十三條。
	（四）	過當之資格，例如：乙等營造業承攬限額內之工程卻限甲等營造業方可投標。	採購法第三十七條第一項，資格標準第三條第三項。
	（五）	限非屬法規規定之團體之會員方可投標，例如：某協會之會員。	採購法第三十七條第一項，資格標準第三條至第五條。
	（六）	限公部門（政府機關、公營事業、公立學校）之實績	資格標準第十四條。
	（七）	限國內之實績。	
	（八）	限特定地區公會之會員。	採購法第三十七條第一項，資格標準第三條第一項第三款、第六項。
	（九）	不當限制特定公會之會員方可投標。	

號　序	錯誤行為態樣	依據法令
（十）	繳納營業稅證明限當期者。	資格標準第三條第五項。
（十一）	信用證明限公告日後所取得者	資格標準第四條第一項第五款
（十二）	資本額限公告日前者。	資格標準第五條第一項第三款。
（十三）	非屬特殊或巨額採購，限取得 ISO9000 系列驗證者。	資格標準第五條第一項第五款。
（十四）	投標當時即必須於指定地區設有分公司或維護站。	資格標準第四條第一項第四款。
（十五）	限定投標廠商之所在地。	資格標準第十五條。
（十六）	投標當時即必須擁有指定之設備。	資格標準第五條第一項第四款。
（十七）	不考慮資格文件之性質而規定廠商檢附正本。	資格標準第十條第一項。
（十八）	限開標當時必須攜帶資格文件正本。	
（十九）	以已停止使用之投標比價證明書為廠商資格文件。	非屬資格標準第二條至第五條規定範圍。
（二十）	投標時須檢附原廠製造證明、原廠代理證明、原廠願意供應證明、原廠品質保證書。	非屬資格標準第二條至第五條規定範圍，採購法第三十七條。
（二一）	以小綁大，例如：規定重要項目之分包廠商必須具備某一特定之資格條件，而具備該資格條件之分包廠商甚少；規定投標廠商投標時須取得特定材料供應商之授權同意書。	採購法第六條、第三十七條。
（二二）	規定之資格與履約能力無關。	採購法第三十七條。
（二三）	限定國內廠商投標時須檢附與國外廠商技術合作之證明。（註：招標文件如未作強制規定，而係由投標廠商自行決定之合作，非屬此一情形）	採購法第三十七條第一項，資格標準第三條至第五條。

二、資格限制競爭

<table>
<tr><th colspan="2">號 序</th><th>錯誤行為態樣</th><th>依據法令</th></tr>
<tr><td rowspan="13">三、規格限制競爭</td><td>(一)</td><td>抄襲特定廠商之規格資料。</td><td rowspan="2">採購法第二十六條。</td></tr>
<tr><td>(二)</td><td>超出需求或與需求無關之規格。</td></tr>
<tr><td>(三)</td><td>公告金額以上之採購指定特定廠牌之規格或型號或特定國家或協會之標準而未允許同等品。</td><td>採購法第二十六條,施行細則第二十五條。</td></tr>
<tr><td>(四)</td><td>型錄須蓋代理廠商之章。</td><td rowspan="4">採購法第六條、第二十六條。</td></tr>
<tr><td>(五)</td><td>型錄須為正本。</td></tr>
<tr><td>(六)</td><td>限型錄上之規格必須與招標規格一字不差。</td></tr>
<tr><td>(七)</td><td>不論產品大小都要有型錄，或未具體載明需要提出型錄之項目。</td></tr>
<tr><td>(八)</td><td>非屬必要卻限不同組件須由相同廠牌所組成。</td><td>採購法第二十六條，工程會九十年十一月九日工程企字第90043793號令。</td></tr>
<tr><td>(九)</td><td>限取得正字標記而未允許同等品競標，或以ISO9000系列驗證證書作為產品規範。</td><td>採購法第二十六條,工程會八十八年九月十四日工程企字第8814260號函釋、八十八年十月二十七日工程企字第8816968號函釋。</td></tr>
<tr><td>(十)</td><td>所標示參考之廠牌不具普遍性或競爭性，例如：同一代理商代理；雖由不同代理商代理而該等代理商間因屬家族或關係企業而不具競爭性；已不製造；參考之廠牌空有其名而無法聯絡，致生同等品爭議</td><td>採購法第二十六條，施行細則第二十五條。</td></tr>
<tr><td>(十一)</td><td>公告金額以上之採購指定進口品。</td><td rowspan="2">採購法第六條、第二十六條。</td></tr>
<tr><td>(十二)</td><td>公告金額以上之採購，無條約協定關係卻指定特定國家之進口品。</td></tr>
<tr><td>(十三)</td><td>引用已停止使用之內政部七十一台內營字第七七六七九號函及七十四台內營字第三五七四三八號函「有關建材同等品之定義及使用時機案」之規定。</td><td>採購法第三條。</td></tr>
</table>

號 序		錯誤行為態樣	依據法令
四、押標金保證金	（一）	違反採購法第三十條第二項規定限制押標金保證金之繳納方式。	採購法第三十條第二項。
	（二）	押標金金額逾規定上限。	押標金保證金暨其他擔保作業辦法（以下簡稱押保辦法）第九條。
	（三）	拒絕接受未載明受款人之銀行支票。	押保辦法第七條第一項。
	（四）	未規定廠商以現金繳納押標金者，應於截止投標期限前繳納至機關指定之收受處所或帳戶。	押保辦法第六條第一項。
	（五）	截止投標期限後允許廠商補繳納押標金。	
	（六）	未依採購法第三十一條第二項規定不發還及追繳押標金。	採購法第三十一條第二項，工程會一百零八年九月十六日工程企字第1080100733號令。
五、決定招標方式	（一）	公告金額以上之工程採購，涉及營造或土木包工業者，採選擇性招標建立一合格廠商名單用於所有不同性質之工程案。	採購法第六條，工程會八十九年一月十九日工程企字第88022422號函釋例及一百零三年十月二十日工程企字第10300366250號函釋例。
	（二）	自創法規所無之招標方式，例如：以公開招標方式評選優勝廠商議價；以公開評選方式評選廠商後辦理比價。	採購法第十八條至第二十三條。
	（三）	誤用招標方式，例如：採公開招標卻就資格標單獨招標。	採購法第十八條至第二十三條，施行細則第四十四條第一項。
	（四）	圖特定廠商利益而以議價或比價方式辦理。	採購法第二十二條、第二十三條。

號　序		錯誤行為態樣	依據法令
五、決定招標方式	（五）	未達公告金額而逾公告金額十分之一之採購，通案以議價或比價方式辦理，未公開取得報價單。	採購法第四十九條，中央機關未達公告金額採購招標辦法第二條第一項。
	（六）	決標原則不適宜，例如：宜採最有利標者卻採最低標；宜採複數決標者卻未採行。	採購法第六條。
	（七）	濫用採購法第一百零五條除外規定。	採購法第一百零五條，特別採購招標決標處理辦法。
六、刊登招標公告	（一）	漏刊公告，例如：依採購法第二十二條第一項第九款至第十一款辦理限制性招標，未刊登政府採購公報。	採購法第二十七條，政府採購公告及公報發行辦法（以下簡稱公報發行辦法）第四條。
	（二）	誤刊公告，例如：招標公告誤刊公開徵求廠商提供參考資料公告；公開招標公告誤刊「公開取得報價單或企劃書」公告；公告金額以上之案件誤登未達公告金額且未刊登政府採購公報；未達公告金額之採購，以「公開取得」三家廠商之書面報價或企劃書方式辦理者，於辦理公告上網作業時，誤上「公開招標」之網頁。	採購法第二十七條，公報發行辦法。
	（三）	採購案之屬性歸類錯誤（故意或過失），例如：工程保險誤登為工程案，藉以適用較高之查核或巨額採購金額，或使廠商遺漏參與機會。	採購法第七條。
	（四）	公告內容未完全符合政府採購公告及公報發行辦法之規定，例如：漏填、錯填、未詳實填寫（以「詳招標文件」一語帶過）。	採購法第二十七條，公報發行辦法。
	（五）	等標期違反規定，例如：未考慮案件之複雜度逕依等標期法定下限訂定等標期。	採購法第二十八條，招標期限標準。

號　序		錯誤行為態樣	依據法令
六、刊登招標公告	（六）	招標文件有保留增購權利卻未於招標公告載明。	採購法第二十二條第一項第七款。
	（七）	流標或廢標後大幅修改招標文件重行招標，卻仍依本法第四十八條第二項規定以第二次招標處理。	施行細則第五十六條。
	（八）	公告內容與招標文件之內容不一致，例如：截止投標期限不一致。	行政疏失。
	（九）	上網傳輸公告未確定傳輸成功致實際傳輸失敗未刊登公告。	採購法第二十七條，公報發行辦法。
七、領標投標程序	（一）	招標文件未能自公告當日至截止投標期限期間供廠商親自及郵遞領取，例如：延後開始領標時間；縮短領標時間；限親自領取；限郵遞領取；對親自及郵遞領取訂定不同之截止期限。	採購法第二十九條第一項。
	（二）	僅標示供領標投標之郵政信箱。	
	（三）	限使用機關之標封否則投標無效。	採購法第六條、第三十三條第一項，施行細則第二十九條。
	（四）	招標文件索價過高。	施行細則第二十八條之一。
	（五）	允許廠商於開標前領回投標文件或開啟標封更改其內容。	施行細則第三十二條。
	（六）	詢問領標廠商名稱或索取名片。	採購法第二十九條第一項。
	（七）	以招標文件售罄為由妨礙廠商領標。	
	（八）	招標公告上之廠商資格內容過簡，致廠商誤付費領標，而機關拒退費，例如：僅填寫「詳招標文件」。	採購法第六條，工程會八十九年六月十八日工程企字第 89014544 號函釋例。

號　序		錯誤行為態樣	依據法令
八、開標程序	（一）	誤解開標之意義為開價格標。	採購法第四十五條，施行細則第四十八條第一項。
	（二）	開標前之應辦程序未辦妥，例如：漏通知上級機關監辦；底價尚未訂定；無人主持。	採購法第三條。
	（三）	開標前當場宣布補充規定或變更招標文件內容。	採購法第二十七條、第四十一條。
	（四）	開標後更改底價。	採購法第四十六條第二項。
	（五）	開標時間未到即先開啟廠商標封審標。	採購法第四十五條，施行細則第四十八條第一項。
	（六）	截止投標時間與開標時間相隔天數過長。	施行細則第四十九條之一。
	（七）	開標紀錄記載不全。	施行細則第五十一條。
	（八）	廠商未依通知出席開標即視為無效標。	採購法第五十條，第六十條。
	（九）	採分段開標，卻先辦理價格標後再審查資格或規格標。	施行細則第四十四條。
	（十）	訂定底價時機不符合規定，例如：議價前未參考該議價廠商之報價或估價即訂定底價。	採購法第四十六條，施行細則第五十四條。
	（十一）	對於監辦人員提出之正確意見不予理會。	施行細則第十一條第三項，機關主會計及有關單位會同監辦採購辦法第七條第二項。
	（十二）	監辦人員逾越監辦職權提出不妥適之意見。	採購法第三條。
	（十三）	未依採購法第五十七條第一款規定秘密開標審標。	採購法第五十七條第一款。

號序		錯誤行為態樣	依據法令
九、審標程序	(一)	未依招標文件之規定逐項確實審查，先以嚴格之規定排除競爭者，再故意放水或護航讓不合規定者通過審查。	採購法第六條、第五十條、第五十一條。
	(二)	對於圍標事證缺乏警覺性。	採購法第三十一條第二項、第四十八條第一項、第五十條第一項、第八十七條、第一百零一條。
	(三)	不必公開審標卻公開審標，致洩漏個別廠商資料。	採購法第三十四條第四項。
	(四)	誤以為開標當日必須審標完畢。	誤解。
	(五)	誤以為審標結果必須有三家廠商合格方得決標。	採購法第四十八條第一項，施行細則第五十五條。
	(六)	對於虛偽不實之廠商簽名或文件缺乏警覺性。	採購法第三十一條第二項、第五十條第一項、第一百零一條。
	(七)	資格文件之中文譯文雖符合招標文件規定，但未注意原文不符合招標文件規定。	施行細則 第三十七條。
	(八)	投標文件審查結果，未通知投標廠商。	採購法第五十一條第二項，施行細則第六十一條。
	(九)	私下洽投標廠商協助審查其他廠商之投標文件。	採購法第三十四條、第五十一條。
	(十)	允許投標廠商查看其他廠商之投標文件。	採購法第三十四條第四項。
	(十一)	決標程序錯亂，例如：決標後，方審查投標時提出之樣本規格或投標文件所載廠牌設備、材料之規格。	採購法第五十二條，施行細則第四十四條。

序 號		錯誤行為態樣	依據法令
九、審標程序	（十二）	評選委員會未依採購法第九十四條規定組成或開會。	採購法第九十四條，採購評選委員會審議規則，採購評選委員會組織準則。
	（十三）	評選委員未親自辦理評選或未依規定迴避。	採購評選委員會審議規則第六條第一項、第十四條。
十、決標程序	（一）	未依採購法第六十一條及第六十二條刊登或傳輸決標資訊，或傳輸之資料錯誤或不完整，例如：以單價決標時未傳輸預估總價；未登載廠商是否為中小企業；採限制性招標於決標後未依採購法第六十一條及第六十二條刊登或傳輸決標資訊；未登載採限制性招標所依據之法條；得標廠商為外國廠商卻登載係我國之中小企業；未公告底價或未敘明不公開底價之理由；未依規定公告決標金額；未登載決標原則。	採購法第六十一條、第六十二條，施行細則第八十四條，公報發行辦法第十三條至第十五條。
	（二）	未保留至少一份未得標廠商已開標之文件。	施行細則第五十七條。
	（三）	未保留至少一份得標廠商遞送之資格文件影本。	
	（四）	除應保留之投標文件外，拒絕發還其他投標資料。	
	（五）	不同數量之二項以上標的，以單價和決標。	施行細則第六十四條之一。
	（六）	不考慮廠商單價是否合理而強以機關預算單價調整廠商單價。	採購法第六條、第五十八條。
	（七）	標價偏低，未經分析逕行決標，或未通知廠商說明即逕通知繳納差額保證金，或未繳納差額保證金前即決標而於決標後通知繳納差額保證金。	採購法第五十八條，工程會訂頒之「依政府採購法第五十八條處理總標價低於底價百分之八十案件之執行程序」。

號 序		錯誤行為態樣	依據法令
十、決標程序	（八）	標價偏低，通知廠商提出繳納差額保證金時，允許以押標金或將繳納之切結書代替繳納行為。	採購法第五十八條，押保辦法第三十條。
	（九）	標價偏低，通知廠商提出說明時，未注意該廠商與其他廠商間是否有異常或不正當之行為，而給予與次低標串通之可乘之機。	採購法第五十八條，工程會訂頒之「依政府採購法第五十八條處理總標價低於底價百分之八十案件之執行程序」。
	（十）	對於廠商自稱報價錯誤之處置失當，例如：廠商只含糊自稱報價錯誤，機關未探究錯誤之情形是否屬實及是否有採購法第五十八條之情形，逕不決標予該廠商，予不肖廠商轉手予次低標獲取利差之機會。	
	（十一）	規定決標後樣品檢驗不合格不發還押標金。	採購法第三十一條第二項。
	（十二）	使用工程會之招標投標簽約三用格式，卻規定廠商決標後須至機關簽約。	誤解。
	（十三）	議價案未於議價前參考廠商之報價或估價單訂底價。	施行細則第五十四條第三項。
	（十四）	決定最有利標後再洽廠商減價。	採購法第五十六條，最有利標評選辦法。
	（十五）	決定最有利標時未經評選委員會過半數之決定或機關首長之決定。	採購法第五十六條第一項，採購評選委員會審議規則第九條。
	（十六）	訂有底價之採購，廠商報價已在底價之內（包括平底價），機關未予決標，而要求廠商減價。	採購法第五十二條，施行細則第六十九條、第七十二條第二項。

號　序		錯誤行為態樣	依據法令
十、決標程序	（十七）	未更改招標文件內容而重行訂定之底價，除有正當理由外（例如匯率大幅波動影響底價之訂定），較廢標前合格廠商之最低標價為高。	採購法第六條、第四十六條第一項。
	（十八）	決標紀錄記載不全。	施行細則第六十八條。
十一、可能有圍標之嫌或宜注意之現象	（一）	不肖人士蒐集領標廠商名稱。	採購法第二十九條、第三十四條第二項。
	（二）	領標投標期間於機關門口有不明人士徘徊。	採購法第二十九條、第三十四條第二項、第八十七條。
	（三）	繳納押標金之票據連號、所繳納之票據雖不連號卻由同一家銀行開具、押標金退還後流入同一戶頭、投標文件由同一處郵局寄出、掛號信連號、投標文件筆跡雷同、投標文件內容雷同、不同投標廠商投標文件所載負責人為同一人。	採購法第四十八條第一項、第五十條第一項，工程會九十一年十一月二十七日工程企字第 09100516820 號令，工程會一百零五年三月二十一日工程企字第 10500080180 號令。
	（四）	以不具經驗之新手出席減價會議。	
	（五）	代表不同廠商出席會議之人員為同一廠商之人員。	採購法第四十八條第一項、第五十條第一項，工程會九十一年十一月二十七日工程企字第 09100516820 號令，工程會九十七年二月十四日工程企字第 09700060670 號令。
	（六）	廠商簽名虛偽不實。	採購法第三十一條第二項、第五十條第一項、第一百零一條。
	（七）	廠商文件虛偽不實。	

序　號		錯誤行為態樣	依據法令
十一、可能有圍標之嫌或宜注意之現象	（八）	不同投標廠商提出由同一廠商具名之文件，例如授權各該不同廠商對同一案件投標。部分投標廠商未繳押標金。	採購法第四十八條第一項、第五十條第一項，九十五年七月二十五日工程企字第09500256920號令。
	（九）	廠商標封內為空白文件、無關文件或空無一物。	
	（十）	明顯不符合資格條件之廠商參與投標。	
	（十一）	廠商間相互約束活動之行為，例如：彼此協議投標價格、限制交易地區、分配工程、提高標價造成廢標、不為投標、不越區競標、訂定違規制裁手段、為獲得分包機會而陪標。	
	（十二）	廠商間彼此製造競爭假象，誤導招標機關而取得交易機會。	
	（十三）	不同投標廠商之領標網路位址（IP）相同。	採購法第四十八條第一項、第五十條第一項。
十二、履約程序	（一）	未確實辦理履約管理，例如：廠商使用非法運輸工具；使用非法外勞；未落實勞工安全；亂倒廢棄物；不宜雨天施工者未予制止。	採購法第三條、第六十三條、第七十條、第七十條之一。
	（二）	查驗或驗收作業不實，例如：依廠商建議之區域鑽心取樣。	採購法第六十三條、第七十條、第七十二條。
	（三）	有採購法第一百零一條第一項各款情形之一而未通知廠商將刊登政府採購公報及刊登期間；通知前未給予廠商口頭或書面陳述意見之機會；未成立採購工作及審查小組認定廠商是否該當第一項各款情形之一；通知時未附記救濟程序及期限或附記錯誤；或答復異議時未附記救濟程序及期限；審酌同條第一項所定情節重大，未考量機關所受損害輕重、廠商可歸責程度、實際補救或賠償措施等情形。	採購法第一百零一條至第一百零三條，施行細則第一百零九條之一。
	（四）	未將國內員工總人數逾一百人之廠商資料彙送至主管機關決標資料庫。	公報發行辦法第十四條。

號　序		錯誤行為態樣	依據法令
十二、履約程序	（五）	對於轉包行為視若無睹（例如履約階段由未得標廠商代為履行契約之全部或其主要部分）。	採購法第六十五條、第六十六條、第一百零一條第一項第十一款。
	（六）	代表廠商出席會議之人員為未得標廠商之人員。	採購法第五十條第一項、第六十五條、第六十六條、第八十七條、第一百零一條。
	（七）	刁難廠商使用同等品。	採購法第二十六條、第八十八條，施行細則第二十五條，採購契約要項第二十一點，工程會訂定之「政府採購法第二十六條執行注意事項」。
	（八）	未規定主要部分卻刁難廠商分包。	採購法第六十五條、第六十七條，施行細則第八十七條。
	（九）	任意允許廠商辦理契約變更。	採購法第六條、採購契約要項第二十一點，工程會訂定之「採購契約變更或加減價核准監辦備查規定一覽表」。
	（十）	全部不發還保證金之情形過當。	押保辦法第二十條。
	（十一）	補助（藝文採購除外）或委託機關未盡到監督法人或團體依採購法辦理之責任。	採購法第四條、第五條，施行細則第二條至第四條。

號　序	錯誤行為態樣	依據法令
十二、履約程序 （十二）	未依規定期限驗收或付款。	採購法第六條、第七十一條第一項、第七十三條之一,施行細則第九十二條至第九十五條。
十三、其他不法不當行為 （一）	利用職務關係對廠商要求、期約或收受賄賂、回扣、餽贈、優惠交易或其他不正利益。	採購人員倫理準則（以下簡稱倫理準則）第七條第一款。
（二）	接受與職務有關廠商之食、宿、交通、娛樂、旅遊、冶遊或其他類似情形之免費或優惠招待。	倫理準則第七條第二款。
（三）	不依法令規定辦理採購。	採購法第三條,倫理準則第七條第三款至第五款。
（四）	妨礙採購效率（例如一再開標流標廢標不知檢討）。	
（五）	浪費國家資源（例如呆料、存貨過多仍繼續採購;為消化預算而辦理不必要之採購）。	
（六）	未公正辦理採購（例如未執行利益迴避）。	採購法第六條、第十五條,採購評選委員會審議規則第十四條,倫理準則第七條第六款。
（七）	洩漏應保守秘密之採購資訊。	採購法第三十四條,倫理準則第七條第七款。
（八）	利用機關場所營私或公器私用。	倫理準則第七條第八款。
（九）	利用職務關係募款或從事商業活動。	倫理準則第七條第九款。
（十）	利用職務所獲非公開資訊圖私人不正利益。	倫理準則第七條第十款。
（十一）	於機關任職期間同時為廠商所僱用。	倫理準則第七條第十一款。
（十二）	於公務場所張貼或懸掛廠商廣告物。	倫理準則第七條第十二款。

號　序	錯誤行為態樣	依據法令
（十三）	利用職務關係媒介親友至廠商處所任職。	倫理準則第七條第十三款。
（十四）	利用職務關係與廠商有借貸或非經公開交易之投資關係。	倫理準則第七條第十四款。
（十五）	要求廠商提供與採購無關之服務。	倫理準則第七條第十五款。
（十六）	為廠商請託或關說，或接受請託或關說。	採購法第十六條，倫理準則第四條、第七條第十六款。
（十七）	意圖為私人不正利益而高估預算、底價或應付契約價金，或為不當之規劃、設計、招標、審標、決標、履約管理或驗收。	採購法第六條、第四十六條，倫理準則第七條第十七款。
（十八）	藉婚喪喜慶機會向廠商索取金錢或財物。	倫理準則第七條第十八款。
（十九）	從事足以影響採購人員尊嚴或使一般人認其有不能公正執行職務之事務或活動。（例如與廠商人員結伴出國旅遊）	倫理準則第七條第十九款。
（二十）	以不具專業採購能力或經驗之人員辦理採購。	採購法第九十五條。
（二一）	遇有犯採購法第八十七條至第九十二條罪之嫌者未通知檢警調單位。	採購法第三條、第八十七條至第九十二條。
（二二）	未依工程會、上級機關或監辦單位之通知改正錯誤。	採購法第三條。
（二三）	漠視廠商之異議或合理、善意之建議。	採購法第七十五條、第八十四條，施行細則第一百零五條之一。
（二四）	適用促進民間參與公共建設法（以下簡稱促參法）之案件，誤用採購法辦理。	促參法第二條、第四十八條，採購法第二條、第三條、第七條、第九十九條。

十三、其他不法不當行為

● 附錄14 政府採購之決標方式參考原則

壹、前言

政府採購法（以下簡稱採購法）施行前，各機關在審計稽察法規規範下辦理之採購，係以合於招標文件規定之最低標為得標原則。這種決標方式，造成機關採購功能佳、條件好之標的受到限制，各界對於政府不能善用預算買到好的標的亦多所批評。有鑒於此，採購法制定時，乃參酌先進國家之作法及世界貿易組織（WTO）政府採購協定（GPA）之規定，加入採最有利標決標之機制，供各機關利用。

因機關辦理採購之目的及需求各異，欲達成之採購功能及品質之要求亦非一致，就決標原則之擇定，應由各機關視個案性質及實際需要擇適當方式辦理。因為採購法對於最低標、最有利標之選擇，除採購法第 52 條第 2 項對於部分服務類別明定以最有利標為原則外，其他採購案之決標方式係由主辦機關決定；對於依採購法第 56 條規定辦理最有利標，並有報上級機關核准之程序。

為協助機關擇定合宜之決標方式，以提升採購之效率、功能及品質，將預算用得有價值，爰訂定此參考原則，供機關實務作業參考。

貳、各種決標方式特性

一、最低標

(一)採購作業較便捷，對機關準備招標及廠商投標都方便、迅速。

(二)部分廠商可能低價搶標，得標後影響履約品質或未能順利履約。

(三)除減價程序外，廠商無法任意變更或補充其投標文件。

二、評分及格最低標

(一)可藉由評分機制，淘汰資格、規格及條件不及格廠商，就評分及格廠商之標價採最低標決標。

(二)就評分達一定分數之廠商，藉由價格競爭機制，發揮與最低標決標方式相近之效果，可兼顧品質與價格。

三、最有利標

(一) 依招標文件規定之評審標準作綜合評選，以擇定最佳決標對象。機關可在既定之預算規模下，選擇較佳廠商及標的。

(二) 鼓勵廠商從事非價格之競爭，避免惡性低價搶標。

(三) 於評選結果無法評定最有利標時，可透過協商機制，洽評選及格廠商依招標文件之規定協商後，於一定期間內就得協商之項目，修改其投標文件；廠商就協商事項重行遞送投標文件後，再進行綜合評選。

(四) 依採購法第56條，適用最有利標案件應報上級機關核准。

參、決標方式選用原則

一、適宜採最低標案件

(一) 金額小。

(二) 案情簡單，有明確履約依據。

(三) 履約期限較短。

(四) 緊急採購案件。

(五) 市場普遍銷售之標的。

(六) 以前類似案件多採最低標，尚無明顯不良情形。

二、適宜採評分及格最低標案件

(一) 兼採最低標及最有利標競爭機制。

(二) 以前類似案件多採評分及格最低標，尚無明顯不良情形。

三、適宜採最有利標案件

(一) 金額大。

(二) 案情複雜。

(三) 不同廠商之標的難訂統一比較規範。

(四) 巨額工程：考量其屬第(一)、(二)之情形，以採最有利標決標為原則。

(五) 專業服務、技術服務、資訊服務、社會福利服務、文化創意服務：依採購法第52條第2項規定，以不訂底價之最有利標為原則。

(六) 藝文採購：依文化藝術採購辦法第9條規定，除有該條各款所定情形外，應採最有利標決標。

(七) 以前類似案件採最低標或評分及格最低標，曾發生不良情形者。

肆、其他採購策略

一、善用選擇性招標

(一) 機關辦理採購，如符合採購法第20條各款之情形（投標文件審查須費時長久始能完成、廠商準備投標需高額費用者、廠商資格條件複雜者），得個案採選擇性招標，以公告方式預先依一定資格條件辦理廠商資格審查後，再行邀請符合資格之廠商投標，以減省機關審標作業及廠商之備標成本。

(二) 選擇性招標之決標選用原則，同參、決標方式選用原則。

二、善用統包機制

(一) 機關得基於效率及品質之要求，依採購法第24條規定採統包方式辦理，將工程或財物採購中之設計與施工、供應、安裝或一定期間之維修等併於同一採購契約辦理招標。由得標廠商負責細部設計，並將設計成果履行。

(二) 統包採購包含設計及施工或供應，且廠商得標後須提出細部設計，宜採最有利標。

伍、善用採購工作及審查小組

機關如對個案選擇合適之招標或決標有疑慮，可依採購法第 11 條之 1 及「機關採購工作及審查小組設置及作業辦法」成立採購工作及審查小組，由該小組協助審查採行何種招標、決標方式較妥適。

附錄：決標原則相關規定

一、採購法第 52 條

機關辦理採購之決標，應依下列原則之一辦理，並應載明於招標文件中：

一、 訂有底價之採購，以合於招標文件規定，且在底價以內之最低標為得標廠商。

二、　未訂底價之採購，以合於招標文件規定，標價合理，且在預算數額以
　　　內之最低標為得標廠商。

三、　以合於招標文件規定之最有利標為得標廠商。

四、　採用複數決標之方式：機關得於招標文件中公告保留之採購項目或數
　　　量選擇之組合權利，但應合於最低價格或最有利標之競標精神。

機關辦理公告金額以上之專業服務、技術服務、資訊服務、社會福利服務
或文化創意服務者，以不訂底價之最有利標為原則。

決標時得不通知投標廠商到場，其結果應通知各投標廠商。

二、採購法第 56 條

決標依第五十二條第一項第三款規定辦理者，應依招標文件所規定之評審
標準，就廠商投標標的之技術、品質、功能、商業條款或價格等項目，作
序位或計數之綜合評選，評定最有利標。價格或其與綜合評選項目評分之
商數，得做為單獨評選之項目或決標之標準。未列入之項目，不得做為評
選之參考。評選結果無法依機關首長或評選委員會過半數之決定，評定最
有利標時，得採行協商措施，再作綜合評選，評定最有利標。評定應附理由。
綜合評選不得逾三次。

依前項辦理結果，仍無法評定最有利標時，應予廢標。機關採最有利標決
標者，應先報經上級機關核准。最有利標之評選辦法，由主管機關定之。

三、採購法第 57 條

機關依前二條（第 55 條及第 56 條）之規定採行協商措施者，應依下列原
則辦理：

一、　協商時應平等對待所有合於招標文件規定之投標廠商，必要時並錄影
　　　或錄音存證。

二、　原招標文件已標示得更改項目之內容，始得納入協商。

三、　前款得更改之項目變更時，應以書面通知所有得參與協商之廠商。

四、　協商結束後，應予前款廠商依據協商結果，於一定期間內修改投標文
　　　件重行遞送之機會。

四、採購法施行細則第 64 條之 2

機關依本法第五十二條第一項第一款或第二款辦理採購，得於招標文件訂定評分項目、各項配分、及格分數等審查基準，並成立審查委員會及工作小組，採評分方式審查，就資格及規格合於招標文件規定，且總平均評分在及格分數以上之廠商開價格標，採最低標決標。依前項方式辦理者，應依下列規定辦理：

一、 分段開標，最後一段為價格標。

二、 評分項目不包括價格。

三、 審查委員會及工作小組之組成、任務及運作，準用採購評選委員會組織準則、採購評選委員會審議規則及最有利標評選辦法之規定。

五、統包作業須知第 4 點

機關以統包辦理招標者，應撰寫機關需求書，作為招標之依據，並將本辦法第六條規定內容，及細部設計審查事項、權責與所需時程，載明於需求書中，列為招標文件之一；其決標原則，依個案特性採最有利標，或依本法施行細則第六十四條之二規定辦理，並於招標文件規定投標廠商服務建議書撰寫內容，納入評選或評分項目，落實審查。

六、文化藝術採購辦法第 9 條

機關辦理藝文採購，除有下列情形之一者，得採最低標決標外，應採最有利標決標：

一、 限制性未經公開方式辦理招標者。

二、 評分及格最低標決標者。

三、 在集中交易或公開競價市場採購者。

四、 未逾公告金額十分之一者。

五、 公務機關間財物或勞務之取得。

六、 未達公告金額公開取得廠商報價單並以最低標決標者。

七、 其他經機關認定採購性質不宜採最有利標方式辦理者。

〈附註〉文化藝術採購辦法係文化部依文化基本法第 26 條第 1 項規定訂定。

● 附錄15　總標價低於底價百分之80案件之執行程序

行政院公報　　　　　　　第 017 卷　第 158 期　　20110822　交通建設篇

行政院公共工程委員會令　中華民國 100 年 8 月 22 日
　　　　　　　　　　　　　工程企字第 10000261091 號

修正「依政府採購法第五十八條處理總標價低於底價百分之八十案件之執行程序」，並自即日生效。

　附修正「依政府採購法第五十八條處理總標價低於底價百分之八十案件之執行程序」主任委員李鴻源

依政府採購法第五十八條處理總標價低於底價百分之八十案件之執行程序修正規定

項次	最低標廠商總標價態樣	機關執行程序
一	合於招標文件規定之最低標廠商（以下簡稱最低標），其總標價在底價以下，但未低於底價之百分之八十，該最低標主動表示標價錯誤，要求不決標予該廠商或不接受決標、拒不簽約。	無政府採購法（以下簡稱採購法）第五十八條之適用。不接受該最低標要求，照價決標。如最低標不接受決標或拒不簽約，依採購法第一百零一條、第一百零二條，並得依其施行細則第五十八條第二項規定處理。如有押標金，依招標文件之規定不予發還。
二	最低標之總標價低於底價之百分之八十，機關認為該總標價無顯不合理，無降低品質、不能誠信履約之虞或其他特殊情形。	無需通知最低標提出說明及差額保證金，照價決標予最低標。最低標如不接受決標或拒不簽約，處理方式同第一項。
三	同前。但該最低標主動表示標價錯誤，要求不決標予該廠商或不接受決標、拒不簽約。	無需通知最低標提出說明及差額保證金，不接受最低標要求，照價決標予最低標。最低標如不接受決標或拒不簽約，處理方式同第一項。

項次	最低標廠商總標價態樣	機關執行程序
四	最低標之總標價低於底價之百分之八十，但在底價百分之七十以上，機關認為顯不合理，有降低品質、不能誠信履約之虞或其他特殊情形。	限期（由機關視個案特性及實際需要，訂定合理之期限）通知最低標提出說明，不得未經說明而逕行通知最低標提出擔保（即押標金保證金暨其他擔保作業辦法第三十條所稱「差額保證金」），並視情形為下列之處理： 一、最低標於機關通知期限內提出說明，機關認為該說明合理，無需通知最低標提出差額保證金，照價決標予最低標。最低標如不接受決標或拒不簽約，依採購法第一百零一條、第一百零二條，並得依其施行細則第五十八條第二項規定處理。有押標金者，依招標文件之規定不予發還。 二、最低標於機關通知期限內提出說明，機關認為該說明顯不合理，有降低品質、不能誠信履約之虞或其他特殊情形者，不通知最低標提出差額保證金，逕不決標予該最低標。該最低標表示願意提出差額保證金者，機關應予拒絕。 三、最低標於機關通知期限內提出說明，機關認為該說明尚非完全合理，但如最低標繳納差額保證金，即可避免降低品質不能誠信履約之疑慮者，通知最低標於五日內（或較長期間內）提出差額保證金，繳妥後再行決標予該最低標。廠商提出差額保證金後如不接受決標或拒不簽約，依採購法第一百零一條、第一百零二條，並得依其施行細則第五十八條第二項規定處理。有押標金者，依招標文件之規定不予發還。

項次	最低標廠商總標價態樣	機關執行程序
四		四、最低標未於機關通知期限內提出說明，或其說明尚非完全合理且未於機關通知期限內提出差額保證金者，不決標予該最低標。
五	最低標之總標價低於底價之百分之七十，機關認為顯不合理，有降低品質、不能誠信履約之虞或其他特殊情形。	限期（由機關視個案特性及實際需要，訂定合理之期限）通知最低標提出說明，並視情形為下列之處理： 一、最低標於機關通知期限內提出說明，機關認為該說明合理，無需通知最低標提出差額保證金，照價決標予最低標。最低標如不接受決標或拒不簽約，依採購法第一百零一條、第一百零二條，並得依其施行細則第五十八條第二項規定處理。有押標金者，依招標文件之規定不予發還。
五		二、最低標未於機關通知期限內提出說明，或其提出之說明經機關認為顯不合理或尚非完全合理，有降低品質、不能誠信履約之虞或其他特殊情形者，不通知最低標提出差額保證金，逕不決標予該最低標。該最低標表示願意提出差額保證金者，機關應予拒絕。

附註：

本程序之執行原則：

一、訂有底價之採購，機關如發現底價偏高造成最低標標價偏低者，不適用採購法第五十八條之規定。

二、機關通知廠商提出差額保證金前，應予提出說明之機會；廠商無自行擇定提出說明或差額保證金之權利。機關未通知廠商提出差額保證金者，縱廠商主動提出差額保證金，機關亦應拒絕。

三、機關依本程序不決標予最低標廠商，而以次低標廠商為最低標廠商，其仍有標價偏低情形者，亦適用採購法第五十八條之規定。

四、機關依本程序不決標予廠商，其有押標金者，發還之。但本程序載明不予發還者，不在此限。

五、機關限期通知廠商提出說明之事項，可包括：(1) 標價為何偏低；(2) 以該標價承作，為何不會有降低品質、不能誠信履約之虞或其他特殊情形，並據以作為認定廠商說明是否合理之依據。廠商提出之說明，與完成招標標的之事項無關者，不予接受。

六、最低標未於機關通知期限內提出說明或差額保證金，或提出之說明不足採信，經機關重行評估結果，改變先前之認定，重行認為最低標之總標價無顯不合理，無降低品質、不能誠信履約之虞或其他特殊情形，照價決標予最低標。如最低標不接受決標或拒不簽約，依採購法第一百零一條、第一百零二條，並得依其施行細則第五十八條第二項規定處理。如有押標金，依招標文件之規定不予發還。

七、機關限期通知廠商提出說明，其所訂期限及認定廠商說明是否合理之程序，應迅速合理，避免最低標與其他廠商串通瓜分利益，藉不提出說明或提出不合理之說明等情形，使機關不決標予該廠商，改決標予其他標價較高廠商。

八、投標廠商之標價幣別，依招標文件規定在二種以上，其依採購法施行細則第六十四條規定折算總價以定標序供決標之用，如最低標廠商之總標價有採購法第五十八條前段情形，致未能於辦理決標作業當日完成決標程序者，製作保留決標紀錄，載明如有決標時，以保留決標日為決標日。

● 附錄16　關於採購契約規定履約期限（如遇休息日）

行政院公共工程委員會 函

發文日期：中華民國 98年02月11日
發文字號：工程企字第09800038310號
根據 政府採購法第63條
本解釋函上網公告者：企劃處 第三科 唐 (先生或小姐)

主旨：關於採購契約規定履約期限以日曆天計算者，該履約期間之末日為休息日者，是否適用民法第122條以其休息日之次日代之乙節，復如說明，請 查照。
說明：
一、復 貴公司98年1月22日業務字第0980002932號函。
二、政府採購契約約定履約期限以日曆天計算者，如該履約期間之末日適逢星期假日、國定假日或其他休息日，而契約未有特別約定者，適用民法第122條所定「以其休息日之次日代之」。
正本：中興工程顧問股份有限公司（臺北市南京東路5段171號14樓）
副本：全國政府機關電子公布欄、本會企劃處（網站）
主任委員 范 良 銹

Lessn 05

● 附錄17　估驗及初驗免監辦（工程會88年8月26日工程企字第8812619號）

行政院公共工程委員會 函

發文日期：中華民國 88年08月26日
發文字號：(88)工程企字第8812619號
根據 政府採購法第33條、政府採購法第71條
本解釋函上網公告者：企劃處 第三科 陳 (先生或小姐)

主旨：有關 台端函詢「政府採購法」施行之相關疑義，復如說明，請 查照。
說明：

一、復 台端八十八年八月十七日付郵函。

二、機關辦理公告金額以上工程之估驗及初驗，主會計單位得免派員監辦。

三、有關政府採購法第三十三條第三項規定所稱「開標前」，指開外標封之前。
正本：曾瑞義君

副本：本會法規委員會、採購申訴審議委員會、企劃處(網站)

行政院公共工程委員會

Lessn 06

● 附錄18　招審決議應附記教示內容（工程會97年10月3日工程企字第09700410510號）

行政院公共工程委員會 函

發文日期：中華民國 97年10月03日
發文字號：工程企字第09700410510號
根據 政府採購法第75條、政府採購法其他
本解釋函上網公告者：企劃處 第三科 唐 (先生或小姐)

主旨：機關辦理招標、審標及決標之爭議所涉對廠商之通知，應附記相關救濟途徑與期間等教示內容，請 查照並轉知所屬（轄）機關。
說明：
一、依本會採購申訴審議委員會97年8月29日第245次委員會議決議辦理。
二、機關就招標、審標、決標之爭議所涉對於廠商之書面通知，及依政府採購法第75條第2項規定通知廠商異議處理結果時，均請於該書面通知附記政府採購法規定之救濟途徑、期間及受理機關等教示內容，使廠商知悉其權利，並避免爭議。
正本：總統府第三局、國家安全會議秘書處、行政院秘書長、立法院秘書長、司法院秘書長、考試院秘書長、監察院秘書長、國家安全局，行政院各部會行處局署、省市政府、臺灣省諮議會、臺北市議會、高雄市議會、各縣市政府、各縣市議會
副本：全國政府機關電子公布欄、本會各處室會組、企劃處（網站）
主任委員 范 良 銹

● 附錄19　招審決非屬行政處分（工程會96年4月11日工程企字第09600082350號）

行政院公共工程委員會 函

發文日期：中華民國 96年04月11日
發文字號：工程企字第09600082350號
根據 政府採購法第2條、政府採購法第3條
本解釋函上網公告者：企劃處 第三科 唐 (先生或小姐)

主旨：貴府函詢機關依政府採購法辦理招標之公告，以及審標、決（廢）標結果之決定，是否為行政處分乙案，復如說明，請 查照。
說明：
一、復 貴府96年3月1日北府採二字第0960001179號函。
二、採購行為，其性質屬私經濟行政，非屬行政行為，不適用行政程序法之規定，前經本會89年8月17日(89)工程法字第89023741號函釋，及法務部88年8月2日88法律字第029742號函釋在案，是機關依本法辦理招標之公告以及審標、決（廢）標結果之決定，均屬行政處分，否則即可以訴願制度為其救濟，而毋庸另劃異議、申訴制度。
三、至於招標機關就招標、審標、決標之爭議所為之異議處理之法律性質為何，是否有行政程序法第98條第3項之適用乙節，前經本會提請法務部91年11月1日行政程序法諮詢會議討論，多數委員見解認非屬行政處分。嗣經本會採購申訴審議委員會91年12月20日第84次委員大會決議：「有關招標、審標、決標之爭議，於招標機關未於異議處理結果教示救濟方式、期間及受理機關時，類推適用行政程序法第98條第3項之規定，可認申訴廠商自異議處理結果送達後1年內聲明不服時，視為於法定期間內所為。」本會94年10月17日並以工程訴字第09400291800號函示略以：「招標機關就招標、審標、決標之爭議所為之異議處理，其未附記得為申訴及申訴期間之教示內容者，宜認得類推適用行政程序法第98條第3項規定。」然其係指招標機關就招標、審標及決標爭議所為之異議處理，究與機關招標、審標及決標之決定有所不同。
四、綜上所述，機關招標、審標及決標之決定，因非屬行政處分，目前實務上尚無適用或類推適用行政程序法第98條第3項規定。
正本：臺北縣政府
副本：全國政府機關電子公布欄、本會法規委員會、採購申訴審議委員會、企劃處（網站）
主任委員 吳 澤 成

● 附錄20　招標公告乃要約之引誘，廠商投標乃要約，決標為雙方契約成立時點（最高法院98年判字第38號判決）

司法院法學資料檢索系統

匯出時間：110/03/02　03:25

裁判字號：最高行政法院 98 年判字第 38 號判決

裁判日期：民國 98 年 01 月 22 日裁判案由：採購

最　高　行　政　法　院　判　決

　　　　　　　　　　　　　　　　98 年度判字第 38 號

上　訴　人　　川井營造有限公司
代　表　人　　甲○○
訴訟代理人　　李春錦律師
被 上 訴 人　　交通部高雄港務局代表人謝明輝
訴訟代理人　　王伊忱律師
　　　　　　　陳景裕律師
　　　　　　　鄭美玲律師

上列當事人間採購事件，上訴人對於中華民國 95 年 11 月 30 日高雄高等行政法院 95 年度訴字第 729 號判決，提起上訴，本院判決如下：

　　主文

上訴駁回。

上訴審訴訟費用由上訴人負擔。

　　理由

一、上訴人參與被上訴人「高雄港第十船渠修建工程」（下稱系爭工程）採購案之投標，於民國 94 年 10 月 12 日得標。上訴人於 94 年 10 月 18 日向被上訴人申報開工，於 94 年 10 月 21 日將用印完畢之「高雄港第十船渠修建工程」契約（下稱系爭工程採購契約）檢還被上訴人，經被上訴人於 94 年 10 月 25 日完成用印程序。上訴人以「工程圖說碼頭面板之護舷下

底高程為 EL ＋ ０・五，潮位低於 EL ＋ ０・五可供施作時數僅佔月總時數百分之三」為由，爭執招標內容文件與事實不合，請求被上訴人撤銷決標並退還押標金，並於 94 年 10 月 22 日撤回開工之申請。被上訴人以 94 年 11 月 25 日高港工事字第 0940017351 號函，限期上訴人於 10 日完成施工前應辦事項並進場施工，並告知逾期未進場施工，將依系爭工程採購契約第 22 條第 1 款第 11 目規定解除契約，依系爭工程採購契約第 21 條第 4 款規定追償債務。嗣被上訴人認上訴人未履約，以 94 年 12 月 21 日高港工事字第 0940018744 號函通知上訴人解除系爭工程採購契約，並認上訴人有政府採購法第 101 條第 1 項第 12 款「因可歸責於廠商之事由，致解除或終止契約者。」之情事，乃通知上訴人擬將其刊登政府採購公報。上訴人提出異議，被上訴人以 95 年 1 月 12 日高港工事字第 0950000383 號函（與 94 年 12 月 21 日高港工事字第 0940018744 號函，以下合稱原處分）復上訴人處理結果仍未變更，上訴人不服，提起申訴，經行政院公共工程委員會 95 年 6 月 16 日訴字第 0950045 號申訴審議判斷駁回，上訴人猶未甘服，遂提起本件行政訴訟。

二、上訴人起訴主張：上訴人於得標後於 94 年 10 月 18 日申報開工並作現場勘查，獲告知系爭工程施工地點之潮位問題，發現施工地點之潮位與系爭工程招標文件內容不符後，即多次口頭、書面明確表示拒絕簽約。另系爭工程投標須知補充說明第 23 條，有「『訂約時』應繳納履約保證金」之規定，上訴人並未於退還系爭工程契約書時繳納履約保證金，自非締約之意思表示，本件應有民法第 166 條之適用。上訴人得標祇能解為系爭工程採購契約之「預約」，被上訴人不能逕依預定之「本約」請求履行。系爭工程承攬契約必須機關簽約始生溯及自機關決標之日起生效，則在機關簽約前，系爭工程承攬契約之本約尚未生效甚明。被上訴人指兩造已完成訂約手續，進而解除系爭工程承攬契約之本約，於法即有未合等語，求為判決撤銷原處分及申訴審議判斷。

三、被上訴人則以：招標機關之行為究為要約之引誘抑為要約，法律既無明文規定，自應以招標機關之意思定之，系爭工程採購契約於決標時已因意思表示一致而有效成立，簽訂書面契約僅係為保全契約之證據，本件無民法第 166 條規定之適用。投標須知補充說明第 22 條規定「得標廠商應於決標日或接獲被上訴人通知保留標得標之日起十日內」簽訂契約，與第 24

條繳納履約保證金期限相較為早，可證並無得標廠商先繳納履約保證金，再行簽訂契約，或未繳納履約保證金，視同拒不簽約之規定。系爭工程採購因上訴人不履行契約，致被上訴人蒙受損失，被上訴人依約解除契約，並通知上訴人將依法刊登政府採購公報，於法均屬有據等語，資為抗辯，求為判決駁回上訴人之訴。

四、原審斟酌全辯論意旨及調查證據之結果，以：（一）按「政府採購之進行有一定之程序，就公告而言，在締約過程應僅屬於要約引誘性質，並非要約，惟其與民法上之要約引誘並無任何法律上之拘束力者並不完全相同。蓋在政府採購法中，明文規定若供應商依照採購機關之公告而提出投標，採購機關並無法隨意拒絕投標，且必須依照招標文件所示條件，決標予最低標或最有利標之投標廠商；就投標而言，廠商之投標，原則上應屬於民法之要約行為；就決標而言，開標後，採購機關有義務依照招標規範所訂定之條件，決標予價格最低或投標方案最優之廠商，而決標程序，在民法訂定契約過程中，應屬於承諾性質。」此見解考量政府採購性質與民法契約之異、同，尤在公開招標程序，足資判斷採購契約之成立始點，殊堪採據。參酌最高法院 81 年度台上字第 2963 號、84 年度台上字第 848 號判決同認為招標公告為「要約引誘」，合先敘明。（二）本件被上訴人辦理系爭工程採購案，上訴人參與投標並於 94 年 10 月 12 日得標，上訴人於 94 年 10 月 18 日通知被上訴人開工，嗣上訴人以工程圖說碼頭面板之護舷下底高程為 EL ＋ 0‧五，潮位低於 EL ＋ 0‧五可供施作時數僅佔月總時數百分之三，以招標內容文件與事實差距甚大為由，於 94 年 10 月 21 日發函向被上訴人說明。復於 94 年 10 月 22 日函請被上訴人召開協調會，並待協調會妥善處理解決辦法後，再行訂約。被上訴人乃於 94 年 11 月 10 日召開系爭工程設計圖說疑義協調會議，會後上訴人復於 94 年 11 月 16 日函知被上訴人，認招標文件與事實不符部分，於協調會中未獲得回應，致工程履約不能，請求被上訴人退還押標金新臺幣（下同）一百萬元。嗣被上訴人以 94 年 11 月 25 日高港工事字第 0940017351 號函向上訴人說明，限期上訴人於 10 日內完成施工前應辦事項並進場施工，並告知上訴人逾期未進場施工，將依系爭工程採購契約第 22 條第 1 款第 11 目規定解除契約，依系爭工程採購契約第 21 條第 4 款規定追償債務。其後，上訴人於 94 年 12 月 7 日函知被上訴人，請求撤銷 94 年 10 月 12 日

投標之意思表示，並請求被上訴人返還工程押標金一百萬元。被上訴人以 94 年 12 月 21 日高港工事字第 0940018744 號函通知上訴人，其未進場施作系爭工程事宜，為因歸責於申訴廠商之事由，致解除契約，係屬政府採購法第 101 條第 1 項第 12 款之情事，擬將上訴人刊登政府採購公報。上訴人不服，提出異議，經被上訴人以 95 年 1 月 12 日高港工事第 0000000000 函復上訴人處理結果仍未變更等情，為兩造所不爭執，並有相關卷證可稽，洵堪認定。（三）按「…口契約生效日期之認定，宜視個案性質依下列原則認定之：㈠招標文件或契約明定契約需經雙方簽署方為有效者，以契約經當事人雙方完成簽署之日為生效日。至簽約日期，除招標文件或契約另有規定者外，指當事人雙方共同完成簽署之日；雙方非同一日簽署者，以在後者為準。㈡招標文件或契約未明定前揭契約生效需經雙方簽署方為有效者，可考慮以決標日為生效日。」「按公開招標，若採取『最低標』或『最高標』之方式決標者，招標單位所為之意思表示應屬『要約』，投標者所為最低標或最高標之表示即係『承諾』，於決標時意思表示合致，契約因而成立。」行政院公共工程委員會 88 年 5 月 5 日（88）工程企字第 8805761 號函及最高法院 90 年度台上字第 1262 號判決可資參照。本件工程採購案係依據被上訴人之上級機關所頒訂工程採購投標須知相關規定辦理，並辦理公開閱覽，將招標資訊刊登政府採購公報，明示決標方式以最低價得標，此參諸卷附標單上載明工程名稱及標價總額，足認系爭採購招標程序中，被上訴人招標公告應為要約之引誘，已甚顯然。準此，被上訴人系爭工程採購案辦理之招標公告為「要約引誘」；上訴人投標行為，應認係「要約」行為；而系爭工程採購於 94 年 10 月 12 日決標時，則為要約之承諾，委無疑義。（四）系爭工程採購契約第 1 條第 7 項規定：「除另有規定者外，契約以機關簽約之日為簽約日，並溯及自機關決標之日起生效。」該契約條款指明契約之簽約日，並溯及自決標之日起生效。復依系爭工程採購投標須知補充說明第 22 點規定，係指明契約之雙方當事人辦理訂約手續，是系爭工程採購契約第 1 條第 7 項及投標須知補充說明第 22 點，此二者分別規定契約行為之生效日及契約訂約日。又如前揭說明，系爭工程採購契約內容於被上訴人決標時即已確定，而嗣後契約之簽訂僅係將投標須知及公告相關事項，另以書面形式為之，雙方對締約內容並無任何磋商空間，且系爭採購契約及相關招標文件亦未明定契

約仍須經雙方簽署方為有效,自不能將形式上之簽約日期視為契約實際成立時點,而應以決標日為契約成立日。被上訴人與上訴人間就系爭工程採購契約於決標時即成立,上訴人即得以開始動工或進行約定事項,而書面契約簽訂與否,並不影響雙方間有效成立之契約關係。至上開投標須知補充說明第 22 點規定係屬得標廠商若為若未於 10 日內完成簽約手續,契約即不復存在,明顯為解除條件,並以沒收押標金作為約定之損害賠償,職故,簽約手續並非生效要件。又依投標須知補充說明第 23 點、第 24 點規定之意旨,僅約定上訴人應於決標次日起 10 日內繳納契約金額百分之十之履約保證金,而並非以此為生效要件。系爭工程採購契約已成立,自不因上訴人未至被上訴人處辦理簽約之後續手續或未繳納履約保證金,亦不因上訴人所稱退回系爭工程契約書面,而影響系爭工程契約關係之成立。從而,上訴人執此爭執,洵無可採。(五)上訴人另爭執招標內容文件與事實不符,而拒不施工並撤銷投標之意思表示。然查,投標廠商於投標前,理應充分瞭解全部招標文件之內容並據為投標行為,倘對招標內容有疑義,依政府採購法第 41 條第 1 項規定,亦應於招標文件規定之日期前,以書面向招標機關請求釋疑,而除涉及變更或補充招標文件內容者外,招標機關僅須依同法條第 2 項規定,於招標文件規定之日期前,以書面答覆請求釋疑之廠商,必要時得公告之,而無須視需要延長等標期,即應依招標文件所定時間開標決標(同法第 48 條規定參照)。經查,系爭工程採購案係於 94 年 10 月 5 日公告,其採購工程概要,包含相關招標文件。從而,上訴人參與系爭工程採購案之投標,即應依相關工程資料、材料、工時、工期、成本及天候等予以計算其投標金額。上訴人又係具有營建專業之公司,倘在開標前進行現場之探勘比對,自不難發現其疑義,而上訴人未此為之,而拒絕履行系爭契約,即有未合。又依系爭工程採購契約第 21 條第 1 款第 11 目規定係約定可歸責於廠商之事由而未依約定履行契約,經機關限期廠商改正,廠商仍未改正,機關即得以書面通知廠商終止或解除採購契約。是上訴人於系爭工程採購契約成立後,未依約定履行契約,而有可歸責廠商之事由,則被上訴人解除契約,並認此符合政府採購法第 101 條第 12 款之事由,擬將上訴人刊登於政府採購公報,並無不合。被上訴人異議處理結果,仍維持原議,亦無違誤,上訴人徒執原詞據以爭執,並無理由,因將原決定及原處分均予維持,駁回上訴人之訴。

五、本院按：(一) 政府採購程序中的公告，即政府採購法第 27 條第 1 項規定：
「機關辦理公開招標或選擇性招標，應將招標公告或辦理資格審查之公告
刊登於政府採購公報並公開於資訊網路。公告之內容修正時，亦同。」在
締結採購契約的過程中，應僅屬於要約引誘性質，而並非要約，然其與民
法上之要約引誘並無任何法律上之拘束力者並不完全相同。蓋在政府採購
法第 74 條、第 75 條第 1 項第 1 款、第 2 款，已經明文規定，招標公告
後，若廠商對對招標文件規定或對招標文件規定之釋疑、後續說明、變更
或補充有所異議，依該法規定之異議、申訴程序處理；而且，若廠商依照
招標公告而提出投標，採購機關並無法隨意拒絕投標，必須依照招標文件
所示條件，決標給最低標或最有利標之投標廠商。此與一般要約引誘之情
形，原則上潛在的交易相對者對於要約引誘之內容，在民法上並無表示異
議之權，且要約引誘人無必然要與某一提議訂約者締結契約之義務，有所
不同，此亦為本院向來見解，即以招標公告為要約引誘，廠商之投標為要
約，而採購機關之決標，為承諾性質，且以決標時點意思合致為雙方契約
成立時點。準此，採購契約內容於決標時即已確定，而嗣後契約之簽訂僅
係將投標須知及公告相關事項，另以書面形式為之，故簽約手續並非契約
成立或生效要件，且雙方對締約內容並無任何磋商空間，自不能將形式上
之簽約日期視為契約實際成立時點，而應以決標日為契約成立日。(二)
經查，本件原判決已就被上訴人系爭工程採購案辦理之招標公告為要約引
誘，上訴人投標行為係要約行為，而系爭工程採購於 94 年 10 月 12 日決
標時，則為要約之承諾，系爭工程採購契約內容於被上訴人決標時即已確
定，被上訴人並於 94 年 10 月 17 日公告決標結果，上訴人隨即以 94 年
10 月 18 日川井（94）高字第 05001 號函向被上訴人申報開工，復將已蓋
印上訴人公司印章之工程契約檢送被上訴人，被上訴人並於 94 年 10 月
25 日完成機關用印程序，以系爭工程採購案係於 94 年 10 月 5 日公告，
其採購工程概要，包含相關招標文件，上訴人參與系爭工程採購案之投
標，即應依相關工程資料、材料、工時、工期、成本及天候等予以計算其
投標金額，上訴人又係具有營建專業之公司，倘在開標前進行現場之探勘
比對，自不難發現其疑義，上訴人於系爭工程採購契約成立後，未依約定
履行契約，而有可歸責之事由，進而維持被上訴人解除契約並以符合政府
採購法第 101 條第 12 款之事由，擬將上訴人刊登於政府採購公報，及異

議處理結果未予變更原處分等情，已經原判決依調查證據之辯論結果，詳述其得心證之理由及法律意見，並就上訴人以系爭工程投標須知補充說明第 22 條、第 23 條、第 24 條等規定，主張須簽約手續及繳納履約保證金後採購契約始溯及自決標之日起生效，何以不足採取，分別予以指駁甚明，依上開所述，核屬有據，並無判決不備理由，亦無上訴人所稱不適用民法第 166 條之可言，上訴意旨執以指摘原判決違法云云，自無可採。再原判決雖有援引最高法院 90 年度台上字第 1262 號判決及行政院公共工程委員會 88 年 5 月 5 日（88）工程企字第 8805761 號函釋，然系爭採購工程契約於被上訴人決標時即成立，已經原判決闡述甚明；且依上述本院關於被上訴人以決標時點為雙方契約成立時點係屬適法之論斷，最高法院上開判決及行政院公共工程委員會上開函釋於本件是否援引並無影響。故上訴意旨執最高法院上開判決及行政院公共工程委員會上開函釋就投標行為究為要約或承諾所表示之見解不一，而謂原判決予以援引，有適用民法第 153 條規定不當及判決理由矛盾之違法云云，亦無可採。(三) 綜上所述，原判決將申訴審議判斷及原處分均予維持，而駁回上訴人在原審之訴，核無違誤。上訴論旨，指摘原判決違法，求予廢棄，為無理由，應予駁回。

六、據上論結，本件上訴為無理由。依行政訴訟法第 255 條第 1 項、第 98 條第 1 項前段，判決如主文。

中　　華　　民　　國　　98　　年　　1　　月　　22　　日

　　　　　　　　　最高行政法院第一庭
　　　　　　　　　　　審判長法官　鄭　淑　貞
　　　　　　　　　　　　　法官　黃　合　文
　　　　　　　　　　　　　法官　吳　慧　娟
　　　　　　　　　　　　　法官　帥　嘉　寶
　　　　　　　　　　　　　法官　胡　方　新

以　上　正　本　證　明　與　原　本　無　異

中　　華　　民　　國　　98　　年　　1　　月　　22　　日

　　　　　　　　　　　書記官　郭　育　玎

資料來源：司法院法學資料檢索系統

Lessn 08

● 附錄21　大法官釋字第719號解釋

解釋字號	釋字第719號【政府採購得標廠商應進用一定比例原住民案】
解釋公布院令	中華民國 103 年 04 月 18 日
解釋爭點	政府採購得標廠商員工逾百者應進用一定比例原住民，未進用者令繳代金之規定，違憲？
解釋文	原住民族工作權保障法第十二條第一項、第三項及政府採購法第九十八條，關於政府採購得標廠商於國內員工總人數逾一百人者，應於履約期間僱用原住民，人數不得低於總人數百分之一，進用原住民人數未達標準者，應向原住民族綜合發展基金之就業基金繳納代金部分，尚無違背憲法第七條平等原則及第二十三條比例原則，與憲法第十五條保障之財產權及其與工作權內涵之營業自由之意旨並無不符。 1
理由書	人民營業之自由為憲法第十五條工作權及財產權所保障之內涵（本院釋字第五一四號、第六○六號、第七一六號解釋參照），國家對於財產權及營業自由之限制，應符合憲法第七條平等原則及第二十三條比例原則。法規範是否符合平等原則之要求，應視該法規範所以為差別待遇之目的是否正當，其所採取之分類與規範目的之達成之間，是否存有一定程度之關聯性而定（本院釋字第六八二號、第六九四號、第七○一號解釋參照），另為正當公益之目的限制人民權利，其所採手段必要，且限制並未過當者，始與憲法第二十三條比例原則無違。 1
	原住民族工作權保障法第十二條第一項規定：「依政府採購法得標之廠商，於國內員工總人數逾一百人者，應於履約期間僱用原住民，其人數不得低於總人數百分之一。」同條第三項規定：「得標廠商進用原住民人數未達第一項標準者，應向原住民族綜合發展基金之就業基金繳納代金。」又政府採購法第九十八條亦規定：「得標廠商其於國內員工總人數逾一百人者，應於履約期間僱用身心障礙者及原住民，人數不得低於總人數百分之二，僱用不足者，……應繳納代金……。」其百分之二係包含身心障礙者及原住民至少各百分之一（身心障礙者權益保障法第三十八條第一項、第二項、政府採購法施行細則第一百零七條第二項規定參照；有關原住民部分係稱系爭規定。系爭規定要求國內員工總人數達一百人以上之政府採購得標廠商（下稱得標廠商），於履約期間須進用原住民總人數不得低於百分之一（下稱進用一定比例之原住民），係對其是否增僱或選擇受僱對象等營業自由形成一定限制，侵害其財產權及其與工作權內涵之營業自由。而得標廠商未達進用原住民之標準者須繳納代金，則屬對其財產權之侵害。 2
	憲法第五條規定：「中華民國各民族一律平等。」憲法增修條文第十條第十二項並規定：「國家應依民族意願，保障原住民族之地位及政治參與，並對其教育文化、交通水利、衛生醫療、經濟土地及社會福利事業予以保障扶助並促其發展……。」系爭規定係立法者為貫徹上開憲法暨憲法增修條文之意旨，促進原住民就業、改善其經濟與社會狀況，而透過得標廠商比例進用之手段所為優惠措施，亦符合國際保障原住民族之精神（原住民族工作權保障法第一條、聯合國原住民族權利宣言(United Nations Declaration on the Rights of Indigenous Peoples, 2007)第二十一條第二項前段：「各國應採取有效措施，並在適當情況下採取特別措施，確保原住民族的經濟和社會狀況持續得到改善」及國際勞工組織原住民和部落人民公約(Indigenous and Tribal Peoples Convention, 1989 (No. 169))第二十條第一項：「各該政府在適用於一般勞動者之法律無法對原住民族提供有效保障之情形，應於各該國法令架構下，與原住民族合作，採行特殊措施，以確保原住民族所屬勞動者在受僱及勞動條件上受到有效保障」參照），是系爭規定係為維護重要之公共利益，目的洵屬正當。 3
	政府採購係國家公務運作之一環，涉及國家預算之運用，與維護公共利益具有密切關係，系爭規定固然限制得標廠商之財產權及營業自由，然其僅係要求該廠商於其國內員工總人數每逾一百人者，應於履約期間僱用原住民一名，進用比例僅為百分之一，比例不大，整體而言，對廠商選擇僱用原住民之負擔尚無過重之處；如未進用一定比例之原住民，亦得按每月基本工資為標準繳納代金代替，對於得標廠商營業自由之限制並未過當。又系爭規定並非規定得標廠商一律須繳納代金，而僅係於未進用一定比例之原住民時，始令得標廠商負繳納代金之義務；至代金是否過高而難以負擔，廠商於參與投標前本得自行評估。參諸得標廠商之繳納代金，係用以充實原住民族綜合發展基金之就業基金，進而促進原住民就業，改善其經濟與社會狀況，系爭規定就有關得標廠商繳納代金之規定，對得標廠商財產權之限制，與其所維護之公共利益間，尚非顯失均衡。綜上，系爭規定並未牴觸憲法第二十三條之比例原則，與憲法第十五條保障之財產權及其與工作權內涵之營業自由之意旨並無不符。 4

基於上開憲法暨憲法增修條文之意旨，國家具有保障扶助並促進原住民族發展之義務，系爭規定乃規範於政府採購制度下，以 5
國內員工總人數是否逾一百人為分類標準，使逾百人之得標廠商，於履約期間負有進用一定比例原住民，以及未達比例者須繳納代
金之義務，在政府採購市場形成因企業規模大小不同而有差別待遇。按系爭規定所以為差別待遇，係因國內員工總人數逾百人之廠
商，其經營規模較大，僱用員工較具彈性，進用原住民以分攤國家上開義務之能力較高；且系爭規定所為進用比例為百分之一，以
百人為差別待遇之分界，其用意在降低實現期開目的所為差別待遇造成之影響。至於此一差別待遇對於目的之達成，仍應有合理之
關聯，鑑於現今原住民所受之教育及職業技能訓練程度，通常於就業市場中之競爭力處於相對弱勢，致影響其生活水準，其所採取
之分類與達成上開差別待遇之目的間，具有合理之關聯性，與憲法第七條平等原則亦無牴觸。

國家所採取原住民族之保障扶助發展措施原有多端，系爭規定要求得標廠商於履約期間進用一定比例之原住民，亦屬其中之一 6
環，有因此所能提供者，多屬短期或不具技術性之工作，難以增進原住民長期穩定之工作機會及專業技能，國家仍應透過具體政策
與作為，積極實踐上開憲法增修條文對於原住民族工作權之保障，並應就促進積極優惠措施，依國家與社會時空環境與保障原住民族
工作權之需求，定期檢討修正。又得標廠商未僱用一定比例之原住民而須繳納代金，其金額如超過政府採購金額者，允宜有適當之
減輕機制。有關機關應依本解釋意旨，就政府採購法及原住民族工作權保障法相關規定儘速檢討改進。

附表所示聲請人一、三指摘中華民國九十一年十一月二十七日修正發布之政府採購法施行細則第一百零七條、第一百零八條規 7
定，與憲法平等原則、法律保留原則、比例原則、授權明確性原則有違部分，核其所陳，並未具體指明上開規定客觀上究有何牴觸
憲法之處；又聲請人一、三指稱原住民族工作權保障法第二十四條第二項、第三項，聲請人二指稱同條第一項及聲請人四指稱同條
第二項等規定，侵害其受憲法保障之平等權及財產權部分，惟查該規定未為各該案確定終局判決所適用，不得執以聲請解釋，是聲
請人等上開部分之聲請，均核與司法院大法官審理案件法第五條第一項第二款規定不合，依同條第三項規定，應不受理，併此指
明。

大法官會議主席　大法官　賴浩敏
　　　　　　　　大法官　蘇永欽　林錫堯　池啟明　李震山
　　　　　　　　　　　　蔡清遊　黃茂榮　陳　敏　葉百修
　　　　　　　　　　　　陳春生　陳新民　陳碧玉　黃璽君
　　　　　　　　　　　　羅昌發　湯德宗

意見書、抄本等文件	釋字第719號解釋理由書附表
	蘇大法官永欽提出之協同意見書
	黃大法官茂榮提出之協同意見書
	葉大法官百修提出之協同意見書
	陳大法官新民提出之部分協同部分不同意見書
	林大法官錫堯提出之不同意見書
	陳大法官碧玉提出之不同意見書
	羅大法官昌發提出之不同意見書
	719案情摘要(大法官書記處整理提供)
	抄本719
事實摘要	釋字第719號解釋 事實摘要(大法官書記處整理提供) 聲請人興農公司、壹傳媒出版公司、蘋果日報公司、台灣高鐵公司，各參與政府採購案，因得標後履約期間未依原住民族工作權保障法第12條第1項及政府採購法第98條之規定，進用總工人數1﹪之原住民，經行政院原住民族委員會（現為原住民族委員會）依上開工作權保障法第12條第3項及採購法同條規定，命繳就業代金50餘萬元至4百餘萬元不等。聲請人均不服，認所繳代金已佔各採購案實際履約所得之甚高比例，循序爭訟敗訴確定後，主張各該規定違憲，侵害平等權、營業自由及財產權等，分別聲請解釋(共4案)。大法官就各案先後受理後，併案審理。

相關法令 ⊖　[展開/收合]

- 🔗 中華民國憲法第5、7、15、23條(36.01.01)
- 🔗 中華民國憲法增修條文第10條第12項(94.06.10)
- 🔗 司法院釋字第514號解釋
- 🔗 司法院釋字第606號解釋
- 🔗 司法院釋字第682號解釋
- 🔗 司法院釋字第694號解釋
- 🔗 司法院釋字第701號解釋
- 🔗 司法院釋字第716號解釋
- 🔗 原住民族工作權保障法第1條、第12條第1項、第3項(104.02.04)
- 🔗 政府採購法第98條(105.01.06)
- 🔗 身心障礙者權益保障法第38條第1項、第2項(104.12.16)
- 🔗 政府採購法施行細則第107條第2項(105.11.18)

聯合國原住民族權利宣言第21條第2項前段

國際勞工組織原住民和部落人民公約第20條第1項

● 附錄22　廠商聲請重整致無法履約與破產情形相當
（工程會105年3月10日工程企字第10500046160號）

行政院公共工程委員會 函

發文日期：中華民國 105年03月10日
發文字號：工程企字第10500046160號
根據 政府採購法第25條
本解釋函上網公告者：企劃處 第三科 張 (先生或小姐)

主旨：關於共同投標辦法第10條第1項第6款之執行疑義，復如說明，請查照。
說明：
一、復貴府105年2月17日高市府捷工字第10530192300號函。
二、共同投標辦法第10條第1項第6款規定：「共同投標廠商於投標時應檢附由各成員之負責人或其代理人共同具名，且經公證或認證之共同投標協議書，載明下列事項，於得標後列入契約：六、成員有破產或其他重大情事，致無法繼續共同履約者，同意將其契約之一切權利義務由其他成員另見之廠商或其他成員繼受。」上開所稱「重大情事」之認定，可參酌是否與「破產」情形相當，本會88年8月16日 (88) 工程企字第8811158號函釋已有說明（公開於本會網站），合先敘明。
三、所詢疑義，公司聲請重整期間，尚非必然無法繼續履約；惟如公司已因聲請重整致無法繼續履約（例如法院為公司法第287條第1項第2款及第3款之裁定），應得認為與破產情形相當。
正本：高雄市政府
副本：高雄市政府捷運工程局、本會企劃處（網站）
主任委員 許 俊 逸

● 附錄23 政府採購各階段防弊機制及執行要點

政府採購大事小事太多，難免有顧慮不周全的時候，因而犯錯（法），實在得不償失，檢附工程會111年11月14日工程企字第1110100607號函發布之相關附件，雖非考試內容，但卻可以幫助各位採購之路順遂，安全下莊才是最重要的！

政府採購各階段防弊機制及執行要點

壹、準備招標文件階段

項次	防弊機制	執行要點	相關法規
一	合併招標或依法分別辦理採購（避免違反意圖分批辦理）	**1.合併招標** 　如採購需求可預知且數量確定，不得意圖規避政府採購法（下稱採購法）之適用，分批辦理採購，而應合併辦理採購。 **2.得依法適當分別辦理之情形** （1）屬不同標的、不同施工或供應地區、不同需求條件或不同行業廠商之專業項目者，得依採購法施行細則第13條規定分別辦理採購。 （2）有分批辦理之必要，經上級機關核准，依其總金額核計採購金額，分別按公告金額或查核金額以上之規定辦理。	採購法第14條、採購法施行細則第13條
二	善用公開徵求機制訪價（避免洩密）	**善用公開說明或徵求價格及規格資料** 　編列預算及制定採購需求，依採購法第34條第1項但書及其施行細則第34條第1項規定，採「公開說明或藉以公開徵求廠商提供參考資料」方式，向廠商訪價或請其提供參考資料；或將招標文件公開閱覽，徵求民眾或廠商意見，以避免違反保密規定。	採購法第34條、採購法施行細則第34條、公共工程招標文件公開閱覽制度實施要點
三	訂定規格不得限制競爭（避免綁標）	**依需求妥適訂定規格** 　機關辦理公告金額以上之採購，依採購法第26條及「政府採購法第二十六條執行注意事項」規定，訂定招標文件之技術規範，應以達成機關需求所必須（不得逾機關所必須者），以避免在目的或效果上有限制競爭。本會111年2月14日工程企字第1110100017號函，併請參考（公開於本會網站）。	採購法第26條、「政府採購法第二十六條執行注意事項」
四	妥適訂定投標廠商資格（避免不當限制競爭）	**廠商資格以確認廠商具備履行契約所必須之能力為限** 　機關訂定投標廠商之資格條件，應以確認廠商具備履行契約所必須之能力者為限，另所訂資格，應符合投標廠商資格與特殊或巨額採購認定標準規定所定之條件及內容，以避免不當限制競爭。	採購法第36條、第37條、投標廠商資格與特殊或巨額採購認定標準

貳、招標決標階段

項次	防弊機制	執行要點	相關法規
一	開標時注意投標廠商借牌圍標行為	**1.查察廠商投標文件有無異常關聯及借牌投標** 　機關辦理開標及審標作業，落實審查廠商投標文件，並注意廠商有無「借用或冒用他人名義或證件投標」、「不同投標廠商間之投標文件內容有重大異常關聯」及「其他影響採購公正之違反法令行為」（例如投標文件筆跡相同、投標標封連號、投標文件所載負責人為同一人、不同投標廠商出席開標人員為同一人、投標文件有刻意製造不合格標情形、出席開標人員非投標廠商人員等）。如有，應依採購法第31條（不予發還或追繳押標金）、第50條（不決標予該廠商、撤銷決標、終止或解除契約）及第101條（通知刊登政府採購公報拒絕往來）規定處理，以避免發生影響採購公平競爭情事。 **2.發現違法情事予以告發** 　機關發現廠商疑有違反採購法第87條至第92條之情形者，應立即保全相關證據並通知政風單位。	採購法第31條、第50條、第87條、本會91年11月27日工程企字第09100516820號令、97年2月14日工程企字第09700060670號令、95年7月25日工程企字第09500256920號令、105年3月21日工程企字第10500080180號令
二	依招標文件規定審標	**核實審標，不得於開標當場變更補充招標文件規定** 　開標後，應依招標文件規定審查廠商投標文件；發現招標文件內容有錯誤時，必要時依採購法第48條規定不予決標，不得於開標當場宣布補充規定或修正規格。審查廠商投標文件，對其內容有疑義時，得通知投標廠商提出說明；遇明顯打字或書寫錯誤，且與標價無關者，始得允許廠商更正。	採購法第48條、第50條、第51條、採購法施行細則第60條
三	落實採購評選公正性相關措施	**1. 遴選公正且具專門知識之評選委員** 　遴選公正客觀、操守良好，且具有與採購案相關專門知識之人員擔任評選委員，並注意不得有採購評選委員會組織準則（下稱組織準則）第4條之1及第5條情形。 **2. 公開評選委員名單** 　依組織準則第6條第1項規定，於成立採購評選委員會時即公開委員名單。 **3. 注意評選結果有無明顯差異** 　不同委員之評選結果如有明顯差異情形，依採購評選委員會審議規則(下稱審議規則)第6條第2項規定處理。 **4. 評選委員有利益衝突情形應辭職或予以解聘** 　評選委員如有審議規則第14條各款所定情形之一，應即辭職或予以解聘。如辭職或解聘後委員總額或專家、學者人數未達法定人數、比率者，應另行遴選委員補足。	組織準則第4條、第4條之1、第5條、第6條、審議規則第6條、第9條、第14條、第14條之1

項次	防弊機制	執行要點	相關法規
		5. 評選委員不得擔任廠商工作成員或協助履約 　　評選委員自接獲評選有關資料之時起,不得就該採購案參加投標、作為投標廠商之分包廠商或擔任工作成員。其有違反者,機關應不決標予該廠商。 　　評選委員於所評採購個案決標後,不得擔任得標廠商該案之履約工作成員,或協助履約。如有違反者,依審議規則第14條之1第3項規定,終止或解除該採購契約。	
四	避免低價搶標,影響品質	**1. 落實審查標價偏低情形** 　　最低標廠商之總標價偏低時,落實「依政府採購法第五十八條處理總標價低於底價百分之八十案件之執行程序」,以避免發生降低品質、不能誠信履約之情形。 **2. 審查程序應迅速合理** 　　機關限期通知廠商提出說明,其所訂期限及認定廠商說明是否合理之程序,應迅速合理,避免最低標與其他廠商串通瓜分利益。	採購法第58條、採購法施行細則第79條、第80條、依政府採購法第五十八條處理總標價低於底價百分之八十案件之執行程序

參、履約驗收階段

項次	防弊機制	執行要點	相關法規
一	契約變更應有正當理由	**1. 契約變更應評估必要性及正當性** 　　契約內容須變更者,應依據契約約定程序辦理,且應檢討評估其必要性及具正當理由(例如契約標示廠牌或型號不再製造或供應)。 **2. 契約變更之累計金額逾公告金額十分之一者,應符合採限制性招標之核准規定** 　　履約過程,如契約標的之價格或數量須變更,應視變更部分之累計金額(契約價金變更之「加帳金額」及「減帳絕對值」合計之累計金額)依「採購契約變更或加減價核准監辦備查規定一覽表」擇適當項次辦理核准及監辦程序;加帳累計金額在公告金額以上者,應符合採購法第22條第1項各款情形之一;加帳累計金額逾公告金額十分之一,未達公告金額者,中央機關應符合「中央機關未達公告金額採購招標辦法」(地方政府未另定規定者,比照中央)第2條第1項第1款或第2款規定。契約變更後致原決標金額增加者,該增加之金額應依採購法第61條或第62條刊登決標公告或定期彙送。	採購法第22條、第61條、第62條、中央機關未達公告金額採購招標辦法、採購契約變更或加減價核准監辦備查規定一覽表
二	確認廠商	**1. 廠商自行履行契約主要部分**	採購法第65條、第66條、

項次	防弊機制	執行要點	相關法規
	自行履約、避免廠商轉包或借牌	查察廠商是否自行履行工程、勞務契約之全部或主要部分，不得有轉包情形（廠商履行財物契約，其需經一定履約過程，非以現成財物供應者，準用之）；如有，應解除或終止契約、沒收履約保證金、通知刊登政府採購公報拒絕往來，並得要求損害賠償。 **2. 查察可能轉包之情形** 　　為避免廠商轉包或借牌參與採購，機關應加強廠商履約管理，落實執行督導，查察是否有下列可能轉包之情形： （1）參與履約人員或決策人員非得標廠商人員。 （2）工地主任、安衛人員、品管人員非得標廠商員工或違反營造業法(查證勞健保薪資扣繳憑單)。 （3）實際施工廠商之聯絡地址、電話非得標廠商之地址、電話。	第 101 條、採購法施行細則第 87 條
三	確認竣工、依約驗收及驗收不符之處置	**1. 落實竣工確定程序** 　　廠商通知竣工時，機關應依採購法施行細則第 92 條規定，會同監造單位及廠商，確實核對竣工之項目及數量，以確定是否竣工。 **2. 依契約辦理驗收，驗收不符應通知廠商限期改善** 　　確定竣工後，機關應依契約約定辦理驗收。如驗收結果與契約、圖說、貨樣規定不符者，應通知廠商限期改善；未於限期內改善完成者，應依契約所訂罰則，課予責任及處罰（例如終止或解除部分或全部契約、沒收履約保證金，通知刊登政府採購公報拒絕往來）。如擬採減價收受，應符合採購法第 72 條第 2 項規定之要件。	採購法第 71 條至第 73 條、採購法施行細則第 90 條至第 101 條

肆、營運維護階段

項次	防弊機制	執行要點	相關法規
一	落實保固責任	**1. 依契約要求廠商履行保固責任** 　　保固期內發現之瑕疵，如屬廠商應負保固責任事項，機關應要求廠商限期改正。逾期不為改正者，依約動支保固保證金處理或追償。 **2. 注意保固保證金之發還條件** 　　保固期滿，機關應確認無履約瑕疵問題及待解決事項，始得退還保固保證金。	押標金保證金暨其他擔保作業辦法第 24 條至第 28 條

伍、其他

項次	防弊機制	執行要點	相關法規
一	注意利益迴避	**採購人員落實利益迴避** 　　機關人員對於與採購有關之事項，涉及本人、配偶、二親等以內親屬，或共同生活家屬之利益時，依採購法第15條第2項規定，應行迴避。	採購法第15條
二	落實監辦採購程序	**1. 依規定通知監辦** （1）機關辦理採購之開標、比價、議價、決標及驗收，應通知主(會)計及有關單位會同監辦；公告金額以上採購，除有機關主會計及有關單位會同監辦採購辦法第5條各款情形之一，且無第6條第1項各款情形之一者外，應由主會計及有關單位會同監辦；未達公告金額採購，中央機關除有中央機關未達公告金額採購監辦辦法第3條各款情形之一，且無第4條第1項各款情形之一者外，應由主會計或有關單位會同監辦(地方政府從其自訂之未達公告金額監辦規定)。 （2）機關辦理查核金額以上採購之開標、比價、議價、決標及驗收時，應報請上級機關派員監辦；上級機關得視事實需要訂定授權條件，由機關自行辦理。 **2. 依法監辦採購程序有無違反法令** 　　主(會)計、有關單位及上級機關實地監視或書面審核機關辦理開標、比價、議價、決標及驗收是否符合採購法規定之程序。針對廠商資格、規格、底價訂定、決標條件及驗收方法等實質或技術事項審查，監辦人員發現有違反法令情形者，仍得提出意見，並納入紀錄。	採購法第12條、第13條、機關主會計及有關單位會同監辦採購辦法、中央機關未達公告金額採購監辦辦法
三	注意請託關說	**遇有請託關說宜作成紀錄** 　　機關人員遇有請託關說，宜以書面為之或作成紀錄，不得作為評選之參考，並以書面或口頭方式向法務部廉政署或政風單位通報。	採購法第16條、採購法施行細則第16條、本會108年4月23日工程企字第1080100322號函
四	利用資訊系統警示機制	**利用採購網警示專區查察可能異常狀況** 　　本會政府電子採購網系統已建置異常警示專區，對於異常情形向機關警示，及提供稽核小組、廉政署，防範弊端發生。其警示項目包括：工程或勞務採購得標件數較多且於同一機關得標件數較多清單、工程或勞務採購於同一機關得標件數較多廠商名單、同一機關遴聘同一外聘委員次數較多、3家以上廠商投標開標後僅1家廠商符合招標文件規定等。各機關辦理採購，可隨時查察上開警示資	本會102年8月14日工程企字第10200292230號函、111年7月28日工程企字第1110100497號函

項次	防弊機制	執行要點	相關法規
		訊,避免發生影響採購公正之違反法令行為。	
五	成立機關採購廉潔平臺	**重大採購評估成立廉政平臺** 　　重大採購招標時,依機關首長需求可透過政風機構成立「機關採購廉潔平臺」跨域整合機制,防範不當外力介入採購。	法務部 111 年 4 月 29 日法廉字第 11105001890 號函、本會 111 年 10 月 4 日工程企字第字第 1110023679 號函

● 附錄24　　採購業務標準化作業流程及控制重點

NOTE

最新試題與解析

111年 經濟部所屬事業機構
新進職員（財會、政風）

（　　）**1** 依據機關採購工作及審查小組設置及作業辦法，下列敘述何者有誤？　(A)小組委員及列席人員均為無給職　(B)小組委員得找代理人出席會議　(C)應有委員總額二分之一以上出席　(D)小組委員就所審查的採購案不得參加投標。

（　　）**2** 關於機關辦理小額採購的作法，下列敘述何者有誤？　(A)皆無需辦理議價程序　(B)承辦採購單位之人員不得為所辦採購之主驗人　(C)機關辦理小額採購可採書面驗收　(D)機關若有需要可簽訂書面契約。

（　　）**3** 依據政府採購法施行細則第6條規定，關於採購金額的計算方式，下列敘述何者有誤？　(A)廠商報價金額包括機關支出及收入金額者，採購金額以支出金額減掉收入所得金額認定之　(B)招標文件及招標公告已載明後續擴充項目者，採購金額須將後續擴充所需金額計入　(C)採單價決標者，依預估採購所需金額認定之　(D)租期不確定者，以每月租金之48倍認定之。

（　　）**4** 依據中央機關未達公告金額採購監辦辦法，關於得不派員監辦的情形，下列何者有誤？　(A)地區偏遠　(B)辦理部分驗收，監辦金額為20萬元　(C)採購標的於市場已普遍銷售　(D)經常性採購。

（　　）**5** 機關辦理公告金額以上之採購，下列何種情形不在政府採購法第20條得採選擇性招標範圍之列？　(A)投標文件審查須費時長久始能完成者　(B)廠商準備投標需高額費用者　(C)廠商資格條件複雜者　(D)商品在市場上普遍者。

（　　）**6** 關於機關訂定底價之敘述，下列何者有誤？　(A)機關得基於技術、品質或功能等差異，訂定不同之底價　(B)底價原則上於開標後決標前應保密　(C)限制性招標之議價，訂定底價前應先參考廠商之報價或估價單　(D)公開招標之分段開標，底價在開價格標之前訂定即可。

（　　）**7** 某勞務採購案預算金額為120萬元，以原約條件後續擴充1年，下列敘述何者正確？　(A)押標金可收取8萬元　(B)保證金可以分包廠商名義繳納　(C)履約保證金可收取16萬元　(D)採購金額為240萬元。

（　　）**8** 下列何者非屬採購人員應有之操守？　(A)不得妨礙採購效率　(B)不得未公正辦理採購　(C)浪費國家資源　(D)不得利用機關場所營私。

（　　）**9** 下列何種情形，不得依政府採購法第22條第1項各款辦理限制性招標？　(A)某國營事業單位因業務需要購買鐵塔用地，經依所需條件公開徵求勘選認定適合需要者　(B)原有採購之後續擴充，已於原招標公告及招標文件敘明擴充之期間、金額或數量者　(C)辦理財物採購，可依同條項第6款辦理　(D)其他經主管機關認定者。

（　　）**10** 關於採購評選委員會組織之敘述，下列何者有誤？
(A)機關辦理依政府採購法第22條第1項第9款規定之評選優勝者，應成立採購評選委員會
(B)評選委員的任務包括訂定或審定招標文件之評選項目、評審標準及評定方式
(C)工作小組成員為無給職
(D)評選項目、評審標準及評定方式條件簡單者，評選委員會可於開標後成立。

(　) **11** 關於機關辦理採購之廠商家數規定之說明，下列何者正確？
(A)以公開招標辦理第2次開標，仍應有3家以上廠商投標才可以
開標
(B)採限制性招標辦理公開評選，若有1家廠商投標亦可辦理
(C)經常性採購，應建立5家以上之合格廠商名單
(D)辦理第1次公開招標的分段開標，在價格標階段仍須有3家以上
廠商參與。

(　) **12** 機關得視採購案件之特性及實際需要訂定特定資格，下列敘述何者
有誤？　(A)具有相當人力者　(B)具有相當設備者　(C)廠商信用
之證明　(D)具有相當財力者。

(　) **13** 下列何者非屬應刊登採購公報1日，並公開於採購網站之採購資
訊？　(A)公開評選公告　(B)財物出租公告　(C)無法決標公告
(D)拒絕往來廠商名稱。

(　) **14** 關於政府採購法第101條將廠商停權並刊登於政府採購公報之敘
述，下列何者正確？
(A)廠商得於收受異議處理結果或期限屆滿之次日起30日內，以書
面向申訴審議委員會申訴
(B)廠商涉犯政府採購法第87條之罪，經起訴後符合停權事由
(C)機關照價決標予廠商後，廠商事後以報價錯誤為由拒不簽約，
不符合停權事由
(D)機關欲將廠商停權並刊登政府採購公報時，應成立採購工作及
審查小組。

(　) **15** 依據採購契約要項第21條規定，契約約定之採購標的若需更換應經
機關同意且不得增加契約價金，惟下列哪種情形經機關評估後總
體效益更有利於機關者得增加契約價金？　(A)較契約原標示者更
優或對機關更有利　(B)契約原標示之廠牌或型號不再製造或供應
(C)契約原標示之分包廠商不再營業或拒絕供應　(D)因不可抗力原
因必須更換。

( ) **16** 依據特別採購招標決標處理辦法，機關依政府採購法第105條第1項所辦理之採購，得不適用政府採購法關於招標及決標規定，但不包含下列何種情況？　(A)底價於開標後至決標前仍應保密　(B)機關在開標後，發現廠商有以不實文件投標者，應不決標予該廠商　(C)廠商總標價低於底價70%，可不需依據政府採購法第58條規定處理　(D)機關辦理公告金額以上之採購，仍應符合政府採購法第61條公告及書面通知規定。

( ) **17** 關於採購履約爭議調解規則，下列敘述何者有誤？　(A)應先為程序審查再進行實體審查　(B)調解以不公開為原則　(C)調解委員為5人至17人　(D)若當事人不適格應為不受理之決議。

( ) **18** 機關委託專業服務廠商評選及計費辦法第10條規定服務費用的計算方法，下列何者有誤？　(A)按月、按日或按時計酬法　(B)服務成本加公費法　(C)契約金額一定比例計費法　(D)總包價法或單價計算法。

( ) **19** 依據我國簽署WTO政府採購協定（GPA）大要說明，下列何者非屬GPA的特點？　(A)為複邊協定　(B)會員國相互開放經諮商議定之政府採購市場　(C)採購法已將GPA之主要規定納入　(D)適用轉售性質之採購–如公營事業採購之原物料。

( ) **20** 關於得免收押標金的情況，下列敘述何者有誤？　(A)勞務採購　(B)達公告金額之工程、財物採購　(C)以議價方式辦理之採購　(D)依市場交易慣例或採購案特性，無收取之必要。

( ) **21** 依據共同供應契約（下稱本契約）實施辦法，下列敘述何者有誤？
(A)適用機關之採購需求在本契約所載可供訂購之數量或金額範圍內，得利用本契約辦理採購
(B)機關辦理查核金額以上之採購，原則上不得利用本契約辦理訂購
(C)適用機關，指本契約所列可依本契約下訂之機關
(D)附加採購應與訂購標的相關，且附加採購金額不得逾20萬元及訂購標的金額。

（　）**22** 依據外國廠商參與非條約協定採購處理辦法，下列敘述何者有誤？
(A)非條約協定採購，指得不適用我國所締結之條約或協定之採購
(B)我國廠商所供應財物或勞務之原產地非屬我國者，視同外國廠商
(C)既然允許外國廠商參與，則應給予平等受邀之機會，不得加以限制
(D)大陸地區廠商參與各機關採購，準用外國廠商之規定。

（　）**23** 依據共同投標辦法規定，下列敘述何者正確？
(A)允許廠商共同投標，以不超過3家為原則
(B)涉及專利或特殊之工法或技術，得允許共同投標廠商之成員對同一採購另行提出投標文件
(C)共同投標協議書未另外約定下，共同投標廠商得分別繳納押標金
(D)共同投標廠商中，甲跟乙為同一行業，丙為另一行業，屬異業共同投標。

（　）**24** 關於不得擔任採購評選委員之情形，下列敘述何者有誤？
(A)犯貪污經起訴
(B)褫奪公權尚未復權
(C)受破產宣告確定尚未復權
(D)專門職業人員已受停止執行業務之處分。

（　）**25** 依據政府採購法施行細則第90條，機關辦理工程、財物採購得採書面驗收，下列何種情況不得採書面驗收？
(A)小額採購
(B)分批驗收金額不逾查核金額十分之一
(C)公用事業依一定費率所供應之財物
(D)其他經主管機關認定者。

解答與解析 答案標示為#者，表官方曾公告更正該題答案。

1 (B)。「機關採購工作及審查小組設置及作業辦法」第5、6、7條。

2 (A)。(A)議價可以是議價格（需要底價）也可以是議條件（議約），採74僅規定小額採購「得」不訂底價。(B)採71。(C)細90。(D)依採63「各類採購契約以主管機關訂定之範本為原則，其要項及內容由主管機關參考國際及國內慣例定之」，又依「採購契約要項」第1點，要項內容由機關依採購特性及需要擇訂於契約。小額採購仍為採購，依採65按採購特性及需要擇訂於契約等規定，因為性質單純，遂依民法第153條第1項：「當事人互相表示意思一致者，無論其為明示或默示，契約即為成立。」以口頭即可成立契約，惟為避免爭議，機關仍可依需要訂書面契約。注意：採購法沒有規定小額採購無須訂書面契約，機關可以訂也可以不訂（按採購特性依民法用口頭承諾亦可）。

3 (A)。細6-9，監辦金額20萬元非未逾公告金額十分之一（即小額採購，15萬元）。

4 (B)。「中央機關未達公告金額採購監辦辦法」第3條。

5 (D)。採20。

6 (D)。(A)細52、(B)採34、(C)(D)採46。

7 (D)。(A)押標金5%，不逾120×5%=6。(B)依「押標金保證金暨其他擔保作業辦法」第4條。(C)履約保證金10%，不逾120×10%=12。(D)細6，120×2=240。

8 (C)。「採購人員倫理準則」第7條。

9 (C)。採22.1。

10 (D)。依「採購評選委員會組織準則」第2、3、8條。

11 (B)。依「機關辦理採購之廠商家數規定一覽表」，(A)公開招標第2次開標不受3家限制，(B)採22.1-9僅1家亦可開標，(D)公開招標分段開標時第2階段以後之開標無廠商家數限制。(C)採21。

12 (C)。「投標廠商資格與特殊或巨額採購認定標準」第5條（特定標準）。

13 (B)。「政府採購公告及公報發行辦法」第4條。

14 (D)。(A)「採購申訴審議規則」第2條，(B)(C)(D)採101。

15 (A)。「採購契約要項」第21點（廠商要求變更契約之情形）規定不得據以增加契約價金。但「較契約原標示者更優或對機關更有利」，經機關綜合評估其總體效益更有利機關者，得不受「不得據以增加契約價金」之限制。

16 (C)。「特別採購招標決標處理辦法」第2條規定不適用採購法第2章及第3章之規定，但不包括採34（開標前招標文件保密、決標前底價保密、廠商投標文件保密），採50（不予開標或決標之廠商情形），採58至採62（標價偏低處理、不正利益之採購處理、特殊情形廠商說明、決標結果公告、決標資料彙送）。

17 (C)。「採購履約爭議調解規則」第4、10、11、12條。

18 (C)。採購法及相關子法並無「契約金額一定比例計費法」，此為「機關委託專業服務廠商評選及計費辦法」第14條獎勵性報酬之給付方式之規定。

19 (D)。依「我國簽署WTO政府採購協定（GPA）大要」GPA特點：
(1)複邊協定—僅適用加入GPA之WTO會員。
(2)會員國相互開放經諮商議定之政府採購市場—僅開放載明於市場開放清單內之採購，而非全面開放。
(3)會員國少。
(4)不適用轉售性質之採購—如公營事業採購之原物料。
另，為加入GPA方有採購法因應而生，爰採購法已加入GPA主要規定。

20 (B)。採30。

21 (D)。「共同供應契約實施辦法」第3、6條。

22 (C)。「外國廠商參與非條約協定採購處理辦法」第2、4、6、7-1條。

23 (B)。「共同投標辦法」第2、5、7、9條。

24 (A)。依「採購評選委員會委員須知」第5點規定不得有「採購人員倫理準則」第7條規定之行為。

25 (B)。細90。

112年 桃園國際機場股份有限公司新進從業人員

( ) **1** 依照政府採購法第50條之規定,投標廠商有特定情事,經機關於開標前發現者,其所投之標應不予開標,以下何者非屬之? (A)以不實之文件投標 (B)借用或冒用他人名義或證件投標 (C)未依招標文件之規定投標 (D)標封封口未蓋騎縫章。

( ) **2** 就投標文件之審查,以下之敘述何者為是? (A)機關審查廠商投標文件,發現其內容有不明確情形時,應通知投標廠商提出說明,以確認正確內容 (B)投標文件內有打字或書寫錯誤,機關應允許廠商更正 (C)廠商漏未填寫標價,機關得允許廠商更正 (D)投標文件內容不一致時,機關得不通知廠商說明。

( ) **3** 某市立大學擬採統包方式辦理採購金額五億元之病毒實驗室工程,下列何種模式依法不得採行? (A)選擇性招標 (B)公開取得企劃書 (C)公開招標 (D)以上皆可採行。

( ) **4** 機關辦理查核金額以上未達巨額之採購,其採公開招標(非電子領投標及公開閱覽)辦理者,訂定等標期時不得少於幾天? (A)5天 (B)不少於7天 (C)21天 (D)10天。

( ) **5** 依照政府採購法施行細則之規定,驗收有初驗程序者,初驗合格後,機關原則上應於幾日內辦理驗收? (A)7日 (B)14日 (C)20日 (D)30日。

( ) **6** 依照外國廠商參與非條約協定採購處理辦法之規定,以下敘述何者為非? (A)所稱外國廠商,指未取得我國國籍之自然人或依外國法律設立登記之法人、機構或團體 (B)廠商所供應財物之原產地,依進口貨品原產地認定標準認定之 (C)我國廠商所供應財物之原產地非屬我國者,原產地視同為我國 (D)廠商所供應勞務之

原產地，除法令另有規定者外，依實際提供勞務者自然人之國籍認定之。

( ) **7** 以財物採購而言，巨額採購是指金額超過新台幣多少元以上之採購？　(A)新台幣2000萬元　(B)新台幣5億元　(C)新台幣1億元　(D)新台幣5000萬元。

( ) **8** 為審查廠商所提出之同等品比較表等資料，確認其功能、效益、標準或特性是否不低於招標文件所要求，可採之方式為以下何者？　(A)簽報機關首長核定　(B)簽報召開審查會議，確認是否為同等品　(C)委託原設計者審查確認是否為同等品　(D)以上皆是。

( ) **9** 採購契約得訂明因政策變更，廠商依契約繼續履行不符公共利益時，依照政府採購法第64條規定，以下敘述何者為是？　(A)應終止或解除全部契約，並送該管審計單位備查　(B)經上級機關核准，得解除部分或全部契約　(C)經機關首長核定，得解除部分或全部契約　(D)以上皆是。

( ) **10** 辦理查核金額以上採購之決標，機關擬就決標不與開標、比價或議價合併辦理者，應於預定決標日前幾日，報請上級機關派員監辦？　(A)14日　(B)3日　(C)7日　(D)30日。

( ) **11** 未達公告金額招標，但金額逾公告金額十分之一，如機關欲公開徵求廠商提供書面報價或企劃書方式，辦理比價或議價，須取得幾家以上廠商之書面報價或企劃書？　(A)一家　(B)二家　(C)三家　(D)六家。

( ) **12** 機關與廠商因履約產生爭議時，下列何者不屬於可運用之爭議處理方式？　(A)申請調解　(B)提付仲裁　(C)提起行政訴訟　(D)提起民事訴訟。

( ) **13** 下列何者屬於政府採購法中之「採購」　(A)國營事業租賃貨運船舶　(B)國有土地出售　(C)文化局辦理古蹟修復之採購　(D)政府機關依人事法規僱人員。

( ) **14** 機關辦理預算金額新臺幣五億元之巨額工程採購，經評估有以具有相當經驗或實績者作為特定資格之必要，則要求廠商提報之累計實績金額應不低於新臺幣多少元。 (A)一億元 (B)二億元 (C)五億元 (D)十億元。

( ) **15** 依最有利標評選辦法之規定，價格納入評分者其所占滿分之比率應為多少？ (A)不得低於百分之二十，且不得逾百分之五十 (B)不得低於百分之十，且不得逾百分之三十 (C)不得低於百分之三十 (D)按招標文件規定。

( ) **16** 政府採購法對轉包與分包所採取之原則為何？ (A)兩者皆可 (B)不可轉包，可以分包 (C)不可分包，可以轉包 (D)兩者皆不可。

( ) **17** 採購申訴審議委員會之審議判斷其性質為何？ (A)視同判決 (B)視同訴願決定 (C)為訴願先行程序 (D)以上皆非。

( ) **18** 招標文件中若未明訂契約生效需經雙方簽署方為有效者，該契約以何時為生效時點？ (A)簽約日 (B)決標日 (C)同意日 (D)以上皆非。

( ) **19** 政府採購法第50條第1項第5款所稱，不同投標廠商間之投標文件內容有重大異常關聯者，係指下列哪種情形？ (A)押標金由同一人或同一廠商繳納 (B)電子郵件相同 (C)投標文件內容由同一人或同一廠商繕寫或備具者 (D)以上皆是。

( ) **20** 依照採購申訴審議規則之規定，若申訴事件無不受理情形，預審委員應為幾人？ (A)五人 (B)二人 (C)一至三人 (D)四至六人。

( ) **21** 公告金額以上採購監辦人員會同監辦採購，其監辦事項不包含以下何者？ (A)開標 (B)審查商業條款 (C)比價 (D)驗收。

( ) **22** 政府採購法第14條所稱「意圖規避本法之適用之分批」，不包括基於以下列何項所為之分別辦理？ (A)不同供應地區 (B)不同需求條件 (C)不同行業廠商之專業項目 (D)以上皆不包括。

( ) **23** 採選擇性招標辦理經常性採購，得預先建立合格廠商名單，該合格名單至少應有幾家廠商以上？　(A)一家　(B)六家　(C)三家　(D)按照招標文件之規定。

( ) **24** 辦理公告金額以上採購，若屬於獨家製造或供應且無其他合適之替代標的者之情形，得經以下何者同意後採限制性招標？　(A)上級機關　(B)工程會　(C)機關首長　(D)以上皆非。

( ) **25** 下列工程採購何者屬特殊採購？　(A)興建構造物地面樓層超過15層　(B)興建隧道長度超過1000公尺　(C)於地面下施工者　(D)以上皆是。

( ) **26** 政府採購法第101條第1項規定，廠商有不良情事者，機關得將廠商刊登政府採購公報，請問該等情事不包括以下何者？　(A)擅自減省工料，情節重大者　(B)驗收後不履行保固責任，情節重大者　(C)得使用而未使用環保產品，情節重大者　(D)轉包勞務契約者。

( ) **27** 政府採購法所稱上級機關，依照相關規定以下敘述何者為是？　(A)台北市政府環保局之上級機關為環保署　(B)台北市立大安國民中學的上級機關為教育部　(C)台北市政府無上級機關　(D)中華郵政股份有限公司的上級機關為公共工程委員會。

( ) **28** 機關評定最有利標後，應於主管機關政府採購資訊網站公開之資訊，不含下列何者？　(A)評選委員會全部委員姓名　(B)各出席委員之評分或序位評比表　(C)評選委員會評定最有利標會議之出席委員姓名　(D)以上皆無須公開。

( ) **29** 公立高中辦理校外教學採購，若經費來源由學生繳費，則以下敘述何者正確？　(A)不適用政府採購法　(B)達公告金額始應適用採購法　(C)仍應適用政府採購法　(D)屬於勞務採購之例外。

( ) **30** 文藝表演採購若為勞務採購，關於辦理驗收之以下敘述何者為非？　(A)不可採書面方式辦理　(B)不可採召開審查會方式辦理　(C)審查會紀錄，不得視為驗收紀錄　(D)以上皆非。

( ) **31** 以下關於工程統包之敘述何者錯誤？
(A)統包，不包括監造工作
(B)同一採購契約內辦理工程採購，得包含基本設計、測試、訓練、一定期間之維修或營運等事項
(C)係指二家以上之廠商得標後共同具名簽約
(D)統包可指將財物採購中之設計與施工、供應、安裝等併於同一採購契約辦理招標。

( ) **32** 機關優先採購環保產品，其優惠比率由機關視個別採購之特性及預算金額訂定之，並載明於招標文件。但不得逾百分之多少？ (A)百分之十 (B)百分之二十 (C)百分之十五 (D)百分之五。

( ) **33** 關於政府採購法第105條第1項第1款及第2款特別採購之敘述，以下何者為錯誤？
(A)不及與廠商簽訂契約者，應先有書面、電報或傳真協議
(B)不及與廠商確定契約總價者，應先確定單價及工作範圍
(C)付款條件無須慮及維護公款支用之安全性
(D)以國家遇有戰爭、天然災害等，需緊急處置之採購為前題。

( ) **34** 依照採購專業人員資格考試發證及管理辦法規定，採購專業人員辭職後，於幾年內回任機關採購職務者仍具採購專業人員資格？
(A)辭職後半年內 (B)辭職後一年內 (C)辭職後三年內 (D)辭職後五年內。

( ) **35** 若廠商對不予發還押標金之採購異議結果不服，欲向該管採購申訴審議委員會提出申訴時，該等採購標的金額須符合以下何種前提要件？ (A)須為公告金額以上之採購 (B)須為查核金額以上的採購 (C)須至少為公告金額二分之一以上的採購 (D)不論金額高低均可申訴。

( ) **36** 就再轉包廠商與得標廠商對機關所負之責任，下列敘述何者正確？
(A)再轉包廠商若為善意第三人，不負連帶賠償責任 (B)再轉包廠商僅負部分責任 (C)僅由得標廠商負完全責任為已足 (D)負連帶履行及賠償責任。

(　) **37** 工程施工查核小組作業辦法之規定，若查核成績列為丙等，應依個案缺失情節檢討人員責任歸屬，並採取相關處置，關於處置方式以下敘述何者為正確？　(A)對所屬人員依法令為懲戒、懲處或移送司法機關　(B)對負責該工程之建築師或工地主任，報請主管機關依相關法規予以懲處或移送司法機關　(C)通知廠商依契約撤換工地負責人　(D)以上皆是。

(　) **38** 政府採購法31條第二項追繳押標金之請求權，因幾年不行使而消滅？　(A)公法上請求權不生時效消滅問題　(B)一年　(C)五年　(D)十五年。

(　) **39** 機關依政府採購法第71條第1項規定辦理財物採購驗收，下列何者得適用採書面驗收，免辦理現場查驗之規定？　(A)自供應至使用之期間甚為短暫，現場查驗有困難者　(B)經政府機關或公正第三人查驗，並有相關品質或數量之證明文書者　(C)小額採購　(D)以上皆是。

(　) **40** 機關在原招標目的範圍內追加契約以外之工程，除須因另行招標，確有產生重大不便及技術或經濟上困難之虞，非洽原訂約廠商辦理，不能達契約之目的外，且尚須未逾契約金額之百分之多少，始得採限制性招標？　(A)未逾追加後主契約金額百分之五十　(B)未逾追加後主契約金額百分之三十　(C)未逾原主契約金額百分之二十　(D)未逾原主契約金額百分之五十。

解答與解析　答案標示為#者，表官方曾公告更正該題答案。

1 (D)。(A)(B)(C)屬採購法第50條，而(D)則為採購錯誤態樣。

2 (D)。(A)依採購法細則第60條第1項規定：「……得通知投標廠商提出說明」。(B)(C)依採購法細則第60條第2項規定：「……，與標價無關，機關得允許廠商更正」。

3 (B)。公開取得企畫書是未達公告金額的採購方式。

4 (C)。巨額28天、查核21天、公告14天、未達公告7天。

5 (C)。有初驗20日，無初驗30日。

6 (C)。請詳查外國廠商參與非條約協定採購處理辦法。

7 (C)。巨額勞務2000萬元、巨額財物1億元、巨額工程2億元。

8 (D)。請詳查工程會90年11月9日(90)工程企字第90043793號函發布之「政府採購法第二十六條執行注意事項」第12點及工程會88年10月7日(88)工程企字第8814235號函示。

9 (B)。請詳查採購法第64條。

10 (B)。請詳查採購法細則第8條第1項。

11 (C)。請詳查採購法第49條。

12 (C)。履約爭議非屬公法爭議,非循爭議、申訴、行政訴訟單行道方式。

13 (A)。政府採購=「主詞」「買」「東西」。
主詞:政府機關、公立學校、公營事業。
買:拿錢或權利換東西,而拿東西換錢或權利則是「賣」。
藝文採購依採購法第4條第2項不適用採購法。

14 (C)。單筆實績2/5、累積實績=預算金額。

15 (A)。請詳查最有利標評選辦法第17條第3項。

16 (B)。請詳查採購法第65條第1項(不得轉包)及第67條第1項(得分包)規定。

17 (B)。請詳查採購法第83條。

18 (B)。請詳查工程會88年5月15日(88)工程企字第8805761號函示。

19 (D)。請詳查工程會91年11月27日工程企字第09100516820號函示。

20 (C)。請詳查採購申訴審議規則第13條。

21 (B)。監辦口訣:開比議決驗。

22 (D)。請詳查採購法細則第13條第1項規定。

23 (B)。請詳查採購法第21條第3項。

24 (C)。請詳查採購法第22條第1項第2款規定。

25 (D)。請詳查「投標廠商資格與特殊或巨額採購認定標準」第6條規定。

26 (C)。採購法第101條第1項規定均屬違反採購法第6條第1項維護公共利益、公平合理原則之規定,(C)無涉維護公共利益及公平合理原則。

27 (C)。(A)臺北市政府,(B)台北市政府教育局,(D)交通部。

28 (B)。請詳查最有利標作業辦法第20條規定。

29 (C)。請詳查工程會100年12月9日工程企字第10000414700號函示,公立高中係以其名義委外辦理,仍為政府採購法所屬。

30 (D)。文藝表演與採購法第4條第2
項所訂藝文採購性質不同,應視為
一般採購,故請詳查採購法細則第
90-1條。

31 (C)。請詳查統包實施辦法及共同
投標辦法相關敘述。

32 (A)。請詳查機關優先採購環境保
護產品辦法第11條第1項。

33 (C)。
　(1)採購法第105條第1項第1款、第2
　　款規定之緊急採購不適用招、決
　　標規定。
　(2)請詳工程會112年5月9日工程企
　　字第11200048751號函發布之
　　「機關依政府採購法第105條第1
　　項第2款辦理緊急採購作業指
　　引」。

34 (D)。請詳查採購專業人員資格考
試發證及管理辦法第9條。

35 (D)。不予發還押標金屬公法爭
議,無論金額高低均可申訴。

36 (D)。請詳查採購法第66條第2項。

37 (D)。請詳查工程施工查核小組作
業辦法第10條第3項。

38 (C)。請詳查採購法第31條第4項
規定。

39 (D)。請詳查採購法細則第90條第1
項各款規定。

40 (D)。請詳查採購法第22條第1項第
6款。

解答與解析

112年 經濟部所屬事業機構 新進職員（政風、地政）

（　　）**1** 下列何者非屬政府採購行為錯誤態樣？　(A)標封封口未蓋騎縫章，判定不合格標　(B)投標文件未附電子領標憑據，判定不合格標　(C)標單未蓋與招標文件所附列印模相符之印章，判定不合格標　(D)詳細價目表未蓋公司大小章，判定不合格標。

（　　）**2** 關於請託或關說之敘述，下列何者正確？　(A)請託或關說，不用書面為之或作成紀錄　(B)請託或關說，得作為評選之參考　(C)請託或關說，得以錄音作成紀錄　(D)不循法定程序，於招標前對預定辦理之採購事項提出請求不算請託或關說。

（　　）**3** 下列何者非屬政府採購法規定公告金額以上得選用之招標方式？　(A)公開招標　(B)比價　(C)公開評選　(D)公開取得書面報價。

（　　）**4** 下列何者非屬規格限制競爭之要求？　(A)指定特定廠牌而允許同等品　(B)要求型錄須為正本　(C)未具體載明須提出型錄之項目　(D)要求型錄須蓋代理廠商之章。

（　　）**5** 依政府採購法第22條第1項第11款採購房地產規定，訂有底價者，其底價訂定之時機為何？　(A)辦理公告前　(B)依「機關指定地區採購房地產作業辦法」第10條認定符合需要之廠商後訂之　(C)開標前　(D)比價前。

（　　）**6** 依招標期限標準第3條第2項規定，機關辦理非適用WTO政府採購協定之採購選擇性招標之廠商資格預先審查，未達公告金額之採購，其等標期（未提供電子領投標及公開閱覽）不得少於幾日？　(A)5日　(B)7日　(C)10日　(D)14日。

（　　）**7** 下列何者符合政府採購法第22條第1項第3款之情況而得辦理限制性招標？　(A)上級機關核定計畫遲延，致招標時間不足者　(B)採購

案前次辦理情形為流廢標但年度預算執行期間將至者　(C)機關因不可預見之緊急事故須辦理採購，其招標期間充裕者　(D)機關因小犬颱風致須辦理緊急處置之採購事項，確有必要者。

(　) **8** 下列敘述何者正確？　(A)因可預見情形，依政府採購法第22條第1項第6款辦理契約變更　(B)清潔勞務工作依政府採購法第22條第1項第8款辦理採購　(C)依政府採購法第22條第1項第9款辦理專業服務採購，準用政府採購法最有利標評選規定　(D)未於招標公告載明後續擴充期間，而僅於招標文件中載明。

(　) **9** 依招標期限標準第8條規定，機關辦理採購於等標期截止後流標或廢標，且招標文件內容未經重大改變者，等標期得予縮短，機關得於其後多久期間內重行招標？　(A)14日內　(B)3個月內　(C)6個月內　(D)1年內。

(　) **10** 下列何者非屬政府採購法第31條第2項第7款「其他經主管機關認定有影響採購公正之違反法令行為」？　(A)廠商所繳納之押標金連號　(B)不同廠商投標文件所載之負責人為同一人　(C)廠商得標後未於規定期限內繳足保證金　(D)有政府採購法第48條第1項第2款之「足以影響採購公正之違法行為」。

(　) **11** 依最有利標評選辦法，價格納入評分者，其所占總滿分之比率不得低於下列何者？　(A)20%　(B)30%　(C)50%　(D)60%。

(　) **12** 機關辦理採購如有政府採購法第58條所稱標價偏低情形時，下列敘述何者正確？
(A)總標價未偏低但部分標價偏低者，仍適用政府採購法第58條規定
(B)立即通知廠商繳納差額保證金
(C)最低標廠商總標價在底價以下，但未低於底價之百分之八十，該廠商表示標價錯誤要求不予決標，機關得予接受
(D)最低標廠商總標價低於底價之百分之八十，機關認無降低品質、不能誠信履約之虞者，仍須待其提出說明或差額保證金始能決標。

（　　）**13** 下列何者非屬採購人員得為之行為？　(A)避免參加有利害關係廠商所舉辦之餐會　(B)不接受與職務或利益有關廠商之餽贈　(C)主動參加公開舉行且邀請一般人參加之餐會　(D)於交通不便地區使用廠商提供之交通工具。

（　　）**14** 下列何種狀況單位首長A不須依政府採購法第15條第2項規定迴避？(A)A兼任財團法人董事，該財團法人參與該單位採購時　(B)投標商計畫書所列協同主持人為A之子　(C)A就職前，其胞兄B已為該單位採購案之得標廠商，A就職後關於該採購案之履約管理及驗收事項　(D)A之老婆C任職於廠商，該廠商參與單位採購，C不參與該項採購之相關業務。

（　　）**15** 依政府採購法規定，下列何者正確？
(A)採最有利標決標，於評定出最有利標後，應再洽廠商減價
(B)公開招標之案件，機關得於招標文件中限制有權參加開標之每一投標廠商人數
(C)招標文件之售價逾新臺幣1,000元者，即有違反法令規定之虞
(D)總價承包契約，不論數量不符或漏項均應由廠商吸收。

（　　）**16** 下列何種採購不適用政府採購法第22條第1項第9款、第10款評選優勝廠商之評選規定？　(A)專業服務　(B)設計競賽　(C)統包工程(D)資訊服務。

（　　）**17** 依政府採購法第21條規定，機關之經常性採購以選擇性招標建立合格廠商名單方式辦理者，應建立幾家以上之合格廠商名單？　(A)3家　(B)6家　(C)9家　(D)10家。

（　　）**18** 機關辦理最有利標評選作業，下列何者正確？　(A)毋須成立工作小組，逕行辦理採購評選作業　(B)評選委員會議之決議應有委員二分之一以上出席，出席委員過半數之同意行之　(C)採購評選委員出席委員應有專家學者至少二人，不得少於出席委員人數三分之二　(D)評選委員如有要事，於評分時可請代理人為之。

（　）**19** 機關辦理採購得於招標文件中規定，違反政府採購法第65條規定轉包者，廠商所繳納之何種比率履約保證金（含其孳息）不予發還？
(A)均須發還　(B)已完成履約部分　(C)轉包部分　(D)全部。

（　）**20** 依政府採購法施行細則第94條規定，採購之驗收，無初驗程序者，除契約另有規定者外，機關應於接獲廠商通知備驗或可得驗收之程序完成後幾日內辦理驗收，並作成驗收紀錄？　(A)10日　(B)20日　(C)30日　(D)60日。

（　）**21** 依政府採購法調解成立，其調解成立書之性質為何？　(A)視同訴願決定　(B)與確定判決有同一效力　(C)不具強制執行名義　(D)視同法院判決。

（　）**22** 關於政府採購法第101條之申訴案件，廠商不服申訴審議判斷之結果者，得於審議判斷書送達之次日起2個月內提起何種救濟程序？
(A)向行政法院提起行政訴訟　(B)向所轄之地方法院提起民事訴訟　(C)向所轄之高等法院提起民事訴訟　(D)向招標機關之上級機關提起訴願。

（　）**23** 廠商對於招標機關依政府採購法第31條規定不予發還或追繳押標金爭議，得向採購申訴審議委員會申訴之金額門檻值為何？
(A)不論金額大小　(B)查核金額以上　(C)公告金額以上　(D)巨額以上。

（　）**24** 機關得就下列何種具有共通需求特性之採購，與廠商簽訂共同供應契約？　(A)勞務、財物或工程採購　(B)勞務或工程採購　(C)財物或工程採購　(D)勞務或財物採購。

（　）**25** 機關辦理工程採購，有部分先行使用之必要或已履約之部分有減損滅失之虞者，下列處理方式何者有誤？　(A)就該部分先辦理驗收者，未來仍應針對該部分再辦理驗收　(B)就該部分辦理驗收　(C)就該部分辦理分段查驗供未來驗收之用　(D)不論就該部分辦理驗收或分段查驗供驗收之用，均得就該部分支付價金即起算保固期間。

解答與解析 答案標示為#者，表官方曾公告更正該題答案。

1 (D)。(A)(B)(C)請詳查工程會109年9月14日修正「政府採購錯誤行為態樣」一、(五)。

2 (#)。請詳查採購法第16條、細則第16、17條。官方公告答(A)或(C)均給分。

3 (D)。請詳查採購法第49條。

4 (A)。請詳查工程會109年9月14日修正「政府採購錯誤行為態樣」三。

5 (B)。
(1) 依採購法第22條第1項第11款，採購房地產採限制性招標。
(2) 採購法第46條第2項第3款：限制性招標應於議價或比價前定之。
(3) 依「機關指定地區採購房地產作業辦法」第7條及第10條，以準用最有利標評選方式認定符合需要之廠商後，訂定底價。此時為「議價」(僅1家廠商)。
(4) 比價則是2家廠商以上。

6 (B)。請詳查招標期限標準第3條第2項。

7 (D)。採購法第22條第1項第3款：遇有不可預見之緊急事故，致無法以公開或選擇性招標程序適時辦理，且確有必要者。

8 (C)。請詳查採購法第22條第9款規定。

9 (B)。請詳查招標期限標準第8條。

10 (C)。請詳查工程會108年9月16日工程企字第1080100733號頒訂「依政府採購法第三十一條第二項第七款認定屬影響採購公正之違反法令行為」節錄如下：
(1) 足以罰則。
(2) 足以影響。

11 (A)。請詳查最有利標評選辦法第16條第3項規定。

12 (A)。(A)請詳查採購法第58條規定「……總標價或部分標價偏低……，正確」。(C)請詳依工程會「依政府採購法第58條處理總標價低於底價百分之八時案件之執行程序」項次一，錯誤。(B)、(D)請詳依工程會「依政府採購法第58條處理總標價低於底價百分之八時案件之執行程序」項次四，錯誤。

13 (C)。請詳查「採購人員倫理準則」，其中(C)按前開準則第8條，僅限「非主動」求取，偶發情形為限；(D)按前開準則第9條是得予接受之情形。

14 (D)。(A)(B)(C)均為採購法第15條第2項(二親等)規定範圍內。

15 (B)。(A)請詳查最有利標評選辦法第22條規定。(B)依採購法細則第48條第2款規定，機關得限制開標時廠商出席人數。(C)請詳採購

法細則第28-1條規定發售文件，期收費應以人工、材料、郵遞等工本費為限，倘該招標文件計算前開工本費超過1000元，是沒有違法的。(D)請詳採購契約要項第32點規定。

16 (C)。請詳查採購法第52條第2項規定。

17 (B)。請詳查採購法第21條規定。

18 (B)。請詳查採購評選委員會組織準則及採購評選委員會審議規則：要成立工作小組、決議要委員總額1/2出席並過半數同意、專家學者人數至少2人且不得少於出席人數1/3、評選應親自為之不得代理。

19 (D)。請詳查押標金保證金暨其他擔保作業辦法第20條第2款。

20 (C)。有初驗，20日再正（式）驗（收），可以想成先模擬考了，正式考試當然比較短。反之亦反，無初驗，需要多點時間才能正驗。

21 (B)。採購法第85-1條第3項：申訴會辦理調解之程序及其效力……準用民事訴訟法有關調解之規定。

另查民事訴訟法第416條第1項後段：……調解成立者，與訴訟上和解有同一效力。又民事訴訟法第380條第1項：和解成立者，與確定判決有同一之效力。

所以，調解成立=訴訟和解=確定判決。

22 (A)。採購法第101條之申訴案件屬招、審、決相關的公法爭議，既是公法爭議，就是循爭議、申訴、行政訴訟的單行道。

23 (A)。採購法第31條不予發還或追繳押標金爭議，為招、審、決相關之公法爭議，與「權利」有關，不論金額大小都能申訴。

24 (D)。請詳查採購法第93條第1項。

25 (A)。(B)(C)(D)請詳查採購法第99條。(A)的部分，就常理來看，既已驗收就表示該工項已經確認作好了，若因為先開放使用，又要再驗收一次，不就是吃廠商豆腐，對廠商不公平嗎？

解答與解析

112年 臺灣菸酒公司評價職位人員（事務管理）

( )　**1** 依政府採購法規定，政府採購履約爭議，由採購申訴審議委員會以職權提出調解方案者，當事人對於此方案，得於送達之次日起算幾日內，向採購申訴委員會提出異議？　(A)5日　(B)10日　(C)20日　(D)30日。

( )　**2** 下列何者為政府採購法所定義之「勞務」？　(1)交通　(2)研究發展　(3)權利　(4)訓練　(A)僅(2)(4)　(B)僅(1)(2)(3)　(C)僅(2)(3)(4)　(D)(1)(2)(3)(4)。

( )　**3** 機關辦理查核金額以上採購時，依法應由上級機關派員監辦之事項，下列敘述何者錯誤？　(A)開標　(B)決標　(C)決標條件　(D)驗收。

( )　**4** 下列何者屬於政府採購法第14條所定意圖規避本法適用之分批採購？　(A)依不同標的所分別辦理之採購　(B)依不同時間所分別辦理之採購　(C)依不同施工所分別辦理之採購　(D)依不同行業廠商之專業項目所分別辦理之採購。

( )　**5** 依政府採購法規定，機關監辦採購人員離職後幾年內不得為本人或代理廠商向原任職機關接洽處理離職前5年內與職務有關之事務？　(A)1年　(B)2年　(C)3年　(D)5年。

( )　**6** 下列何者不屬於政府採購法第16條所稱之請託或關說？　(A)不循法定程序，於招標前，對預定辦理之採購事項，提出請求　(B)不循法定程序，於招標後，對招標文件內容或審標、決標結果，要求變更　(C)不循法定程序，於履約及驗收期間，對契約內容或查驗、驗收結果，要求變更　(D)不循法定程序，對政府採購法令之解釋，要求變更。

(　) **7** 機關辦理公告金額以上之採購，得採選擇性招標情形，下列敘述何者錯誤？ 　(A)投標文件審查，須費時長久始能完成者 　(B)原有採購之後續擴充 　(C)研究發展事項 　(D)廠商資格條件複雜者。

(　) **8** 依政府採購法規定，經常性採購應建立合格廠商名單之家數為何？ (A)3家以上 　(B)4家以上 　(C)5家以上 　(D)6家以上。

(　) **9** 依政府採購法規定，追繳押標金，自不予開標、不予決標、廢標或決標日起逾幾年者，不得行使？ 　(A)2年 　(B)5年 　(C)15年 (D)20年。

(　) **10** 依政府採購法規定，機關得於招標文件中規定允許廠商於開標前補正非契約必要之點之文件。其中所稱「非契約必要之點」，下列敘述何者錯誤？ 　(A)原招標文件已標示得更改或補充之項目 　(B)列入標價評比之選購項目 　(C)參考性質之事項 　(D)其他於契約成立無影響之事項。

(　) **11** 依政府採購法施行細則規定，機關於招標文件規定廠商得請求釋疑之期限為何？ 　(A)至少應有等標期之2分之1 　(B)至少應有等標期之3分之1 　(C)至少應有等標期之4分之1 　(D)至少應有等標期之5分之1。

(　) **12** 機關依政府採購法規定辦理招標，縱有3家以合格廠商投標，亦得不予開標決標之情形，下列敘述何者錯誤？ 　(A)補充招標文件內容者 　(B)以最有利標決標者 　(C)因應突發事故者 　(D)採購計畫變更者。

(　) **13** 機關辦理採購，依法採行協商措施之應注意事項，下列敘述何者錯誤？ 　(A)應擬具協商程序 　(B)應慎選協商場所 　(C)應執行保密措施 　(D)為求保密，協商不必作成紀錄。

(　) **14** 廠商之代表人、代理人、受雇人或其他從業人員，因執行業務犯本法之罪者，下列敘述何者錯誤？ 　(A)除依該條規定處罰其行為人外，對該廠商亦科以該條之罰金 　(B)對廠商之處罰，不以其有故

意、過失為必要　(C)僅處罰廠商之負責人　(D)該從業人員所屬之廠商包括獨資之商號。

(　　) **15** 機關辦理採購，得由承辦採購單位具備書面憑證採書面驗收，免辦理現場查驗者，下列敘述何者錯誤？　(A)勞務之小額採購　(B)公用事業依一定費率所供應之財物採購　(C)工程之小額採購　(D)即買即用或自供應至使用之期間甚為短暫，現場查驗有困難之工程採購。

(　　) **16** 機關辦理採購得不適用政府採購法招標、決標之規定者，下列敘述何者錯誤？　(A)軍事機關與武器、彈藥、作戰物資有關之極機密採購　(B)國家遇有戰爭、天然災害、癘疫或財政經濟上有重大變故，需緊急處置之採購事項　(C)人民之生命、身體、健康、財產遭遇緊急危難，需緊急處置之採購事項　(D)公務機關間財物或勞務之取得，經雙方直屬上級機關核准者。

(　　) **17** 對政府採購法第88條對「綁標行為」之處罰，下列敘述何者錯誤？　(A)行為人主觀上有獲取私人不法利益之意圖　(B)行為人客觀上對技術、工法、材料或設備之招標規範，為不當之限制，或對投標廠商之資格為不當之限制　(C)行為人因而獲得利益　(D)該條所謂之「違背法令」，不包括違反政府採購法第26條第2項不得限制競爭規定。

(　　) **18** 主管機關依政府採購法規定，將工程、財物及勞務採購為之公告金額，自民國112年1月1日起，調整為新台幣多少元？　(A)300萬元　(B)200萬元　(C)150萬元　(D)100萬元。

(　　) **19** 某法人接受政府機關補助辦理採購，如其補助金額占採購金額半數以上，且補助金額在公告金額以上時，除下列何種採購外，應適用政府採購法之規定辦理？　(A)藝文採購　(B)武器採購　(C)技術採購　(D)人力勞務採購。

(　　) **20** 機關如欲承租某專利權使用，依其性質是屬於政府採購法規範的下列何種採購？　(A)財物採購　(B)工程採購　(C)勞務採購　(D)勞務兼財物採購。

(　　) **21** 政府採購法所稱之上級機關，是指辦理採購機關直屬之上一級機關。如某機關辦理工程採購而無上級機關時，則由下列何機關執行上級機關職權？　(A)該機關　(B)監察院　(C)內政部營建署　(D)行政院公共工程委員會。

(　　) **22** 下列何者不是行政院公共工程委員會所掌理之政府採購事項？　(A)各機關採購之考核　(B)標準採購契約之審定　(C)政府採購專業人員之訓練　(D)中央及地方各機關採購申訴之處理。

(　　) **23** 機關不得意圖規避政府採購法之適用，分批辦理公告金額以上之採購。如有分批辦理之必要時，須經由下列何機關之核准後依法定程序辦理？　(A)監察院　(B)上級機關　(C)主管機關　(D)採購工作及審查委員會。

(　　) **24** 下列何者不是政府採購法規定的限制性招標程序？　(A)不必經公告程序　(B)僅邀請一家廠商議價　(C)邀請二家以上廠商比價　(D)先辦理資格查後，再邀請符合資格之廠商投標。

(　　) **25** 機關依政府採購法規定辦理公開招標，於第一次開標時因僅有1家合格廠商投標致流標，則於第2次開標時須有幾家以上之合格廠商投標，始得開標？　(A)4家　(B)3家　(C)2家　(D)1家。

(　　) **26** 依政府採購法規定，小額採購之金額不得逾公告金額之多少？　(A)10分1　(B)15分之1　(C)20分之1　(D)25分之1。

(　　) **27** 依政府採購法規定，合於招標文件規定之投標廠商的最低標價超過底價時，得洽該最低標廠商減價幾次？　(A)4次　(B)3次　(C)2次　(D)1次。

(　　) **28** 依政府採購法規定，機關發現廠商以支付他人後謝金為條件以促成採購契約成立時，得終止或解除契約，並將幾倍之不正利益自契約價款中扣除？　(A)5倍　(B)3倍　(C)2倍　(D)1倍。

(　　) **29** 依政府採購法規定，各機關得就具有共通需求特性之下列何種採購，與廠商簽訂共同供應契約？　(A)僅財物採購　(B)僅勞務採購　(C)財物或勞務採購　(D)財物或工程採購。

（　）**30** 廠商與機關間之下列何種爭議，並不適用政府採購法所規定之異議
程序？　(A)決標　(B)審標　(C)招標　(D)履約。

（　）**31** 依政府採購法規定，機關得於招標文件中，規定優先採購取得政府
認可之環境保護標章使用許可，而其效能相同或相似之產品，並得
允許百分之多少以下之差價？　(A)15　(B)10　(C)8　(D)5。

（　）**32** 依政府採購法規定，縣（市）政府為處理地方機關採購之廠商申訴
所設置之採購申訴審議委員會；應置委員多少人？　(A)7至25人
(B)7至35人　(C)9至25人　(D)9至35人。

（　）**33** 下列何者不是政府採購法規定，就採購事件得為機關提起訴訟、參
加訴訟或上訴之人？　(A)機關首長　(B)審計官　(C)檢察官　(D)
主計官。

（　）**34** 依政府採購法規定，機關辦理公開招標採購案依法訂定之底價，應
於何時定之？　(A)比價前　(B)開標前　(C)資格審查前　(D)招標
文件公告前。

（　）**35** 機關與廠商之履約爭議，經廠商依政府採購法規定向採購申訴審議
委員會申請調解時，如該爭議屬下列何種採購案，採購申訴審議委
員會應提出調解建議或調解方案？　(A)不動產之承租　(B)技術服
務之採購　(C)研究發展之採購　(D)經常性物品之採購。

（　）**36** 依政府採購法規定，機關辦理採購，發現廠商有驗收不合格而情
節重大時，應將其事由及失權期間通知廠商，並附記如未提出異
議者，將刊登政府採購公報。廠商對於機關之通知內容認為不實
時，得於接獲通知之次日起幾日內，以書面向該機關提出異議？
(A)10日　(B)15日　(C)20日　(D)30日。

（　）**37** 依政府採購法規定，下列敘述何者正確？　(A)受理採購申訴，不
僅就書面審議之　(B)機關辦理評選，應成立7人以上之評選委員會
(C)對採購之請託經機關作成書面紀錄後，得作為評選之參考　(D)
廠商因履約爭議向採購申訴審議委員會申請調解，應繳納調解費。

（　）**38** 下列何者與政府採購法之規定不符？　(A)機關辦理採購之決標資料，應定期彙送主管機關　(B)勞務契約之得標廠商，應自行履行契約而不得轉包　(C)工程契約之得標廠商，得將採購分包予其他廠商　(D)機關辦理公告金額以上之採購，在公開競價市場採購財物者，得採選擇性招標。

（　）**39** 主管機關依政府採購法第30條第3項所定之「押標金保證金暨其他擔保作業辦法」，明定機關得於招標文件規定採電子投標之廠商，其押標金得予減收一定金額或比率。但其減收額度，以不逾押標金金額之百分之多少為限？　(A)百分3　(B)百分之5　(C)百分之10　(D)百分之15。

（　）**40** 有關採購金額之計算方式，下列何者與政府採購法之規定不符？　(A)租期不確定者，以每月租金之48倍認定之　(B)採單價決標者，依預估採購所需金額認定之　(C)採分批辦理採購者，依全部批數之預算總額認定之　(D)採購項目之預算案尚未經立法程序者，不應將預估需用金額計入。

解答與解析　答案標示為＃者，表官方曾公告更正該題答案。

1 (B)。請詳採購法第85-4條第2項。

2 (A)。請詳採購法第7條第3項，A交通（工程）、C權利（財物）。

3 (C)。開比議決驗，細則第10條。

4 (B)。請詳細則第13條第1項。

5 (C)。請詳採購法第15條第1項。

6 (D)。請詳細則第16條。

7 (B)。請詳採購法第20條。

8 (D)。請詳採購法第21條第3項。

9 (C)。請詳採購法第31條第6項。

10 (B)。請詳細則第32條。

11 (C)。請詳細則第43條第1項。

12 (B)。請詳細則第55條。

13 (D)。請詳細則第78條。

14 (C)。請詳採購法第92條。

15 (A)。請詳細則第90條第1項。

16 (A)。請詳採購法第104條、第105條。

17 (D)。請詳採購法第88條第1項：……意圖為私人不法之利益（主觀），對技術、工法、材料、設備

或規格，為違反法令之限制或審查
（客觀），因而獲得利益者。

18 (C)。請詳工程會111年12月23日工
程企字第1110100798號函示。

19 (A)。請詳採購法第4條第2項。

20 (A)。請詳採購法第7條第2項。

21 (A)。請詳採購法第9條第2項。

22 (D)。請詳採購法第2條。

23 (B)。請詳採購法第14條。

24 (D)。請詳採購法第18條第4項。

25 (D)。請詳採購法第48條第2項。

26 (A)。請詳中央機關未達公告金額
採購招標辦法第5條。

27 (D)。請詳採購法第53條第1項。

28 (C)。請詳採購法第59條第2項。

29 (C)。請詳採購法第93條第1項。

30 (D)。請詳採購法第74條。

31 (B)。請詳機關優先採購環境保護
產品辦法第11條第1項。

32 (B)。請詳採購申訴審議委員會組
織準則第4條第1項。

33 (A)。請詳採購法第110條。

34 (B)。請詳採購法第46條第2項第
1款。

35 (B)。請詳採購法第85-1條第2項。

36 (C)。請詳細則第109-1條第3項。

37 (D)。(1)請詳採購法第76條第1項
規定，(2)請詳採購評選委員會組織
準則第4條第1項，(3)請詳採購法第
16條第3項

38 (D)。既非採購法第20條選擇性招
標情形，亦非採購法第22條限制性
招標情形，故為第19條規定之公開
招標。

39 (C)。請詳押標金保證金暨其他擔
保作業辦法第9-1條。

40 (D)。仍應納入，請詳細則第6條
第4款。

一試就中，升任各大
國民營企業機構
高分必備，推薦用書

2B811121	國文	高朋·尚榜	590元
2B821131	英文	劉似蓉	650元
2B331131	國文(論文寫作)	黃淑真·陳麗玲	470元

2B031131	經濟學	王志成	620元
2B041121	大眾捷運概論（含捷運系統概論、大眾運輸規劃及管理、大眾捷運法） 👑 榮登博客來、金石堂暢銷榜	陳金城	560元
2B061131	機械力學(含應用力學及材料力學)重點統整＋高分題庫	林柏超	430元
2B071111	國際貿易實務重點整理+試題演練二合一奪分寶典 👑 榮登金石堂暢銷榜	吳怡萱	560元
2B081131	絕對高分! 企業管理(含企業概論、管理學)	高芬	650元
2B111082	台電新進雇員配電線路類超強4合1	千華名師群	750元
2B121081	財務管理	周良、卓凡	390元
2B131121	機械常識	林柏超	630元
2B161132	計算機概論(含網路概論) 👑 榮登博客來、金石堂暢銷榜	蔡穎、茆政吉	近期出版
2B171121	主題式電工原理精選題庫	陸冠奇	530元
2B181131	電腦常識(含概論)　　👑 榮登金石堂暢銷榜	蔡穎	590元
2B191131	電子學	陳震	近期出版
2B201121	數理邏輯(邏輯推理)	千華編委會	530元
2B211101	計算機概論(含網路概論)重點整理+試題演練	哥爾	460元

編號	書名	作者	定價
2B251121	捷運法規及常識(含捷運系統概述) 👑 榮登博客來暢銷榜	白崑成	560元
2B321131	人力資源管理(含概要)	陳月娥、周毓敏	690元
2B351131	行銷學(適用行銷管理、行銷管理學) 👑 榮登金石堂暢銷榜	陳金城	590元
2B421121	流體力學（機械）‧工程力學（材料）精要解析	邱寬厚	650元
2B491121	基本電學致勝攻略　　　👑 榮登金石堂暢銷榜	陳新	690元
2B501131	工程力學(含應用力學、材料力學) 👑 榮登金石堂暢銷榜	祝裕	630元
2B581112	機械設計(含概要)　　　　👑 榮登金石堂暢銷榜	祝裕	580元
2B661121	機械原理(含概要與大意)奪分寶典	祝裕	630元
2B671101	機械製造學(含概要、大意)	張千易、陳正棋	570元
2B691131	電工機械(電機機械)致勝攻略	鄭祥瑞	590元
2B701111	一書搞定機械力學概要	祝裕	630元
2B741091	機械原理(含概要、大意)實力養成	周家輔	570元
2B751131	會計學(包含國際會計準則IFRS) 👑 榮登金石堂暢銷榜	歐欣亞、陳智音	590元
2B831081	企業管理(適用管理概論)	陳金城	610元
2B841131	政府採購法10日速成👑 榮登博客來、金石堂暢銷榜	王俊英	630元
2B851141	8堂政府採購法必修課：法規+實務一本go！ 👑 榮登博客來、金石堂暢銷榜	李昀	530元
2B871091	企業概論與管理學	陳金城	610元
2B881131	法學緒論大全(包括法律常識)	成宜	690元
2B911131	普通物理實力養成　　　👑 榮登金石堂暢銷榜	曾禹童	650元
2B921141	普通化學實力養成	陳名	550元
2B951131	企業管理(適用管理概論)滿分必殺絕技 👑 榮登金石堂暢銷榜	楊均	630元

以上定價，以正式出版書籍封底之標價為準

歡迎至千華網路書店選購
服務電話 (02)2228-9070

千華網路書店

更多網路書店及實體書店

博客來網路書店　　PChome 24hr書店　　三民網路書店

MOMO 購物網　　金石堂網路書店　　誠品網路書店

查詢實體書店

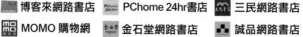

一試就中，升任各大
國民營企業機構
高分必備，推薦用書

題庫系列

編號	書名	作者	定價
2B021111	論文高分題庫	高朋 尚榜	360元
2B061131	機械力學(含應用力學及材料力學)重點統整＋高分題庫	林柏超	430元
2B091111	台電新進雇員綜合行政類超強5合1題庫	千華 名師群	650元
2B171121	主題式電工原理精選題庫	陸冠奇	530元
2B261121	國文高分題庫	千華	530元
2B271131	英文高分題庫　　　　　👑榮登金石堂暢銷榜	德芬	630元
2B281091	機械設計焦點速成＋高分題庫	司馬易	360元
2B291131	物理高分題庫	千華	590元
2B301141	計算機概論高分題庫　　👑榮登金石堂暢銷榜	千華	550元
2B341091	電工機械(電機機械)歷年試題解析	李俊毅	450元
2B361061	經濟學高分題庫	王志成	350元
2B371101	會計學高分題庫	歐欣亞	390元
2B391131	主題式基本電學高分題庫	陸冠奇	600元
2B511131	主題式電子學(含概要)高分題庫	甄家灝	500元
2B521131	主題式機械製造(含識圖)高分題庫 👑榮登金石堂暢銷榜	何曜辰	近期出版

2B541131	主題式土木施工學概要高分題庫 👑榮登金石堂暢銷榜	林志憲	630元
2B551081	主題式結構學(含概要)高分題庫	劉非凡	360元
2B591121	主題式機械原理(含概論、常識)高分題庫 👑榮登金石堂暢銷榜	何曜辰	590元
2B611131	主題式測量學(含概要)高分題庫 👑榮登金石堂暢銷榜	林志憲	450元
2B681131	主題式電路學高分題庫	甄家灝	550元
2B731101	工程力學焦點速成＋高分題庫 👑榮登金石堂暢銷榜	良運	560元
2B791121	主題式電工機械(電機機械)高分題庫	鄭祥瑞	560元
2B801081	主題式行銷學(含行銷管理學)高分題庫	張恆	450元
2B891131	法學緒論(法律常識)高分題庫	羅格思章庠	570元
2B901131	企業管理頂尖高分題庫(適用管理學、管理概論)	陳金城	410元
2B941131	熱力學重點統整＋高分題庫 👑榮登金石堂暢銷榜	林柏超	470元
2B951131	企業管理(適用管理概論)滿分必殺絕技	楊均	630元
2B961121	流體力學與流體機械重點統整＋高分題庫	林柏超	470元
2B971141	自動控制重點統整＋高分題庫	翔霖	560元
2B991141	電力系統重點統整＋高分題庫	廖翔霖	650元

以上定價，以正式出版書籍封底之標價為準

歡迎至千華網路書店選購
服務電話(02)2228-9070

千華網路書店

更多網路書店及實體書店

博客來網路書店　　PChome 24hr書店　　三民網路書店

MOMO 購物網　　金石堂網路書店　　誠品網路書店

查詢實體書店

國家圖書館出版品預行編目(CIP)資料

8堂政府採購法必修課：法規+實務一go!/李昀編著.--
第三版. -- 新北市 ：千華數位文化股份有限公司,
2024.7

　　面； 　公分

ISBN 978-626-380-581-1 (平裝)

1.CST：政府採購 2.CST：公共財務法規

564.72023　　　　　　　　113010418

8堂政府採購法必修課
法規＋實務一本go！

[國民營事業]

編 著 者：李 昀

發 行 人：廖 雪 鳳
登 記 證：行政院新聞局局版台業字第 3388 號
出 版 者：千華數位文化股份有限公司
　　　　　地址：新北市中和區中山路三段 136 巷 10 弄 17 號
　　　　　電話：(02)2228-9070　　傳真：(02)2228-9076
　　　　　客服信箱：chienhua@chienhua.com.tw

法律顧問：永然聯合法律事務所
編輯經理：甯開遠
主　　編：甯開遠
執行編輯：尤家瑋
校　　對：千華資深編輯群
設計主任：陳春花
編排設計：蕭韻秀

千華官網／購書　　千華蝦皮

出版日期：2024 年 7 月 15 日　　第三版／第一刷

本書如有勘誤或其他補充資料，
將刊於千華官網，歡迎前往下載。

8堂邏輯課讓法律必修題
法規＋實務一本go！

出版日期：2024 年 7 月 15 日　　流三版／第一刷